国家出版基金资助项目

国家自然科学基金资助项目

西电学术文库图书

压缩感知理论的工程应用方法

石光明　林　杰　高大化
董伟生　刘丹华　赵光辉　齐　飞　著

西安电子科技大学出版社

内 容 简 介

在传输带宽有限和数据量激增的数字化时代，压缩感知理论为低速有效获取信息提供了一种新的思路，成为近十年来信号信息处理领域中一个备受瞩目的理论。本书的编写注重理论和工程应用的结合，针对压缩感知理论在工程应用上的几个热点和难点问题，给出了理论建模和求解方法，既有完整的物理模型，又有完备的数学推导，同时通过图文并茂的方式，给出了大量的仿真示例和详尽的结果分析。

本书既可作为相关研究人员的工具书，也可作为对压缩感知理论感兴趣的读者的入门读物。

图书在版编目(CIP)数据

压缩感知理论的工程应用方法/石光明等著. —西安：西安电子科技大学出版社，2017.(2017.10 重印)

ISBN 978-7-5606-4359-5

Ⅰ. ① 压… Ⅱ. ① 石… Ⅲ. ① 数字信号处理—研究 Ⅳ. ① TN911.72

中国版本图书馆 CIP 数据核字(2017)第 037239 号

策　　划　胡华霖
责任编辑　雷鸿俊
出版发行　西安电子科技大学出版社(西安市太白南路 2 号)
电　　话　(029)88242885　88201467　　邮　　编　710071
网　　址　www.xduph.com　　电子邮箱　xdupfxb001@163.com
经　　销　新华书店
印刷单位　陕西华沐印刷科技有限责任公司
版　　次　2017 年 2 月第 1 版　2017 年 10 月第 2 次印刷
开　　本　787 毫米×960 毫米　1/16　印　张　15
字　　数　299 千字
印　　数　1001～3000 册
定　　价　39.00 元

ISBN 978-7-5606-4359-5/TN

XDUP 4651001-2

信号稀疏逼近的二维 SAR 和 ISAR 成像方法，在所提出的稀疏表示模型的基础上，进行雷达成像处理，可以得到高分辨率的成像结果。第八章首先介绍了基于重构的目标识别方法，在此基础上讨论应用于多视情形的重构目标识别方法，最后在人脸识别数据库上检验所提的多视目标识别方法的性能。第九章对基于稀疏性提升的光流估计方法进行了详细的介绍，包括光流估计模型的稀疏性提升方法和光流解算方法的稀疏性提升方法。

本书获得了国家出版基金、国家自然科学基金(No. 60776795、61472301、61201289、61372131、61372071、60902031、61003148、61472301、61100154)和 973 计划子课题(No.2013CB329402)的资助。

作　者

2016 年 10 月

前　言

随着数字化时代的到来，用来传递和获取信息的信号的带宽变得越来越宽，基于传统的奈奎斯特采样定理的信号采样和重构方法变得越来越难以实现。另一方面，对承载信息的信号进行分析时，多采用的是变换域的分析处理方法，这是由于大部分信号都会在某些变换空间中表现出能量局域化分布的特点，表现为变换的系数只有少量的非零大系数，也就是说信号在某些空间中存在稀疏性。压缩感知理论指出，针对稀疏性的信号，信号的采样可以采用随机投影采样方法，对信号进行信息混合，只获取少量的样本，通过优化求解可以高概率地恢复原信号。压缩感知理论由于能够极大地降低信号获取的要求，受到了国内外众多科研人员的关注，涌现出了大量的研究成果。作者所领导的课题组是国内较早开展压缩感知理论研究的，十余年来致力于压缩感知理论和工程应用的研究，并获得了丰硕的研究成果。本书是作者十余年来精华成果的整理和提炼，本课题组在压缩感知理论与应用方面的部分研究成果领先于国际先进水平，填补了国内的研究空白。

本书的编写注重了理论和工程应用的结合，针对压缩感知理论在工程应用上的几个热点和难点问题，给出了理论建模和求解方法。既有完整的物理模型，又有完备的数学推导，并通过图文并茂的方式，给出了大量的仿真示例和详尽的结果分析。本书既可以作为相关研究人员的工具书，也可以作为对压缩感知理论感兴趣的读者的入门读物。

全书共九章。第一章介绍了压缩感知理论发展的意义和研究的主要方向。第二章简要介绍了压缩感知理论中涉及的重要研究内容，包括信号稀疏建模的方法、观测矩阵的分析方法以及信号重构的观测数据数量要求，并给出了工程上应用该理论时需要的重要结论。第三章详细介绍了信号的稀疏表示模型和求解方法，阐述了正交基、过完备字典中稀疏信号的逼近表示方法，回顾了过完备字典中几种常用稀疏分解的方法，并在此基础上，给出了基于正交级联冗余字典的贪婪迭代算法、迭代阈值算法和交替方向乘子方法。第四章详细阐述了图像稀疏表示模型和自适应正则的图像重建方法，自适应正则方法中介绍了基于自回归(AR)模型的自适应正则和基于非局部相似的自适应正则两类方法，通过仿真实验验证了上述方法在图像重建问题上的有效性。第五章介绍了压缩感知理论应用于一维雷达回波信号的获取与检测这一工程问题时需要解决的建模、稀疏表示和优化求解问题，并通过仿真证明了压缩感知理论在一维信号处理上的优势。第六章详细阐述了基于压缩感知的计算成像技术，包括高分辨率的可见光计算成像方法和高分辨率光谱计算成像，并介绍了基于低秩张量逼近的高维图像恢复的方法。第七章介绍了高分辨率的雷达成像技术，即基于

目　　录

第一章　概　　论

1.1　引　　言

我们现在所处的时代是电子信息时代，也就是数字时代。这一时代的重要特征是，所有的信息都是以数字形式存在的。科技进步使得人们的生活发生了翻天覆地的变化，个人电脑、互联网、4G 手机等的出现都表明数字化时代已到来的不争事实。

随着数字计算机的计算能力迅猛发展，现代信号处理方式发生了本质的变革。除了电路设计，绝大部分信号处理功能都已采用软件算法来实现。尽管我们周边的世界是以模拟形式存在的，然而所有人为设计的信息转换方法都是以数字方式进行的。例如：电视已经从模拟信号源转化为高清的数字信号源；照相机已经从胶片存储过渡到了数字存储与显示。信息的数字化有利于对信息进行长期的存储，进而进行有效的分析和整理。因此，如何实现高效的信息数字化是科学领域中至关重要的课题。

Shannon/Nyquist 采样定理[1-3](后文统称 Nyquist 采样定理)作为模拟信号和数字信号之间的桥梁，几十年以来一直支撑并引导着现代信号处理各个领域的技术发展。Nyquist 采样定理在现代信号处理领域产生的深远影响随处可见，例如：在当今市场上，大部分采样芯片对信号的采集方式都采用均匀等间隔采样，而各种各样的信号处理系统大部分都遵循这一经典的采样定理。然而，以 Nyquist 采样定理指导模拟信号的模/数(Analog-to-Digital, A/D)转换[4]，逐渐出现了一些难以克服的问题。随着人们对信息需求量的不断增加，用以携带信息的信号具有越来越大的带宽。因此，根据 Nyquist 采样定理对信号进行采样，要求的采样率变得越来越高，并且信号离散化后产生了大量数据，给存储、传输、处理也带来了巨大压力。Rice 大学的 Baraniuk 教授把现代信号采集系统产生的大量数据称为数据洪流(Data Deluge)[5]。近年来，每年世界上产生的数据量(主要是各种传感器产生的)已经超出了所有硬件设备(包括硬盘、存储卡和磁带)具有的总存储容量。例如，2011 年产生的数据量已达到了硬件设备存储能力的两倍，这意味着大量的数据无法得到存储而被丢弃。

数字时代的出现带来了信息量的喷涌，这就直接导致了用来传输信息的信号带宽不断增加，进而使得对信号数字化的要求不断提升——更高的采样速度和更大的存储空间[6-7]。

由于模拟信号数字采样电路芯片的发展相对缓慢，高速采样率与高分辨率量化的需求通常难以同时保障。在现阶段，针对超带宽(高于数吉赫)、高动态范围(大于 16 bit)的采样芯片设计仍然是非常困难并具有挑战性的研究课题。即使有少量的高速模/数(A/D)转换芯片可供选择，其成本也是极高的，难以得到推广应用。因此，在数字时代的不断演变过程中，尽管计算能力迅速发展，但在当今高分辨的各类(可见光、红外光、核磁等)图像视频成像[8]、遥感监控[9]、通信[10]等领域，其信号的采集和处理仍是极具挑战性的研究课题。

1.2 信号的稀疏表示

为了解决大数据量数字信号处理带来的难题，学者们利用数据压缩技术，通过寻找信号最精简的表示，以实现对目标信号达到一个可接受的失真度。一个最重要的信号压缩技术是“变换编码技术”[11-12]，该技术依赖于寻找一个可以为一类感兴趣信号提供稀疏(或可压缩)表示的基(或框架、字典)。稀疏表示指的是，对样本长度为 N 的离散信号，可以用 $K(K << N)$ 个非零系数来线性组合表示它，也就是说该信号可以用一个只有 K 个非零的信号来进行近似逼近[13]。对稀疏信号或可压缩信号，只需保留部分大系数的幅值和位置，就能够实现对信号的高保真表示。这样的处理方法称为稀疏逼近，形成了利用信号稀疏性和可压缩性变换编码方案的基础。例如，在变换编码算法中，MP3 语音压缩标准利用的是语音信号在改进的 DCT(Modified DCT)空间中的稀疏性[14]，JPEG 依赖于图像在 DCT 域存在稀疏的表示[15]，JPEG-2000 依赖于图像在小波域有稀疏的表示[16]。

从以上陈述可以发现：一方面，面对宽带甚至超宽带信号，人们不得不采用高速率采样；另一方面，由此产生的大数据量又不得不采用压缩技术去除其中的冗余，以减少数据量。

利用信号稀疏表示与变换编码的思想，从压缩感知理论入手，人们提出了新的信号获取和传感器设计的框架。压缩感知理论[17-19]指出，对稀疏的或可压缩的信号，采用线性随机观测方法，获取少量的观测数据，再利用非线性的优化计算方法可以精确地(或近似地)重构信号。对于稀疏信号，可以低速观测后再优化重构的本质原因在于：相对于待恢复信号的维度，信号在某一个空间中的自由度较小(或具有稀疏性)。对实际应用中的大多数信号来说，这一前提是成立的，因为根据 Nyquist 采样定理得到的信号，各采样数据样本间一般存在较大冗余，通过信号稀疏变换，可用少量的大系数来表示信号，可降低数据间的冗余性。图 1.1 给出一个压缩感知应用在图像压缩上的例子。一个百万像素的原图像，可表示为 25 000 个 Daubechies-8 小波的叠加，相对于图像维度，该图像小波变换后自由度大大降低。对该图像应用压缩感知理论，用 10%的图像维度的随机观测数据，即用 100 000 个观测，利用优化技术就能精确地恢复出原图[20]。

(a) 原图(1 000 000 个像素)

(b) 重构图(100 000 个观测)

图 1.1 图像的压缩感知方法处理示例

信号的稀疏性，或者更一般地称为信号的可压缩性[17]，是指信号在某一组变换基(又称变换空间)下，其表示系数中只有少数不为零，或者多数系数都接近于零。信号的稀疏性分析方法本质上是一种数据分析手段。常规的数据分析，如自相关或互相关性，是挖掘信号数据之间的隐含相关性，发现信号数据的特定隐含结构以及各种局部结构之间的变化，从而做出对数据特征的推断；稀疏性分析则是在一定先验条件的基础上，利用预先构造的基函数来有效地表示数据。如果对信号有较充足的先验认知，构造出的基函数就能稀疏地表示信号。稀疏性表示往往是基于这样的认识，即传感器获得的数据可以看做高维空间中的一点，但这些点不会散布在整个高维空间上。实际上，由于数据之间存在相关性，它们往往是分布在一个低维的几何流形上，辨识这个几何流形的结构，从而获得数据的有效表示，这便是表示性数据分析所要做的工作。

从理论基础上进行区分，目前的信号表示方法大抵可分为两类，即基于算子和泛函理论的信号表示技术及基于统计理论的信号表示技术。各种正交变换表示方法[21]均属于前者的范畴，而主成分分析[22]、独立成分分析[23]等方法则是后者的典型代表。

信号稀疏表示的研究最早可以追溯到 Huber 在统计回归领域的工作“投影追踪法”[24]。此外，模式识别也要求获得信号的稀疏表示[25]。模式识别一般分为三个步骤：数据获取与预处理、数据表示和数据分类。其中数据表示是一个重要的环节，稀疏的数据表示能够更充分地体现数据的特征，从而为后续的数据分类提供更加可靠的分类依据。数据在变换域稀疏的特征还可以直接应用到数据压缩领域，例如实际中的语音编码[26]、图像编码[27]等。

在信号处理中，如果信号是可压缩的，则人们总是倾向于获得信号更加稀疏的表示，从而降低信号处理的复杂度，增大压缩率，减小信号传输、存储的成本。传统上，人们通过非冗余的正交变换来获取信号的有效表示，例如信号分析领域最常见的傅立叶变换、短时傅立叶(Fourier)变换，图像和视频处理中常用的离散余弦变换、小波变换等。根据调和分析理论，维度为 N 的一维离散信号 $\boldsymbol{x}$ 可以表示成 N 个单位正交基的线性组合，即

$$\boldsymbol{x}=\sum_{i=1}^{N}\theta_i\boldsymbol{\psi}_i=\boldsymbol{\Psi}\boldsymbol{\theta} \tag{1-1}$$

其中 $\boldsymbol{\Psi}=[\boldsymbol{\psi}_1, \boldsymbol{\psi}_2, \cdots, \boldsymbol{\psi}_N]$ 为正交基矩阵，列向量 $\boldsymbol{\psi}_i$ 为基函数，$\boldsymbol{\theta}=[\theta_1, \theta_2, \cdots, \theta_N]^{\mathrm{T}}$ 是系数向量，每个系数是信号和一个基函数的内积，即

$$\theta_i=<\boldsymbol{x},\boldsymbol{\psi}_i> \tag{1-2}$$

若 $\boldsymbol{\theta}$ 只有 $K(K<<N)$个系数较大，那么则称 $\boldsymbol{x}$ 是可压缩的，也称 $\boldsymbol{x}$ 是 K-稀疏的。

信号的稀疏性决定了信号可达到的最佳压缩效果，对于 K-稀疏的信号 $\boldsymbol{x}$，压缩处理中通常选择保留其前 K 个较大系数，而将其他系数置零，即采用 $\boldsymbol{x}_K:=\boldsymbol{\Psi}\boldsymbol{\theta}_K$ 逼近原信号，$\boldsymbol{\theta}_K$ 为 $\boldsymbol{\theta}$ 向量中保留其中 K 个大系数、其他元素置零后得到的向量。由于 $\boldsymbol{\Psi}$ 为单位正交基，因此，压缩误差可以表示为

$$\|\boldsymbol{x}-\boldsymbol{x}_K\|_2=\|\boldsymbol{\theta}-\boldsymbol{\theta}_K\|_2 \tag{1-3}$$

如果信号稀疏性较强，那么它在变换矩阵 $\boldsymbol{\Psi}$ 上的表示系数将衰减很快，压缩误差 $\|\boldsymbol{x}-\boldsymbol{x}_K\|_2$ 就相对较小，这样即使放弃了大多数的系数，也不会导致信号质量的严重下降。

长久以来，由于正交基的很多良好的性能，人们已经习惯了对信号进行正交变换，但遗憾的是，对于一些复杂信号，往往难以找到一个正交基，使得信号在该变换基上的系数只有少量的非零值。以正弦信号和脉冲信号的组合信号为例，这类信号无论是在正弦基还是时域的冲击函数基上，都不存在稀疏的表示，但它们在这两个基的联合空间中却是能够被稀疏表示的。因此，一种更合理的思路应该是这样的：根据信号特征自适应地选取变换基。在该思想的指引下，产生了使用冗余字典进行稀疏分解的信号分析方法。冗余字典中的原子之间不满足正交性，但是却比正交基有着更强大的信号描述能力，能够更加有效地挖掘信号的内在特征。

国际上对于信号稀疏表示的研究相对来说已经比较充分了，以下是该领域代表性的工作。Mallat 和 Zhang 利用平方可积空间中基本函数的平移、调制以及尺度变换操作构造了具有时频特性的冗余字典，并提出了用于信号时频表示的匹配追踪算法(Matching Pursuit, MP)[28]；Chen 和 Donoho 于 1995 年提出了具有全局最优特性的基追踪原则(Basis Pursuit, BP)[29]；Donoho 和 Huo 在 2001 年解决了信号稀疏表示的唯一性问题[30]，基于不确定性原理(Uncertainty Principles，UP)，他们给出了一个信号本质驱动源数目的上界，在满足该上界的条件下，信号在他们设计的字典上求解 BP 问题将得到唯一解，随后他们把结论推广到了任意字典上。

在信号处理中，如果要利用信号在某一个变换空间中具有稀疏性这一先验，那么首先

需要解决的问题是用数学表达式来描述稀疏性。对稀疏性的描述，主要采用向量的范数。对离散信号向量 $\boldsymbol{x} \in \mathbf{R}^N$，如果该向量中非零元素的个数少于 K，即向量 $\boldsymbol{x}$ 的 ℓ_0 范数满足：$\|\boldsymbol{x}\|_0 \triangleq \#\text{supp}\{i, \boldsymbol{x}_i \neq 0, i=1,2,\cdots,N\} \leqslant K$，则称该信号为 K-稀疏信号，或称信号为 ℓ_0 稀疏。注意，我们称 $\|\boldsymbol{x}\|_0$ 为 ℓ_0 范数，实际上该范数是“伪”范数，因为它不满足范数定理的齐次性要求，即 $\|c\boldsymbol{x}\|_0 \neq c\|\boldsymbol{x}\|_0$，这里 c 为实常数。在实际信号处理中，信号可能并不严格满足 ℓ_0 稀疏的特性，但是它的元素衰减速度很快，把其元素按照降序排列后，第 k 个元素满足

$$\left|\boldsymbol{x}_{(k)}\right| \leqslant R \cdot k^{-1/p}, 0 < p \leqslant 1 \tag{1-4}$$

其中，R 是正的常数，这样的信号称为可压缩信号[31]，也称为 ℓ_p 稀疏，属于半径为 R 的弱 ℓ_p 球，其中 ℓ_p 球的定义为

$$B_{p,N} = \{\boldsymbol{x} \in \mathbf{R}^N : \|\boldsymbol{x}\|_{\ell_p} \leqslant 1\}, \quad \|\boldsymbol{x}\|_{\ell_p} = \left(\sum_{i=1}^{N} |\boldsymbol{x}_i|^p\right)^{1/p}$$

弱 ℓ_p 球 $w\ell_p(R)$ 的定义为[32]

$$w\ell_p(R) = \{\boldsymbol{x} \in \mathbf{R}^N : \left|\boldsymbol{x}_{(k)}\right| \leqslant R \cdot k^{-1/p}\} \tag{1-5}$$

ℓ_p 稀疏的向量包括光滑信号的傅立叶变换系数或小波变换系数[33]、自然图像的小波变换系数[34]等。

1.3 压缩感知的基本思想

对实信号 $\boldsymbol{x} \in \mathbf{R}^N$，如果它在正交变换 $\boldsymbol{\Psi}$ 中是 K-稀疏的，用观测矩阵 $\boldsymbol{\Phi} = [\boldsymbol{\varphi}_1^{\mathrm{T}}, \boldsymbol{\varphi}_2^{\mathrm{T}}, \cdots, \boldsymbol{\varphi}_M^{\mathrm{T}}]^{\mathrm{T}}$，其中 $\boldsymbol{\varphi}_i \in \mathbf{R}^N$ 为行向量，对信号 $\boldsymbol{x}$ 进行观测，得到观测向量 $\boldsymbol{y} \in \mathbf{R}^M$，$K < M < N$。那么，观测方程可以表示为

$$\boldsymbol{y} = \boldsymbol{\Phi x} \tag{1-6}$$

目前，压缩感知中的信号观测过程大部分都是非自适应性的，也就是说观测向量的选择不依赖于指定的信号(学者们正在研究信号观测与信号特征自适应方法，在本书出版前还未发现有很好的方法)。压缩感知理论中有两类常用的观测矩阵：第一类矩阵的元素服从某种随机分布模型，如高斯(Gaussian)分布、贝努利(Bernoulli)分布等；另一类矩阵是随机抽取正交矩阵的部分行形成的，如部分的傅立叶矩阵、部分的哈达玛(Hadamard)矩阵。鉴于有效观测要求观测矩阵与变换矩阵之间不能互相稀疏表示(否则无法求解)，最普适的观测方式是“随机观测”，因为几乎所有的变换矩阵都不能稀疏表示随机矩阵中的向量，因此对大部分的应用来说，随机矩阵都是首选的观测矩阵。

在压缩感知理论中，由于观测方程的数量少于未知数的数量，信号 $\boldsymbol{x}$ 的重构问题是一个欠定问题，或称为病态问题。要准确恢复信号必须增加其他的正则约束条件，缩小解空间的大小。压缩感知理论中，对于信号的重构依赖于信号的稀疏性先验信息，即存在一个已知的变换空间 $\boldsymbol{\Psi}$，信号在该空间中具有稀疏的表示。这样，在所有满足方程 $\boldsymbol{y}=\boldsymbol{\Phi x}$ 的解中，在变换空间 $\boldsymbol{\Psi}$ 中最稀疏(即 ℓ_0 范数最小)的那个向量是期望的解，最稀疏解可以通过如下优化问题获得：

$$(\ell_0)\quad \boldsymbol{\theta}^{(0)}=\arg\min_{\boldsymbol{\theta}\in\mathbf{R}^N}\|\boldsymbol{\theta}\|_0 \ \text{ s.t. } \ \boldsymbol{y}=\boldsymbol{\Phi x}=\boldsymbol{A\theta} \tag{1-7}$$

其中 $\boldsymbol{A}=\boldsymbol{\Phi\Psi}$ 。这是一个非凸的组合优化问题，是 NP 难(Non-deterministic Polynomial-Time Hard)问题，随着问题维度的增加，求解该问题的计算复杂度将呈指数增长。

为了求解非凸的优化问题，通常的做法都是利用松弛技术采用凸问题对其进行逼近。在压缩感知中，为了能够成功地恢复稀疏信号，也是把问题 (ℓ_0) 中非凸的目标函数松弛为凸函数，即求解如下的凸优化问题：

$$(\ell_1)\quad \boldsymbol{\theta}^{(1)}=\arg\min_{\boldsymbol{\theta}\in\mathbf{R}^N}\|\boldsymbol{\theta}\|_1 \ \text{ s.t. } \ \boldsymbol{y}=\boldsymbol{\Phi x}=\boldsymbol{A\theta} \tag{1-8}$$

对很多的观测矩阵来说，如随机矩阵，当信号足够稀疏时，(ℓ_1) 最小化问题完全等价于 (ℓ_0) 最小化问题，即有 $\boldsymbol{\theta}^{(1)}=\boldsymbol{\theta}^{(0)}$ [32，35]。

求解最大或最小值问题可以用优化方法来解决。理论上，优化方法是一种目标导向的搜索方法，是以某一概率获得解。若要高概率地成功重构信号，则所需要的观测数量取决于以下因素：信号的稀疏度、信号的维度、观测矩阵与变换矩阵之间的相关性以及采用的恢复算法。例如，若观测矩阵元素服从高斯分布，采用 (ℓ_1) 最小化方法恢复信号，则精确恢复 K -稀疏信号所需要的观测数量满足[36]

$$M \geqslant C\cdot \mu^2\cdot K\cdot \ln N \tag{1-9}$$

其中 C 是常数，μ 是矩阵 $\boldsymbol{A}=\boldsymbol{\Phi\Psi}$ 的不相干系数，定义为

$$\mu=\sqrt{n}\max_{i\neq j}\left|\left\langle \boldsymbol{a}_i,\boldsymbol{a}_j\right\rangle\right| \tag{1-10}$$

$\boldsymbol{a}_i$ 为矩阵 $\boldsymbol{A}$ 的列向量，$\|\boldsymbol{a}_i\|_2=1$，$i=1,2,\cdots,N$ 。显然，不相干系数最小时，观测数量只比信号在变换空间中的自由度多一个常数项和一个对数项，其经验值约为 $M=3K$～$5K$。

根据上述对压缩感知理论的简要介绍，可以归纳出压缩感知理论有以下几个主要研究方向。

1. 信号的稀疏表示问题

压缩感知理论最初建立在信号在正交基上具有稀疏表示的基础之上。2007 年，Peyré

将正交基扩展为由多个正交基组成的冗余字典[37]，在正交基字典里，根据不同的信号，可以寻找最适合信号特性的一个正交基对信号进行变换分解，以得到最稀疏的信号表示。2008年，Vienna 大学的 Rauhut 教授等人把压缩感知对信号的稀疏性要求放宽到了一般的冗余字典上[38]，他们证明了在冗余字典中，当冗余字典和采样点数满足一定的要求时，由不完整采样的数据能够有效地恢复原始信号。从单纯正交基上的稀疏性要求，到冗余字典上的稀疏性要求，对信号稀疏性描述的限制条件大大地放宽了，这为压缩感知技术的应用带来了更大的灵活性。

2. 信号观测的方法研究

这一问题在理论上主要是对观测矩阵性能的分析。一般来说，考虑到凸优化问题的优良性质，很多文献对观测矩阵研究中，都假设对稀疏信号的恢复方法为凸优化算法，如(ℓ_1)最小化问题。

对观测方法的研究从两个方面展开。一方面是理论上对观测矩阵的研究，包含矩阵的形式、矩阵的特性等方面的研究。另一方面，从实践的角度出发，为了在模拟信号/图像的信息获取过程中应用压缩感知理论，需要设计观测的物理过程或者对特有的物理过程建模，以获得观测矩阵的具体形式，并研究其性质。

3. 信号的恢复方法研究

在该问题上，取得的众多的成果主要可以划分为三个类型：

(1) 基追踪(BP)方法，其目标函数如式(1-8)所示。这类算法求得的解是 ℓ_0 最小化问题的松弛解。求解的方法包括内点法(Interior-Point Algorithm)[29]、谱投影梯度(Spectral Projected Gradient, SPG)[39]、梯度投影稀疏重建(Gradient Projection for Sparse Reconstruction, GPSR)[40]、定点连续(Fixed-Point Continuation, FPC)[41]、最小绝对收缩选择算子法(Least Absolute Shrinkage and Selection Operator, LASSO)[42]和最小角度回归(Least Angle Regression, LARS)[43]等算法。基追踪问题是基于线性规划的凸优化问题，对噪声干扰的抑制能力比较强，缺点是计算复杂度高，给硬件实现带来了困难。

(2) 贪婪法，主要包括匹配追踪(Matching Pursuit, MP)[44]、正交匹配追踪(Orthogonal Matching Pursuit, OMP)[45]、正则化正交匹配追踪(Regularized Orthogonal Matching Pursuit, ROMP)[46]、压缩感知匹配追踪(Compressive Sampling Matching Pursuit, CoSaMP)[47]、子空间追踪(Subspace Pursuit, SP)[48]、迭代硬阈值(Iterative Hard Thresholding, IHT)[49]等算法；贪婪法的主要特点是计算复杂度低，可以大大简化硬件的复杂度。这些算法可以归为两类：第一类是以 MP、OMP 为代表的算法，在信噪比较高的情况下，可以获得比较好的最小均方误差(MSE)估计性能，但是在信噪比不高的情况下，估计精度非常不稳定；第二类算法是以 ROMP 和 CoSaMP 为代表的正则化算法，这种算法相对第一类算法比较稳定，而且可以获得比较准确的估计量。

(3) 其他方法：如贝叶斯(Bayesian)算法[50]及其变体[51][52]，这类方法把稀疏性的先验信息用来建模，提出了自适应的感知方法，并推导出信号的恢复算法。

4. 压缩感知理论的工程应用

压缩感知理论为工程上提供了一种可能，即当信号的采样获取能力达不到要求时，可以通过压缩观测方法降低对信号采样的能力要求，以增加对观测数据的计算重构信号作为代价，获得等效的信号采样能力。如果实际系统能够提供可满足要求的信号获取能力，则不建议采样压缩观测方法感知信号。

在工程实践中，人们对信号中信息量的感知需求总是在不断提高的，而一般而言实际的直接信号采样能力总是不能满足人们的需求，例如时空谱高分辨率的光谱视频成像、多维信息雷达成像等，因而压缩感知理论具有很大的实际工程应用空间。

从表面上看，压缩感知的思想似乎与传统的 Nyquist 采样定理矛盾，实际上两种采样定理成立的前提条件是完全不同的，因此两者之间并不存在矛盾。具体来说，Nyquist 采样定理是针对带限信号的采样，对于采样的样本是采用辛克(sinc)函数插值，即低通滤波的方式实现的，所要求的 2 倍以上的采样率保证了采样后信号的频率谱不发生混叠，从而保证低通滤波后的频谱正是原信号的频率谱。在 Nyquist 采样框架下，信息的可分离性是通过在频率域的不重叠频谱体现的。在压缩感知理论中，信息的可分离体现到了更加宽泛、无需特别指定的变换域，这一变换域针对信号的不同可以选择不同的变换基或者字典。在 Nyquist 采样定理框架下，信息体现在频率谱上，由于采样率不足导致的频谱混叠会使信息无法分离。在压缩感知的框架下，选择适当的变换域来体现信息，而这一新的角度使得原本发生了混叠的频谱信息在新的变换域下变得可分离。

1.4 研究内容

全书内容共九章，其中的研究内容都是课题组成员多年来突出的研究成果的展示，主要内容如下：

第一章是绪论，简单介绍了压缩感知理论提出的背景、研究的主要内容和应用场合。

第二章是压缩感知理论简介，从压缩感知适用的信号模型、观测矩阵的设计和分析方法、信号的观测数量以及信号的重构方法几个方面进行了简单的理论分析。

第三章是信号的稀疏表示与分解方法，本章主要针对压缩感知理论中信号的稀疏模型进行了研究，给出了信号稀疏表示的理论分析以及求解信号稀疏表示系数的方法。

第四章是图像稀疏重建。本章针对图像稀疏重建问题，介绍了基于自适应稀疏域选择的图像重建方法，分别给出了该方法在图像去模糊和超分辨率上的应用方法和结果。

第五章是基于压缩感知的一维回波信号获取与检测。在本章中，给出了一维信号，主要针对主动式探测中的回波信号、信号的稀疏表示建模的方法，以及信号的观测系统的设计与高分辨率的目标成像和检测方法。

第六章是基于压缩感知的计算成像。本章介绍了基于压缩感知的高分辨率可见光计算成像方法、光谱计算成像方法以及光谱图像重构算法，给出了多种成像系统的设计框图以及高分辨率的图像重构处理方法。

第七章是基于稀疏理论的高分辨率雷达成像。本章针对微波成像的应用问题展开，研究了微波信号的稀疏建模方法，提出了基于加权 ℓ_1 范数及贝叶斯后验概率分布模型的高分辨率微波成像方法。

第八章是基于稀疏表示重构的多视目标识别。本章首先介绍了基于重构的目标识别方法，在此基础上讨论了应用于多视情形的重构目标识别方法，最后在人脸识别数据库上检验了所提出的多视目标识别方法的性能。

第九章是基于稀疏性提升的光流估计。本章从稀疏先验的角度讨论了光流欠定方程的处理问题，逐步展示如何通过一定的技术手段提升所用先验的稀疏性，从而提升光流估计的精度。

本 章 小 结

本章简单介绍了压缩感知理论的发展、理论的基本内涵和研究的主要内容，为后续章节起到了一个铺垫的作用。

本章参考文献

[1] Shannon C E. Communication in the presence of noise[J]. Proc，IRE，1949，37：10-21.

[2] Nyquist H. Certain topics in telegraph transmission theory [J]. Trans. Amer. Inst. Elect. Eng. 1928，47：617-644.

[3] Unser M. Sampling—50 Years After Shannon. Proceedings of the IEEE[J]，2000，88(4)：569-587.

[4] Walden R H. Analog-to-digital converter survey and analysis [J]. IEEE Journal on Selected Areas in Communications，1999，17(4)：539-550.

[5] Baraniuk R G. More is less：signal processing and the data deluge [J]. Science，2011，331：717-719.

[6] Win M，Scholtz R. On the robustness of ultra-wide bandwidth signals in dense multipath environments [J]. IEEE Commun. Lett，1998，2：51-53.

[7] Mitchell T. Broad is the way[J]. IEE Review，2001，47(1)：35-39.

[8] Sung Cheol Park，Min Kyu Park，Moon Gi Kang. Super-resolution image reconstruction: a technical overview[J]. IEEE Signal Proce- ssing Magazine，2003，20(3)：21-36.

[9] Zhu Xiaoxiang，Richard Bamler. Exploiting sparsity in remote sensing and earth observation：Theory，applications and future trends[C]. 2015 IEEE International Geoscience and Remote Sensing Symposium (IGARSS)，2840-2843.

[10] Maravic I，Vetterli M，Ramchandran K. High resolution acquisition methods for wideband communication systems[C]. Proceedings of Acoustics，Speech，and Signal Processing，2003，4：IV-133-6.

[11] Penna B，Tillo T，Magli E，et al. Transform Coding Techniques for Lossy Hyperspectral Data Compression [J]. IEEE Transactions on Geoscience and Remote Sensing，2007，45(5)：1408 - 1421.

[12] Antonini M，Barlaud M，Mathieu P，et al. Image coding using wavelet transform[J]. IEEE Transactions on Image Processing，1992，1(2)：205-220.

[13] Tropp J A. Greed is good: algorithmic results for sparse approxima- tion[J]. IEEE Transactions on Information Theory，2004，50(10)：2231-2242.

[14] Brandenburg K. MP3 and AAC explained. Audio Engineering Society[C]. International conference，1999，99-110.

[15] Neelamani R，de Queiroz R，Fan Z，et al. JPEG compression history estimation for color images[J]. IEEE Transactions on Image Processing，2006，15(6)：1365-1378.

[16] Skodras A，Christopoulos C，Ebrahimi T. The JPEG 2000 still image compression standard[J]. IEEE Signal Processing Magazine，2001，18(5)：36-58.

[17] Donoho D L. Compressed sensing[J]. IEEE Transactions on Information Theory，2006，52(4)：1289-1306.

[18] Candès E，Romberg J，Tao T. Robust uncertainty principles: exact signal reconstruction from highly incomplete frequency information [J]. IEEE Transactions on Information Theory，2006，52(2)：489-509.

[19] Candès E. Compressive sampling[J]. Proceedings of the International Congress of Mathematicians. Madrid，Spain，Aug，2006，3：1433-1452.

[20] Candès E，Romberg J. The ℓ_1-magic MATLAB toolbox for solving the convex optimization programs central to compressive sampling[DB/OL]. http://users.ece.gatech.edu/~justin/l1magic/，2007.

[21] Rioul O，Vetterli M. Wavelets and signal processing[J]. IEEE Signal Processing Magazine，1991，8(4)：14-38.

[22] Moore B. Principal component analysis in linear systems: controllability, observability, and model reduction[J]. IEEE Transactions on Automatic Control，1981，26(1)：17-32.

[23] Hyvarinen A. Fast and robust fixed-point algorithms for independent component analysis[J]. IEEE Transactions on Neural Networks，1999，10(3)：626-634.

[24] Huber P J. Projection pursuit[J]. The Annals of Statistics，1985，13(2)：435-475.

[25] Wright J，Ma Yi， Mairal J，et al. Sparse Representation for Computer Vision and Pattern Recognition [J]. Proceedings of the IEEE，2010，98(6)：1031-1044.

[26] Gribonval R，Bacry E. Harmonic decomposition of audio signals with matching pursuit[J]. IEEE Transactions on Signal Processing，2003，51(1)：101-111.

[27] Safavian S R，Rabiee H R，Fardanesh M. Projection pursuit image compression with variable block size segmentation[J]. IEEE Signal Processing Letters，1997，4(5)：117-120.

[28] Mallat S G，Zhang Z. Matching pursuit with time-frequency dictionaries[J]. IEEE Transactions on Signal Processing，1993，41(12)：3397-3415.

[29] Chen S，Donoho D，Saunders M. Atomic decomposition by basis pursuit[J]. SIAM Journal on Scientific Computing. 1998，20(1)：33-61.

[30] Donoho D，Huo X. Uncertainty principles and ideal atomic decom- position[J]. IEEE Transactions on Information Theory，2001，47(7)：2845-2862.

[31] Candès E，Tao T. Near-optimal signal recovery from random projections: universal encoding strategies [J]. IEEE Transactions on information theory，2006，52(12)：5406 - 5425.

[32] Donoho D. For most large underdetermined systems of linear equations the minimal ℓ_1-norm solution is also the sparsest solution[J]. Communications on Pure and Applied Mathematics，2006，59(6)：797-829.

[33] Marcia R，Willett R，Harmany Z. Compressive optical imaging: architectures and algorithms [DB/OL]. Optical and Digital Image Processing: Fundamentals and Applications. Wiley-VCH，New York，USA，2011.

[34] Romberg J. Imaging via compressive sampling[J]. IEEE Signal Processing Magazine，2008，25(2)：14-20.

[35] Candès E，Romberg J，Tao T. Stable signal recovery from incomplete and inaccurate measurements [J]. Communications on Pure and Applied Mathematics，2006，59(8)：1207 -1223.

[36] Candès E，Romberg J. Sparsity and incoherence in compressive sampling[J]. Inverse Problems，2007，23(3)：969-985.

[37] Peyré G. Best basis compressed sensing[J]. IEEE Transactions on Signal Processing，2010，58(5)：2613-2622.

[38] Rauhut H，Schnass K，Vandergheynst P. Compressed sensing and redundant dictionaries [J]. IEEE Transactions on Information Theory，2008，54(5)：2210-2219.

[39] Berg E van den，Friedlander M P. Probing the pareto frontier for basis pursuit solutions[J]. SIAM Journal on Scientific Computing，2008，31(2)：890-912.

[40] Figueiredo M，Nowak R，Wright S. Gradient projection for sparse reconstruction: application to compressed sensing and other inverse problems[J]. IEEE Journal of Selected Topics in Signal Processing: Special Issue

on Convex Optimization for Signal Processing，2007，1(4)：586-597.

[41] Hale E T，Yin W，Zhang Y. A fixed-point continuation method for ℓ_1-regularized minimization with applications to compressed sensing[R]. CAAM Technical Report TR07-07，Rice University.

[42] Tibshirani R. Regression shrinkage and selection via the lasso[J]. Journal of the Royal Statistical Society，Series B，1996，58(1)：267-288.

[43] Efron B，Hastie T，Johnstone I，et al. Least angle regression [J]. Annals of Statistics，2004，32(2)：407-499.

[44] Mallat S G，Zhang Z. Matching pursuits with time-frequency dictionaries[J]. IEEE Transactions on Signal Processing. 1993，41(12)：3397-3415.

[45] Davenport M A，Wakin M B. Analysis of orthogonal matching pursuit using the restricted isometry property[J]. IEEE Transactions on Information Theory，2011，56(9)：4395-4401.

[46] Needell D，Vershynin R. Uniform uncertainty principle and signal recovery via regularized orthogonal matching pursuit[J]. Foundations of Computational Mathematics，2007，9(3)：317-334.

[47] Needell D，Tropp J A. CoSaMP: iterative signal recovery from incomplete and inaccurate measurement[J]. Applied and Computational Harmonic Analysis，2008，26：301-321.

[48] Dai W，Milenkovic O. Subspace pursuit for compressive sensing signal reconstruction[J]. IEEE Transactions on Information Theory，2009，55(5)：2230-2249.

[49] Blumensath T，Davies M E. Iterative hard thresholding for compressed sensing[J]. Applied and Computational Harmonic Analysis，2008，27(3)：265-274.

[50] Wipf D，Rao D. An empirical Bayesian strategy for solving the simultaneous sparse approximation problem[J]. IEEE Transactions on Signal Processing，2007，55(7)：3704 - 3716.

[51] Zhang Z，Rao B D. Sparse signal recovery with temporally correlated source vectors using sparse Bayesian learning[J]. IEEE Journal of Selected Topics in Signal Processing，2011，5(5)，912-926.

[52] Babacan S D，Molina R，Katsaggelos A K. Bayesian compressive sensing using Laplace priors[J]. IEEE Transactions on Image Processing，2010，19(1)：53-64.

第二章　压缩感知理论简介

2.1 引　言

针对稀疏信号的采样与恢复，研究压缩感知理论的学者们提出了一整套完整理论体系和工程上切实可行的方法技术。利用普适性的随机观测方法可以实现稀疏信号的低速获取，并根据信号在某一变换域稀疏的特性作为约束条件，利用优化技术实现信号的高概率精确重构。

为了有效指导如何利用压缩感知理论在工程上实现信号的获取与恢复，本章将介绍信号的稀疏表示模型。信号的稀疏模型是工程中应用压缩感知理论的基础，只有利用正确有效的模型对信号进行刻画，才能够在信号重构的过程中进行准确的数学建模。在压缩感知理论中，观测矩阵的形式尤为重要，它一方面决定了信号重构所必需的观测数据的数量，另一方面也制约着物理实现的方式和难度。因此，如何设计和分析信号的观测矩阵也是该理论中非常重要的一个方面。压缩感知理论把信号获取的主要压力放在了信号恢复的后端，在信号随机观测后，采用何种优化技术进行信号的重构也是压缩感知理论的一个研究热点。

2.2　信号表示模型

在信号处理问题领域中，对实际的物理系统进行研究时，首要的问题就是要实现对系统的建模。一般来讲，线性系统是建模中经常采用的模型，在此类系统中，信号通常被视为一个向量空间中的向量。这样的建模一方面符合信号的自身特点，同时从数学的角度为信号分析与处理提供了工具手段。在本书中，我们只考虑有限维度的信号空间。

下面，首先给出向量空间中范数的定义。该定义在压缩感知理论中是经常使用的。

对于向量空间 $\mathbf{R}^n$ (n 维欧几里得空间)中的向量，ℓ_p ($p\in[1,\infty]$)范数的定义如下：

$$\|\boldsymbol{x}\|_p=\begin{cases}\left(\sum_{i=1}^{n}|\boldsymbol{x}|^p\right)^{\frac{1}{p}} & p\in[1,\infty)\\ \max\limits_{i=1,2,\cdots,n}|\boldsymbol{x}_i| & p=\infty\end{cases} \tag{2-1}$$

其中，$\boldsymbol{x} \in \mathbf{R}^n$。

向量空间$\mathbf{R}^n$中，标准内积定义如下：

$$\langle \boldsymbol{x}, \boldsymbol{z} \rangle = \boldsymbol{z}^{\mathrm{T}} \boldsymbol{x} = \sum_{i=1}^{n} x_i z_i \tag{2-2}$$

其中，$\boldsymbol{x}$、$\boldsymbol{z} \in \mathbf{R}^n$，$\boldsymbol{z}^{\mathrm{T}}$为$\boldsymbol{z}$的转置。显然，有$\|\boldsymbol{x}\|_2 = \sqrt{\langle \boldsymbol{x}, \boldsymbol{x} \rangle}$。

定义 2.1 若集合$\{\boldsymbol{\psi}_i\}_{i=1}^n$中的向量线性无关，并且可以张成空间$\mathbf{R}^n$，则集合$\{\boldsymbol{\psi}_i\}_{i=1}^n$称为空间$\mathbf{R}^n$的一个基。

对一个n维的向量空间，它的基总是包含n个向量。少于n个向量则不足以张成此空间，多于n个向量则向量间就会线性相关。空间$\mathbf{R}^n$中的任意向量都可以利用基向量的线性组合唯一地表示。具体来说，对向量$\boldsymbol{x} \in \mathbf{R}^n$，存在着唯一的一组系数$\{\boldsymbol{\theta}_i\}_{i=1}^n$使得下式成立。

$$\boldsymbol{x} = \sum_{i=1}^{n} \boldsymbol{\theta}_i \boldsymbol{\psi}_i \tag{2-3}$$

把上式写成矩阵向量形式即为

$$\boldsymbol{x} = \boldsymbol{\Psi} \boldsymbol{\theta} \tag{2-4}$$

其中，$\boldsymbol{\Psi}$是一个$n \times n$的矩阵，其列是由基向量$\boldsymbol{\psi}_i$所构成的，系数向量$\boldsymbol{\theta} = [\boldsymbol{\theta}_1, \boldsymbol{\theta}_2, \cdots, \boldsymbol{\theta}_n]^T$，或称为表示系数。

如果基中的向量满足条件：

$$\langle \boldsymbol{\psi}_i, \boldsymbol{\psi}_j \rangle = \begin{cases} 1 & i = j \\ 0 & i \neq j \end{cases} \tag{2-5}$$

则称为正交基。也就是说，正交基满足条件$\boldsymbol{\Psi}^{\mathrm{T}} \boldsymbol{\Psi} = \boldsymbol{I}$。对正交基来说，系数的计算变得非常容易，即有：

$$\boldsymbol{\theta}_i = \langle \boldsymbol{x}, \boldsymbol{\psi}_i \rangle \tag{2-6}$$

或者

$$\boldsymbol{\theta} = \boldsymbol{\Psi}^{\mathrm{T}} \boldsymbol{x} \tag{2-7}$$

定义 2.2 $\mathbf{R}^d$中的集合为$\{\boldsymbol{\varphi}_i\}_{i=1}^n$（$d < n$），对应的矩阵表示为$\boldsymbol{\Phi} \in \mathbf{R}^{d \times n}$，如果对所有的$\boldsymbol{x} \in \mathbf{R}^d$，都满足

$$A \|\boldsymbol{x}\|_2^2 \leqslant \|\boldsymbol{\Phi}^{\mathrm{T}} \boldsymbol{x}\|_2^2 \leqslant B \|\boldsymbol{x}\|_2^2 \tag{2-8}$$

其中$0 < A \leqslant B < \infty$，则称该集合为框架。其中，条件$A > 0$意味着$\boldsymbol{\Phi}$的行是线性无关的。若$A$选为可能的最大值，$B$选为最小的可能值，则把它们称为最优框架界。如果$\boldsymbol{\varphi}_i$（$i = 1, 2, \cdots, n$）满足$\|\boldsymbol{\varphi}_i\|_2 = 1$，则称该框架是单位标准框架。

当把基函数用称之为原子库的过完备的冗余函数系统来取代时，为了使信号表示时的

系数能量尽量集中，原子库中的冗余函数应该尽可能符合待表示的信号的结构特征。其构成可以没有任何限制，原子库中的元素被称为原子，相应的原子库称为字典。由于冗余字典中原子之间的冗余性，它提供了更加灵活丰富的信号表示，对一个信号来说，它在一个冗余字典中的表示是不唯一的，存在着无穷多种可能的系数向量。

用已知基或字典中少量元素的线性组合对信号进行逼近表示，若这样的表示是精确的，则称这样的信号是稀疏的。信号稀疏表示模型为高维信号只包含相对少量信息的这一事实提供了一种数学描述模型。

定义 2.3　对一个向量 $\boldsymbol{x}\in\mathbf{C}^N$，其支撑集是其非零元素的下标集合，可表示为

$$\operatorname{supp}(\boldsymbol{x}):=\left\{j\in\{1,2,\cdots,N\}:\boldsymbol{x}_j\neq 0\right\} \tag{2-9}$$

如果向量 $\boldsymbol{x}\in\mathbf{C}^N$ 中的元素最多有 k 个值非零，则称 $\boldsymbol{x}\in\mathbf{C}^N$ 为 k -稀疏，即

$$\|\boldsymbol{x}\|_0:=\operatorname{card}(\operatorname{supp}(\boldsymbol{x}))\leqslant k \tag{2-10}$$

其中，$\operatorname{card}(\cdot)$ 表示取集合的势。

若一个信号在变换基(或者字典)中的表示系数是稀疏的，也称这样的信号是稀疏信号。由于对不同的信号来说，选择哪些字典原子对其进行表示是不同的，因此，信号的稀疏性是非线性的模型。通常来讲，对两个均为 k -稀疏的信号，由于不能保证它们支撑集的一致性，所以这两个信号的线性组合一般不再会是 k -稀疏的信号。稀疏信号集合不能构成一个线性空间，对 n 维的 k -稀疏信号，它是由所有 $\binom{n}{k}$ 个标准子空间的联合所构成的。

定义 2.4　对 $p>0$，向量 $\boldsymbol{x}\in\mathbf{C}^N$ 的基于 ℓ_p 误差的最佳 k 项近似定义如下：

$$\sigma_k(\boldsymbol{x})_p:=\inf\left\{\|\boldsymbol{x}-\boldsymbol{z}\|_p,\boldsymbol{z}\in\mathbf{C}^N\right\}\text{是}k\text{-稀疏的} \tag{2-11}$$

如果向量 $\boldsymbol{x}\in\mathbf{C}^N$ 的最佳 k 项近似的误差快速衰减，则称该向量是可压缩向量。

在真实世界中，只有少量信号是真正稀疏的信号，而大部分信号都是可压缩的，即一些很小的表示系数可以忽略不计，也就是说该信号可以有损压缩。这一类信号可以用稀疏信号进行很好的近似。

2.3　观测矩阵及其特性分析研究方法

在第一章中，我们指出了在压缩感知理论中，对稀疏信号进行压缩观测的观测矩阵(式

(1-6))通常采用的是随机矩阵或者部分正交矩阵。采用不同类型的观测矩阵对于观测数量、恢复质量都会产生不同的影响。最优的确定性观测矩阵设计问题仍然是一个开放问题。压缩感知理论中的一个突破性创新是采用了随机矩阵作为通用的观测矩阵，包括元素为满足标准正态分布的独立随机变量的高斯矩阵和元素是 +1、−1(等概率)的独立随机变量的贝努利矩阵。这里说的“通用”指的是观测矩阵的元素是固定的，并且不会随着待观测对象的不同而发生变化。观测过程用矩阵形式可以表示为 $\boldsymbol{y}=\boldsymbol{\Phi x}$。应用压缩感知理论对信号进行压缩观测时，观测的对象可以是离散的数字信号，也可以是连续的模拟信号。对模拟信号的观测过程需要利用物理器件实现，器件对信号的作用可以等效为一个观测矩阵。模拟信号的观测方法将在后续章节中详细讲述。

对稀疏信号 $\boldsymbol{x}\in\mathbf{C}^N$ 进行压缩观测时，若观测矩阵 $\boldsymbol{\Phi}: m\times N$ 满足 $2k$ 阶 RIP 性质，且 $\delta_{2k}\in\left(0,\frac{1}{2}\right]$，则观测的数量 m 需要满足以下条件：

$$m\geqslant Ck\ln(N/k) \tag{2-12}$$

这里的 $C=(1/2)\ln(\sqrt{24}+1)\approx 0.28$[1]。使用高斯矩阵、贝努利矩阵对信号进行观测时，所需的观测数量均满足这一条件。对一个在某个变换域稀疏的信号来说，观测矩阵满足 RIP(Restricted Isometry Properties)性质(即受限等距性质，在后面会给出详细的解释)，指的是观测矩阵与变换矩阵的乘积满足 RIP 性质。通过式(2-12)可以看出，观测数量与信号的稀疏度基本上表现为线性关系，信号长度在其中起着较小的作用。因此，当信号的稀疏度与信号长度相比较小时，较少的观测数量即可保证信号的恢复。

学者们从不同角度对观测矩阵进行了分析，以求证何种矩阵特性可以保证从观测数据中精确重构信号。

1．基于矩阵的分析——结构条件 CS1～CS3[2]

Donoho 指出[2]，如果矩阵 $\boldsymbol{\Phi}$ 满足 CS1～CS3 条件，则 $\boldsymbol{\Phi}$ 是近最优的观测矩阵。这里简单解释一下 CS1～CS3 条件的含义。对矩阵 $\boldsymbol{\Phi}$，根据坐标集 $I\subset\{1,2,\cdots,N\}$ 抽取列向量，组成矩阵 $\boldsymbol{\Phi}_I$，$\boldsymbol{V}_I$ 表示 $\boldsymbol{\Phi}_I$ 的列空间。当 $|I|\leqslant\rho M/\ln N$ （$\rho>0$ 为常数)时，矩阵 $\boldsymbol{\Phi}$ 满足以下三个条件：

(1) CS1 条件：$\boldsymbol{\Phi}_I$ 的最小奇异值大于 0。该条件表明观测矩阵的列向量必须满足一定的线性独立性。

(2) CS2 条件：对 $\boldsymbol{V}_I$ 中的每一个向量 $\boldsymbol{v}$，满足 $\|\boldsymbol{v}\|_1\geqslant\eta\sqrt{M}\|\boldsymbol{v}\|_2$ ($\eta>0$)，即观测矩阵的列向量体现出某种类噪声的独立随机性。

(3) CS3 条件：对 $\boldsymbol{V}_I$ 中的每一个向量 $\boldsymbol{v}$，用 $\boldsymbol{\Phi}_{I^C}$ 的列线性将其表示为 $\boldsymbol{v}=\boldsymbol{\Phi}_{I^C}\boldsymbol{a}$ (I^C 是 I 对

$\{1,2,\cdots,N\}$ 的补集)，用 $\boldsymbol{\Phi}_I$ 的列线性将其表示为 $\boldsymbol{v}=\boldsymbol{\Phi}_I\boldsymbol{b}$ ，则 $\|\boldsymbol{a}\|_1 \gg \|\boldsymbol{b}\|_1$ 。该条件要求列空间中的向量满足稀疏度的解是满足 ℓ_1 范数最小的向量。

进而存在常数 $\rho>0$ ，当信号的稀疏度 $K \leqslant \rho M/\ln N$ 时，通过求解 ℓ_1 范数最小化问题可精确得到最优解 $\boldsymbol{x}^{(1)}$ ，且 $\boldsymbol{x}^{(1)} = \boldsymbol{x}^{(0)}$ 。当矩阵的维度足够大时，只要选择合适的参数，满足 CS1～CS3 条件的矩阵是普遍存在的。一般来说，只要矩阵中的样本满足某种概率分布，矩阵就满足 CS1～CS3 条件。

2．基于矩阵的分析——受限等距性质(Restricted Isometry Properties，RIP)[3]

定义 2.5[3]　如果存在一个 $\delta_K \in (0,1)$ 使得所有向量 $\boldsymbol{x}$ ，$\|\boldsymbol{x}\|_0 \leqslant K$ 都满足：

$$(1-\delta_K)\|\boldsymbol{x}\|_2^2 \leqslant \|\boldsymbol{\Phi}_I\boldsymbol{x}\|_2^2 \leqslant (1+\delta_K)\|\boldsymbol{x}\|_2^2 \tag{2-13}$$

则矩阵 $\boldsymbol{\Phi}$ 满足 K 阶 RIP 性质，简记为 RIP-(K,δ_K) 。

矩阵 $\boldsymbol{\Phi}$ 满足 RIP-(K,δ_K) 的等价条件是矩阵 $\boldsymbol{\Phi}_I^{\mathrm{T}}\boldsymbol{\Phi}_I$ 的特征值在区间 $[1-\delta_K, 1+\delta_K]$ 内(I 为抽取 $\boldsymbol{\Phi}$ 中 K 列所对应的下标集)。因此，本质上 RIP 性质和一致不确定性原则(Uniform Uncertainty Principle，UUP)[4]是一致的。满足 K 阶 RIP 性质的矩阵，随机抽取其中 K 列(或少于 K 列)，这些列之间是近似正交的[5]。矩阵 $\boldsymbol{\Phi}$ 的 RIP 性质是求解 ℓ_1 范数最小化问题恢复稀疏信号的充分非必要条件，满足 RIP 性质意味着信号恢复具有稳定性和鲁棒性。矩阵的 RIP 性质可以通过 JL 引理(Johnson-Lindenstrauss lemma)来进行证明[6]，但是 RIP 常数却很难通过计算求出。

Candès 证明了只要矩阵 $\boldsymbol{\Phi}$ 满足 RIP-$(2K,\sqrt{2}-1)$，求解 ℓ_1 范数最小化问题就可以恢复所有的 K -稀疏信号[7]。其他稀疏信号恢复算法也常使用矩阵的 RIP 性质作为算法有效性的理论保障，如正交匹配追踪算法要求 $\boldsymbol{\Phi}$ 满足 RIP-$(K+1,1/3\sqrt{K})$ [8]，正则化正交匹配追踪算法要求 $\boldsymbol{\Phi}$ 满足 RIP-$(2K,0.06/\sqrt{\ln K})$ [9]，压缩感知匹配追踪算法要求 $\boldsymbol{\Phi}$ 的 RIP 参数满足 RIP-$(2K,0.025)$ 或 RIP-$(4K,0.1)$ [10]，子空间追踪算法要求 $\boldsymbol{\Phi}$ 的 RIP 参数满足 RIP-$(3K,0.165)$ [11]。以上的 RIP 条件仅仅给出的是信号观测重构的充分条件，而非必要条件。

多种类型的观测矩阵，例如高斯随机矩阵、随机 ±1 的 Rademacher 观测矩阵、贝努利随机矩阵、部分傅立叶矩阵、部分哈达玛矩阵等都满足 RIP 性质。

3．基于空间的分析——K-邻近(Neighborly)性质

定义 2.6[12]　矩阵 $\mathbf{A}=[\boldsymbol{a}_1,\boldsymbol{a}_2,\cdots,\boldsymbol{a}_N]$ ，$\boldsymbol{a}_i \in \mathbf{R}^M$ ，多面体 P 是 $2N$ 个点集 $\{\pm\boldsymbol{a}_i\}$ 在 $\mathbf{R}^M$ 空间中的凸包。如果这 $2N$ 个点中任意的 $K+1$ 个点都是 P 的一个面的顶点，则称 P 是中心对称的，并具有 K -邻近性质。

Donoho 利用拓扑学分析了多面体上面的数量经过映射后的变化情况，揭示了压缩感

知理论中观测方程组解的性质[13]。若观测矩阵$\boldsymbol{\Phi}$对应的多面体P具有K-邻近性质，则单位ℓ_1球$\{\boldsymbol{x}\in\mathbf{R}^N,\|\boldsymbol{x}\|_1\leqslant 1\}$经过矩阵$\boldsymbol{\Phi}$投影到低维空间后，维度为$0,1,\cdots,K$的面(维度为 0 的面即顶点，维度为 1 的面即棱，以此类推)的数量均保持不变。若单位ℓ_1球上的面的数量经过$\boldsymbol{\Phi}$投影后没有减少，那么求解(ℓ_1)最小化问题可以精确恢复ℓ_0稀疏信号。因此，如果观测矩阵$\boldsymbol{\Phi}$对应的多面体P具有K-邻近性质，意味着求解(ℓ_1)最小化问题能够恢复任意K-稀疏的信号，反之亦然。因此，该条件是(ℓ_0)最小化问题和(ℓ_1)最小化问题等价的充分必要条件。对高斯分布的点集，其凸包多面体具有K-邻近性质[14]，因此高斯矩阵常被作为观测矩阵。

4．基于空间的分析——零空间性质[15][16]

对式(1-8)中的(ℓ_1)最小化问题，它的解空间是如下的仿射空间：

$$\{\boldsymbol{x}:\boldsymbol{\Phi x}=\boldsymbol{y}\}\equiv\{\boldsymbol{x}^{(1)}+\boldsymbol{v}:\boldsymbol{v}\in\mathrm{Null}(\boldsymbol{\Phi})\} \tag{2-14}$$

其中$\mathrm{Null}(\boldsymbol{\Phi})$为矩阵$\boldsymbol{\Phi}$的零空间，此空间中$\ell_1$范数值最小的向量就是最优解。因此，$\boldsymbol{x}^{(1)}$是$(\ell_1)$最小化问题最优解的充分必要条件为$\|\boldsymbol{x}^{(1)}+\boldsymbol{v}\|_1>\|\boldsymbol{x}^{(1)}\|_1$，$\forall\boldsymbol{v}\in\mathrm{Null}(\boldsymbol{\Phi})\setminus\{\boldsymbol{0}\}$。基于这一事实，Yin 和 Zhang 推导出$\boldsymbol{x}^{(1)}$是$(\ell_1)$最小化问题唯一解的充分条件是[16]：

$$\sqrt{\|\boldsymbol{x}^{(1)}\|_0}<\min\left\{\frac{1}{2}\frac{\|\boldsymbol{v}\|_1}{\|\boldsymbol{v}\|_2},\boldsymbol{v}\in\mathrm{Null}(\boldsymbol{\Phi})\setminus\{\boldsymbol{0}\}\right\} \tag{2-15}$$

当信号向量$\boldsymbol{x}^{(1)}$满足式(2-15)时，它也是(ℓ_0)最小化问题的解，即$\boldsymbol{x}^{(1)}=\boldsymbol{x}^{(0)}$。文献[17]指出，存在一个$(N-M)$维的子空间集合$S$，对其所有子空间$V_{(N-M)}\subset S$，以下条件成立：

$$\frac{\|\boldsymbol{v}\|_1}{\|\boldsymbol{v}\|_2}\geqslant\frac{C\sqrt{M}}{\sqrt{1+\ln(N/M)}},\forall\boldsymbol{v}\in V_{(N-M)}\setminus\{\boldsymbol{0}\} \tag{2-16}$$

其中C为常数，与维度无关。而高斯矩阵$\boldsymbol{\Phi}$的样本张成的P维子空间以高概率满足条件(2-16)，故取$V_P=\mathrm{Null}(\boldsymbol{A})$，$P=N-M$，因此如果向量$\boldsymbol{x}^{(1)}$满足：

$$\|\boldsymbol{x}^{(1)}\|_0<\frac{C^2}{4}\frac{M}{1+\ln(N/M)} \tag{2-17}$$

则$\boldsymbol{x}^{(1)}$将既是(ℓ_1)最小化问题的唯一解，也是(ℓ_0)最小化问题的解。此结论同样适用于贝努利矩阵和部分正交矩阵。

5．统计分析方法——相变函数

在文献[18]中，使用了相变(Phase Transition)函数来阐明稀疏度K、观测数量M、待恢复信号维度N与成功恢复信号的概率之间的关系，如图 2.1 所示。该图给出了求解(ℓ_1)最小化问题恢复稀疏信号(下方的曲线组)和正值的稀疏信号(上方的曲线组)时，恢复概率分别为 0.1、0.5、0.9 时的相变函数。其含义是，给定序列 (N,M,K)，如果对应的坐标($\delta=M/N$，$\rho=K/M$)在相应的概率曲线下方，则求解 (ℓ_1) 最小化问题能以此概率恢复信号，在此曲线之上则不能。相变函数是一个有指导作用的曲线：对于一定稀疏度的信号，可根据曲线位置推断出以某一个概率恢复信号所需要的观测数量。相变函数是通过大量的实验数据得到的，很难通过理论上的证明来推导。

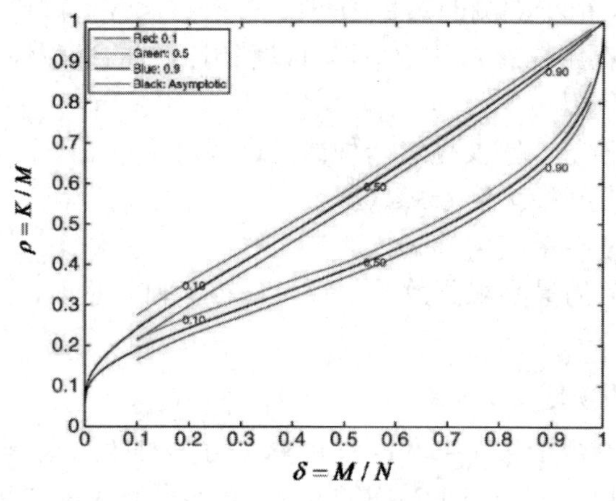

图 2.1　相变函数[18]

上述的各种分析方法从不同角度给出了利用求解 (ℓ_1) 最小化问题恢复稀疏信号时，矩阵 $\boldsymbol{\Phi}$ 需要满足的条件。一方面，上述分析方法是紧密关联的，CS1、RIP 条件都是对矩阵特征值的约束；CS1～CS3 条件与零空间性质基本上是一致的，都体现了矩阵 $\boldsymbol{\Phi}$ 零空间的球切性质；K -邻近性质和矩阵列的矩阵的不相干系数是紧密联系的，如果观测矩阵的不相干系数 $\mu \leqslant \sqrt{N}/(2K-1)$，那么多面体 P 具有 K -邻近性质[12]。另一方面，这些方法自身存在一定的不足。首先，虽然现有文献把 RIP 条件广泛用于理论推导和证明，但是文献[19]证明了 RIP 条件是“不足够好”的，作者证明了存在这样的矩阵：即使它的 RIP 常数 δ_{2K} 无限接近 $1/\sqrt{2}$，仍有 K -稀疏的向量不能通过求解 (ℓ_1) 最小化问题重构。其次，基于矩阵的分析方法涉及特征值的估计，如 CS1、RIP 或 UUP，这给计算量带来了额外负担。而且当矩阵左乘一个非奇异矩阵 $\boldsymbol{G}$ 时，则由观测方程 $\boldsymbol{y}=\boldsymbol{\Phi x}$ 可以得到 $\boldsymbol{Gy}=\boldsymbol{G\Phi x}$，对求解的算法来说，解空间是不变的，但是基于矩阵的分析结果却会发生变换，如 RIP 常数。因此，与基于矩阵的分析方法相比，基于空间的分析方法更加稳定，并且能够将先验信息方便地融合到分析中。最后，若观测数量固定，尽管根据 K -邻近性质推导出的可恢复信号的最大稀疏度要比 RIP 条件给出的值更大，但是 K -邻近性质只适用于无噪声的 ℓ_0 稀疏信号的 ℓ_1 最小化恢复算法分析，RIP 则可以应用于分析 ℓ_p $(0 \leqslant p \leqslant 1)$最小化算法、贪婪算法，以及

$\ell_p(0<p\leqslant 1)$稀疏信号、含噪信号的恢复算法。因此暂时看来，RIP 条件的分析方法仍然是无可取代的。

2.4 信号的观测数量

在压缩感知理论中，对稀疏信号的压缩观测过程可用观测方程 $\boldsymbol{y}=\boldsymbol{\Phi x}$ 进行描述，其中 $\boldsymbol{\Phi}\in\mathbf{C}^{M\times N}$ 称为观测矩阵。由于观测的数目 M 满足关系 $M<N$，因此观测方程是一组欠定的线性方程。尽管如此，在压缩感知理论中，可以利用信号的稀疏性先验对待求解信号进行约束，可高概率地成功恢复原信号。

利用线性观测恢复信号，需要针对两种情况进行讨论：

(1) 同时恢复所有的 k-稀疏信号 $\boldsymbol{x}\in\mathbf{C}^N$；

(2) 恢复某个给定的 k-稀疏信号 $\boldsymbol{x}\in\mathbf{C}^N$。

对这两种情况，必需的最小观测数量分别为 $2k$ 和 $k+1$。然而，再考虑到恢复的稳定性，还需要增加因子项 $\ln(N/k)$。

1. 所有稀疏信号的恢复

对矩阵 $\boldsymbol{\Phi}\in\mathbf{C}^{M\times N}$ 和一个子集 $S\subset[N]$，使用 $\boldsymbol{\Phi}_S$ 表示 $\boldsymbol{\Phi}$ 的列子矩阵，其中包含了集合 S 指定的那些列。类似地，用 $\boldsymbol{x}_S$ 表示空间 $\mathbf{C}^S$ 中的向量，其元素对应 $\boldsymbol{x}$ 中集合 S 指定的那些元素，或者 $\boldsymbol{x}_S$ 表示空间 $\mathbf{C}^N$ 中的向量，并且满足以下条件：

$$(\boldsymbol{x}_{\mathrm{S}})_l=\begin{cases}\boldsymbol{x}_l, & l\in S\\ 0, & l\notin S\end{cases}\tag{2-18}$$

两种表示的含义可以通过上下文进行区分。

定理 2.1 给定矩阵 $\boldsymbol{\Phi}\in\mathbf{C}^{M\times N}$，以下特性是等价的：

(1) 每个 k-稀疏向量 $\boldsymbol{x}\in\mathbf{C}^N$ 是 $\boldsymbol{\Phi z}=\boldsymbol{\Phi x}$ 的唯一 k-稀疏解，也就是说，如果有 $\boldsymbol{\Phi z}=\boldsymbol{\Phi x}$，而且 $\boldsymbol{x}$ 和 z 都是 k-稀疏的，则有 $\boldsymbol{x}=z$。

(2) 矩阵 $\boldsymbol{\Phi}$ 的零空间 $\ker\boldsymbol{\Phi}$ 中，不包含任何的 $2k$-稀疏向量(零向量除外)，即 $\ker\boldsymbol{\Phi}\cap\{z\in\mathbf{C}^N:\|z\|_0\leqslant 2k\}=\{\mathbf{0}\}$。

(3) 对每个 $\mathrm{card}(S)\leqslant 2k$ 的集合 $S\subset[N]$，子矩阵 $\boldsymbol{\Phi}_S$ 是一个从 $\mathbf{C}^S$ 到 $\mathbf{C}^M$ 的单射(injective)函数。

(4) 矩阵 $\boldsymbol{\Phi}$ 的每个 $2k$ 列向量集合均线性无关。

具体来说，要从观测向量 $\boldsymbol{y}=\boldsymbol{\Phi x}\in\mathbf{C}^M$ 中恢复每一个 k-稀疏向量 $\boldsymbol{x}\in\mathbf{C}^N$，那么需要满足特性(1)和(4)，这就意味着矩阵的秩满足 $\mathrm{rank}(\boldsymbol{\Phi})\geqslant 2k$。又由矩阵的秩不会超过其行数，故 $\mathrm{rank}(\boldsymbol{\Phi})\leqslant M$，因此，要恢复所有 k-稀疏向量所必需的观测数量总是满足以下条件：

$$M\geqslant 2k\tag{2-19}$$

定理 2.2 对任意整数 $N \geqslant 2k$，存在一个观测矩阵 $\boldsymbol{\Phi} \in \mathbf{C}^{M \times N}$，$M = 2k$，使得每一个 k -稀疏向量 $\boldsymbol{x} \in \mathbf{C}^N$ 都可以根据其观测向量 $\boldsymbol{y} = \boldsymbol{\Phi x} \in \mathbf{C}^M$，求解 (p_0) 问题得以恢复。

$$\min_{z \in \mathbf{C}^N} \|z\|_0 \quad \text{s.t.} \quad \boldsymbol{\Phi z} = \boldsymbol{y} (p_0) \tag{2-20}$$

2．某个稀疏信号的恢复

定理 2.3 对任意的 $N \geqslant k+1$，一个给定的 k -稀疏向量 $\boldsymbol{x} \in \mathbf{C}^N$，存在一个观测矩阵 $\boldsymbol{\Phi} \in \mathbf{C}^{M \times N}$，$M = k+1$，使得向量 $\boldsymbol{x}$ 可以根据其观测向量 $\boldsymbol{y} = \boldsymbol{\Phi x} \in \mathbf{C}^M$，求解 (p_0) 问题得以恢复。

证明略。

2.5 信号重构算法

压缩感知理论中的信号重构算法中，优化方法和贪婪算法是两类主要的方法。

1．优化方法

稀疏信号的优化恢复可以表示为如下形式：

$$\min \|\boldsymbol{x}\|_0 \quad \text{s.t.} \quad \boldsymbol{\Phi x} = \boldsymbol{y} \tag{2-21}$$

这一问题是一个非凸的最优化问题，并且是一个 NP 难问题。该问题可以用以下问题进行近似：

$$\min \|\boldsymbol{x}\|_p \quad \text{s.t.} \quad \boldsymbol{\Phi x} = \boldsymbol{y} \tag{2-22}$$

当 $p > 0$ 接近 0 时，$\|\boldsymbol{x}\|_p$ 就接近于 $\|\boldsymbol{x}\|_0$。当 $p = 1$ 时，可以用下面的凸优化问题，该问题是 (P_0) 问题的凸松弛：

$$\min \|\boldsymbol{x}\|_1 \quad \text{s.t.} \quad \boldsymbol{\Phi x} = \boldsymbol{y} \tag{2-23}$$

这一 ℓ_1 范数最小化问题也被称为基追踪。对这一凸优化问题，可以采用多种优化方法进行求解，例如内点法、牛顿法、梯度法等等。

考虑到观测噪声时，可以求解下面更加通用的优化问题以实现稀疏信号的重构：

$$\min \|\boldsymbol{x}\|_1 \quad \text{s.t.} \quad \|\boldsymbol{\Phi x} - \boldsymbol{y}\|_2 \leqslant \eta \tag{2-24}$$

这是一个二次锥问题，这一问题的求解称为二次约束基追踪或可抑噪的 ℓ_1 范数最小化问题。

2．贪婪算法

基于 RIP 性质，ℓ_1 最小化可以保证利用 $O(k \ln(N/k))$ 的观测数据就能够成功恢复稀疏信号。但是在实践中发现，当信号的维度较大时，比如百万数量级，信号重构问题的规模较大，利用求解 ℓ_1 范数最小化优化问题恢复信号的代价是较大的，计算时间变得难以接受。利用迭代的方法，可以实现快速的信号恢复。比较经典的迭代方式是正交匹配追踪(OMP)算法。

正交匹配追踪算法容易实现并且速度快。尽管该方法缺乏理论支撑，但是鉴于其实践性能，还是得到了很多的关注和应用。OMP 方法利用 k 次迭代不能保证恢复所有的 k-稀疏信号[20]，但是运行 $30k$ 次迭代可以保证最优的信号恢复结果[21]。当信号的稀疏度较小时，$30k$ 的迭代次数也是很快就可以实现的。正交匹配追踪算法的具体实现过程在后续的章节中会详细介绍，在这里不再展开。

本 章 小 结

本章简单地介绍了压缩感知理论及其涉及的几个重要研究问题，包括信号稀疏建模的方法、观测矩阵的分析方法以及信号重构的观测数据数量要求等，并给出了一些在工程应用问题中需要的重要定理和结论。

本章参考文献

[1] Davenport M . Random observations on random observations: Sparse signal acquisition and processing[D]. PhD thesis，Rice University，Aug，2010.

[2] Donoho D L. Compressed sensing[J]. IEEE Transactions on Information Theory，2006，52(4)：1289-1306.

[3] Candès E，Romberg J，Tao T. Stable signal recovery from incomplete and inaccurate measurements [J]. Communications on Pure and Applied Mathematics，2006，59(8)：1207-1223.

[4] Candès E，Tao T. Near-optimal signal recovery from random projections: universal encoding strategies? [J]. IEEE Transactions on information theory，2006，52(12)：5406-5425.

[5] Candès E. Compressive sampling[C]. Proceedings of the International Congress of Mathematicians，Madrid，Spain，Aug，2006，3：1433-1452.

[6] Baraniuk R，Davenport M，DeVore R，et al. A simple proof of the restricted isometry property for random matrices[J]. Constructive Approximation.，2008，28(3)：253-263.

[7] Candès E. The restricted isometry property and its implications for compressed sensing[J]. Comptes Rendus Mathematiquec，2008，346(9-10)：589-592.

[8] Davenport M A，Wakin M B. Analysis of orthogonal matching pursuit using the restricted isometry property [J]. IEEE Transactions on Information Theory，2011，56(9)：4395-4401.

[9] Needell D，Vershynin R. Uniform uncertainty principle and signal recovery via regularized orthogonal

matching pursuit[J]. Foundations of Computational Mathematics, 2007, 9(3): 317-334.

[10] Needell D, Tropp J A. CoSaMP: iterative signal recovery from incomplete and inaccurate measurements [J]. Applied and Computational Harmonic Analysis, 2008, 26: 301-321.

[11] Dai W, Milenkovic O. Subspace pursuit for compressive sensing signal reconstruction [J]. IEEE Transactions on Information Theory, 2009, 55(5): 2230-2249.

[12] Donoho D. Neighborly polytopes and sparse solution of underdetermined linear equations[R]. Technical Report, Department of Statistics, Stanford University, 2004.

[13] Donoho D, Tanner J. Counting faces of randomly-projected polytopes when the projection radically lowers dimension [J]. Journal of the American Mathematical Society, 2009, 22(1): 1-53.

[14] Donoho D, Tanner J. Neighborliness of randomly-projected simplices in high dimensions [J]. Proceedings of National Academy of Science, 2005, 102(27): 9452-9457.

[15] Vavasis S A. Derivation of compressive sensing theorems for the spherical section property[R]. University of Waterloo, CO 769 lecture notes, 2009.

[16] Yin W, Zhang Y. Extracting salient features from less data via ℓ_1-minimization[J]. SIAG/Optimization Views and News, 2008, 19(1): 11-19.

[17] Garnaev A, Gluskin E. The widths of a Euclidean ball (Russian)[J]. Doklady Akademii Nauk, 1984, 277: 1048-1052.

[18] Donoho D, Tanner J. Precise undersampling theorems[J]. Proceedings of the IEEE, 2010, 98(6): 913-924.

[19] Davies M, Gribonval R. Restricted isometry property and ℓ_p sparse recovery failure[C]. Signal Processing with Adaptive Sparse Structured Representations, Saint-Malo, France, Apr6-9, 2009.

[20] Rauhut H. On the impossibility of uniform sparse reconstruction using greedy methods[J]. Sampling Theory inSignal and Image Processing, 2008, 7(2): 197-215.

[21] Zhang Tong. Sparse recovery with orthogonal matching pursuit under RIP[J], IEEE Transactions on Information Theory, 2011, 57(9): 6215-6221.

第三章 信号稀疏表示与分解方法

信息技术的飞速发展使得人们对信息的需求量剧增，信息往往以大量数据为载体，在大量数据中提炼有用的信息是信号处理的主要研究内容之一。在信号与信息处理领域，信号分解和信号表达是一个根本性的问题。采用空间变换的思想有效地表达信号是一种常用手段。信号的稀疏表示就是通过空间变换的手段实现用很少的系数去准确表达该信号，这种表达能更有效地提取信号的本质特征，使得对信号的处理变得又快又简单，可从本质上降低信号处理成本。因此，在数字信号处理应用中，人们总是将给定的信号在已知的函数(基)集上进行分解，在变换域上表达原始信号称为信号表示或者信号变换。信号表示以加性分解最为常见。例如，傅立叶分析将信号在三角函数(正弦和余弦函数)上展开，在频域表示信号；小波分析将信号在小波基上展开，在小波域表示信号；(线性)时频分析将信号在时频平面上展开，获得信号的时频表示。

从傅立叶变换到小波变换再到后来兴起的多尺度几何分析(Ridgelet[1], Curvelet[2], Bandelet[3], Contourlet[4])，科学家们的研究都只有一个目的，那就是如何在不同的函数空间为信号提供一种更加简洁、直接的分析方式，所有这些变换都旨在发掘信号的特征并稀疏表示它。在数字信号处理理论研究及工程应用中，有效而简洁地表达信号是数字信号分析所有步骤中较为关键的一步，具有非常重要的意义。

目前，稀疏表示被广泛应用于信号处理和图像处理的各个领域，如图像压缩[5]、音频压缩[6]、视频信号压缩[7]、盲信号分离[8]、自动控制[9]、噪声抑制[10]、地震数据处理[11]、到达方向估计[12]、系统辨识[13]、轮廓识别[14]、人脸识别[15]等等。图像可以在某个变换基下稀疏逼近是流行的压缩编码标准 JPEG2000 实现图像压缩的前提条件。

各种信号表示方法的广泛应用推动了信号表示方法的不断推陈出新。从傅立叶变换开始，后续出现的 Gabor 变换、K-L 变换、小波变换以及当前正处于热点的后小波变换，如脊波变换[16](Ridgelet)、单尺度脊波变换、Curvelet 变换[17-18]、Brushlet 变换[19]、Bandelet 变换[20]、Contourlets 变换[21]、Wedgelet 变换[23]及 Beamlet 变换[24]等，所有这些变换都是在发掘信号的特征并稀疏表示它，或者说旨在提高信号的非线性逼近能力[25-26]。

随着现代传感器技术和网络技术的飞速发展，许多领域不得不面临日益膨胀的海量数据，如地球物理数据、视频数据、天文数据、基因数据等等。如何实现对这些数据更为灵活、简洁的表达已成为一个备受关注的问题。传统的信号表示方法是基于基(如傅立叶基、小波基)的展开。为了实现对信号的更加灵活、更加简洁和自适应的表示，一种更好的信号分解方式应该是根据信号本身的特点，自适应地选择合适的基函数，来完成信号的分解，最终得到信号的一个非常简洁的表达，即稀疏表示。完成信号稀疏表达的过程称为信号稀疏分解。

近年来由 Candès 和 Donoho 等人建立起来的压缩感知(Compressive Sensing 或 Compressive sampling，CS)理论[27-30]将信号稀疏表示问题推向新的研究热潮，并进一步将稀疏表示的重要性提升到一个新的高度。压缩感知的巨大应用前景已经日渐凸显，应用研究已经涉及诸多领域，如单像素相机、生物传感、光谱成像、医疗成像、信道编码、遥感图像处理、天文学等等。对稀疏分解方法的研究有极其重要而深远的理论意义和广泛的应用价值。

从傅立叶变换到小波分析，信号分析处理能力在不断加强。傅立叶变换只对频域进行均匀划分。短时傅立叶变换增加了时间轴的划分，具有时频局部特性，但各个时频窗口的形状大小固定，因而在信号分析和处理时限制了它的应用。小波变换的时频窗口是可变的，具有较精确的时频局部显微特性，对瞬时信号有较强的捕获能力，但对于二维以上的奇异性无能为力。显然，传统的基于“基”的展开的信号表示方法有一定的局限性，往往不总能够达到好的稀疏表示效果，尤其是对于时频变化范围很广的信号，效果更差。过完备字典(Over-complete Dictionary，又称冗余字典)下的信号分解具有更强的稀疏表达能力，因而成为近年来的研究热点。

过完备字典下的信号稀疏表示方法肇始于 20 世纪 90 年代。1993 年，Mallat 和 Zhang 首次提出了应用过完备字典对信号进行稀疏分解的思想，并引入了匹配追踪算法[31-32]。

基于过完备字典的信号稀疏分解是一种新的信号表示理论，采用过完备的冗余函数代替传统的正交基函数，从而为自适应地稀疏表示信号提供了极大的灵活性。神经科学的理论研究指出，过完备稀疏表示更符合哺乳动物视觉系统的生物学背景[33]。非线性逼近理论也给出了令人信服的实例，证明过完备系统的逼近优于已知的正交基[34]。信号处理的研究表明，过完备稀疏分解对信号压缩和均衡都有较大改善[32, 35, 36]。

至今为止，人们已经提出了多种稀疏分解算法，常用的有匹配追踪(Matching Pursuit，MP)算法[31]、基追踪(Basis Pursuit，BP)算法[37]、框架方法(Method of Frames，MOF)[38]、最佳正交基(Basis Orthogonal Best，BOB)算法[39]和正交匹配追踪(Orthogonal Matching Pursuit，OMP)算法[40]。其中以 BP 算法和 MP 算法最为常用。在众多稀疏分解算法中 MP 算法的速度是最快的，但其计算量仍然巨大。这是由于 MP 每一步都要完成信号或残余信号在冗余字典中的每一个原子上的投影计算。MP 算法还有另外两个缺点：① 已选原子组成的子空间上，信号的展开可能不是最好的；② 极易造成过匹配现象[37]。

过完备字典下的稀疏分解算法的计算量巨大成为阻碍其在信号处理领域推广应用的致命缺点。目前，信号过完备稀疏表示的两个研究热点问题是：① 针对一类信号如何构造适合它们的过完备字典以获得最佳逼近；② 针对已有算法如何实现它们的快速计算或者设计新的低复杂度的稀疏分解算法。这两个方面具有密切的联系。学者们对此已做了一些探索[32], [41-42]。本章 3.2 节和 3.3 节将分别就这两个方面展开讨论。

国内对稀疏表示领域的研究主要集中在两个方面：① 以 Ridgelet、Curvelet 为主线的理论分析[43-44]及其在图像处理方面的应用[45]；② 以贪婪匹配追踪类算法为核心，研究其各种变形算法[40, 46]及其在信号/图像处理方面的具体应用[47-48]。

3.1 信号的稀疏逼近

3.1.1 稀疏信号与基下的信号稀疏逼近

1. 稀疏信号的基本概念

信号的稀疏表示就是在变换域上用尽量少的基函数来准确地表达原始信号，从而抓住信号的本质。那么究竟什么是稀疏表示，什么样的信号是稀疏信号？

考虑一个实值的有限长一维离散时间信号，可以把它看做一个 $\mathbf{R}^N$ 空间的 N 维的列向量 $\boldsymbol{x}$，元素为 $\boldsymbol{x}(n)(n=1,2,\cdots,N)$。对于图像或高维数据，可将其按行或按列拉成一维向量。$\mathbf{R}^N$ 空间的任何信号 $\boldsymbol{x}$ 都可以用 N 个 N 维的基向量 $\{\boldsymbol{\psi}_i\}_{i=1}^N$ 的线性组合表示。为了简化问题，假定基是正交的。把向量 $\{\boldsymbol{\psi}_i\}_{i=1}^N$ 作为列向量形成 $N\times N$ 的基矩阵 $\boldsymbol{\Psi}:=[\boldsymbol{\psi}_1,\boldsymbol{\psi}_2,\cdots,\boldsymbol{\psi}_N]$，任意信号 $\boldsymbol{x}$ 都可以表示为

$$\boldsymbol{x}=\sum_{i=1}^{N}\theta_i\boldsymbol{\psi}_i \quad 或 \quad \boldsymbol{x}=\boldsymbol{\Psi\Theta} \tag{3-1}$$

其中 $\boldsymbol{\Theta}$ 是由分解系数 $\theta_i=<\boldsymbol{x},\boldsymbol{\psi}_i>=\boldsymbol{\psi}_i^{\mathrm{T}}\boldsymbol{x}$ 构成的 N 的列向量，其中 $(\cdot)^{\mathrm{T}}$ 表示转置操作。显然，$\boldsymbol{x}$ 和 $\boldsymbol{\Theta}$ 是同一个信号的等价表示，$\boldsymbol{x}$ 是信号在时域的表示，$\boldsymbol{\Theta}$ 是信号在 $\boldsymbol{\Psi}$ 域的表示。

如果 $\boldsymbol{\Theta}\in\mathbf{R}^N$ 仅仅有 K 个非零项，且 $K<<N$，此时我们称 $\boldsymbol{\Theta}$ 是 K 项稀疏的，或 $\boldsymbol{x}$ 关于 $\boldsymbol{\Psi}$ 是 K 项稀疏的。$\boldsymbol{\Theta}$ 中非零系数的位置集合称为稀疏结构，称 $\alpha=K/N$ 为稀疏比(或稀疏度)。

如果 $\boldsymbol{x}$ 在正交基 $\boldsymbol{\Psi}$ 下的展开系数按一定量级呈现指数衰减，具有非常少的大系数(K 个)和许多小系数，即 $K<<N$，这表明信号 $\boldsymbol{x}$ 是可压缩的，称为信号 $\boldsymbol{x}$ 在正交基 $\boldsymbol{\Psi}$ 下具有稀疏表示，即信号 $\boldsymbol{x}$ 是该基下的稀疏信号。一般而言，可压缩信号是指可以用 K 个大系数很好地逼近的信号。

此外，文献[49]给出了稀疏的另一种数学定义：信号 $\boldsymbol{x}$ 在正交基 $\boldsymbol{\Psi}$ 下的变换系数向量为 $\boldsymbol{\Theta}=\boldsymbol{\Psi}^{\mathrm{T}}\boldsymbol{x}$ ，假如对于 $0<p<2$ 和 $R>0$ ，这些系数满足

$$\|\boldsymbol{\Theta}\|_p=(\sum_i|\theta_i|^p)^{1/p}\leqslant R \tag{3-2}$$

说明系数向量 $\boldsymbol{\Theta}$ 在 p-范数下是稀疏的。特别的，文献[50]也给出了一种定义：如果变换系数 $\theta_i=<\boldsymbol{x},\boldsymbol{\psi}_i>$ 的支撑域 $\{i:\theta_i\neq 0\}$ 的势小于等于 K ，即 $\boldsymbol{\Theta}\in\mathbf{R}^N$ 仅有 K 个非零项，则可以说信号 $\boldsymbol{x}$ 关于 $\boldsymbol{\Psi}$ 是 K -稀疏。非零项个数 K 反映了信号中固有的自由度。或者说稀疏性是度量构成信号的系数中非零分量数量的一个尺度。通常，信号表示的稀疏度可以用该信号的表示向量的 ℓ_0-范数来衡量。一个向量的 ℓ_0-范数就是这个向量中非零元素的个数。

信号或者图像的稀疏性和可压缩性在科学领域一直扮演着且将继续扮演重要角色。举例来说，稀疏性可以导致有效的估计。例如，通过阈值萎缩算法，得到的估计质量依赖于待估计信号的稀疏性；稀疏性可以导致有效的压缩，变换编码器的精度依赖于待编码信号的稀疏性；稀疏性可以被用于信号的降维处理和有效建模。

稀疏信号的另外一个重要的性质近来已经被发现：它们可以从相对少量的随机采样中通过有限的计算步骤恢复。这种方法称为压缩采样(也称为压缩感知)，在文献[49]及其他文献中有详细的描述[51]。

2. 基下的信号稀疏逼近

图像和信号处理中涉及的处理操作本质上都是关于基的变换。基是线性空间里一组能表示该空间中任何其他向量的一组线性独立的向量。一个空间中可以有多种形式的基，基的好坏及选择往往取决于其应用场合。信号在一组基下的分解系数定义了信号的另一种表示形式，这种表示往往可以突出信号的某些重要性质，如小波系数可以清楚地提供信号奇异点的类型和位置，从大系数的位置和尺度可以很好地探测信号的时频变化[51]。在工程应用领域，我们往往希望选择这样的一组基，只需要用该基下较少数目的线性组合就可以精确表示某类信号，此时该基下的分解表示结果呈现出稀疏性，称为此类信号在该基下的稀疏表示，并且称这类信号在该基下具有稀疏性。

人们总是希望通过某种变换，找到信号在某个域上的稀疏逼近，进而用它取代原始数据表示。信号变换的本质就是通过不同角度、不同方式去“观察和认识”一个信号。信号的稀疏逼近是在变换域上用尽量少的基函数来表示原始信号。信号常常携带大量数据，在其中寻找相关信息时犹如大海捞针。用很少的系数表达信号的稀疏表示可以揭示我们想要的信息，使得对信号的处理变得又快又简单。求得信号稀疏表达的过程称为稀疏分解或者稀疏逼近。根据稀疏逼近的方式不同，稀疏逼近又有线性逼近和非线性逼近两类方法。下面先介绍线性逼近，进而介绍非线性逼近。

1) 线性逼近[52]

线性逼近将信号 $\boldsymbol{f}$ 投影到从规范正交基 $\boldsymbol{B}=\{\boldsymbol{g}_m\}_{m\in N}$ 中事先选取确定的 M 个向量上：

$$\boldsymbol{f}_M=\sum_{m=0}^{M-1}\langle\boldsymbol{f},\boldsymbol{g}_m\rangle\boldsymbol{g}_m \tag{3-3}$$

由于 $\boldsymbol{B}$ 是正交基，故逼近误差是 $\boldsymbol{f}$ 与剩余项内积的平方和：

$$\varepsilon[M]=\|\boldsymbol{f}-\boldsymbol{f}_M\|^2=\sum_{m=M}^{+\infty}|\langle\boldsymbol{f},\boldsymbol{g}_m\rangle|^2 \tag{3-4}$$

相对于基 $\boldsymbol{B}$ 而言，逼近精度明显依赖于 $\boldsymbol{f}$ 的性质。

傅立叶基是一致光滑函数极好的线性逼近工具。它将信号投影到 M 个正弦波上。当 M 增加时，误差 $\varepsilon[M]$ 的衰减性与 $\boldsymbol{f}$ 的整体正则性有关。

在一个小波基中，将信号在 M 个较大尺度的小波原子下投影等价于用固定的分辨率逼近该信号。一致光滑信号在小波基和傅立叶基下的线性逼近具有相似的性质，两种线性逼近刻画了几乎相同的函数空间。

假设要逼近的信号是长度为 N 的离散信号，可用随机向量 $\boldsymbol{F}[n]$ 来建立数学模型。将 $\boldsymbol{F}$ 投影到规范正交基 $\boldsymbol{B}=\{\boldsymbol{g}_m\}_{0\leqslant m<M}$ 中前 M 个基向量上，则平均逼近误差为

$$\varepsilon[M]=E\{\|\boldsymbol{F}-\boldsymbol{F}_M\|^2\}=\sum_{m=M}^{N-1}E\{|\langle\boldsymbol{F},\boldsymbol{g}_m\rangle|^2\} \tag{3-5}$$

2) 非线性逼近[52]

如果我们根据 f 的性质选择 M 个向量 $\boldsymbol{g}_m$，则可以改进线性逼近式(3-3)。记 I_M 为这 M 个向量的指标集，则 $\boldsymbol{F}$ 的逼近为

$$\boldsymbol{f}_M=\sum_{m\in I_M}\langle\boldsymbol{f},\boldsymbol{g}_m\rangle\boldsymbol{g}_m \tag{3-6}$$

逼近误差是 $\boldsymbol{f}$ 与不属于 I_M 的向量的内积的平方和：

$$\varepsilon[M]=\|\boldsymbol{f}-\boldsymbol{f}_M\|^2=\sum_{m\in I_M}|\langle\boldsymbol{f},\boldsymbol{g}_m\rangle|^2 \tag{3-7}$$

为了使上面的误差最小，我们选择 M 个向量使得内积的幅值 $|<\boldsymbol{f},\boldsymbol{g}_m>|$ 是前 M 个最大的。因为这 M 个向量随 $\boldsymbol{f}$ 而改变，所以这种逼近算法是非线性的。

接下来介绍几种常用基下的信号稀疏逼近。

(1) 非线性傅立叶逼近。傅立叶基 $\{\mathrm{e}^{\mathrm{i}2\pi mt}\}_{m\in Z}$ 是 $\boldsymbol{L}^2[0,1]$ 的一组标准正交基，$\forall x\in\boldsymbol{L}^2[0,1]$ 可用傅立叶级数表示：

$$x(t)=\sum_{m=-\infty}^{+\infty}\left\langle\boldsymbol{x}(u),\mathrm{e}^{\mathrm{i}\pi mu}\right\rangle\mathrm{e}^{\mathrm{i}\pi mt} \tag{3-8}$$

若函数 $x(t)$ 是有界变差的，则傅立叶基对函数 $x(t)$ 的非线性逼近误差为 $\varepsilon_n^{\boldsymbol{F}}[M]=O[M^{-1}]$[12]，

即 $\varepsilon_n^F[M]$ 有 M^{-1} 级的衰减速度。

(2) 非线性小波逼近[43]。$\{\boldsymbol{\varphi}_{J,n}\}_{0\leqslant n\leqslant 2^{-J}}$，$\{\boldsymbol{\psi}_{j,n}\}_{i<j\leqslant J,0\leqslant n\leqslant 2^{-j}}$ 定义了 $\boldsymbol{L}^2[0,1]$ 中逼近空间 $\boldsymbol{U}_l$ 的一组规范正交基。记 $\boldsymbol{\varphi}_{J,n}=\boldsymbol{\psi}_{J+1,n}$，则 $\boldsymbol{x}\in\boldsymbol{L}^2[0,1]$ 非线性小波逼近

$$\boldsymbol{x}_M^W=\sum_{(j,n)\in I_M}\langle\boldsymbol{x},\boldsymbol{\psi}_{j,n}\rangle\boldsymbol{\psi}_{j,n} \tag{3-9}$$

的逼近误差为

$$\boldsymbol{\omega}_M^W[M]=\left\|\boldsymbol{x}-\boldsymbol{x}_M^W\right\|^2=\sum_{(j,n)\notin I_M}\left|\langle\boldsymbol{x},\boldsymbol{\psi}_{j,n}\rangle\right|^2 \tag{3-10}$$

对于傅立叶基和小波基，稀疏分解后的 K 项非线性逼近误差有以下有用的结论[53]：

(i) 若信号 $\boldsymbol{x}$ 是有界变差的，则傅立叶基对函数 $\boldsymbol{x}$ 的非线性逼近误差为 $\varepsilon=O(K^{-1})$，即分解系数具有 K^{-1} 级的衰减速度。

(ii) 若信号 $\boldsymbol{x}$ 是有界变差的，则小波基对函数 $\boldsymbol{x}$ 的非线性逼近误差为 $\varepsilon=O(K^{-2})$，即分解系数具有 K^{-2} 级的衰减速度。

对有界变差函数，小波具有最优的逼近性能[54]，小波基比傅立叶基能更“稀疏”地表示一维分段光滑或者有界变差函数，这是小波分析在众多学科领域中取得巨大成功的一个关键原因。

3.1.2 过完备字典下的信号稀疏逼近

传统的信号表示方法都是在“基”上的展开，如傅立叶变换和小波变换。一组正交基就是规模最小的字典，也是过完备字典。如果某信号在其上稀疏，说明信号的能量聚焦在少数的基函数上，于是用少量的系数就可以等价表示该信号，这非常有利于后续的压缩、降噪等处理。但这种建立在正交基上的信号分解有一定的局限性，往往不总能够达到好的稀疏表示效果，尤其是对于时频变化范围很广的信号，效果常常欠佳。过完备字典能够较好地适应信号本身特点，因此能更好地挖掘信号的稀疏性。通常情况下，过完备字典下的逼近问题为非线性逼近问题，也称为稀疏逼近。

基于过完备字典的信号稀疏逼近的数学描述：给定一个字典 $\boldsymbol{D}=\{\boldsymbol{g}_r,r=1,2,\cdots,L\}$ 且 $\mathrm{span(D)}=\mathbf{R}^N$，$L>>N$。对于任意信号 $\boldsymbol{x}\in\mathbf{R}^N$，在过完备字典 $\boldsymbol{D}$ 中选取 $K(K<<N)$ 个原子对信号 $\boldsymbol{x}$ 作 K 项逼近：

$$\boldsymbol{x}_K=\sum_{i\in I_K,|I_K|=K}\langle\boldsymbol{x},\boldsymbol{g}_i\rangle\boldsymbol{g}_i \tag{3-11}$$

其中，I_K 是对应于最大系数幅值 $|\langle\boldsymbol{x},\boldsymbol{g}_i\rangle|$ 的 K 个原子的下标集合，则 $\boldsymbol{B}=\mathrm{span}(\mathrm{g}_i,i\in I_K)$ 是由 K 个原子在字典 $\boldsymbol{D}$ 中张成的最佳子集。定义逼近误差为

$$\varepsilon = \inf_{x_K} \| \boldsymbol{x} - \boldsymbol{x}_K \| \tag{3-12}$$

其中，ε 为 $\boldsymbol{x}_K$ 在字典 $\boldsymbol{D}$ 下的非线性逼近误差。对于不同的字典，不同类型的信号 $\boldsymbol{x}$，非线性逼近的误差 ε 也不同。

从稀疏逼近的角度出发，希望在满足条件式(3-11)的前提下，从各种可能的组合中，挑选出分解系数最为稀疏的一组原子。这就集中体现了信号稀疏分解的思想。

如果 $\boldsymbol{D}$ 是 $\boldsymbol{R}^N$ 的一组正交基，如何得到信号 $\boldsymbol{x}$ 的最佳(最稀疏) K 项分解是一件显而易见的事，即保留与 $\boldsymbol{x}$ 的内积 $\langle \boldsymbol{x}, \boldsymbol{g}_r \rangle$ 最大的 K 个基。对于过完备库 $\boldsymbol{D}$ 来说，这等同于解决下述问题：

$$\min \left\| \left\{ \langle \boldsymbol{x}, \boldsymbol{g}_i \rangle \right\}_{i=1}^{N} \right\|_0 \quad \text{s.t.} \quad \boldsymbol{x} = \sum_{i=0}^{K-1} \langle \boldsymbol{x}, \boldsymbol{g}_i \rangle \boldsymbol{g}_i \tag{3-13}$$

事实上，这是一个 NP 难问题[55]。

假设字典 $\boldsymbol{D}$ 中的原子(向量)构成的矩阵为 $\boldsymbol{A}$，字典中的各个原子与信号 $\boldsymbol{x}$ 的内积(匹配程度)构成的向量为 $\boldsymbol{\theta}$，则过完备字典下的稀疏表示转化为如下问题：

$$\min \|\boldsymbol{\theta}\|_0 \quad \text{s.t.} \quad \boldsymbol{A\theta} = \boldsymbol{x} \tag{3-14}$$

过完备稀疏可用图 3.1 所示的示意图表示。

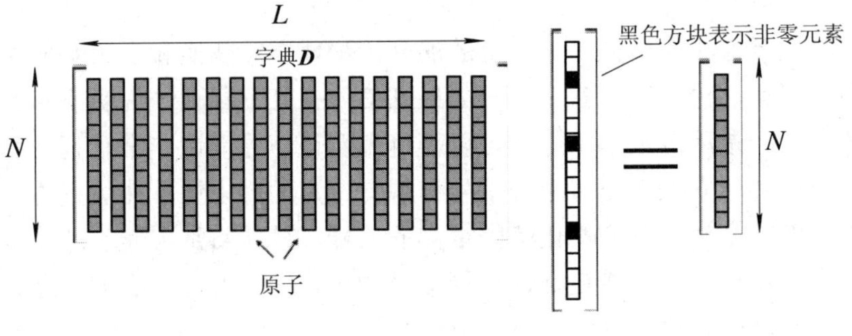

图 3.1　过完备稀疏表示示意图

为避开求解 ℓ_0 范数 NP 难问题, Chen、Donoho 和 Saunders[37]提出了解决下述稍有差别的问题：

$$\min \|\boldsymbol{\theta}\|_1 \quad \text{s.t.} \quad \boldsymbol{A\theta} = \boldsymbol{x} \tag{3-15}$$

于是问题转化为 ℓ_1 范数的优化求解问题。这是一个较为简单的问题，可以通过线性规划的方法解决[37, 56]。

尽管使用了线性规划方法，其计算量仍然是巨大的，而用能够求解局部最优的贪婪算法以取代求解 ℓ_0 的全局最优，可以降低计算的复杂度。匹配追踪算法就是这样一个迭代的贪婪算法，它是在每一次迭代过程中，从过完备库里选择最能匹配信号结构的一个原子而构建的一种逼近过程[31, 55]。

对于待分解的信号，决定信号稀疏分解成败的因素有两个：一个因素是如何找到一个合适的字典 $\boldsymbol{D}$，使得信号能够用这个字典中的原子稀疏表示，从而具有尽可能小的非线性逼近误差；第二个因素是，如何设计好的算法来快速、准确地进行信号稀疏分解。这两个问题常常是相互联系的。

3.2 典型过完备字典

本节主要介绍常用过完备字典和过完备字典的构造。为了更容易理解过完备字典，我们将熟悉的基称为完备字典。因此在介绍过完备字典以前，有必要首先回顾完备字典的概念。

3.2.1 完备字典

这里介绍最简单的例子，它们均包含 N 个原子，是完备字典。换句话说，这些字典就是基。

1. 冲激函数字典

冲激(Dirac)函数字典是除了一点非零其余全零的波形集合：$\gamma \in \{0,1,\cdots,N-1\}$，且 $\boldsymbol{g}_\gamma(n)=1_{\{t=\gamma\}}$。当然，它也是 $\mathbf{R}^N$ 空间的一个标准正交基。

2. 单位阶跃(Heaviside)字典

单位阶跃(Heaviside)字典是在某个特殊的点跳跃的波形集合：$\gamma \in \{0,1,\cdots,N-1\}$，且 $\boldsymbol{g}_\gamma(n)=1_{\{t\geqslant\gamma\}}$。字典中的原子非正交，但每个信号 $\boldsymbol{f}$ 都可以表示为

$$\boldsymbol{f}=\boldsymbol{f}_0\boldsymbol{g}_0+\sum_{\gamma=1}^{N-1}(\boldsymbol{f}_\gamma-\boldsymbol{f}_{\gamma-1})\boldsymbol{g}_\gamma \tag{3-16}$$

因此单位阶跃字典是 $\mathbf{R}^N$ 空间的一个基。

3. 傅立叶基

频率字典中最典型的傅立叶基就是一个典型的完备字典。它是一个用频率来标识的正弦波形 $\boldsymbol{g}_\gamma$ 的集合：

$$\boldsymbol{g}_\gamma(n)=\mathrm{e}^{\mathrm{i}\frac{2\pi\gamma n}{N}},\quad \gamma\in\{0,1,\cdots,N-1\} \tag{3-17}$$

这个字典由 N 个频率波形构成，所有原子相互正交，实际上这也是一个标准正交基。在信号处理技术的发展中，傅立叶变换起着十分重要的作用，它把信号从时间域表示转换到频率域表示。采用频域的分析方法较经典的时域方法有许多突出的优点。

4. 时间-尺度字典

各种小波字典是典型的时间-尺度字典。以最简单的 Harr 小波字典为例，其父小波是 $\boldsymbol{\phi}=1_{[0,1]}$，母小波是 $\boldsymbol{\psi}=1_{(1/2,1]}-1_{[0,1/2]}$。字典由母小波的平移和扩张的波形以及父小波平移的波形组成，用 $\gamma=(a_j,b_{j,k},\nu)$ 标识，其中 $a_j=2^j/N, j=j_0,\cdots,lb(N)-1$ 是一个尺度变量(j_0 为父小波的尺度)，$b_{j,k}=ka_j, k=0,\cdots,2^j-1$ 是一个位置变量，$\nu\in\{0,1\}$ 是一个类型标识。具体表示为

$$\begin{cases}\boldsymbol{g}_{(a_j,b_{j,k},0)}(n)=\sqrt{a_j}\boldsymbol{\phi}(a_j(n-b_{j,k}))\\ \boldsymbol{g}_{(a_j,b_{j,k},1)}(n)=\sqrt{a_j}\boldsymbol{\psi}(a_j(n-b_{j,k}))\end{cases} \tag{3-18}$$

这个标准的 Harr 小波字典由 N 个波形构成，是一个标准正交基。各种其他小波基也是完备的时间-尺度字典，如各种样条小波等。尽管这些小波字典的生成方式有所不同，但它们和标准 Haar 小波字典具有一样的结构。在信号分析和处理中，小波基字典为我们提供了一种灵活性很高的信号分析方法，可以根据需要选取时间或者频率精度。一般来说，在低频部分，信号比较平缓，所含的频率成分比较多，使用高的频率分辨率。而在高频部分，相对的频率改变及对信号的影响小，可以在较高的时间分辨率下关注信号的瞬态特征，降低频率分辨率。

3.2.2 典型过完备字典

过完备字典能够较好地适应信号本身的特点，因此能更好地挖掘信号的稀疏性。过完备字典的类型多种多样，下面介绍几种常用的过完备字典。

1. 由精细采样生成的字典

一个过完备的傅立叶字典可以通过更精细的采样得到。设 $l(>1)$ 表示所有大于 1 的数，过完备的傅立叶字典是一个用频率来标识的正弦波形 $\boldsymbol{g}_\gamma$ 的集合：

$$\boldsymbol{g}_\gamma(n)=\mathrm{e}^{\mathrm{i}\frac{2\pi\gamma n}{lN}},\quad \gamma\in\{0,1,\cdots,\lceil lN\rceil\} \tag{3-19}$$

这个字典由 $\lceil lN\rceil$ 个频率波形构成，是通过对频率的更精细采样得到的字典，称作 l 倍的过完备傅立叶字典。

其他类型的字典也可以通过更精细的采样获得，如过完备的小波字典可以通过对尺度变量和位置参数进行更精细的采样得到。所谓的标准 Haar 小波过完备字典就是将位置参数

精细化为每个点平移一次，得到$O(N\ \mathrm{lb}N)$个波形。

2. Gabor 字典

Gabor 字典是非常常用的一种过完备字典。标准的例子是由 Gabor 在 1946 年提出的 Gabor 字典。记$\gamma=(\omega,\tau,\theta,\delta t)$，这里$\omega\in[0,\pi)$为频率参数，$\tau$为位置参数，$\theta$为相位参数，$\delta t$为持续时间参数。标准的 Gabor 字典可以定义为波形g_γ的集合：

$$\boldsymbol{g}_\gamma(n)=\mathrm{e}^{-(n-\tau)^2/(\delta t)^2}\cdot\cos(\omega(n-\tau)+\theta) \tag{3-20}$$

可以通过对这几个参数的精细采样得到具体的 Gabor 字典，如固定δt，选择$\omega_k=k\Delta\omega$，$\tau_l=l\Delta\tau$，$\theta=0$或$\pi/2$，此时可得到一个具体的离散 Gabor 字典。如果$\Delta\omega$和$\Delta\tau$选择得充分精细，则该字典将具有很好的时间-频率分辨率，但字典的冗余度将相应增加。

3. 小波包和余弦包字典

为了满足离散时间信号处理的计算需求，发展出了小波包和余弦包字典。对于长度为N的一维离散时间信号，这些字典每个都包含大约$N\ \mathrm{lb}N$个原子。在几种特殊情况下，每个小波包字典包括一个标准的正交小波字典、Dirac 字典和时间-频率振荡波形集合。在几种特殊情况下，一个余弦包字典包含标准正交傅立叶字典和一个类似 Gabor 原子的变种集合(即在各个位置上用各种宽度的窗口对正弦波加窗后的集合)。

4. 级联字典

另一种构造过完备字典的重要方法是将各个字典级联在一起产生一个新的字典，从而得到更大、具有更强表达能力的字典。下面介绍两种常见的级联字典。

(1) 单位阶跃(Heaviside)字典和傅立叶字典级联。这两个字典中的每个字典都能有效表示另一个字典不能有效表达的信号，具有很强的互补性。例如，Heaviside 字典在表示正弦信号时很困难，而正弦信号在表示阶跃函数时也很困难。因此，它们的级联字典同时具备二者的优势。

(2) 单位阶跃(Heaviside)字典和小波字典级联。Heaviside 字典善于捕捉分片常数信号中的突变特征，小波字典对瞬时信号有较强的捕获能力。二者结合时具有更强的信号表达能力。

5. 框架

大多数常用的框架都是特殊的过完备字典。Hilbert 空间的框架有着丰富的内容，它的概念是小波分析中的基本概念之一。它是研究小波分析的一个主要工具，在小波分析的发展中起到了非常重要的作用。给定一个信号，经常要进行分解、重构。在重构时，人们常常希望这个信号的噪声部分能被忽略。如果用正规正交基重构，由于系数是唯一确定的，所以不能按人们所希望的那样去调整。因此需要寻找一族元素，既能表示这个空间中的每个元素，又能使表示后的系数不唯一，以便于在工程实践中有很好的应用。于是，框架就应运而生了。

定义 2.1 令 $\boldsymbol{H}$ 为可分的 Hilbert 空间，I 为可数集，$\{\boldsymbol{f}_i\}_{i\in I}\subset\boldsymbol{H}$，如果存在常数 A、B>0，使得对任意的 $\boldsymbol{f}\in\boldsymbol{H}$，有

$$A\|\boldsymbol{f}\|^2\leqslant\sum_i\|\langle\boldsymbol{f},\boldsymbol{f}_i\rangle\|^2\leqslant B\|\boldsymbol{f}\|^2 \tag{3-21}$$

那么称 $\{\boldsymbol{f}_i\}_{i\in I}$ 为 $\boldsymbol{H}$ 的一个框架，称 A 和 B 为其框架界，满足条件的最大的 A 和最小的 B 称为最优框架界。如果 $A=B$，那么称 $\{\boldsymbol{f}_i\}_{i\in I}$ 为紧框架；如果 $A=B=1$，那么称 $\{\boldsymbol{f}_i\}_{i\in I}$ 为正规紧框架。

在基于框架理论的多尺度几何分析方法中，常用的 Curvelet 变换、Contourlet 变换等都可认为是框架，在实际应用中，这些变换都要进行离散化，离散化后其原子的个数将会大于信号的长度，因此，它们也是过完备字典。

3.3 过完备稀疏分解方法

3.3.1 常用稀疏分解算法及问题分析

由于建立在正交基上的信号分解有一定的局限性，往往不总能够达到好的稀疏表示效果，尤其是对于时频变化范围很广的信号，效果更差。一种更好的信号分解方式应该是根据信号的特点，自适应地选择合适的基函数，来完成信号的分解。因此近年来非正交分解引起了人们极大的研究兴趣。

针对过完备字典下的信号稀疏分解，至今已经发展了多种稀疏分解算法。1988 年 Daubechies 提出了框架方法(Method of Frames，MOF)[57]。1992 年 Coifman 等人提出了最佳正交基(Best Orthogonal Basis，BOB)算法[39]。1993 年 Mallat 等人提出了匹配追踪(Matching Pursuit，MP)[31]算法，同年，Pati 等人提出了正交匹配追踪(Orthogonal Matching Pursuit，OMP)算法[40]。1999 年 Chen 和 Donoho 等人提出了基追踪(Basis Pursuit，BP)[37]算法。BP 算法，尤其 MP 算法是目前最常用的两种算法。BP 算法具有全局最优的优点，但是其计算复杂度极高，例如对于长度为 8192 的信号，采用小波字典分解，等价于求解一个长度为 8192×212992 的线性规划[37]。而 MP 算法不具备全局最优性，且收敛速度较慢，改进后的正交匹配追踪算法(OMP)利用 Gram-Schmidt 正交化过程将投影方向正交化来改进匹配追踪逼近[52]，它可以在有限次迭代后收敛。2006 年 Donoho 对 OMP 算法进行一定程度的简化，进一步提出了分段匹配追踪(StOMP)算法[57]。StOMP 算法以降低稀疏分解精度为代价，提高了计算速度。对 MP 算法进行改进的另一种思路是 2005 年 Rice 大学的 Marco F. Duarte

等人在 MP 算法基础上提出的树形匹配追踪(Tree Matching Pursuit, TMP)[59]算法，该算法充分利用了过完备库的结构特点，但它仅适合于具有树形结构(如小波包)的过完备库。2006年 Chinh La 等将其进行了改进，提出树形正交匹配追踪(Tree-Based Orthogonal Matching Pursuit, TOMP)算法[60]。但无论是 OMP、StOMP 还是 TOMP 算法，其正交化过程都是以巨大的计算开销为代价的。正交化 M 个向量需要 $O(NM^2)$ 次运算。在 Gabor 字典中，M 次匹配追踪迭代的计算需要 $O(MN\lg M)$ 次运算。对于 M 较大的情况，递归地对所选原子的集合进行正交化使得追踪的计算复杂性非常显著地增大。因此，对于较长的信号(N 很大)，非正交匹配追踪(MP)更为常用，在众多稀疏分解算法中它的速度是最快的，但其计算量仍然十分巨大，尤其当所构造的原子库不具备快速算法时，其计算时间往往难以容忍。

计算复杂度高使得稀疏分解在信号处理的实际应用中难以推广。2007 年，Gabriel Peyré 针对由多个正交基级联而成的原子库自适应地寻找可以逼近某种信号特征的最优正交基，从而达到稀疏分解的目的[61]。这种方法的实质是将某些特殊的原子库划分为多组正交基，然后在一组正交基上进行分解。但一组固定的正交基仍然不可能对具有多种奇异特性的信号都达到稀疏分解的目的。于是，文献[62]提出了一种基于多组正交基级联字典的信号稀疏分解算法，它将每次迭代过程都在一组标准正交基下进行，从而大大提高了分解速度，且分解效果更佳，但其局限性是这些正交基必须有快速算法，否则速度与 MP 算法相当。文献[63]提出利用原子库集合划分研究过完备原子库下信号稀疏分解的方法，它利用原子之间的等价关系，把过完备原子库划分成互不相交的子库，每一个原子库只需要用一个选出的相对应的原子即可代表。利用过完备原子库的集合划分，在信号稀疏分解效果不变的条件下，可以使信号稀疏分解过程的计算复杂度大为降低。

下面分别就几种过完备字典下的常用稀疏分解算法进行一一回顾。

1. 几种常用稀疏分解算法

1) 基追踪(BP)算法

设集合 $\boldsymbol{D}=\{\boldsymbol{g}_\gamma:\gamma\in\Gamma\}$ 为 Hilbert 空间 $\mathbf{R}^N$ 上的一个过完备字典，为了有效地逼近信号 $\boldsymbol{f}\in\mathbf{R}^N$，基追踪算法的目的就是在过完备字典 $\boldsymbol{D}$ 中找到一组原子 $\boldsymbol{B}=\{\boldsymbol{g}_m:m=0,1,2,\cdots,M-1\}$。为了得到信号 $\boldsymbol{f}$ 的稀疏表达，BP 在 $\boldsymbol{D}$ 中选择最优的 M 个原子来使 $\boldsymbol{f}$ 的 M 项非线性逼近达到最佳，这就需要构造或确定一个最小化代价函数，利用优化算法挑选出一组最佳的原子。从一个随机冗余字典中寻找信号的稀疏扩展是一个 NP 难问题，为解决这一难点，Chen、Donoho 和 Saunders[37]提出将 ℓ_0 范数最小化优化问题修改为下面的 ℓ_1 范数最小化问题：

$$\min\|\langle\boldsymbol{f},\boldsymbol{g}\rangle\|_1\quad\text{s.t.}\quad\boldsymbol{f}=\sum_{i=0}^{K-1}\langle\boldsymbol{f},\boldsymbol{g}_i\rangle\boldsymbol{g}_i\tag{3-22}$$

式(3-22)的求解可以用基追踪(BP)方法实现，BP 通过求解线性规划的方法来实现优化求解。

因为ℓ_1范数是不可微分的，它所得到的解和框架方法有很大不同，是全局最优解，结果可能比其他方法更稀疏，求解也更加稳定。

基追踪算法是信号稀疏表示领域的一种重要手段。它采用变换系数的l_1范数作为信号稀疏性的度量，通过最小化l_1范数将信号稀疏表示问题定义为一类有约束的极值问题，进而转化为线性规划问题进行求解。可以用 BP 方法对含噪信号求解优化问题，实验例子表明 BP 可以稳定地抑制噪声而且保持信号在给定字典下的结构表达。

2) 贪婪匹配追踪(MP)算法

尽管基追踪算法使用了线性规划方法，但由于要在所有的字典向量中极小化一个全局最小化代价函数，其计算代价仍然是昂贵的。由 Mallat 和 Zhang 引入的匹配跟踪算法运用贪婪技巧减小了计算的复杂性。该方法与统计学中使用的投影追踪算法有密切的联系。它从字典中一个一个地挑选向量，每一步都使得信号的逼近更为优化。

设$\boldsymbol{D}=\{\boldsymbol{g}_\gamma\}_{\gamma\in\Gamma}$是由$|\Gamma|>N$个单位向量所形成的过完备字典。该字典包含$N$个线性无关的向量，这$N$个向量构成长度为$N$的信号空间$\mathbf{C}^N$的一个基。匹配追踪算法首先将$\boldsymbol{f}$投影到一个向量$\boldsymbol{g}_{\gamma_0}\in\boldsymbol{D}$上，并计算出余项$\boldsymbol{R}_f$：

$$\boldsymbol{f}=\langle\boldsymbol{f},\boldsymbol{g}_{\gamma_0}\rangle\boldsymbol{g}_{\gamma_0}+\boldsymbol{R}_f \tag{3-23}$$

因$\boldsymbol{R}_f$与$\boldsymbol{g}_{\gamma_0}$正交，故

$$\|\boldsymbol{f}\|^2=|\langle\boldsymbol{f},\boldsymbol{g}_{\gamma_0}\rangle|^2+\|\boldsymbol{R}_f\|^2 \tag{3-24}$$

为了极小化$\|\boldsymbol{R}_f\|$，应使得$|\langle\boldsymbol{f},\boldsymbol{g}_{\gamma_0}\rangle|$取极大值的$\boldsymbol{g}_{\gamma_0}\in\boldsymbol{D}$。在某些情况下，也可以通过调整参数，来找到向量$\boldsymbol{g}_{\gamma_0}$，这会有效地减少计算时间。如引入最佳因子$\alpha\in(0,1]$，得到：

$$|\langle\boldsymbol{f},\boldsymbol{g}_{\gamma_0}\rangle|\geqslant\alpha\sup_{\gamma\in\Gamma}|\langle\boldsymbol{f},\boldsymbol{g}_\gamma\rangle| \tag{3-25}$$

匹配追踪法通过对余项进一步作分解而迭代地进行这一过程。记$\boldsymbol{R}_f^0=\boldsymbol{f}$。对$m\geqslant0$，设第$m$次迭代的余项$\boldsymbol{R}_f^m$已经计算出来，那么下一步的迭代是选取$\boldsymbol{g}_{\gamma_m}\in\boldsymbol{D}$，使得

$$|\langle\boldsymbol{R}_f^m,\boldsymbol{g}_{\gamma_m}\rangle|\geqslant\alpha\sup_{\gamma\in\Gamma}|\langle\boldsymbol{R}_f^m,\boldsymbol{g}_\gamma\rangle| \tag{3-26}$$

接着将$\boldsymbol{R}_f^m$投影到$\boldsymbol{g}_{\gamma_m}$上得到

$$\boldsymbol{R}_f^m=\langle\boldsymbol{R}_f^m,\boldsymbol{g}_{\gamma_m}\rangle\boldsymbol{g}_{\gamma_m}+\boldsymbol{R}_f^{m+1} \tag{3-27}$$

由$\boldsymbol{R}_f^m$与$\boldsymbol{g}_{\gamma_m}$的正交性得

$$\|\boldsymbol{R}_f^m\|^2=|\langle\boldsymbol{R}_f^m,\boldsymbol{g}_{\gamma_m}\rangle|^2+\|\boldsymbol{R}_f^{m+1}\|^2 \tag{3-28}$$

将式(3-27)对 m 从 0 到 $M-1$ 求和，得

$$f=\sum_{m=0}^{M-1}\left\langle R_f^m, g_{\gamma_m}\right\rangle g_{\gamma_m}+R_f^M \tag{3-29}$$

类似地，将式(3-28)对 m 从 0 到 $M-1$ 求和，得

$$\|f\|^2=\sum_{m=0}^{M-1}\left|\left\langle R_f^m, g_{\gamma_m}\right\rangle\right|^2+\left\|R_f^M\right\|^2 \tag{3-30}$$

有定理表明，当 m 趋于无穷时，$\left\|R_f^m\right\|$ 指数收敛于 0。这里仅对定理做出叙述，证明见文献[31]。

定理 3.1 存在 $\lambda>0$，使得对一切 $m\geqslant 0$，$\left\|R_f^m\right\|\leqslant 2^{-\lambda m}\|f\|$ 成立。

从而

$$f=\sum_{m=0}^{+\infty}\left\langle R_f^m, g_{\gamma_m}\right\rangle g_{\gamma_m} \tag{3-31}$$

且

$$\|f\|^2=\sum_{m=0}^{+\infty}\left|\left\langle R_f^m, g_{\gamma_m}\right\rangle\right|^2 \tag{3-32}$$

在 MP 算法中，通常是人为设定的稀疏度决定了迭代次数，或者根据逼近精度来终止迭代。在大多数信号处理应用中，迭代次数远远小于 N 时就可以得到充分精确的逼近。此外，根据实际应用可以构造特殊的字典，在这些字典下可以使用更有效的快速算法来实现。如针对电磁反问题、人脸识别和数据压缩构造专用字典，然后采用匹配追踪的快速网络计算方法求解[64]。

3) 正交匹配追踪(OMP)算法

OMP 算法是在 MP 算法基础上的一种改进算法，是由 Pati[40]及 Davis[65]等人提出的，此算法选取最佳原子的方法和 MP 算法一样，都是从冗余字典中找出与待分解信号或信号残余最为匹配的原子。不同的是 OMP 算法需要将所选原子利用 Gram-Schmidt 正交化方法进行正交化处理，再将信号在这些正交原子构成的空间上投影，得到信号在各个已选原子上的分量和残余分量；然后用相同方法分解残余分量。经过 M 次迭代分解，原信号被分解为 M 个原子的线性组合。在每一步分解中，所选取最佳原子均满足一定条件，残余分量随着分解过程迅速衰减。这样经过有限次迭代就可以收敛，用选取的少量原子就可以表示原始信号。因此 OMP 比 MP 收敛更快，但代价是 Gram-Schmidt 正交化过程将需要巨大的计算开销[65]。

由匹配追踪算法挑选的向量 g_{γ_m} 并非先验地正交于前面已挑选出来的向量 $\left\{g_{\gamma_p}\right\}_{0\leqslant p<m}$。当减去 $R_f{}^m$ 在 g_{γ_m} 上的投影时，该算法便在 $\left\{g_{\gamma_p}\right\}_{0\leqslant p<m}$ 的方向上重新引入新的成分。这一问题通过将余项投影到 $\left\{g_{\gamma_p}\right\}_{0\leqslant p<m}$ 所计算得到的一个正交族 $\left\{u_p\right\}_{0\leqslant p<m}$ 上来避免，这就是所谓的

正交匹配追踪。

首先，初始化 $\boldsymbol{u}_0=\boldsymbol{g}_{\gamma_0}$。对 $m\geqslant0$，正交匹配追踪算法挑选 $\boldsymbol{g}_{\gamma_m}$，使得

$$\left|\left\langle \boldsymbol{R}_f^m,\boldsymbol{g}_{\gamma_m}\right\rangle\right|\geqslant\alpha\sup_{r\in\Gamma}\left|\left\langle \boldsymbol{R}_f^m,\boldsymbol{g}_{\gamma}\right\rangle\right| \tag{3-33}$$

然后利用 Gram-Schmidt 算法将 $\boldsymbol{g}_{\gamma_m}$ 关于 $\left\{\boldsymbol{g}_{\gamma_p}\right\}_{0\leqslant p<m}$ 进行正交化，并定义正交化后的向量为

$$\boldsymbol{u}_m=\boldsymbol{g}_{\gamma_m}-\sum_{p=0}^{m-1}\frac{\left\langle \boldsymbol{g}_{\gamma_m},\boldsymbol{u}_p\right\rangle}{\left\|\boldsymbol{u}_p\right\|^2}\boldsymbol{u}_p \tag{3-34}$$

将余项 $\boldsymbol{R}_f^m$ 投影到 $\boldsymbol{u}_m$ 上，得到

$$\boldsymbol{R}_f^m=\frac{\left\langle \boldsymbol{R}_f^m,\boldsymbol{u}_m\right\rangle}{\left\|\boldsymbol{u}_m\right\|^2}\boldsymbol{u}_m+\boldsymbol{R}_f^{m+1} \tag{3-35}$$

将式(3-33)对 $0\leqslant m\leqslant k$ 求和，得

$$\boldsymbol{f}=\sum_{m=0}^{k-1}\frac{\left\langle \boldsymbol{R}_f^m,\boldsymbol{u}_m\right\rangle}{\left\|\boldsymbol{u}_m\right\|^2}\boldsymbol{u}_m+\boldsymbol{R}_f^k=\boldsymbol{P}_{V_k}\boldsymbol{f}+\boldsymbol{R}_f^k \tag{3-36}$$

其中 $\boldsymbol{P}_{V_k}$ 是在 $\{\boldsymbol{u}_m\}_{0\leqslant m<k}$ 所生成的空间 $\boldsymbol{V}_k$ 上的正交投影算子。Gram-Schmidt 算法保证 $\left\{\boldsymbol{g}_{\gamma_m}\right\}_{0\leqslant m<k}$ 也是 $\boldsymbol{V}_k$ 的一组基函数。对任意 $k\geqslant0$，余项 $\boldsymbol{R}_f^k$ 是 $\boldsymbol{f}$ 正交于 $\boldsymbol{V}_k$ 的部分。对 $m=k$，由式(3-34)得

$$\left\langle \boldsymbol{R}_f^m,\boldsymbol{u}_m\right\rangle=\left\langle \boldsymbol{R}_f^m,\boldsymbol{g}_{\gamma_m}\right\rangle \tag{3-37}$$

因 $\boldsymbol{V}_k$ 的维数为 k，故存在 $M\leqslant N$ 使得 $\boldsymbol{f}\in\boldsymbol{V}_M$，从而 $\boldsymbol{R}_f^M=0$。将式(3-37)代入式(3-36)并令 $k=M$，得

$$\boldsymbol{f}=\sum_{m=0}^{M-1}\frac{\left\langle \boldsymbol{R}_f^m,\boldsymbol{g}_{\gamma_m}\right\rangle}{\left\|\boldsymbol{u}_m\right\|^2}\boldsymbol{u}_m \tag{3-38}$$

作 M 次迭代可以保证算法的收敛性。它是 $\boldsymbol{f}$ 在一个正交向量族上的分解，故

$$\left\|\boldsymbol{f}\right\|^2=\sum_{m=0}^{M-1}\frac{\left|\left\langle \boldsymbol{R}_f^m,\boldsymbol{g}_{\gamma_m}\right\rangle\right|^2}{\left\|\boldsymbol{u}_m\right\|^2} \tag{3-39}$$

值得注意的是，进行 Gram-Schmidt 求和(式(3-34))时要谨慎小心，以避免数值不稳定性。正交化 M 个向量需要 $O(NM^2)$ 次运算。在 Gabor 字典中，M 次匹配追踪迭代的计算需要 $O(MN\ \mathrm{lb}M)$ 次运算。对 M 较大的情况，Gram-Schmidt 正交化使追踪的计算复杂性急剧增

大。因此，对较大的信号而言，非正交追踪更为实用。

4) 分段正交匹配追踪(StOMP)算法

匹配追踪算法的计算复杂度高的根本原因在于过完备字典中原子数目太大，而每次匹配选取最佳原子的个数只有一个，这使得整个选取过程中匹配选取的次数过多。而正交匹配追踪方法利用 Gram-Schmidt 正交化过程将投影方向正交化，从而提高了追踪的效率。但是其正交化过程引入了新的计算开销，特别是对于图像信号，计算量仍然巨大。

2006 年，Donoho 进一步提出了分段匹配追踪(StOMP)算法，将 OMP 算法进行一定程度的简化，降低了稀疏分解精度，提高了计算速度。这一算法的本质在于每次匹配追踪时选出的是多个匹配原子而不是单个原子，减少了匹配次数。

设 $\boldsymbol{D}=\{\boldsymbol{g}_\gamma\}_{\gamma\in\Gamma}$ 是由 $|\Gamma|>N$ 个单位向量所形成的过完备字典。该字典包含 N 个线性无关的向量，这 N 个向量构成长度为 N 的信号空间 $\mathbf{C}^N$ 的一个基。设 m 为迭代次数。

第一步：令 $m=0$，下标集合 $I_m=\phi$。与 MP 算法一样，分段正交匹配追踪算法首先将 $\boldsymbol{f}$ 投影到 $\boldsymbol{D}$ 的一个向量 $\boldsymbol{g}_\gamma\in\boldsymbol{D}$ 上，并计算出余项 $\boldsymbol{R}_f$：

$$\boldsymbol{f}=\langle\boldsymbol{f},\boldsymbol{g}_\gamma\rangle\boldsymbol{g}_\gamma+\boldsymbol{R}_f \tag{3-40}$$

因 $\boldsymbol{R}_f$ 与 $\boldsymbol{g}_\gamma$ 正交，故

$$\|\boldsymbol{f}\|^2=|\langle\boldsymbol{f},\boldsymbol{g}_\gamma\rangle|^2+\|\boldsymbol{R}_f\|^2 \tag{3-41}$$

在选取匹配原子的时候，与匹配追踪算法不同，并不是固定选择一个匹配原子，而是给定一个标准，一次找到多个原子，提高了追踪效率。

因此，可引入极限因子 t_0，找到满足条件原子的下标集合：

$$I_0=\{i:|\langle\boldsymbol{g}_\gamma,\boldsymbol{f}\rangle|\geqslant t_0,\gamma\in\Gamma\} \tag{3-42}$$

在找到这些匹配原子后，利用 Gram-Schmidt 正交化过程将这组原子正交化，并定义正交化后的向量为

$$\boldsymbol{u}_i=\boldsymbol{g}_{\gamma_i}-\sum_{p=0}^{i-1}\frac{\langle\boldsymbol{g}_{\gamma_i},\boldsymbol{u}_p\rangle}{\|\boldsymbol{u}_p\|^2}\boldsymbol{u}_p,\quad i\in I_0 \tag{3-43}$$

将 $\boldsymbol{f}$ 投影到 $\boldsymbol{u}_i(i\in I_0)$ 上，得到

$$\boldsymbol{f}=\sum_{i\in\boldsymbol{I}_0}\frac{\langle\boldsymbol{f},\boldsymbol{u}_i\rangle}{\|\boldsymbol{u}_i\|^2}\boldsymbol{u}_i+\boldsymbol{R}_f^1 \tag{3-44}$$

由 $\boldsymbol{R}_f^1$ 与 $\boldsymbol{u}_{\gamma_i}(i\in I_0)$ 的正交性得到

$$\|\boldsymbol{f}\|^2=\sum_{i\in I_0}\left|\left\langle \boldsymbol{f},\boldsymbol{u}_{\gamma_i}\right\rangle\right|^2+\left\|\boldsymbol{R}_f^1\right\|^2 \tag{3-45}$$

如果满足停止条件$\left\|\boldsymbol{R}_f^1\right\|^2\leqslant\varepsilon$或$|I_0|>n$，则迭代结束；否则，继续执行第二步。

第二步：令$m=m+1$，将$\boldsymbol{R}_f{}^m$投影到$\boldsymbol{D}$的每一个向量$\boldsymbol{g}_\gamma\in\boldsymbol{D}$上，求出满足条件的所有下标原子。引入极限因子$t_m$，找到满足条件原子的下标集合

$$I_m=\{i:\left|\left\langle \boldsymbol{g}_\gamma,\boldsymbol{f}\right\rangle\right|\geqslant t_m,\gamma\in\Gamma\} \tag{3-46}$$

在找到这些匹配原子后，与上一次迭代得到了原子下标集合合并，从而更新所选的原子下标集合：

$$I_m=I_m\cup I_{m-1} \tag{3-47}$$

利用 Gram-Schmidt 正交化过程将这组原子正交化，并定义正交化后的向量为

$$\boldsymbol{u}_i=\boldsymbol{g}_{\gamma_i}-\sum_{p=0}^{i-1}\frac{\left\langle \boldsymbol{g}_{\gamma_i},\boldsymbol{u}_p\right\rangle}{\left\|\boldsymbol{u}_p\right\|^2}\boldsymbol{u}_p,\quad i\in I_{m+1} \tag{3-48}$$

注意，这里并不重新正交化所有的原子，而是在$\{\boldsymbol{u}_i:i\in I_{m-1}\}$的基础上对新引入的原子继续正交化。

接下来，将余项$\boldsymbol{R}_f^m$投影到$\boldsymbol{u}_i(i\in I_m)$上，得到

$$\begin{aligned}\boldsymbol{R}_f^m&=\sum_{i\in I_m}\frac{\left\langle \boldsymbol{R}_f^m,\boldsymbol{u}_i\right\rangle}{\left\|\boldsymbol{u}_i\right\|^2}\boldsymbol{u}_i+\boldsymbol{R}_f^{m+1}\\&=\sum_{i\in I_m-I_{m-1}}\frac{\left\langle \boldsymbol{R}_f^m,\boldsymbol{u}_i\right\rangle}{\left\|\boldsymbol{u}_i\right\|^2}\boldsymbol{u}_i+\sum_{i\in I_{m-1}}\frac{\left\langle \boldsymbol{R}_f^m,\boldsymbol{u}_i\right\rangle}{\left\|\boldsymbol{u}_i\right\|^2}\boldsymbol{u}_i+\boldsymbol{R}_f^{m+1}\\&=\sum_{i\in I_m-I_{m-1}}\frac{\left\langle \boldsymbol{R}_f^m\boldsymbol{u}_i\right\rangle}{\left\|\boldsymbol{u}_i\right\|^2}\boldsymbol{u}_i+\boldsymbol{R}_f^{m+1}\\&=\sum_{i\in I_m-I_{m-1}}\frac{\left\langle \boldsymbol{f},\boldsymbol{u}_i\right\rangle}{\left\|\boldsymbol{u}_i\right\|^2}\boldsymbol{u}_i+\boldsymbol{R}_f^{m+1}\end{aligned} \tag{3-49}$$

由$\boldsymbol{R}_f^{m+1}$与$\boldsymbol{u}_{\gamma_i}(i\in I_m)$的正交性得

$$\left\|\boldsymbol{R}_f^m\right\|^2=\sum_{i\in I_m-I_{m-1}}\left|\left\langle \boldsymbol{f},\boldsymbol{u}_{\gamma_i}\right\rangle\right|^2+\left\|\boldsymbol{R}_f^{m+1}\right\|^2 \tag{3-50}$$

如果满足停止条件$\left\|\boldsymbol{R}_f^{m+1}\right\|^2\leqslant\varepsilon$或$|I_m|>n$，则迭代结束；否则，继续执行第二步。

当分段正交匹配追踪算法执行完毕后，设共迭代了M次，此时有

$$
\begin{cases}
\boldsymbol{f} = \sum_{i \in I_0} \frac{\langle \boldsymbol{f}, \boldsymbol{u}_i \rangle}{\|\boldsymbol{u}_i\|^2} \boldsymbol{u}_i + \boldsymbol{R}_f^1 \\
\boldsymbol{R}_f^1 = \sum_{i \in I_1 - I_0} \frac{\langle \boldsymbol{f}, \boldsymbol{u}_i \rangle}{\|\boldsymbol{u}_i\|^2} \boldsymbol{u}_i + \boldsymbol{R}_f^2 \\
\cdots \\
\boldsymbol{R}_f^M = \sum_{i \in I_M - I_{M-1}} \frac{\langle \boldsymbol{f}, \boldsymbol{u}_i \rangle}{\|\boldsymbol{u}_i\|^2} \boldsymbol{u}_i + \boldsymbol{R}_f^{M+1}
\end{cases}
\tag{3-51}
$$

和

$$
\begin{cases}
\|\boldsymbol{f}\|^2 = \sum_{i \in I_0} \left|\langle \boldsymbol{f}, \boldsymbol{u}_{\gamma_i} \rangle\right|^2 + \|\boldsymbol{R}_f^1\|^2 \\
\|\boldsymbol{R}_f^1\|^2 = \sum_{i \in I_1 - I_0} \left|\langle \boldsymbol{f}, \boldsymbol{u}_{\gamma_i} \rangle\right|^2 + \|\boldsymbol{R}_f^2\|^2 \\
\cdots \\
\|\boldsymbol{R}_f^M\|^2 = \sum_{i \in I_M - I_{M-1}} \left|\langle \boldsymbol{f}, \boldsymbol{u}_{\gamma_i} \rangle\right|^2 + \|\boldsymbol{R}_f^{M+1}\|^2
\end{cases}
\tag{3-52}
$$

分别将式(3-51)和式(3-52)等式两端相加得

$$
\boldsymbol{f} = \sum_{i \in I_M} \frac{\langle \boldsymbol{f}, \boldsymbol{u}_i \rangle}{\|\boldsymbol{u}_i\|^2} \boldsymbol{u}_i + \boldsymbol{R}_f^{M+1}
\tag{3-53}
$$

和

$$
\|\boldsymbol{f}\|^2 = \sum_{i \in I_M} \left|\langle \boldsymbol{f}, \boldsymbol{u}_{\gamma_i} \rangle\right|^2 + \|\boldsymbol{R}_f^{M+1}\|^2
\tag{3-54}
$$

从式(3-53)和式(3-54)可以看出，StOMP 算法也是在过完备字典中寻找一个较优的正交基进行分解。但是 StOMP 算法对 OMP 算法进行一定程度的简化，提高了计算速度，但是由于其在每次迭代的过程中寻找的都不是信号的最佳表示，降低了稀疏分解的精度，因此其分解速度是以逼近精度为代价的。

2. 经典算法存在的问题分析

框架方法(Method of Frame, MOF)挑选的是式(3-11)所有的解中其系数的 ℓ_2 范数最小的解。MOF 方法存在两个关键问题。首先，MOF 方法不具备稀疏保持性，即如果研究目标在某个字典下具有很稀疏的表示，那么 MOF 方法得到的分解系数可能并不是很稀疏的。字典中的每个原子和信号的内积都非零，于是每个原子都可能是分解表达式中的一员。其次，本质上 MOF 分辨率是很有限的。

BOB 算法在一些情况下提供近似最优的稀疏表示。特别是，当研究的目标在字典中的某个正交基下具有稀疏表示时，BOB 方法会行之有效。然而，当信号是由相当数量的非正交元素构成时，该方法可能无法提供稀疏表示。因为 BOB 总是需要找到一组正交基，因而阻碍了得到更高稀疏度的表示。

BP 算法的解是全局最优的，但是缺点在于算法的计算复杂度极高，量级大约为 $O(N^3)$。尽管它使用了线性规划方法，但由于要在过完备字典中极小化一个全局函数，其计算量仍然是巨大的。此外，在实际应用中还存在如下问题：由于低尺度能量搬移到了高尺度的现象，容易出现一些人工效应，如一维信号会在高频出现振荡。

MP 算法收敛速度较 BP 快，但不具备全局最优性，且收敛速度较慢。此外，由于 MP 算法每次迭代都只是从过完备字典中选择一个匹配残余信号的最佳原子，因此，这种“短视”匹配很容易使得迭代陷入“盲目的境地”。也就是说对于整个信号而言每次匹配结果很可能只是局部最优解。例如，如果在迭代开始的最初几步迭代中选错了原子，接下来的迭代就会为了纠错花费更长的时间代价不停地迭代下去，由此最终造成分解结果不是最佳稀疏解或者误差较大。这种现象被称为“过匹配现象”。例如，选用过完备字典 $\boldsymbol{D}=\{g_i, i=1,2,\cdots,M\}$，原始信号 $\boldsymbol{f}=\boldsymbol{g}_1+\boldsymbol{g}_2$，假如 $\boldsymbol{D}$ 中含有另外一个与 $\boldsymbol{f}$ 相比单独的 $\boldsymbol{g}_1$ 和 $\boldsymbol{g}_2$ 更加相似的原子 $\boldsymbol{g}_m (m=3,4,\cdots,M)$。贪婪匹配追踪算法在第一次迭代时，会选择 $\boldsymbol{g}_m$，为了消除误差，算法将会不停地迭代下去，显然最终无法达到最优稀疏分解 $\boldsymbol{f}=\boldsymbol{g}_1+\boldsymbol{g}_2$。MP 的迭代原则及易出现的过匹配现象使得它的收敛稳定性始终无法与 BP 媲美。

从计算复杂度角度来说，MOF 算法、BOB 算法的算法复杂度为 $O(N\lg N)$，而 BP 算法比 MOF 算法、BOB 算法还要慢，只有 MP 算法是准线性的，其计算速度相对较快，不过其速度还极大地依赖于过完备字典中原子的数量 P (通常 $P>>N$)。

改进后的 OMP 利用 Gram-Schmidt 正交化过程将投影方向正交化以改进逼近精度，它可以在有限次迭代后收敛。对于 MP 算法而言，在迭代的前几次，常常挑选出近似正交的原子，此时 MP 算法与 OMP 算法几乎是相同的。但是，随着迭代次数的增大，OMP 算法余项的范数将比普通的 MP 算法下降得更快。OMP 算法的收敛速度要快于 MP 算法，但缺点是计算量巨大，例如正交化 M 个向量需要 $O(NM^2)$ 次运算。在 Gabor 字典中，M 次匹配追踪迭代的计算需要 $O(MN\,\mathrm{lb}M)$ 次运算，对于 M 较大的情况，递归地对所选原子的集合进行正交化使得追踪的计算复杂度显著增大。因此这些改进算法均是以时间为代价来改进逼近程度的，它们的适用场合存在一定局限性。对于维数较大的信号而言，MP 算法更加常用。

StOMP 算法将 OMP 算法进行一定程度的简化，降低了稀疏分解精度，提高了计算速度，因此其分解速度是以牺牲逼近精度为代价的。

TMP 算法充分利用了过完备字典的结构特点，但它仅适合于具有树形结构(如小波包)的过完备字典。2006 年，Chinh La 等将其进行了改进，提出了树形正交匹配追踪(TOMP)

算法。这些算法的计算复杂度仍然很高，尤其当所构造的原子库不具备快速算法时，其计算时间往往难以容忍。

总之，在众多算法中，BP 算法最稳定，逼近精度也最高，但是计算复杂度极高。贪婪追踪类算法以逼近精度为代价提高了计算速度，但计算复杂度依然很高。计算复杂度高使得稀疏分解在信号处理的实际应用中难以推广。目前，由于稀疏分解在信号处理领域应用越来越广泛，稀疏分解的快速算法仍然是研究的热点。

本章在对过完备字典下的稀疏分解进行深入探讨的基础上，针对常用算法计算复杂度高的问题，提出了两种改进的匹配追踪快速分解算法：基于正交基级联字典的分组匹配追踪贪婪迭代(Greedy Iterative Group Matching Pursuit，GIGMP)算法和基于原子库树状结构划分的诱导式分解算法。此外，对于大规模稀疏分解问题，本节还介绍了具有更高求解效率的迭代阈值算法和交替方向乘子方法。

3.3.2 GIGMP 算法

GIGMP 算法充分利用了正交分解算法的快速性优势，大大降低了求解复杂度，提高了收敛速度。

1. GIGMP 算法的基本思想及分解过程

根据信号特性，选择多组正交基构造冗余字典，将各组正交基与信号进行匹配程度比较，选择在与信号 $\boldsymbol{x}$ 最匹配的一组基下进行分解，得到第一批重要系数。然后将这组基从字典中剔除，接下来对残余信号 $\boldsymbol{R}^i$ 进行同样分解，将 $\boldsymbol{R}^i$ 与字典中剩余正交基的匹配程度进行比较，在最匹配的一组基下将残余信号 $\boldsymbol{R}^i$ 分解，得到下一批重要系数。依次类推，直到完成残余信号 $\boldsymbol{R}^i$ 的精度要求(或分解系数个数要求)为止。这些重要系数就构成了原始信号的稀疏表示。

算法分解过程如下：

设信号 $\boldsymbol{x}$ 的长度为 N ，$\boldsymbol{D}=\{\boldsymbol{B}_1,\boldsymbol{B}_2,\cdots,\boldsymbol{B}_L\}$ ，$\boldsymbol{B}_i=\{\boldsymbol{g}_j^i, j=1,2,\cdots,N\}$ ，$i=1,2,\cdots,L$ ，$\boldsymbol{B}_i$ 为第 i 个标准正交基组，则 $\boldsymbol{D}$ 为 L 组正交基级联而成的字典。我们希望找到 $K(K<<N)$ 个系数来对信号 $\boldsymbol{x}$ 进稀疏逼近，$\boldsymbol{x}_K=\sum_{j=1}^{K}c_j\boldsymbol{g}_j$ 。图 3.2 所示为 GIGMP 算法的分解及重构过程。

第一次分解：首先，分别利用标准正交基 $\boldsymbol{B}_i(i=1,2,\cdots,L)$ 对信号 x 进行正交分解，将得到 N 个系数，选出 k_i 个大系数 $c_1^i,c_2^i,\cdots,c_{k_i-1}^i,c_{k_i}^i$ 作分解，则分解后所得的残余 $\boldsymbol{R}_i^1=\boldsymbol{x}-\sum_{j=1}^{k_i}c_j^i\boldsymbol{g}_j^i$ ，选出一组系数 $c_1^{i_1},c_2^{i_1},\cdots,c_{k_{i_1}}^{i_1},c_{k_{i_1}}^{i_1}$ 满足：

$$\left\|\boldsymbol{R}^1\right\|=\min_{i=1,2,\cdots,L}\{\left\|\boldsymbol{R}_i^1\right\|\} \tag{3-55}$$

此时，可以说标准正交基 $\boldsymbol{B}_{i_1}$ 与信号 $\boldsymbol{x}$ 的匹配程度最高，并得到第一组系数 $c_1^{i_1},c_2^{i_1},\cdots,c_{k_{i_1}}^{i_1},c_{k_{i_1}}^{i_1}$ ，同时将 $\boldsymbol{B}_{i_1}$ 这组正交基从字典中删去。

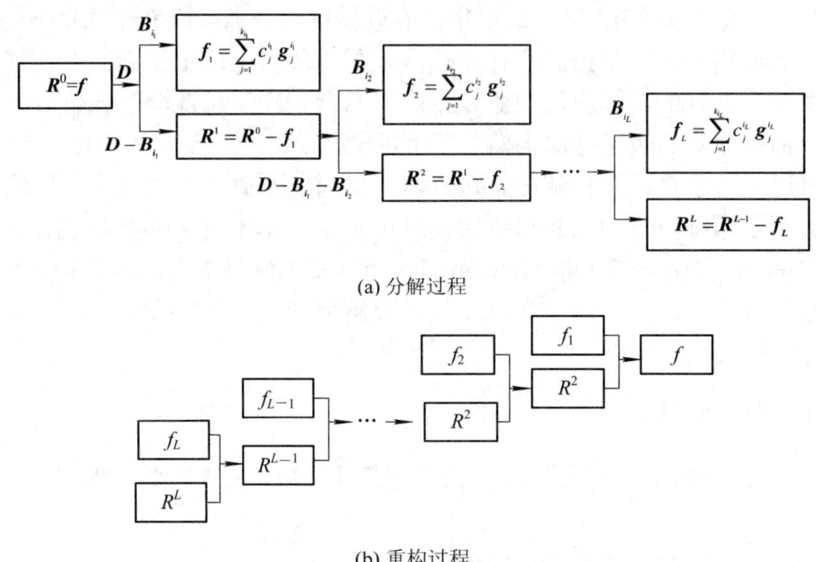

(a) 分解过程

(b) 重构过程

图 3.2　GIGMP 算法的分解及重构过程

第 l 次分解：对残余信号 $\boldsymbol{R}^{l-1}$ 作上述同样的分解过程，可得

$$\boldsymbol{R}^l=\boldsymbol{R}^{l-1}-\sum_{j=1}^{k_{i_l}}c_j^{i_l}\boldsymbol{g}_j^{i_l} \tag{3-56}$$

其中，$\boldsymbol{R}^l$ 满足下式(同样删去相应的一组正交基)：

$$\left\|\boldsymbol{R}^l\right\|=\min_{\substack{i=1,2,\cdots,L\\ i\neq i_1,\cdots,i\neq i_{l-1}}}\left\{\left\|\boldsymbol{R}_i^l\right\|\right\} \tag{3-57}$$

依次类推，直到找到第 L 组系数 $c_1^{i_L},c_2^{i_L},\cdots,c_{i_{i_L}-1}^{i_L},c_{i_{i_L}}^{i_L}$ 。至此，共得到 L 组分解系数 $c_1^{i_1},c_2^{i_1},\cdots,c_{k_{i_1}-1}^{i_1},c_{k_{i_1}}^{i_1}$ 、 $c_1^{i_2},c_2^{i_2},\cdots,c_{k_{i_2}-1}^{i_2},c_{k_{i_2}}^{i_2}$ 、 … 、 $c_1^{i_L},c_2^{i_L},\cdots,c_{k_{i_L}-1}^{i_L},c_{k_{i_L}}^{i_L}$ ，将它们合并起来记作 $c_1,c_2,\cdots,c_K$ 。最终得到信号 $\boldsymbol{x}$ 的稀疏表示，即

$$\boldsymbol{x}\approx\boldsymbol{x}_K=\sum_{j=1}^{k_1}c_j^1\boldsymbol{g}_j^1+\sum_{j=1}^{k_2}c_j^2\boldsymbol{g}_j^2+\cdots+\sum_{j=1}^{k_L}c_j^L\boldsymbol{g}_j^L=\sum_{j=1}^{K}c_j\boldsymbol{g}_j \tag{3-58}$$

由分解过程可以看出发现：本书算法和 MP 算法的思想相似，但不同的是 MP 算法每次迭代从原子库选择一个最佳原子，而本书算法则是选择一组最佳正交基进行分解。

GIGMP 算法的改进之处在于：一方面，在一定条件下可以保证其收敛性，且易于编制

算法；另一方面，它每一次迭代过程都是在正交基下进行分解的(常用正交变换大都有快速算法)，极大地降低了计算复杂度。当选择的字典是$\boldsymbol{D}=\{\boldsymbol{B}_1,\boldsymbol{B}_2,\cdots,\boldsymbol{B}_L\}$时，如果$\boldsymbol{B}_i$的正交变换和重构有快速算法(如小波基)，此时 GIGMP 算法的计算复杂度为$O(N)$，而 MOF 算法、BOB 算法的算法复杂度均为$O(N\lg N)$，BP 算法比 MOF 算法、BOB 算法还要慢，只有 MP 算法是准线性的，然而其速度却极大地依赖于字典中原子的数量M(通常$M>>N$)。所以当冗余字典是由多组正交基级联而成时，GIGMP 算法在计算复杂度方面要优于 MP 算法。

另外，当原始信号恰好包含冗余字典中两个原子的线性组合时，采用 MP 算法极易造成过匹配现象。GIGMP 算法则克服了过匹配现象，实验结果也证明了这一点。

2. 仿真实验

1) 小波基下正交分解的逼近误差对比

以一维语音信号(见图 3.3(a))为例，取$N=1024$，用 Daubechies 系列小波基 db1～db10 构造正交级联字典。取$K=128$($K<<N$)，表 3.1 为单独使用一组小波基时的逼近误差$\|\boldsymbol{f}-\boldsymbol{f}_K\|$对照表。从表中可以看出，db7 的逼近效果最好。在正交基级联字典中进行稀疏分解时，本书算法逼近误差$\|\boldsymbol{f}-\boldsymbol{f}_K\|=1.499<<2.894$，它远小于单独使用 db7 正交分解的逼近误差，从视觉效果看，本书算法重构出的信号也远好于正交基分解重构信号。

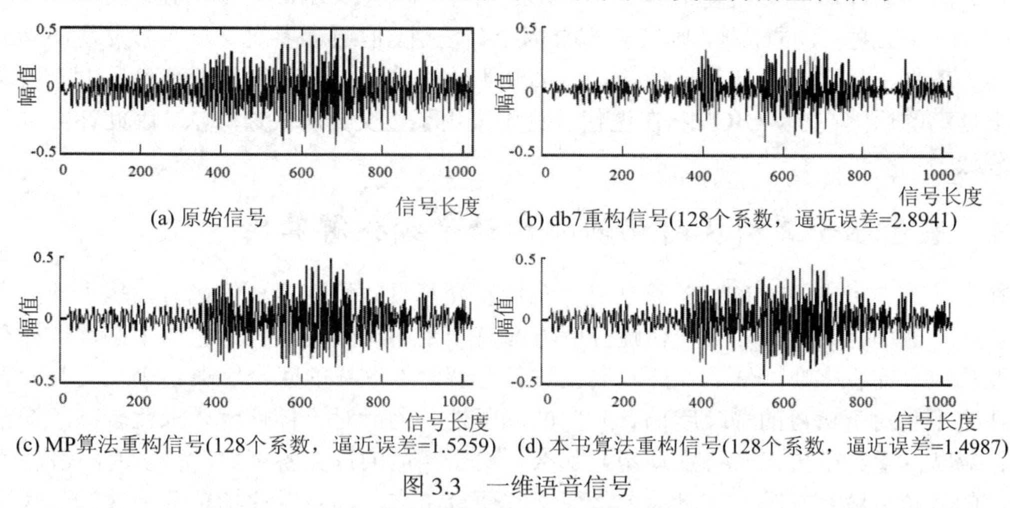

(a) 原始信号
(b) db7重构信号(128个系数，逼近误差=2.8941)
(c) MP算法重构信号(128个系数，逼近误差=1.5259)
(d) 本书算法重构信号(128个系数，逼近误差=1.4987)

图 3.3 一维语音信号

表 3.1 各组小波基下的正交分解逼近误差对照表

小波基	db1	db2	db3	db4	db5	db6	db7	db8	db9	db10
$\|\boldsymbol{f}-\boldsymbol{f}_K\|$	3.049	2.988	3.095	3.002	3.001	3.064	2.894	3.018	3.055	2.907

2) GIGMP 算法与 MP 算法的性能比较

(1) 逼近精度对比。表 3.2 给出了几种分解方法的给定稀疏系数数量K下的逼近误差。

可以看出，在选择较少系数时($K\leqslant 32$)，本书算法和 MP 算法的逼近误差基本一致；当 K 增加，且本书算法的逼近误差略小于 MP 算法的逼近误差时，压缩效果会变差，但是逼近误差会变小。对比图 3.3(c)和图 3.3(d)也可以看出，本书算法的重构效果略优于 MP 算法，这主要是因为克服了 MP 的过匹配现象。就误差收敛速度而言，本书算法与 MP 算法趋于一致。

表 3.2　db7 小波分解、MP 算法和本书算法的逼近误差对照

K	2	4	8	16	32	64	128	256
db7 小波分解	3.9383	3.8474	3.7283	3.5700	3.3425	3.0985	2.8941	2.7915
MP 算法	3.9252	3.8117	3.6033	3.2634	2.8264	2.2096	1.5259	0.8619
本书算法	3.9252	3.8117	3.6033	3.2634	2.8264	2.2024	1.4987	0.8574

(2) 计算复杂度对比。本实验的硬件平台是 P4 2.8 G(双核)、1 G 内存，软件条件是 Windows XP、Matlab 7.1 版本。实验结果为：MP 算法所用计算时间为 393.245 s，而 GIGMP 算法只用了 12.687 s，其计算速度几乎是 MP 的 31 倍。可见，GIGMP 算法在计算复杂度上相比 MP 算法有显著降低，这是由于 GIGMP 算法分解过程中采用了 Mallat 快速算法。需要注意的是，信号稀疏分解的计算速度除了依赖于所选原子库大小，还依赖于计算条件(硬件条件和软件条件)，所以这里只作同等实验条件下相对意义上的定量比较。此外，不同信号、不同信号长度、不同字典，则实验结果也会有差别。但通过多次反复实验发现，GIGMP 算法同等条件下相比 MP 计算速度均能提高几十倍。这一结果和我们的理论预期一致。计算速度提高的原因在于，GIGMP 在迭代过程中采用了正交分解快速算法，因此计算复杂度大大降低。

3.3.3　基于原子库树状结构划分的诱导式分解算法

在上一节中提出的 GIGMP 算法充分利用正交基具有快速算法的优势，极大地提高了分解速度。然而，该算法在实现稀疏分解方面有一定的局限性，因为它要求必须选择正交基级联构成过完备字典，然后在此基础上进行分解，而这样的冗余字典由于正交基的固有特征决定了它对于信号的稀疏度仍有一定的局限性，因此对于稀疏度要求比较高的场合，显然该算法的重构效果未必特别理想。那么，对于一般的过完备字典，是否有一种适用范围更广的稀疏分解算法呢？作者为此做了一些研究工作，针对以往稀疏分解算法仅从过完备字典(原子库)构造方面或从分解方式角度进行各种改进[9-10]，存在计算复杂度高、普适性不好等问题，作者借鉴原子库集合划分思想提出了一种新的诱导式稀疏分解算法。该算法基于过完备原子库自身结构特点、逐层细化得到一个树状层次结构的原子库，然后利用本书提出的诱导性塔式分解策略，在每次迭代时，利用该树状层次结构指引信号分解方向，最终完成分解，得到信号的稀疏表示结果。该算法把稀疏分解的一部分工作放在前端，减

少了后期处理的工作量，这种一次生成终身受用的方式可以有效加快信号分解速度，极大地降低了算法的计算复杂度。下面详细介绍基于原子库树状层次划分的稀疏分解算法，首先介绍如何按树状层次结构划分原子库，接着介绍诱导性塔式分解算法。

1. 原子库树状层次划分

在 MP 算法及其变种算法的每次迭代过程中，过完备库中的所有原子或残余信号都需与信号作内积，以找到最能匹配信号结构的一个原子，然而由于过完备库 $\boldsymbol{D}$ 中的原子数量 $\|\boldsymbol{D}\|$ 非常巨大，因此每次迭代中都要进行大量的计算。为了避免这种巨大的计算量，本书提出首先将原子库进行树状逐层划分，得到一个具有树状结构的多个不相交集合构成的原子库，以便一劳永逸地减少后面每次分解的工作量。当进行分解时，在每个集合中分别选取一个原子，然后在该层进行分解，根据分解得到的相似度(系数)大小，以确定在下一层次的细分集合中如何进行分解，从而达到快速稀疏分解的目的。

这就如同根据某个人的照片在世界上寻找他时，如果将照片与世界上所有的人进行比对，将会消耗大量的时间。但是，如果事先将世界按照某些规则分成多个集合，例如分为五个大洲，每个大洲又细分为多个国家，每个国家又有多个地区。此时，可以根据各大洲人的特点确定所要寻找的人属于哪个洲，然后再进一步确定属于哪个国家，继而属于哪个地区，最终找到这个人。这样，可以不必漫无目的地跟世界上所有人一个个比对，从而极大地降低比对所带来的时间消耗。因此，在稀疏分解前首先将过完备库 $\boldsymbol{D}$ 根据特征逐层划分为多个集合，可以大大降低计算复杂度。

在这一过程中，首先要解决的是如何将过完备库逐层划分为多个不相交集合。由于一个集合划分对应于一个等价关系[25]，过完备库逐层划分即是要找到一组等价关系。对于过完备库 $\boldsymbol{D}$，存在着多种不同的等价关系，从而存在很多对它的划分方法。在稀疏分解中能够用于降低稀疏分解计算复杂度的有如下等价关系：原子 $\boldsymbol{g}_r$ 的 $\gamma(\lambda_1, \lambda_2, \cdots, \lambda_L)$ 由 L 个参数决定，而每个参数 $\lambda_i \in \wedge_i$，其中 $\wedge_i$ 为 λ_i 的取值范围。此时“λ_i 取值相同”可以证明是过完备库 $\boldsymbol{D}$ 的等价关系(满足自反性、对称性和传递性)。

首先，根据“λ_1 取值相同”这一等价关系对过完备库 $\boldsymbol{D}$ 进行划分，从而得到一组集合 $\boldsymbol{S}_{\lambda_1}(\lambda_1 \in \wedge_1)$，使得 $\boldsymbol{D} = \bigcup\limits_{\lambda_1 \in \wedge_1} \boldsymbol{S}_{\lambda_1}$。

接着，对 $\boldsymbol{S}_{\lambda_1}(\lambda_1 \in \wedge_1)$ 进行第二层细分，此时“λ_2 取值相同”成为对 $\boldsymbol{S}_{\lambda_1}$ 进行划分的等价条件，可以得到第二层细分后的集合 $\boldsymbol{S}_{\lambda_1,\lambda_2}(\lambda_1 \in \wedge_1, \lambda_2 \in \wedge_2)$，使得

$$\boldsymbol{D} = \bigcup_{\lambda_1 \in \wedge_1} \boldsymbol{S}_{\lambda_1} = \bigcup_{\lambda_1 \in \wedge_1} \Big(\bigcup_{\lambda_2 \in \wedge_2} \boldsymbol{S}_{\lambda_1,\lambda_2} \Big) \tag{3-59}$$

然后，按照“λ_3 取值相同”进行第三层集合细分，最后直到“λ_L 取值相同”对集合进行第 L 层划分。这样一层层地细分后，将得到过完备库 $\boldsymbol{D}$ 的一个 L 层树状集合划分结构(如

图 3.4 所示)：

$$D = \bigcup_{\lambda_1 \in \wedge_1, \cdots \lambda_L \in \wedge_L} S_{\lambda_1, \cdots \lambda_L} \tag{3-60}$$

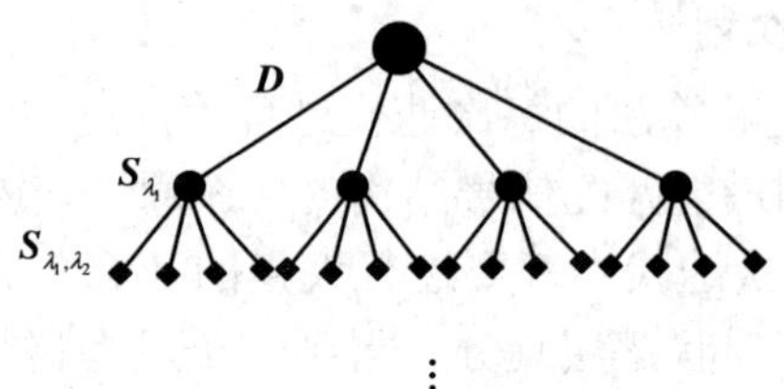

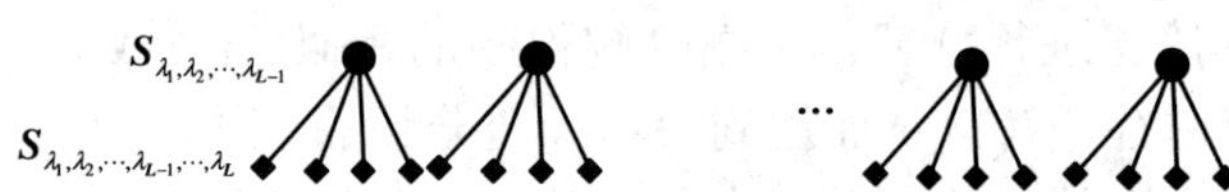

图 3.4　过完备库 $\boldsymbol{D}$ 的一个 L 层树状集合划分示意图

需要指出的是，对过完备库逐层划分为多个不相交集合的等价条件有很多，本书给出的划分方法仅仅是其中的一种。总的来说，划分方法越贴近原子库本身的特征，分解效果越好；逐层划分的不相交集合个数越多，分解后的逼近误差越小。

2. 诱导性塔式分解算法

有了过完备库 $\boldsymbol{D}$ 的一个 L 层树状集合划分结构，可在每一层的每一个集合 s 中选取一个特殊的原子 g_s 来代表该集合，近似地用 $\langle \boldsymbol{x}, \boldsymbol{g}_s \rangle$ 来代表信号 $\boldsymbol{x}$ 与 s 的相似程度。在每次对信号 x 进行分解时，首先计算第一层的每个集合与 $\boldsymbol{x}$ 的相似度 $\langle \boldsymbol{x}, \boldsymbol{g}_{s_i} \rangle$，如果 $\boldsymbol{x}$ 与某些集合的相似度较大，可将这些集合进行第二层细分，即用下一层细分的多个集合代替上一层中相似度较大的集合，然后重新计算每个集合与信号 $\boldsymbol{x}$ 的相似度，如果某些集合的相似度仍较大，则继续用下一层细分的多个集合代替上一层中相似度较大的集合，然后重新计算每个集合与 $\boldsymbol{x}$ 的相似度，如此逐层细化，最终得到信号 $\boldsymbol{x}$ 在过完备库 $\boldsymbol{D}$ 上的稀疏分解。具体算法如下：

设定相似度阈值 $T > 0$，已选原子集合 $\boldsymbol{G} = \phi$；

计算 $\boldsymbol{x}$ 与 $\boldsymbol{S}_{\lambda_1} (\lambda_1 \in \wedge_1)$ 的相似度 $T_{\lambda_1} = \langle \boldsymbol{x}, \boldsymbol{S}_{\lambda_1} \rangle$；

For $i = 1$ to L

　　For $\lambda_i \in \wedge_i$

　　If($T_{\lambda_1 \cdots \lambda_i} > T$)

　　　$\boldsymbol{S}_{\lambda_1 \cdots \lambda_i}$ 的代表原子 $\boldsymbol{g}_{\lambda_1 \cdots \lambda_i}$ 加入已选原子集合 $\boldsymbol{G}$；

　　Else

i 层诱导：将 $\boldsymbol{S}_{\lambda_1\cdots\lambda_i}$ 用其细分集合 $\bigcup_{\lambda_{i+1}\in\wedge_{i+1}} \boldsymbol{S}_{\lambda_1\cdots\lambda_{i+1}}$ 代替；

计算 $\boldsymbol{x}$ 与 $\boldsymbol{S}_{\lambda_1,\cdots,\lambda_i,\lambda_{i+1}}(\lambda_{i+1}\in\wedge_{i+1})$ 的相似度 $T_{\lambda_1,\cdots,\lambda_i,\lambda_{i+1}}=\left\langle \boldsymbol{x},\boldsymbol{S}_{\lambda_1,\cdots,\lambda_i,\lambda_{i+1}}\right\rangle$；

End If

End For

If ($T_{\lambda_1,\cdots,\lambda_i}>T$ For Each $\lambda_i\in\wedge_i$)

分解过程结束；

End If

End For

这种诱导性塔式分解算法如图 3.5 所示，其中粗黑框中的原子为对信号 f 进行稀疏分解所用的原子。

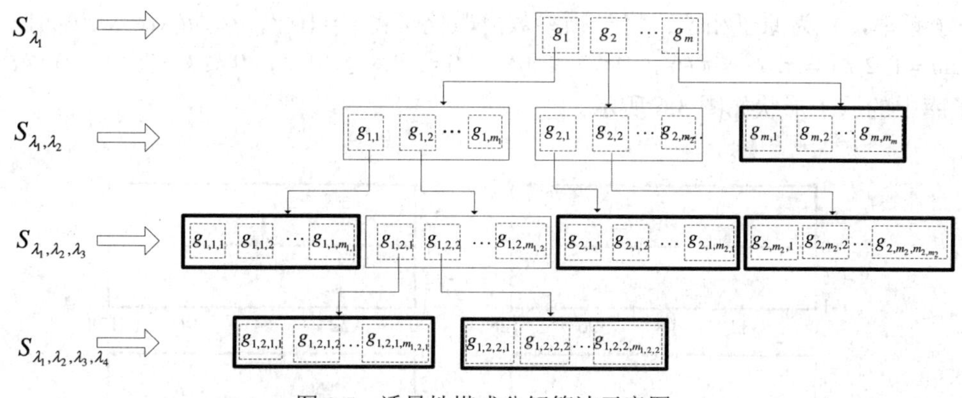

图 3.5 诱导性塔式分解算法示意图

3. 算法复杂度分析

在各种稀疏分解算法中，MOF 算法、BOB 算法的算法复杂度为 $O(N\lg N)$[39][59]，而 BP 算法比 MOF 算法、BOB 算法还要慢，只有 MP 算法是准线性的[36]，然而其速度却极大地依赖于原子库中原子的数量。如果原子的个数为 $\|\boldsymbol{D}\|$，则使用 MP 算法对信号 $\boldsymbol{x}$ 作 K 项分解时，内积运算的次数为可近似为 $K\cdot\|\boldsymbol{D}\|$，由于 $\|\boldsymbol{D}\|$ 很大，因此这是一个很大的数字。如果使用本算法，在稀疏分解之前，将原子库分解为 L 层，每层划分的集合数为 $d_m, m=1,2,\cdots,L$，则在使用本书算法进行稀疏分解时，内积运算的次数最多为 $\prod_{m=1}^{L} d_m$。一般来说，L 和 $d_m(m=1,2,\cdots,L)$ 相对较小，所以 $\prod_{m=1}^{L} d_m << K\cdot\|\boldsymbol{D}\|$，从而降低了计算复杂度。

需要注意的是，尽管本算法对原子库进行树状层次划分势必会增加运算量，但由于这种划分仅仅依赖于原子库的本身特点，只需进行一次划分，此后，每次进行信号稀疏分解时无需再重新划分，以后的每次迭代分解只需在该树状结构的诱导下进行即可，因此可以说做到了“一劳永逸”的效果，以较少的计算量完成分解过程。本算法中的集合划分和文献[63]的最大不同之处在于，后者未建立树状层次结构，而仅将形状相同作为划分依据，因此它无法对整个分解过程进行有效指导。

4. 仿真实验结果及分析

由于大多数原子库的构造方法都类似于 Gabor 原子库的构造方法，因此，不失一般性，过完备库 $\boldsymbol{D}=\{\boldsymbol{g}_\gamma\}_{\gamma\in\Gamma}$ 选择由 Gabor 原子构成，每个 Gabor 原子由一个高斯窗函数构成，即

$$g_r(t)=\frac{1}{\sqrt{s}}g\left(\frac{t-u}{s}\right)\cos(vt+w) \tag{3-61}$$

式中，$g(t)=\mathrm{e}^{-\pi t^2}$ 是高斯窗函数，$r=(s,u,v,w)$ 是时频参数，其中 s 为尺度因子，u 为位移因子，v 为原子频率，w 为原子相位。将时频参数离散化可得 $\Gamma=\{(\alpha^j,p\alpha^j\Delta u,k\alpha^j\Delta v,i\Delta w)\}$。其中，$\alpha=2,\Delta u=1/2,\Delta v=\pi,\Delta w=\pi/6$，$0<j\leqslant \mathrm{lb}N$，$0\leqslant p\leqslant 2^{-j+1}N$，$0\leqslant k\leqslant 2^{j+1}$，$0\leqslant i\leqslant 12$。该原子库中的原子形状如图 3.6 所示。

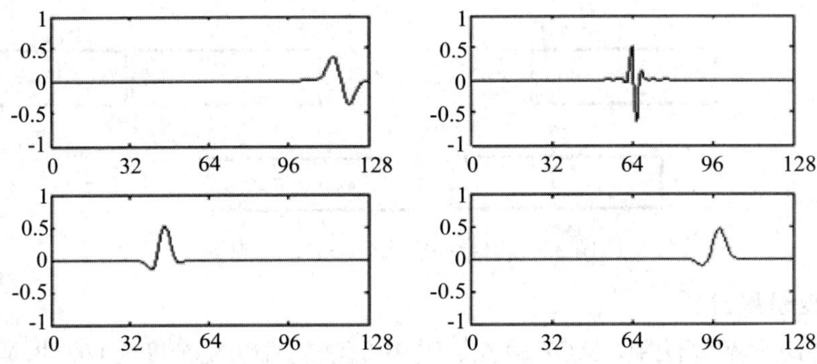

图 3.6　Gabor 原子库中原子形状($N=128$)

设信号长度为 N，取 $N=128$，分解原子数 $K=16$，原子库中原子的个数是 56 589。利用时频参数对原子库逐层进行集合划分。图 3.7(a)为实验用的原始信号，对其进行信号的稀疏分解，然后利用分解得到的 K 个系数重构信号。图 3.7(b)、(c)为分别采用本书算法和 MP 算法分解，再利用 16 个原子进行重构的结果。

经过计算可得 MP 算法的逼近误差 $\|\boldsymbol{x}-\boldsymbol{x}_K\|$ 为 2.20，共进行 905 424 次内积运算，实际计算时间为 20.04 s。而利用本书算法的逼近误差为 2.29，共进行 22 272 次内积运算，实际计算时间为 0.15 s。可见，本书算法相对于 MP 算法，内积运算次数仅为其 1/41，实际计算时间之比是 76∶1000。对不同信号的多次实验结果都表明，在保持同等稀疏度($K=16$)并

且逼近误差基本一致的情况下，本书算法的内积运算次数有了大幅度的减少，约为 MP 算法的 1/40，而实际计算时间约为 MP 算法的 1/100。表 3.3 给出了几种典型信号的本书算法和 MP 算法的实验结果对比(时间对比)。

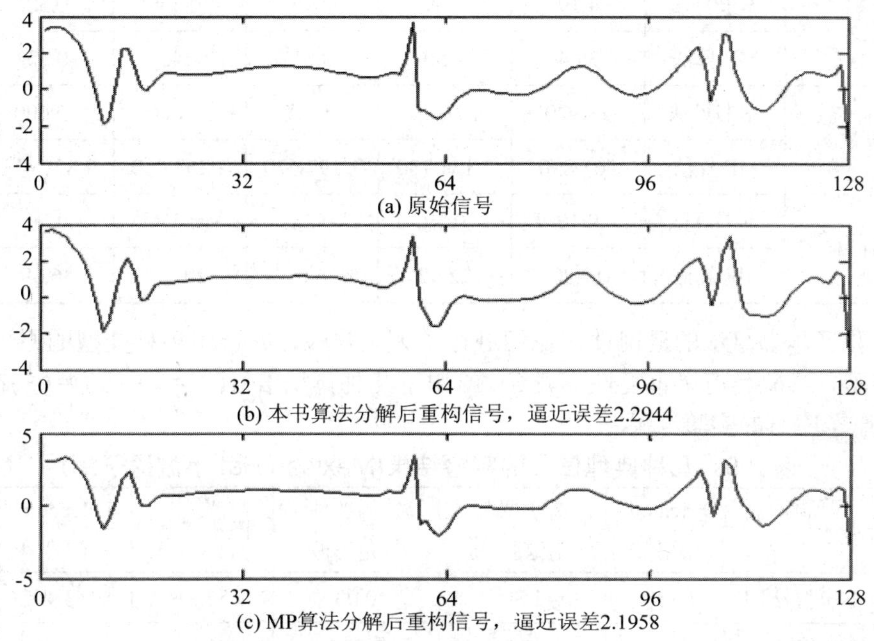

图 3.7　本书算法和 MP 算法重构信号对比

为了进一步说明本书算法在降低计算量方面的优势，分别取 $K = 10, 20, 30, 40, 50, 60$，计算结果见表 3.4。从表 3.4 中不难看出，随着 K 的增大，两种算法重构信号的逼近误差均迅速降低，且大小几乎相同；而它们的内积运算次数和实际计算时间的比较中，本书算法均远远优于 MP 算法。

表 3.3　几种典型信号的实验结果(Gabor 原子库)

误差＼信号		Dirichlet 信号	高斯调制正弦脉冲	非周期性三角形波	随机信号	Leleccum 信号	Vonkoch 信号
逼近误差	本书算法	0.21	0.29	0.62	5.94	166.02	0.002
	MP 算法	0.19	0.27	0.59	5.54	158.83	0.002
计算时间/s	本书算法	0.35	0.10	0.34	0.25	0.30	0.24
	MP 算法	31.50	18.68	33.71	19.02	26.35	16.38

表 3.4　本书算法与 MP 算法的随 K 增大的变化对比表

误差 \ K		10	20	30	40	50	60
逼近误差	本书算法	4.19	1.69	0.96	0.54	0.30	0.22
	MP 算法	3.64	1.50	0.81	0.45	0.25	0.19
内积运算次数	本书算法	13 920	27 840	41 760	55 680	69 600	83 520
	MP 算法	565 890	1 131 780	1 697 670	2 263 560	2 829 450	3 395 340
计算时间/s	本书算法	0.10	0.19	0.28	0.37	0.46	0.54
	MP 算法	17.80	22.92	26.81	29.82	36.19	38.35

为了验证本书算法的适用性，我们进行了大量实验，并选用多种类型的原子库进行了同样的实验，实验具有可重复性。表 3.5 给出了几种典型信号($N=1024, K=64$)在 Mexican Hat 小波原子库下的实验结果。

表 3.5　几种典型信号的实验结果(Mexican Hat 小波原子库)

误差 \ 信号		Dirichlet 信号	高斯调制正弦脉冲	非周期性三角形波	随机信号	Leleccum 信号	Vonkoch 信号
逼近误差	本书算法	1.13	2.80	0.03	52.81	153.19	0.02
	MP 算法	1.10	2.714	0.025	51.86	144.34	0.02
计算时间/s	本书算法	3.54	3.15	6.33	2.55	7.28	3.76
	MP 算法	243.85	251.11	561.34	422.38	329.30	247.21

从以上实验结果可以看出，在稀疏分解以前，适当地对原子库进行逐层集合划分，虽然增加了一部分工作量，但是在后续的分解过程中，在逼近误差大致不变的情况下，大大降低了计算量。

3.3.4　迭代阈值算法

如前所述，过完备字典下的信号稀疏分解可以通过求解如下的 ℓ_1-范数最小化问题得到：

$$\boldsymbol{\alpha}=\arg\min_{\boldsymbol{\alpha}}\frac{1}{2}\|\boldsymbol{x}-\boldsymbol{D}\boldsymbol{\alpha}\|_2^2+\lambda\|\boldsymbol{\alpha}\|_1 \tag{3-62}$$

求解该最小化问题可以采用内敛法、加权迭代最小二乘法、正交匹配追踪法及其改进等传统的迭代优化方法。但是，这些传统的优化方法在求解上述ℓ_1-范数最小化问题时通常需要较多的迭代次数，尤其是对于大规模的优化问题，其求解效率更加低下。因此，我们需要寻找更加高效的优化求解方法。

迭代阈值算法是近年来提出的一类数值求解算法，对上述ℓ_1-范数最小化问题具有更高的求解效率。在迭代阈值这类方法中，每一次迭代只包括矩阵$\boldsymbol{D}$和$\boldsymbol{D}$转置的乘法，以及一系列单变量的阈值处理等简单操作，并且对上述ℓ_1-范数最小化具有非常高的求解效率。理论研究表明对于凸函数的最小化问题，迭代阈值算法能够保证收敛到全局最优解。下面首先介绍一种迭代阈值的特殊情形，当$\boldsymbol{D}$为正交基的情形。

当$\boldsymbol{D}$为正交基时，利用$\boldsymbol{D}\boldsymbol{D}^{\mathrm{T}}=\boldsymbol{I}$得到：

$$f(\boldsymbol{\alpha})=\frac{1}{2}\|\boldsymbol{x}-\boldsymbol{D}\boldsymbol{\alpha}\|_2^2+\lambda\|\boldsymbol{\alpha}\|_1=\frac{1}{2}\|\boldsymbol{D}(\boldsymbol{D}^{\mathrm{T}}\boldsymbol{x}-\boldsymbol{\alpha})\|_2^2+\lambda\|\boldsymbol{\alpha}\|_1=\frac{1}{2}\|\boldsymbol{D}^{\mathrm{T}}\boldsymbol{x}-\boldsymbol{\alpha}\|_2^2+\lambda\|\boldsymbol{\alpha}\|_1 \tag{3-63}$$

令$\boldsymbol{\alpha}_0=\boldsymbol{D}^{\mathrm{T}}\boldsymbol{x}$得到：

$$f(\boldsymbol{\alpha})=\frac{1}{2}\|\boldsymbol{\alpha}_0-\boldsymbol{\alpha}\|_2^2+\lambda\|\boldsymbol{\alpha}\|_1=\sum_i\left[\frac{1}{2}(\boldsymbol{\alpha}_0(i)-\boldsymbol{\alpha}(i))^2+\lambda|\boldsymbol{\alpha}(i)|\right]=\sum_i g(\boldsymbol{\alpha}(i)) \tag{3-64}$$

其中，$g(\boldsymbol{\alpha}(i))=1/2(\boldsymbol{\alpha}_0(i)-\boldsymbol{\alpha}(i))^2+\lambda|\boldsymbol{\alpha}(i)|$为单变量凸函数，其全局最小值可以通过如下软阈值操作得到：

$$\mathrm{S}_\lambda(\boldsymbol{\alpha})=\begin{cases}0, & |\alpha_0(i)|\leqslant\lambda\\ \alpha_0(i)-\mathrm{sgn}(\alpha_0(i))\lambda, & |\alpha_0(i)|>\lambda\end{cases} \tag{3-65}$$

可以看到，对于原始最小化问题，即式(3-63)，通过两个步骤找到一个闭式解：① 计算$\boldsymbol{\alpha}_0=\boldsymbol{D}^{\mathrm{T}}\boldsymbol{x}$；②对每一个$\boldsymbol{\alpha}_0$中的元素应用软阈值算子$S_\lambda$得到期望的解。对于非正交字典，迭代阈值方法无法通过一步优化获得全局最优解，但是可以利用替换函数(Surrogate Function)，通过迭代的方式求解出全局最优解。下面我们将主要介绍由Daubechies、Defrise、和De-Mol等人提出的基于Surrogate函数的迭代阈值算法[67]。

对于原始目标函数

$$f(\boldsymbol{\alpha})=\frac{1}{2}\|\boldsymbol{x}-\boldsymbol{D}\boldsymbol{\alpha}\|_2^2+\lambda\|\boldsymbol{\alpha}\|_1 \tag{3-66}$$

加入下面的项：

$$d(\boldsymbol{\alpha},\boldsymbol{\alpha}_0)=\frac{c}{2}\|\boldsymbol{\alpha}-\boldsymbol{\alpha}_0\|_2^2-\frac{1}{2}\|\boldsymbol{D}\boldsymbol{\alpha}-\boldsymbol{D}\boldsymbol{\alpha}_0\|_2^2 \tag{3-67}$$

其中参数c的选取要保证函数$d(\cdot)$是严格凸的，要求$c>\|\boldsymbol{D}^{\mathrm{T}}\boldsymbol{D}\|_2=\lambda_{\max}(\boldsymbol{D}^{\mathrm{T}}\boldsymbol{D})$。此时，得到如下的原函数$f(\boldsymbol{\alpha})$的替换函数：

$$\tilde{f}(\boldsymbol{\alpha})=\frac{1}{2}\|\boldsymbol{x}-\boldsymbol{D}\boldsymbol{\alpha}\|_2^2+\lambda\|\boldsymbol{\alpha}\|_1+\frac{c}{2}\|\boldsymbol{\alpha}-\boldsymbol{\alpha}_0\|_2^2-\frac{1}{2}\|\boldsymbol{D}\boldsymbol{\alpha}-\boldsymbol{D}\boldsymbol{\alpha}_0\|_2^2 \tag{3-68}$$

通过合并项，式(3-68)可以写成

$$\begin{aligned}\tilde{f}(\boldsymbol{\alpha})&=\frac{1}{2}\|\boldsymbol{x}\|_2^2+\frac{1}{2}\|\boldsymbol{D}\boldsymbol{\alpha}_0\|_2^2+\frac{c}{2}\|\boldsymbol{\alpha}_0\|_2^2-\boldsymbol{x}^{\mathrm{T}}\boldsymbol{D}\boldsymbol{\alpha}+\lambda\|\boldsymbol{\alpha}\|_1\\&\quad+\frac{c}{2}\|\boldsymbol{\alpha}\|_2^2-c\boldsymbol{\alpha}^T\boldsymbol{\alpha}_0+\boldsymbol{\alpha}^{\mathrm{T}}\boldsymbol{D}^{\mathrm{T}}\boldsymbol{D}\boldsymbol{\alpha}_0\\&=C+\frac{1}{2}\|\boldsymbol{\alpha}-\boldsymbol{v}_0\|_2^2+\frac{\lambda}{c}\|\boldsymbol{\alpha}\|_1\end{aligned} \tag{3-69}$$

其中，C 是只包含关于 x 和 $\boldsymbol{\alpha}_0$ 的常数项，$\boldsymbol{v}_0=1/c\boldsymbol{D}^T(\boldsymbol{x}-\boldsymbol{D}\boldsymbol{\alpha}_0)+\boldsymbol{\alpha}_0$。式(3-69)的封闭解由下列软阈值公式给出：

$$\boldsymbol{\alpha}_{\text{opt}}=S_{\lambda/c}(\boldsymbol{v}_0)=S_{\lambda/c}(1/c\boldsymbol{D}^{\mathrm{T}}(\boldsymbol{x}-\boldsymbol{D}\boldsymbol{\alpha}_0)+\boldsymbol{\alpha}_0) \tag{3-70}$$

式(3-70)即为替换函数 $\tilde{f}(\boldsymbol{\alpha})$ 的全局最小值。至此，已将原优化目标函数 $f(\boldsymbol{\alpha})$ 转换成了替换函数 $\tilde{f}(\boldsymbol{\alpha})$，并得到了它的全局最小解。其中 $\tilde{f}(\boldsymbol{\alpha})$ 取决于 $\boldsymbol{\alpha}_0$ 的选取。迭代阈值算法的核心思想就是在每一次迭代中，将上一次迭代的解 $\boldsymbol{\alpha}^{(k)}$ 作为下次迭代中替换函数 $\tilde{f}(\boldsymbol{\alpha})$ 中的 $\boldsymbol{\alpha}_0=\boldsymbol{\alpha}^{(k)}$，从而得到一系列的解$\{\boldsymbol{\alpha}^{(k)}\}$。Daubechies 等人在文献[67]中证明了解序列$\{\boldsymbol{\alpha}^{(k)}\}$将收敛到 $f(\boldsymbol{\alpha})$ 的全局最小值。因此，$f(\boldsymbol{\alpha})$ 的全局最小值可以通过下列迭代公式得到：

$$\boldsymbol{\alpha}^{(k+1)}=S_{\lambda/c}\left(\frac{1}{c}\boldsymbol{D}^{\mathrm{T}}(\boldsymbol{x}-\boldsymbol{D}\boldsymbol{\alpha}^{(k)}\right)+\boldsymbol{\alpha}^{(k)}) \tag{3-71}$$

整个迭代阈值求解算法如算法 3.1 所示。

算法 3.1

优化目标：$\min\limits_{\boldsymbol{\alpha}} 0.5\|\boldsymbol{x}-\boldsymbol{D}\boldsymbol{\alpha}\|_2^2+\lambda\|\boldsymbol{\alpha}\|_1$

1. 初始化：设置 k=0；$\boldsymbol{\alpha}^{(0)}=\boldsymbol{0}$；初始残差 $\boldsymbol{r}^{(0)}=\boldsymbol{x}-\boldsymbol{D}\boldsymbol{\alpha}^{(k)}=\boldsymbol{b}$。
2. 对 k 进行迭代直至收敛。
   (a) 反向投影迭代：计算 $\boldsymbol{e}=\boldsymbol{D}^{\mathrm{T}}(\boldsymbol{x}-\boldsymbol{D}\boldsymbol{\alpha}^{(k-1)})$
   (b) 软阈值操作：计算 $\boldsymbol{\alpha}^{(k)}=S_\lambda(\boldsymbol{\alpha}^{(k-1)}+\boldsymbol{e}/c)$；
   (c) 更新残差：计算 $\boldsymbol{r}^{(k)}=\boldsymbol{x}-\boldsymbol{D}\boldsymbol{\alpha}^{(k)}$；
   (d) 停止准则判断：如果 $\|\boldsymbol{\alpha}^{(k)}-\boldsymbol{\alpha}^{(k-1)}\|_2^2$ 小于事先定义的阈值，则停止迭代；否则继续迭代。
3. 输出最终结果 $\boldsymbol{\alpha}^{(k)}$。

3.3.5 交替方向乘子方法

对于过完备字典的稀疏分解还可以采用交替方向乘子方法(Alternating Direction Method of Multipliers，ADMM)进行高效求解。ADMM 是近几年流行起来的一种用于求解等式约束优化问题或者凸集约束优化问题的算法。该类算法最早是由 Glowinski 和 Marrocco[68]以及 Gabay 和 Mercier[69]等人在 20 世纪 70 年代提出的。目前，ADMM 方法已被广泛用于许多统计优化问题，例如，带约束的稀疏回归问题[70]、稀疏信号恢复[71]、图像恢复和去噪[72]、矩阵低秩与稀疏优化[73]等。

ADMM 方法可求解如下形式的优化问题：

$$\min_{\boldsymbol{x},z} f(\boldsymbol{x})+g(z) \text{ s.t. } \boldsymbol{Ax}+\boldsymbol{Bz}=\boldsymbol{c} \tag{3-72}$$

其中 $\boldsymbol{x}\in\mathbf{R}^n$， $z\in\mathbf{R}^m$， $\boldsymbol{A}\in\mathbf{R}^{p\times n}$， $\boldsymbol{B}\in\mathbf{R}^{p\times m}$， $\boldsymbol{c}\in\mathbf{R}^p$， $f(\boldsymbol{x})$和$g(z)$为凸函数。对于上述带约束的目标函数优化问题，ADMM 方法将带约束目标函数转换成一个增广拉格朗日函数：

$$L_\rho(\boldsymbol{x},z,\boldsymbol{y})=f(\boldsymbol{x})+g(z)+\boldsymbol{y}^{\mathrm{T}}(\boldsymbol{Ax}+\boldsymbol{Bz}-\boldsymbol{c})+(\rho/2)\|\boldsymbol{Ax}+\boldsymbol{Bz}-\boldsymbol{c}\|_2^2 \tag{3-73}$$

ADMM 通过下列交替优化方法求解增广拉格朗日函数极小值：

$$\boldsymbol{x}^{(k+1)}=\arg\min_{\boldsymbol{x}} L_\rho(\boldsymbol{x},z^{(k)},\boldsymbol{y}^{(k)}) \tag{3-74}$$

$$z^{(k+1)}=\arg\min_{\boldsymbol{x}} L_\rho(\boldsymbol{x}^{(k+1)},z,\boldsymbol{y}^{(k)}) \tag{3-75}$$

$$\boldsymbol{y}^{(k+1)}=\boldsymbol{y}^{(k+1)}+\rho(\boldsymbol{Ax}^{(k+1)}+\boldsymbol{Bz}^{(k+1)}-\boldsymbol{c}) \tag{3-76}$$

其中$\rho>1$，通过求解式(3-74)和式(3-75)对 x 和 z 进行交替更新，通过式(3-76)对对偶变量进行更新。将 x 和 z 的优化分解成两步，从而能够对原目标函数进行分解。关于 ADMM 的收敛性证明，已有许多文献进行了讨论，当函数 $f(\boldsymbol{x})$ 和 $g(z)$ 是封闭、可解及凸函数，并且拉格朗日乘子函数

$$L_0(\boldsymbol{x},z,\boldsymbol{y})=f(\boldsymbol{x})+g(z)+\boldsymbol{y}^{\mathrm{T}}(\boldsymbol{Ax}+\boldsymbol{Bz}-\boldsymbol{c}) \tag{3-77}$$

具有一个鞍点时，ADMM 迭代算法将收敛，即残差信号 $\boldsymbol{r}=\boldsymbol{Ax}+\boldsymbol{Bz}-\boldsymbol{c}$ 将收敛到 0，目标函数 $f(\boldsymbol{x})+g(z)$ 将收敛到全局最小值[74]。

下面将以过完备字典稀疏分解为例，来介绍 ADMM 算法的实际应用。ADMM 算法可以很自然地将 ℓ_1 范数稀疏分解目标函数分成 $f(\boldsymbol{x})$ 部分和 $g(z)$ 部分，然后分别进行处理。对于下列 ℓ_1 范数稀疏分解优化目标函数：

$$\min_{\boldsymbol{\alpha}}\frac{1}{2}\|\boldsymbol{x}-\boldsymbol{D\alpha}\|_2^2+\lambda\|\boldsymbol{\alpha}\|_1 \tag{3-78}$$

利用 ADMM 算法将上述优化问题转换成：

$$\min_{\boldsymbol{\alpha},\boldsymbol{\beta}} \frac{1}{2}\|\boldsymbol{x}-\boldsymbol{D}\boldsymbol{\alpha}\|_2^2+\lambda\|\boldsymbol{\alpha}\|_1 \quad \text{s.t.} \quad \boldsymbol{\alpha}-\boldsymbol{\beta}=0 \tag{3-79}$$

其 ADMM 迭代公式如下：

$$\boldsymbol{\alpha}^{(k+1)}=\arg\min_{\boldsymbol{\alpha}} \frac{1}{2}\|\boldsymbol{x}-\boldsymbol{D}\boldsymbol{\alpha}\|_2^2+\frac{\rho}{2}\|\boldsymbol{\alpha}-\boldsymbol{\beta}^{(k)}+\boldsymbol{u}^{(k)}\|_2^2 \tag{3-80}$$

$$\boldsymbol{\beta}^{(k+1)}=S_{\lambda/\rho}(\boldsymbol{\alpha}^{(k+1)}+\boldsymbol{u}^{(k)}) \tag{3-81}$$

$$\boldsymbol{u}^{(k+1)}=\boldsymbol{u}^{(k)}+\rho(\boldsymbol{\alpha}^{(k+1)}-\boldsymbol{\beta}^{(k+1)}) \tag{3-82}$$

公式(3-80)迭代更新 $\boldsymbol{\alpha}$，也称为是 Proximal 算子。式(3-81)是一个阈值为 λ/ρ 的软阈值迭代公式。

由于式(3-79)是二次优化问题，因此可以很容易得到其封闭解：

$$\boldsymbol{\alpha}^{(k+1)}=(\boldsymbol{D}^{\mathrm{T}}\boldsymbol{D}+\rho\boldsymbol{I})^{-1}(\boldsymbol{D}^{\mathrm{T}}\boldsymbol{x}+\rho(\boldsymbol{\beta}^{(k)}-\boldsymbol{u}^{(k)})) \tag{3-83}$$

当 $\boldsymbol{D}$ 是对角矩阵时，式(3-83)求逆矩阵是对角矩阵，因此，式(3-83)可以很容易计算。当 $\boldsymbol{D}$ 是非对称矩阵时，即当 $\boldsymbol{D}$ 为过完备字典时，式(3-83)矩阵求逆很难进行计算，此时可以用牛顿迭代法，如 L-BFGS 算法或者共轭梯度法(Conjugate Gradient)方法进行求解。

本 章 小 结

本章介绍了信号稀疏表示的理论和方法，以及信号在正交基、过完备字典上稀疏表示模型，并介绍了多种信号稀疏分解算法，为信号稀疏性的刻画和表示奠定了基础。

本章参考文献

[1] Candès E. Ridgelets: theory and applications[D]. Stanford: Stanford University, 1998.

[2] Candès E, Donoho D L. Curvelets—a surprisingly effective nonadaptive representation for objects with edges[D]. Stanford University, 1999.

[3] Pennec E L, Mallat S. Image compression with geometrical wavelets[C]. International conference on image processing, 2000, 1：661-664.

[4] Do Minh N, Vetterli Martin. Contourlets: A new directional multiresolution image representation[J]. Conference Record of the Asilomar Conference on Signals, Systems and Computers. Pacific Groove, CA, United States: IEEE Computer Society, 2002, 1：497-501.

[5] Bergeaud F, Mallat S. Matching pursuit of images[C]. IEEE International conference on image processing, 1995, 1：53-56.

[6] Goodwin M, Vetterli M. Atomic decompositions of audio signals[C]. Workshop on applications of signal processing to audio and acoustics, 1997：4-7.

[7] Neff R, Zakhor A. Very low bit-rate video coding based on matching pursuits[J]. IEEE Transactions on Circuits and Systems for Video Technology, 1997, 7(1)：158-171.

[8] 韦泉华. 基于稀疏表示的盲信号分离算法及其改进[D]. 中国地质大学, 2006.

[9] Shmilovici A, Maimon C. Application of adaptive matching pursuit to adaptive control of nonlinear dynamic systems[J]. IEEE Proceedings-control Theory and Applications, 1998, 145(6)：575-581.

[10] Donoho D L. De-noising by soft-thresholding[J]. IEEE Transactions on Information Theory, 1995, 41(3)：613-627.

[11] Kourouniotis F P, Kubichek R F, Boyd N. Application of the wave transform and matching pursuit algorithm in seismic data processing for the development of new noise reduction technique[C]. Int. Symposium on Optimal Sci. Eng. And Instrumentation, Dever, CO, August, 1996.

[12] Gorodnitsky I F, Rao B D. Sparse signal reconstruction from limited data using FOCUSS: a re-weighted minimum norm algorithm[J]. IEEE Transactions on Signal Processing, 1997, 45(3)：600-616.

[13] Chen S, Billings S A, Luo W, et al. Orthogonal least squares methods and their application to nonlinear system identification[J]. International Journal of Control, 1989, 50(5)：1873-1896.

[14] Jaggi S, Karl W C, Mallat S, et al. Silhouette recognition using high-resolution pursuit[J]. Pattern Recognition, 1999, 32(5)：753-771.

[15] Phillips P J. Matching pursuit filters applied to face identification[J]. IEEE Transactions on Image Processing, 1998, 7(8)：1150-1164.

[16] Candès E J. Monoscale ridgelets for the representation of images with edges[R]. Stanford: Stanford University, 1999.

[17] Candès E J, Donoho D L. Continuous curvelet transform I: Resolution of the wavefront set[J]. Applied and Computational Harmonic Analysis, 2003, 19(2)：162-197.

[18] Donoho D L, Duncan M R. Digital curvelet transform: strategy, implementation and experiments[J]. Proceedings of SPIE, 2000, 4056(1)：12-30.

[19] Meyer F G, Coifman R R. Brushlets: a tool for directional image analysis and image compression[J]. Applied and Computational Harmonic Analysis, 1997, 4(2)：147-187.

[20] Pennec E L, Mallat S. Image compression with geometrical wavelets[C]. IEEE International conference on image processing, 2000：661-664.

[21] Do Minh N. Vetterli Martin. Contourlets: a directional multiresolution image representation[C]. In:

ICIP2002. Academic Press, 2002, 1：357-360.

[22] Do M N, Vetterli M. The contourlet transform: an efficient directional multiresolution image representation [J]. IEEE Transactions on Image Processing, 2005, 14(12)：2091-2106.

[23] Donoho D L. Wedgelets: nearly-minimax estimation of edges[J]. Annals of Statistics, 1999, 27(3)：859-897.

[24] Donoho D L, Huo X. Beamlets and multiscale image analysis[J]. Lecture Notes in Computational Science and Engineering, Springer, Berlin, 2001, 20：149-196.

[25] Donoho D L, Vetterli M, Devore R, et al. Data compression and harmonic analysis[J]. IEEE Transactions on Information Theory, 1998, 44(6)：2435-2476.

[26] 刘丹华. 信号稀疏分解及压缩感知理论应用研究[D]. 西安电子科技大学博士学位论文，2010.

[27] Donoho D L. Compressed sensing[J]. IEEE Transactions on Information Theory, 2006, 52(4)：1289-1306.

[28] Candès E J, Wakin M B. An Introduction to Compressive Sampling[J]. IEEE Signal Processing Magazine, 2008, 25(2)：21-30.

[29] Baraniuk R G. Compressive sensing[C]. Conference on information sciences and systems, 2008.

[30] Candès E. Compressive sampling[J]. Int. Congress of Mathematics, 2006, 3：1433-1452.

[31] Mallat S, Zhang Z. Matching pursuits with time-frequency dictionaries[J]. IEEE Transactions on Signal Processing, 1993, 41(12)：3397-3415.

[32] 张春梅，尹忠科，肖明霞. 基于冗余字典的信号过完备表示与稀疏分解[J]. 科学通报，2006, 51(6)：628-633.

[33] Olshausen B, Field D. Sparse coding with an overcomplete basis set: A strategy employed by V1?[J], Vision Res., 1997, 37(23)：3311-3325.

[34] Candès E J, Donoho D L. New tight frames of curvelets and optimal representations of objects with piecewise C^2 singularities[J]. Communications on Pure and Applied Mathematics, 2004, 57(2)：219-266.

[35] Berg A P, Mikhael W B. A survey of mixed transform techniques for speech and image coding[C]. IEEE International symposium on circuits and systems, 1999：106-109.

[36] Debrunner V E, Chen L, Li H, et al. Lapped multiple bases algorithms for still image compression without blocking effect[J]. IEEE Transactions on Image Processing, 1997, 6(9)：1316-1321.

[37] Chen S, Donoho D L, Saunders M A, et al. Atomic decomposition by basis pursuit[J]. SIAM Journal on Scientific Computing, 1998, 20(1)：33-61.

[38] Daubechies I. Time-frequency localization operators: a geometric phase space approach[J]. IEEE Transactions on Information Theory, 1988, 34(4)：605-612.

[39] Coifman R R, Wickerhauser M V. Entropy-based algorithms for best basis selection[J]. IEEE Transactions on Information Theory, 1992, 38(2)：713-718.

[40] Pati Y C., Rezaiifar R., Krishnaprasad P S. Orthogonal matching pursuit: recursive function approximation

with applications to wavelet decomposition [C]. IEEE Proceedings of the 27th Annual Asilomar Conference in Signals, Systems, and Computers. Los Alamitos, 1993, 1 (11)：40-44.

[41] Donoho D L, Huo X. Uncertainty principles and ideal atomic decomposition[J]. IEEE Transactions on Information Theory, 2001, 47(7)：2845-2862.

[42] Elad M, Bruckstein A M. A generalized uncertainty principle and sparse representation in pairs of bases [J]. IEEE Transactions on Information Theory, 2002, 48(9)：2558-2567.

[43] 焦李成，谭山．图像的多尺度几何分析：回顾和展望[J]．电子学报, 2003, 12A：1975-1981.

[44] 焦李成，侯彪，刘芳．基函数网络逼近：进展与展望[J]．工程数学学报, 2002, 19(1)：21-36.

[45] 侯彪，刘芳，焦李成．基于脊波变换的直线特征检测[J]．中国科学, E 辑, 2003, 33(1)：65-73.

[46] 刘丹华，石光明，高大化，等．基于原子库树状结构划分的诱导式信号稀疏分解[J]．系统工程与电子技术, 2009, 31(8)：95-100.

[47] 廖斌，许刚，王裕国．二维匹配跟踪自适应图像编码[J]．计算机辅助设计与图形学学报, 2003, 15(9)：1084-1090.

[48] 尹忠科，王建英，Pierre Vandergheynst．在低维空间实现的基于 MP 的图像稀疏分解[J]．电讯技术, 2004, 44(3)：12-15.

[49] Candès E J, Romberg J, Tao T, et al. Stable signal recovery from incomplete and inaccurate measurements [J]. Communications on Pure and Applied Mathematics, 2006, 59(8)：1207-1223.

[50] Candès E J, Wakin M B. An introduction to compressive sampling a sensing/sampling paradigm that goes against the common knowledge in data acquisition [J]. IEEE Signal Processing Magazine, 2008, 25(2)：21-30.

[51] Goyal V K, Fletcher A K, Rangan S, et al. Compressive sampling and lossy compression [J]. IEEE Signal Processing Magazine, 2008, 25(2)：48-56.

[52] Mallat S.信号处理的小波导引．2 版[M]．杨力华，戴道清，黄文良，等译．北京：机械工业出版社，2002.

[53] Vetterli M. Wavelets: approximation and compression[J]. Proceedings of SPIE, 1999, 3723(1)：28-31.

[54] DeVore R A. Devore R A. Nonlinear approximation [J]. Acta Numerica, 1998, 7(7)：51-150.

[55] Davis G, Mallat S, Avellaneda M, et al. Adaptive greedy approximation[J]. Constructive Approximation, 1997, 13(1)：57-98.

[56] Shrijver A. Theory of Linear and Integer Programming [M]. Wiley Press, July, 1998.

[57] Daubechies I. Time-frequency localization operators: a geometric phase space approach[J]. IEEE Transactions on Information Theory, 1988, 34(4)：605-612.

[58] Donoho D L, Tsaig Y, Drori I, et al. Sparse solution of underdetermined linear equations by stagewise orthogonal matching pursuit[R]. Technical Report, 2006.

[59] Duarte M F, Wakin M B, Baraniuk R G. Fast reconstruction of piecewise smooth signals from random

projections[C]. Online Proceedings of the Workshop on Signal Processing with Adaptive Sparse Structured Representations (SPARS), 2005.

[60] La C N, Do M N. Tree-based orthogonal matching pursuit algorithm for signal reconstruction[C]. IEEE International conference on image processing, 2006：1277-1280.

[61] Gabriel P. Best basis compressed sensing[J]. Lecture Notes in Computer Science, Scale Space and Variational Methods in Computer Vision (SSVM), Springer, Germany, 2007：80-91.

[62] 刘丹华，石光明，周佳社. 一种冗余字典下的信号稀疏分解新方法[J]. 西安电子科技大学学报：自然科学版，2008, 35(2)：228-232.

[63] 邵君，尹忠科，王建英，等. 信号稀疏分解中过完备原子库的集合划分[J]. 铁道学报, 2006, 28(1)：68-71.

[64] Mallat S. A Wavelet Tour of Signal Processing[M], 2nd ed. Academic Press, 1999.

[65] Davis G M, Mallat S, Zhang Z, et al. Adaptive time-frequency decompositions[J]. Optical Engineering, 1994, 33(7)：2183-2191.

[66] 杨愚. 图像稀疏分解快速实现与初步应用[D]. 西南交通大学博士学位论文, 2007.

[67] Daubechies I, Defriese M., DeMol C. An iterative thresholding algorithm for linear inverse problems with a sparsity constraint[J]. Pure Appl. Math., 2004, 57：1413-1457.

[68] Gabay D, Mercier B. A Dual Algorithm for the Solution of Nonlinear Variational Problems via Finite Element Approximations[J]. Computers & Mathematics With Applications, 1976, 2(1)：17-40.

[69] Glowinski R, Marrocco A. Sur l'approximation, par éléments finis d'ordre un, et la résolution, par pénalisation-dualité d'une classe de problèmes de Dirichlet non linéaires[J]. ESAIM: Mathematical Modelling and Numerical Analysis—Modélisation Mathématique et Analyse Numérique, 1975, 9(R2)：41-76.

[70] Bioucas-Dias J M. Figueiredo M A. T. Alternating direction algorithms for constrained sparse regression: application to hyperspectral unmixing[C]. 2nd Workshop on Hyperspectral Image and Signal Processing: Evolution in Remote Sensing, 2010：1-4.

[71] Fadili M J, Starck J L. Monotone operator splitting for optimization problems in sparse recovery[C]. IEEE International conference on image processing, 2009：1445-1448.

[72] Figueiredo M A, Bioucasdias J M. Restoration of Poissonian images using alternating direction optimization[J]. IEEE Transactions on Image Processing, 2010, 19(12)：3133-3145.

[73] Lin Zhouchen, Chen Minming, Wu Leqin, et al. The Augmented Lagrange Multiplier Method for Exact Recovery of Corrupted Low-Rank Matrices[R]. UIUC Technical Report UILU-ENG-09-2215, arXiv: 1009.5055v2, October 2009.

[74] Boyd S, Parikh N, Chu E, et al. Distributed optimized and statistical learning via the alternating direction method of multipliers[J]. Foundations and Trends in Machine Learning, 2010, 3(1)：1-122.

第四章 图像稀疏重建

4.1 引　言

数字图像是人类感知、获取外界事物信息的主要方式。在数字图像的获取过程中，由于系统噪声、镜头聚焦不准或运动模糊以及成像分辨率不足等不可避免的因素，往往实际获得的是含噪、模糊、低分辨率的低质量数字图像。从低质量的数字图像中获得高质量的数字图像一直是人们努力的目标。在国防军事方面，从军事战场环境获得的低质量图像中恢复出清晰、高质量的数字图像是取胜的重要保障；在航空航天领域，从低质量的航空遥感图像中恢复出高清晰的目标影像是目标精确定位、分析的重要保证；在生命攸关的医学成像领域中，从获取的低质量医学图像中还原出清晰、细致的图像细节是医生做出正确诊断的必备助手；在大众数字娱乐方面，移动数码产品以及网络多媒体的普及，使得人们往往易于获得丰富但质量较低的多媒体数字影像资料，提高这些数字影像资料的视觉效果将会极大地提高大众数字娱乐的体验。正因如此，数字图像的恢复技术一直是多媒体信息处理领域的研究热点，受到了学者们的广泛关注。

从低质量的数字图像恢复出原始高质量图像往往是病态的不可逆问题，为了得到高质量的数字图像，需要在图像恢复过程中引入准确的图像先验知识。而准确的图像先验知识依赖于我们能否利用数学模型对自然图像数据进行准确的表达，即图像建模。因此，研究高质量的图像恢复技术的关键是如何对自然图像进行精确的数学建模。由于自然图像数据的复杂性，现实中并不存在一个可以有效描述各种图像数据的数学模型。在过去的几十年里，人们对图像建模技术进行了广泛和深入的研究，提出了各种图像模型。图像光滑性模型是应用最广泛的图像模型，例如二次 Tikhonov 正则模型和总变差(Total Variation, TV)模型，它们分别假设自然图像具有二次或一次光滑性。由于自然图像中大部分区域是平滑区域，因此该模型广泛用于各种图像恢复问题，如图像去噪、图像去模糊以及超分辨率等。另一方面，由于图像边缘和纹理区域往往具有较大的突变、不符合光滑性约束，因此该模型会模糊图像的边缘和纹理细节。

作为当前图像处理领域的一个研究热点，图像稀疏表示模型已在图像处理和模式识别领域掀起了图像稀疏表示的浪潮。图像稀疏表示模型可以追溯到 20 世纪 90 年代初的小波研究热潮，在那时研究人员发现，通过只保持少量具有大幅值的小波系数可以有效去除图像中的噪声。自然图像的这种稀疏性后来被用于图像压缩中，形成了后来的 JPEG2000 图像压缩标准。后来人们发现，为了能更稀疏地表示自然信号需要构造更加丰富的表示基，也称为冗余字典。以 Donoho、Candès、M. Do 等为先驱的一批科学家提出了一系列基于调和分析的几何分析字典，如 Curvelet[1-2]、Contourlet[3-4]和 Bandelet[5-6]。此外，随着机器学习理论的发展，人们提出从训练数据集中自适应构造字典的方法[7-10]，研究发现学习得到的字典往往能获得更加稀疏的表示。与此同时，冗余字典的出现也引出了一系列的稀疏信号分解算法，如匹配追踪[11-12]、基追踪算法[13]。基于字典学习和凸优化的图像稀疏表示的一个本质假设是自然信号(如图像信号)能用一组冗余基或者字典里的原子进行线性表示，并且表示系数具有稀疏性。由于该模型具有良好的数学性质，学者们提出了各种基于稀疏表示的图像处理算法，如基于稀疏表示的图像去噪[14]、图像超分辨率[15-16]、彩色图像恢复[17-18]等，并都获得了目前最好或者接近最好的结果。

在基于稀疏表示的图像处理应用中，大多数图像处理问题都可以表示成一个 $\ell_2-\ell_p(p\leqslant 1)$ 范数的混合凸优化问题，如下式所示：

$$\min_{\boldsymbol{\alpha}}\left\{\left\|\boldsymbol{y}-\boldsymbol{DH\Phi\alpha}\right\|_2^2+\lambda\cdot\left\|\boldsymbol{\alpha}\right\|_1\right\}\quad \text{s.t.}\quad \boldsymbol{x}=\boldsymbol{\Phi\alpha} \tag{4-1}$$

其中，$\boldsymbol{\Phi}$ 是一个基或者字典，$\boldsymbol{\alpha}$ 是图像信号在该基上的表示系数，$\boldsymbol{D}$ 和 $\boldsymbol{H}$ 分别表示下采样矩阵和退化矩阵。当 $\boldsymbol{H}$ 和 $\boldsymbol{D}$ 是单位矩阵时，图像恢复问题是图像去噪；当 $\boldsymbol{D}$ 是单位矩阵，$\boldsymbol{H}$ 是一个模糊算子时，图像恢复问题变成图像去模糊；当 $\boldsymbol{D}$ 是单位矩阵，$\boldsymbol{H}$ 是一个随机投影矩阵时，图像恢复问题变成压缩感知；当 $\boldsymbol{D}$ 是下采样算子，$\boldsymbol{H}$ 是一个模糊算子时，图像恢复问题变成图像超分辨率问题。

一旦得到了一个最优的 $\boldsymbol{\alpha}$，记为 $\boldsymbol{\alpha}_0$，则恢复的图像可以通过小波逆变换得到 $\hat{\boldsymbol{x}}=\boldsymbol{\Psi\alpha}_0$。上述称为稀疏表示或者稀疏编码的技术将图像恢复推入了一个“稀疏时代”。学者们提出了很多基于稀疏表示的算法用于求解各种图像逆问题，例如图像去噪[14]、超分辨率[15]、去模糊[19]、形态分量分析(Morphological Component Analysis，MCA)[20]和压缩感知[21-24]。稀疏表示的成功可以归结为两点：① 大多数自然信号本身具有稀疏性，或者称为可压缩性；② 凸优化技术的发展和成熟。近几年，学者们提出了许多新的凸优化算法，如著名的 Surrogate[25]算法、Proximal[26]算法和 Bregman split 算法[27]。与传统的基于最速下降法、梯度共轭法的优化方法相比，新的优化算法具有更快的收敛速度，在理论上能保证获得全局最优解。

稀疏表示的另一个关键问题是如何选取一组合适的基或者字典。图像表示基$\boldsymbol{\Psi}$可以是一个字典，也可以是小波基、傅立叶基、Curvelet[1-2]、Contourlet[3-4]和 Bandelet[5-6]等。但是这些基于调和数学分析设计基能较好地逼近高维数学函数，不能有效刻画自然图像的边缘和纹理结构，产生大量大幅值的表示系数，从而导致稀疏表示效率下降。最近几年，许多学者们提出从训练集中学习一个冗余的字典来进行稀疏表示[7-10], [18], [28]。在文献[7]中，Elad 等人提出了著名的 K-SVD 算法用于从训练集学习一个对所有自然图像都通用的冗余字典。他们的方法在图像去噪[14]、去马赛克(Demosaicking)[17-18]上都取得了很好的结果。对于给定的一组图像块$\boldsymbol{S}=[\boldsymbol{s}_1,\boldsymbol{s}_2,\cdots,\boldsymbol{s}_n]$，K-SVD 学习一个冗余的字典$\boldsymbol{\Phi}$以及相应的稀疏系数矩阵$\boldsymbol{\Lambda}=[\boldsymbol{\alpha}_1,\boldsymbol{\alpha}_2,\cdots,\boldsymbol{\alpha}_n]$，使得

$$\min_{\boldsymbol{\Phi},\boldsymbol{\Lambda}}\left\|\boldsymbol{S}-\boldsymbol{\Phi}\boldsymbol{\Lambda}\right\|_{\mathrm{F}}^{2}\ \text{s.t.}\ \left\|\boldsymbol{\alpha}_i\right\|_0\leqslant T,\forall i \tag{4-2}$$

其中$\|\cdot\|_0$和$\|\cdot\|_{\mathrm{F}}$分别表示l_0范数和 Frobenius 范数。K-SVD 算法在图像去噪上的成功进一步推动了字典学习技术的发展。人们提出了许多改进的字典学习算法，例如多尺度字典学习[8]、彩色图像字典学习[17]、监督的字典学习[10]、非局部字典学习[18]、结构字典学习[28]等。

近几年，字典学习技术被用于图像超分辨率[15, 29]。在文献[29]中，Gunturk 等人提出了基于特征人脸(Eigenface-based)的人脸图像超分辨率算法。通过将低分辨率人脸图像用低分辨率图像的特征矢量进行稀疏表示，高分辨率的人脸图像可以由低分辨率人脸图像的表示系数和高分辨率的特征矢量线性加权得到。类似地，在文献[15]中 Yang 等人提出了基于字典学习的自然图像超分辨率算法，他们首先在自然图像块的数据集上学习一对低分辨率字典和高分辨率字典。对于给定的一幅低分辨率图像，他们用低分辨率字典对低分辨率图像块进行稀疏表示，然后用表示系数和高分辨率字典来重构高分辨率图像块。这类算法的优点是自然图像的先验知识可以有效地融入高分辨率字典的学习。

在传统的基于稀疏表示的图像恢复方法中，不管是用数学分析的方法设计的字典$\boldsymbol{\Psi}$，还是学习得到的字典$\boldsymbol{\Phi}$，这个字典对于整个图像都是固定的。由于自然图像的内容变化很剧烈，一个通用的字典往往很难有效表示各种图像结构，从而降低了基于稀疏表示的图像恢复的性能。人们也许会认为学习的字典能够编码各种可能的自然图像局部结构；对于给定的图像块，通用的字典$\boldsymbol{\Phi}$既不是最优的也不是有效的，因为字典$\boldsymbol{\Phi}$中的许多原子和给定的图像块并不相关。这些不相关的原子降低了稀疏编码的效率，而且也降低了表示系数的稀疏性。本章将采用主分量分析(Principal Component Analysis，PCA)技术来学习结构子字典。在获得了结构子字典的基础上，对于给定的一个图像块，根据输入的图像块和各类中心的距离，自适应选择一个最佳的子字典来表示给定的图像块。由于每一个给定的图像块能够在自适应选择的域中更稀疏地表示，因此能够更精确地重构整个图像。

4.2 基于自适应稀疏域选择的图像稀疏表示

在基于稀疏表示图像模型中，一个基本的假设是自然图像 $\boldsymbol{x}$ 可以在某一个变换域 $\boldsymbol{\Psi}$ 中进行稀疏表示。常用的稀疏域有傅立叶域、小波域及曲线波域。由于数学分析设计的傅立叶域、小波域和曲线波域不能自适应图像的内容，因此它们不能自适应刻画图像的局部结构，从而会在重构图像的目标边界等区域产生严重的视觉效应。针对这个问题，人们提出从自然图像训练集中学习一个冗余的字典，并获得了更好的图像恢复结果[7-10, 18, 29]。这些方法大多学习一个通用的字典来表示所有的自然图像结构。对于每一个局部图像块，通用字典中的许多原子和给定的图像块并不相关。因此，使用通用字典将降低表示系数的稀疏性，从而降低图像恢复的性能。

基于上述考虑，我们提出根据图像块的内容自适应地选择一个紧的稀疏域。令 $\boldsymbol{x}_i$ 是图像 $\boldsymbol{x}$ 的第 i 个图像块，令 $\boldsymbol{\Phi}_i$ 是自适应选择的 $\boldsymbol{x}_i$ 的字典。用 $\boldsymbol{\Phi}$ 表示字典 $\boldsymbol{\Phi}_i$ 的叠加，并取代式(4-1)中的 $\boldsymbol{\Psi}$，下式给出基于上下文的自适应稀疏域选择的图像稀疏表示：

$$\min_{\boldsymbol{x}}\left\{\left\|\boldsymbol{y}-\boldsymbol{D\Phi\alpha}\right\|_2^2+\lambda\cdot\left\|\boldsymbol{\alpha}\right\|_1\right\} \text{ s.t. } \boldsymbol{x}=\boldsymbol{\Phi\alpha} \tag{4-3}$$

由于字典 $\boldsymbol{\Phi}$ 自适应于给定的图像，因此 $\boldsymbol{\Phi}$ 能更好地对图像内容进行稀疏编码。公式(4-3)的关键是对于每一个 $\boldsymbol{x}_i$ 如何选择 $\boldsymbol{\Phi}_i$。

接下来将介绍子字典 $\boldsymbol{\Phi}_k$ 的学习方法。首先介绍离线学习一系列子字典 $\boldsymbol{\Phi}_k$ 的方法，然后介绍对于每一个图像块如何自适应选择一个最适合的子字典。

4.2.1 离线字典学习

为了学习一系列的子字典用于编码各种自然图像局部结构，我们需要创建一个图像块训练集。我们从一组高质量的自然图像中获得大量的图像块，图像块尺寸为 $m=w\times w$。用 $\boldsymbol{s}_i$ 表示一个图像块，当 $\boldsymbol{s}_i$ 满足条件 $\mathrm{Var}(\boldsymbol{s}_i)>\Delta$ 时它才被用于字典学习，其中 $\mathrm{Var}(\boldsymbol{s}_i)$ 表示图像块 $\boldsymbol{s}_i$ 的像素幅值的方差，Δ 是阈值。我们用该准则来排除光滑的图像块，以保证包含丰富图像结构的图像块才被用于字典学习。

假设我们构造了一个包含 n 个图像块的训练集 $\boldsymbol{S}=[\boldsymbol{s}_1,\boldsymbol{s}_2,\cdots,\boldsymbol{s}_n]$，如前所述，我们并不用训练集 $\boldsymbol{S}$ 来设计一个通用的字典，而是学习一系列的 K 个子字典 $\boldsymbol{\Phi}_k(k=1,2,\cdots,K)$，使得对于每一个给定的局部图像块，我们能选择一个最适合它的字典。为此，我们使用一种聚类的方法把 $\boldsymbol{S}$ 分成 $\boldsymbol{K}$ 个子类别，然后对于每一个子类别分别学习一个字典。显然我们希望这 $\boldsymbol{K}$ 个子类别能表示 $\boldsymbol{S}$ 中 $\boldsymbol{K}$ 个不同的模式。由于人类视觉系统对图像结构的敏感性，我们用高斯高通滤波器来提取图像块的高频信息，然后用图像块的高频信息进行分类。

令 $\boldsymbol{F}$ 表示一个高通高斯滤波器，用它对每一个图像块 $\boldsymbol{s}_i$ 进行滤波：$\boldsymbol{s}_i^{\text{h}} = \boldsymbol{s}_i * \boldsymbol{F}$，我们得到一个高通滤波后的数据集：$\boldsymbol{S}_{\text{h}} = [\boldsymbol{s}_1^{\text{h}}, \boldsymbol{s}_2^{\text{h}}, \cdots, \boldsymbol{s}_n^{\text{h}}]$。我们采用 K 均值(K-means)算法把 $\boldsymbol{S}_{\text{h}}$ 分成 K 个子类 $\{\boldsymbol{C}_1, \boldsymbol{C}_2, \ldots, \boldsymbol{C}_K\}$：

$$\boldsymbol{C}_k = \left\{ \boldsymbol{s}_i^{\text{h}} \;\middle|\; \left\| \boldsymbol{s}_i^{\text{h}} - \boldsymbol{\mu}_k \right\|_2 \leqslant \left\| \boldsymbol{s}_i^{\text{h}} - \boldsymbol{\mu}_l \right\|_2 ; l = 1, 2, \cdots, K; 1 \neq k \right\},\ k = 1, 2, \cdots, K \tag{4-4}$$

其中 $\boldsymbol{\mu}_k$ 表示子类 $\boldsymbol{C}_k$ 的质心，$\boldsymbol{\mu}_k = \dfrac{1}{\left| \boldsymbol{C}_k \right|} \sum_{\boldsymbol{s}_i^{\text{h}} \in \boldsymbol{C}_k} \boldsymbol{s}_i^{\text{h}}$。通过对 $\boldsymbol{S}_h$ 的聚类，可将 $\boldsymbol{S}$ 相应地分成 K 个子类 $\boldsymbol{S}_k (k = 1, 2, \cdots, K)$，如下式所示：

$$\boldsymbol{S}_k = \left\{ \boldsymbol{s}_i \middle| \boldsymbol{s}_i^{\text{h}} \in \boldsymbol{C}_k, i = 1, 2, \cdots, n_k \right\} \tag{4-5}$$

其中 n_k 是第 k 类所含的样本个数。

现在的问题是如何用 $\boldsymbol{S}_k$ 里的图像块来学习一个字典 $\boldsymbol{\Phi}_k$，使得 $\boldsymbol{S}_k$ 里的图像块可以用 $\boldsymbol{\Phi}_k$ 来表示。我们希望 $\boldsymbol{S}_k$ 在用字典 $\boldsymbol{\Phi}_k$ 表示系数时应尽可能地稀疏。因此，我们用下式来求解 $\boldsymbol{\Phi}_k$：

$$\min_{\boldsymbol{\Phi}_k, \boldsymbol{\Lambda}_k} \left\{ \left\| \boldsymbol{S}_k - \boldsymbol{\Phi}_k \boldsymbol{\Lambda}_k \right\|_{\text{F}}^2 + \lambda \left\| \boldsymbol{\Lambda}_k \right\|_1 \right\} \tag{4-6}$$

其中 $\boldsymbol{\Lambda}_k$ 是 S_k 在 $\boldsymbol{\Phi}_k$ 上的表示系数，我们要求它的每一列都是一个单位阵。式(4-6)是一个关于 $\boldsymbol{\Lambda}_k$ 和 $\boldsymbol{\Phi}_k$ 的联合优化问题。一般地，我们可以通过交替优化 $\boldsymbol{\Lambda}_k$ 和 $\boldsymbol{\Phi}_k$ 来求解该优化问题。例如，对于某一个初始 $\boldsymbol{\Phi}_k$，我们可以用一些凸优化算法来求解一个 l_1 范数的最小化问题来计算得到 $\boldsymbol{\Lambda}_k$；然后固定 $\boldsymbol{\Lambda}_k$，我们可以通过求解一个 l_2 范数的最小化问题来更新 $\boldsymbol{\Phi}_k$；在更新 $\boldsymbol{\Phi}_k$ 以后，我们可以重新计算 $\boldsymbol{\Lambda}_k$。上述过程不断迭代直到收敛。

在本章我们不直接通过求解式(4-6)中的优化问题来学习字典 $\boldsymbol{\Phi}_k$，这主要是基于下面的考虑。首先，上述 l_1–l_2 范数混合优化计算复杂度较高；其次，在问题式(4-6)中我们通常假定 $\boldsymbol{\Phi}_k$ 是一个冗余的字典使得 $\left\| \boldsymbol{\Lambda}_k \right\|_1$ 的 l_1 范数稀疏能正则图像的解空间，然而在本章 $\boldsymbol{S}_k$ 是一个通过 K 均值聚类后的子集，即它包含有限个图像块，同时它们之间具有相似的结构模式。因此，我们不需要学习一个包含许多原子的字典。基于上述考虑，我们提出用 PCA 技术来学习一个紧的字典来近似求解问题式(4-6)。

PCA 是一个经典的去相关和降维的技术，广泛地用于模式识别和统计信号处理[30]。在本章，我们将 PCA 用于计算每一个子类别 $\boldsymbol{S}_k$ 的主分量。令 $\boldsymbol{\Omega}_k$ 表示数据集 $\boldsymbol{S}_k$ 的协方差，由于 $\boldsymbol{\Omega}_k$ 是对称的，我们用 SVD(Singular Value Decomposition)来对它进行分解：

$$\boldsymbol{\Omega}_k = \boldsymbol{P}_k \boldsymbol{D}_k \boldsymbol{P}_k^{\text{T}} \tag{4-7}$$

式中 $\boldsymbol{P}_k = [\boldsymbol{p}_1, \boldsymbol{p}_2, \cdots, \boldsymbol{p}_m]$ 是一个 $m \times m$ 的正交特征矢量；$\boldsymbol{D}_k = \text{diag}\{d_1, d_2, \cdots, d_m\}$ 是一个对角特征值矩阵，其中 $d_1 \geqslant d_2 \geqslant \cdots \geqslant d_m$。令 $\boldsymbol{Z}_k = \boldsymbol{P}_k^{\text{T}} \boldsymbol{S}_k$，则 $\boldsymbol{Z}_k$ 是 $\boldsymbol{S}_k$ 去相关后的数据集，同时 $\boldsymbol{Z}_k$ 的协方差矩阵是一个对角阵 $\boldsymbol{D}_k$。如果我们把 $\boldsymbol{P}_k$ 当做一个字典，则 $\boldsymbol{Z}_k$ 是 $\boldsymbol{S}_k$ 在 $\boldsymbol{P}_k$ 上的表示系数，

于是有：

$$\left\|\boldsymbol{S}_k-\boldsymbol{P}_k\boldsymbol{Z}_k\right\|_{\mathrm{F}}^2=\left\|\boldsymbol{S}_k-\boldsymbol{P}_k\boldsymbol{P}_k^{\mathrm{T}}\boldsymbol{S}_k\right\|_{\mathrm{F}}^2=\left\|\boldsymbol{S}_k-\boldsymbol{S}_k\right\|_{\mathrm{F}}^2=0 \tag{4-8}$$

也就是说方程(4-6)中的 l_2 范数为零，这主要是我们保留了 $\boldsymbol{Z}_k$ 的所有系数。

为了在 l_1 和 l_2 范数之间取个折中，我们只取 $\boldsymbol{P}_k$ 的前 r 个最重要的特征矢量，即 $\boldsymbol{\Phi}_r=[\boldsymbol{p}_1,\boldsymbol{p}_2,...,\boldsymbol{p}_r]$。相应地，$\boldsymbol{S}_k$ 在 $\boldsymbol{\Phi}_r$ 上的表示变成 $\boldsymbol{\Lambda}_r=\boldsymbol{\Phi}_r^{\mathrm{T}}\boldsymbol{S}_k$。显然，由于 $\boldsymbol{\Phi}_r$ 只包含了部分特征矢量，方程(4-6)中的 l_2 范数误差将随着 r 的减少而增加。当然，l_1 范数项 $\|\boldsymbol{\Lambda}_r\|_1$ 也将减少。因此，最佳的 r，即 r_0 可以通过下面的方程确定：

$$r_0=\arg\min_r\left\{\left\|\boldsymbol{S}_k-\boldsymbol{\Phi}_r\boldsymbol{\Lambda}_r\right\|_{\mathrm{F}}^2+\lambda\left\|\boldsymbol{\Lambda}_r\right\|_1\right\} \tag{4-9}$$

最终我们从 $\boldsymbol{S}_k$ 计算得到子字典 $\boldsymbol{\Phi}_k=\left[\boldsymbol{p}_1,\boldsymbol{p}_2,\cdots,\boldsymbol{p}_{r_0}\right]$。

对于每一个子数据集 $\boldsymbol{S}_k(k=1,2,\cdots,K)$，我们计算得到 K 个字典 $\boldsymbol{\Phi}_k$，在接下来对于每一个给定的图像块我们将自适应选择这些字典中的一个字典作为该图像块的稀疏域。在图 4.1 中，我们给出了从训练集中学习到的几个字典。左边的 1 列画出了对于子类别的聚类中心图像，右边的 8 列画出了字典中的前 8 个原子。

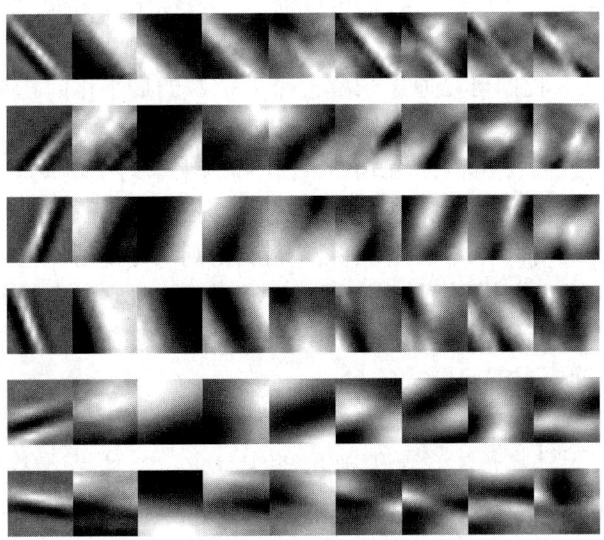

图 4.1　学习到的字典例子

4.2.2　自适应子字典选择

在上一小节我们利用 PCA 技术学习到了 K 个子字典 $\boldsymbol{\Phi}_k$，同时也得到了 K 个子类别的

聚类中心图像 $\boldsymbol{\mu}_k$，即上下文。因此我们得到了 K 组数据对 $\{\boldsymbol{\Phi}_k,\boldsymbol{\mu}_k\}$。下面我们将介绍对于给定的一个图像块如何自适应选择一个稀疏域。

在图像恢复应用中，我们要从输入的观测 y 来恢复未知图像 x。在我们的图像恢复方法中，对于 x 的每一个图像块我们自适应选择一个字典作为它的稀疏域。由于 x 未知，我们需要先对每一个图像块进行初始估计。x 的初始估计 $\hat{\boldsymbol{x}}$ 可以用基于小波域的图像恢复方法得到，即将小波域看做图像的固定稀疏域。令 $\hat{\boldsymbol{x}}_i$ 表示 $\hat{\boldsymbol{x}}$ 的一个局部图像块。我们用一个高通滤波器 F 来计算它的上下文，即 $\hat{\boldsymbol{x}}_i^{\mathrm{h}}=\hat{\boldsymbol{x}}_i * \boldsymbol{G}_{\mathrm{h}}$。然后我们根据 $\hat{\boldsymbol{x}}_i^{\mathrm{h}}$ 和聚类中心 $\boldsymbol{\mu}_k$ 之间的欧氏距离来选择它所属的类别：

$$k_i=\arg\min_k\left\|\hat{\boldsymbol{x}}_i^{\mathrm{h}}-\boldsymbol{\mu}_k\right\|_2 \tag{4-10}$$

则第 k_i 个子字典 $\boldsymbol{\Phi}_{k_i}$ 将作为 $\boldsymbol{x}_i$ 的稀疏域。通过将每一个局部图像块对应的子字典排列形成一个字典 $\boldsymbol{\Phi}$，通过求解问题式(4-1)来获得对 x 的估计 $\hat{\boldsymbol{x}}$。在得到更加精确的 $\hat{\boldsymbol{x}}$ 后，我们可以重新进行自适应字典选择，然后进行迭代图像恢复。

另一个可能进一步提高图像恢复质量的方法是利用恢复的图像 $\hat{\boldsymbol{x}}$ 来计算每一个图像块的字典。这是因为自然图像往往包含了大量非局部的自相似的结构，利用这些冗余信息，我们可以计算出更加精确的字典，从而提高图像恢复质量。

4.3 自适应正则

我们提出对于每一个局部图像块从训练集或者本图学习一个字典来表示给定的图像块。实验证明，通过引入其他自适应正则项，可以进一步提高图像恢复的性能。在本节，我们将介绍两种自适应正则项。

由于自然图像的局部区域可以看成是一个平稳过程，它们可以用分段自回归(Piecewise Autoregressive, AR)模型来表示。在图像压缩、图像插值方面，AR 模型已经证明它能有效表示图像的统计信息，并获得了目前最好的结果。通过调整 AR 模型稀疏，它能刻画图像的各种各向异性的结构，例如边缘和纹理。在文献[31]中，Wu 等人用 AR 模型构造了一个自适应的正则项用于压缩感知图像重建。在他们的工作中，AR 模型的系数从初始恢复的图像中计算得到。因此这些估计得到的 AR 模型可能并不精确，从而产生一些虚假的边缘和纹理效应。在本章，我们从训练集数据 $S_k(k=1,2,\cdots,K)$中学习一组 AR 模型。通过训练，AR 模型编码了高质量的图像块的局部结构的先验知识，它们将作为局部正则项来恢复图像的质量。

除了用 AR 模型来刻画图像的局部相关性，我们还利用图像的非局部相似性作为另一个正则项。由于自然图像通常包含许多重复的图像结构，这些非局部冗余可以进一步提高图像恢复质量。近几年，非局部技术已成功用于图像去噪[32]、图像超分辨率[33]等。因此，在本章我们也把这种非局部相似约束引入到稀疏表示的框架之中。局部 AR 模型和非局部相似约束将形成互补的正则项。

4.3.1 基于 AR 模型的自适应正则

在 4.2.1 节中我们把训练图像块分成了 K 个子集 $\boldsymbol{S}_k$。在本节，对于每一个 $\boldsymbol{S}_k$ 我们学习一个 AR 模型。简单起见，令 AR 模型的支撑域为一个矩形窗口，AR 模型的目的是用周围的像素点来预测中心像素点。确定 AR 模型的最佳阶数是一个困难的问题，同时过高的 AR 模型阶数可能导致数据过拟合(Data Overfitting)。在本节，我们将学习 3×3(即 8 阶)的 AR 模型。令 a_k 表示 $\boldsymbol{S}_k$ 子类别模型系数的矢量，它可以通过求解如下的最小二乘问题得到：

$$\boldsymbol{a}_k = \arg\min_{\boldsymbol{a}} \sum_{s_i \in \boldsymbol{S}_k} (s_i - \boldsymbol{a}^{\mathrm{T}} \boldsymbol{q}_i)^2 \tag{4-11}$$

其中 s_i 是 $\boldsymbol{S}_k$ 中的图像块 s_i 的中心像素点，$\boldsymbol{q}_i$ 是一个包含以 s_i 为中心的周围像素点的矢量。对每一个子数据集训练 AR 模型，我们得到了一组 AR 模型 $\{\boldsymbol{a}_1, \boldsymbol{a}_2, \cdots, \boldsymbol{a}_K\}$，我们将用它们来正则图像解空间。

对于每一个局部图像块 $\boldsymbol{x}_i$，我们采用与稀疏域选择类似的方法来选择一个 AR 模型。设 $\hat{\boldsymbol{x}}_i$ 为 $\boldsymbol{x}_i$ 的一个估计，对它进行高通滤波 $\hat{\boldsymbol{x}}_i^{\mathrm{h}} = \hat{\boldsymbol{x}}_i * \boldsymbol{F}$。令 $k_i = \arg\min_k \left\| \boldsymbol{\Phi}_c \hat{\boldsymbol{x}}_i^{\mathrm{h}} - \boldsymbol{\Phi}_c \boldsymbol{\mu}_k \right\|_2$，则第 k_i 个 AR 模型将用于 $\boldsymbol{x}_i$。用 x_i 表示 $\boldsymbol{x}_i$ 的中心像素点，χ_i 表示 x_i 周围的像素点的矢量，我们要求 $\boldsymbol{a}_{k_i}$ 和 χ_i 对 x_i 的估计误差应该很小，即应该最小化 $\left\| x_i - \boldsymbol{a}_{k_i}^{\mathrm{T}} \chi_i \right\|_2^2$。通过将这个约束作为一个正则项引入到基于稀疏表示的图像恢复问题式(4-1)中，可得到一个改进的目标函数：

$$\min_{\boldsymbol{x}=\boldsymbol{\Phi}\boldsymbol{\alpha}} \left\{ \left\| \boldsymbol{y} - \boldsymbol{D}\boldsymbol{H}\boldsymbol{\Phi}\boldsymbol{\alpha} \right\|_2^2 + \lambda \cdot \left\| \boldsymbol{\alpha} \right\|_1 + \gamma \cdot \sum_{x_i \in \boldsymbol{x}} \left\| x_i - \boldsymbol{a}_{k_i}^{\mathrm{T}} \boldsymbol{\chi}_i \right\|_2^2 \right\} \tag{4-12}$$

其中，γ 是一个控制 AR 模型正则贡献的常量。

4.3.2 基于非局部相似的自适应正则

上述基于 AR 模型的自适应正则能够利用图像的局部结构。另一方面，自然图像通常都包含许多重复的纹理结构。该非局部冗余可以被用来进一步提高图像恢复质量。作为局部 AR 模型的一个互补，我们将基于非局部相似性的正则项引入到基于稀疏表示的图像恢复框架中。

对于每一个局部图像块 $\boldsymbol{x}_i$，我们在图像 x 中(在实际应用中在一个足够大的区域中)搜索与它相似的图像块。如果图像块 $\boldsymbol{x}_i^j$ 满足 $e_i^j = \| \hat{\boldsymbol{x}}_i - \hat{\boldsymbol{x}}_i^j \|_2^2 \leqslant t$，则它被认为与 $\boldsymbol{x}_i$ 相似，其中 $\hat{\boldsymbol{x}}_i$ 和 $\hat{\boldsymbol{x}}_i^j$ 分别是 $\boldsymbol{x}_i$ 和 $\boldsymbol{x}_i^j$ 的估计。对于 $\boldsymbol{x}_i$，假设我们找到了 J_i 个相似图像块。设 $\boldsymbol{x}_i$ 的中心像素

点为 x_i，x_i^j 是 $\boldsymbol{x}_i^j$ 的中心像素点。我们用 x_i^j 的加权和来预测 x_i，即 $\sum_{j=1}^{J_i} b_i^j x_i^j$，权重 b_i^j 的计算公式如下：

$$b_i^j = \frac{\exp(-e_i^j / h)}{c_i} \tag{4-13}$$

其中 h 是一个控制平滑程度的常数，c_i 是归一化常数：

$$c_i = \sum_{j=1}^{J_i} \exp(\frac{-e_i^j}{h}) \tag{4-14}$$

考虑到图像中存在很多非局部冗余，我们期望对 x_i 的估计误差，即 $\left\| x_i - \sum_{j=1}^{J_i} b_i^j x_i^j \right\|_2^2$ 的值很小。设 $\boldsymbol{b}_i$ 是一个包含权值 b_i^j 的列矢量，$\boldsymbol{\beta}_i$ 是一个包含所有 x_i^j 的列矢量，通过引入非局部相似性正则，提出的基于稀疏表示的图像恢复目标函数为

$$\min_{\boldsymbol{x}=\boldsymbol{\Phi}\boldsymbol{\alpha}} \left\{ \left\| \boldsymbol{y} - \boldsymbol{D}\boldsymbol{H}\boldsymbol{\Phi}\boldsymbol{\alpha} \right\|_2^2 + \lambda \cdot \left\| \boldsymbol{\alpha} \right\|_1 + \eta \cdot \sum_{x_i \in \boldsymbol{x}} \left\| x_i - \boldsymbol{b}_i^{\mathrm{T}} \boldsymbol{\beta}_i \right\|_2^2 \right\} \tag{4-15}$$

其中，η 是一个控制非局部相似正则项贡献的常量。

4.4 图像稀疏重建算法总结

通过把局部 AR 正则项和非局部相似正则项加入到基于自适应稀疏域的稀疏表示中，可得到最终的图像恢复目标函数：

$$\min_{\boldsymbol{x}=\boldsymbol{\Phi}\boldsymbol{\alpha}} \left\{ \left\| \boldsymbol{y} - \boldsymbol{D}\boldsymbol{H}\boldsymbol{\Phi}\boldsymbol{\alpha} \right\|_2^2 + \gamma \cdot \sum_{x_i \in \boldsymbol{x}} \left\| x_i - \boldsymbol{a}_{k_i}^{\mathrm{T}} \boldsymbol{\chi}_i \right\|_2^2 + \eta \cdot \sum_{x_i \in \boldsymbol{x}} \left\| x_i - \boldsymbol{b}_i^{\mathrm{T}} \boldsymbol{\beta}_i \right\|_2^2 + \lambda \cdot \left\| \boldsymbol{\alpha} \right\|_1 \right\} \tag{4-16}$$

为了方便表达，我们把第二项 $\sum_{x_i \in \boldsymbol{x}} \left\| x_i - \boldsymbol{a}_{k_i}^T \boldsymbol{\chi}_i \right\|_2^2$ 和第三项 $\sum_{x_i \in \boldsymbol{x}} \left\| x_i - \boldsymbol{b}_i^{\mathrm{T}} \boldsymbol{\beta}_i \right\|_2^2$ 写成矩阵形式，即 $\left\| (\boldsymbol{I} - \boldsymbol{A})\boldsymbol{x} \right\|_2^2$ 和 $\left\| (\boldsymbol{I} - \boldsymbol{B})\boldsymbol{x} \right\|_2^2$，其中 $\boldsymbol{I}$ 是一个单位矩阵，且

$$\begin{cases} \boldsymbol{A}(i,j) = \begin{cases} a_i, \text{若} x_j \text{ 是 } \boldsymbol{\chi}_i \text{中的元素}, a_i \in \boldsymbol{a}_{k_i} \\ 0, \text{其他} \end{cases} \\ \boldsymbol{B}(i,j) = \begin{cases} b_i^j, \text{若 } x_i^j \text{ 是 } \boldsymbol{\beta}_i \text{中的元素}, b_i^j \in \boldsymbol{b}_i \\ 0, \text{其他} \end{cases} \end{cases} \tag{4-17}$$

方程(4-16)可以重写成：

$$\min_{x=\boldsymbol{\Phi\alpha}}\left\{\|\boldsymbol{y}-\boldsymbol{DH\Phi\alpha}\|_2^2+\gamma\cdot\|(\boldsymbol{I}-\boldsymbol{A})\boldsymbol{\Phi\alpha}\|_2^2+\eta\cdot\|(\boldsymbol{I}-\boldsymbol{B})\boldsymbol{\Phi\alpha}\|_2^2+\lambda\cdot\|\boldsymbol{\alpha}\|_1\right\} \tag{4-18}$$

在方程(4-18)中有三个 l_2-范数项和一个 l_1-范数项。第一个 l_2-范数项是一个忠诚项，保证解 $x=\boldsymbol{\Phi}\alpha$能符合观测模型，即 $y=DHx$；第二个 l_2-范数项$\|(\boldsymbol{I}-\boldsymbol{A})\boldsymbol{\Phi\alpha}\|_2^2$是一个基于 AR 模型的自适应正则项，它要求解 x 是局部平稳；第三个 l_2-范数项$\|(\boldsymbol{I}-\boldsymbol{B})\boldsymbol{\Phi\alpha}\|_2^2$是非局部相似正则项，它利用非局部冗余特性来提高每一个局部图像块；最后一个 l_1-范数项$\|\boldsymbol{\alpha}\|_1$是一个稀疏约束项，它要求解 x 必须在自适应选择的域 $\boldsymbol{\Phi}$ 中稀疏。

方程(4-18)可以进一步写成：

$$\min_{x=\boldsymbol{\Phi\alpha}}\left\|\begin{bmatrix}\boldsymbol{y}\\ \boldsymbol{0}\\ \boldsymbol{0}\end{bmatrix}-\begin{bmatrix}\boldsymbol{DH}\\ \gamma\cdot(\boldsymbol{I}-\boldsymbol{A})\\ \eta\cdot(\boldsymbol{I}-\boldsymbol{B})\end{bmatrix}\boldsymbol{\Phi\alpha}\right\|_2^2+\lambda\cdot\|\boldsymbol{\alpha}\|_1 \tag{4-19}$$

令

$$\tilde{\boldsymbol{y}}=\begin{bmatrix}\boldsymbol{y}\\ \boldsymbol{0}\\ \boldsymbol{0}\end{bmatrix},\boldsymbol{K}=\begin{bmatrix}\boldsymbol{DH}\\ \gamma\cdot(\boldsymbol{I}-\boldsymbol{A})\\ \eta\cdot(\boldsymbol{I}-\boldsymbol{B})\end{bmatrix} \tag{4-20}$$

最终式(4-20)可以写成：

$$\min_{x=\boldsymbol{\Phi\alpha}}\left\{\|\tilde{\boldsymbol{y}}-\boldsymbol{K\Phi\alpha}\|_2+\lambda\|\boldsymbol{\alpha}\|_1\right\} \tag{4-21}$$

式(4-21)是一个典型的 l_1-范数优化问题，可以通过迭代阈值算法[25]进行求解。迭代阈值算法求解式(4-21)的算法步骤如算法 4.1 所示。

算法 4.1　迭代阈值算法

---

1. 初始化：使用小波域作为稀疏域，通过迭代阈值算法[25]求解式(4-3)得到未知图像 x 的初始估计 $\hat{x}$。利用 $\hat{x}$ 来初始化 K，设置 $\boldsymbol{\alpha}^{(0)}=\boldsymbol{0}$。

2. 对 k 进行迭代直至收敛。

(a) $\boldsymbol{\alpha}^{(k+1/2)}=\boldsymbol{\alpha}^{(k)}+\boldsymbol{\Phi}^{\mathrm{T}}\boldsymbol{K}^{\mathrm{T}}(\tilde{\boldsymbol{y}}-\boldsymbol{K\Phi\alpha}^{(k)})$；

(b) $\boldsymbol{\alpha}^{(k+1)}=\mathrm{soft}(\boldsymbol{\alpha}^{(k+1/2)},\tau)$，其中 $\mathrm{soft}(\cdot,\tau)$ 是一个软阈值函数，τ 是一个阈值；

(c) 如果 $\mathrm{mod}(k, M)=0$，则更新 $\boldsymbol{x}$ 的稀疏域，用改进的原始图像估计 $\hat{\boldsymbol{x}}^{(k+1)}=\boldsymbol{\Phi\alpha}^{(k+1)}$ 来重新计算矩阵 $\boldsymbol{A}$ 和 $\boldsymbol{B}$。

在算法 4.1 中，第二步(c)中的 M 是一个常数，为了减少计算可每 M 次迭代更新 $\boldsymbol{x}$ 的稀疏域及矩阵 $\boldsymbol{A}$ 和 $\boldsymbol{B}$。

4.5 图像稀疏重建结果

为了验证本章提出方法的性能，我们进行了图像去模糊和超分辨率的实验。在图像去模糊实验中，模糊图像通过对原始图像用 7×7 的高斯滤波器(标准方差为 2.5)进行低通滤波得到，然后标准方差为 2 的加性高斯白噪声被加到模糊图像上。在图像超分辨率实验中，我们用 7×7 的高斯滤波器(标准方差为 1.6)对原始图像进行低通滤波，然后在行、列方向上进行下采样因子为 3 的下采样来生产低分辨率图像。为了验证本章提出的算法对图像成像过程中引入的噪声的鲁棒性，我们对低分辨率图像加上标准方差为 5 的高斯白噪声。由于我们使用 7×7 的图像块来训练字典和 AR 模型，我们在提出的算法中使用 7×7 的图像块，块与块之间有 5 个像素的重叠。对于彩色图像，我们只对亮度分量进行处理，对于另外两个色度分量，我们只采用简单的双三次插值(Bicubic)。

为了验证本章提出的方法中各个正则项的性能，我们给出三组实验结果：基于自适应稀疏域的图像恢复结果，用 ASDS(Adaptive Sparse Domain Selection)表示；基于自适应稀疏域和 AR 模型的图像恢复结果，用 ASDS-AR 表示；基于自适应稀疏域、AR 模型和非局部相似正则的图像恢复结果，用 ASDS-AR-NL 表示。

对于图像去模糊，我们和两个最近提出的图像去模糊方法进行对比，即基于小波迭代阈值方法[25]和基于约束的 TV 图像去模糊方法[34]。对于图像超分辨率，我们和最近提出的三个图像超分辨率方法进行对比，即小波迭代阈值方法[25]、Softcuts 方法[35]和基于稀疏表示的方法[15]。通过使用边缘光滑先验知识，文献[35]中的方法能有效抑制边缘处的效应。基于稀疏表示的方法[15]能较好地恢复未知高分辨率像素。当然，该方法不能处理模糊低分辨率图像。为了公平对比，我们用反向投影迭代的方法[36]来对用文献[15]中的方法生成的高分辨率图像进行去模糊。

4.5.1 图像去模糊结果

为了验证自适应稀疏域选择和自适应正则的效果以及它们对不同训练集的鲁棒性，我们首先在图 4.2 中给出用 ASDS、ASDS-AR 和 ASDS-AR-NL 对 Cameraman 图像的去模糊结果。PSNR 结果如表 4.1 所示。由图 4.2 和表 4.1 可知，用两组不同的训练数据集(Training Dataset)，分别简称为 TD1 和 TD2，学习得到的字典和 AR 模型产生几乎一样的结果。可以看到 ASDS 方法能有效去除图像中的模糊，通过结合自适应正则项，能进一步提高去模糊的效果。为了节省空间，我们在后面只给出 ASDS-AR-NL-TD2 的实验结果。

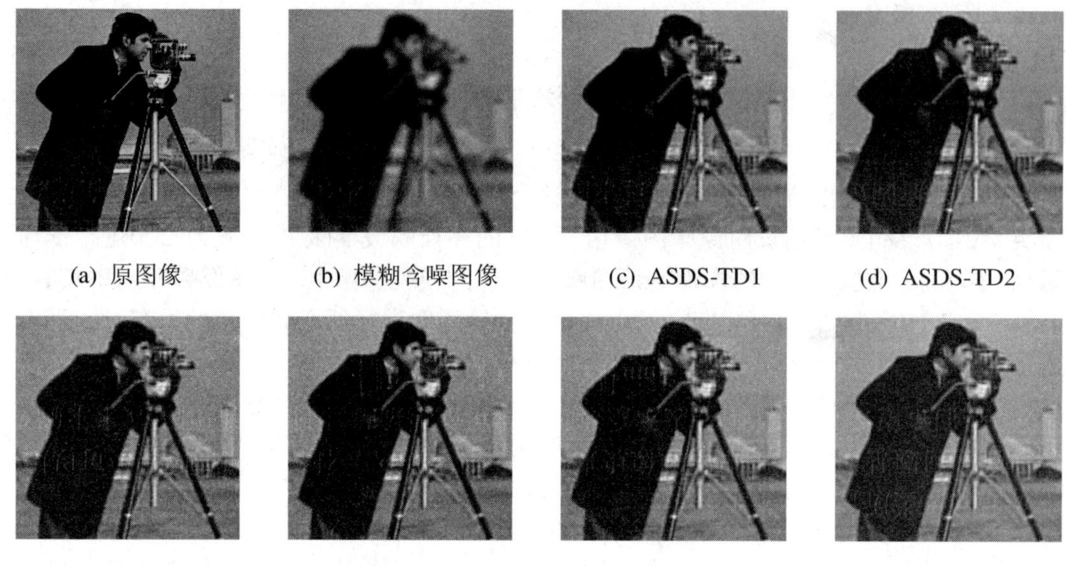

(a) 原图像 (b) 模糊含噪图像 (c) ASDS-TD1 (d) ASDS-TD2

(e) ASDS-AR-TD1 (f) ASDS-AR-TD2 (g) ASDS-AR-NL-TD1 (h) SDS-AR-NL-TD2

图 4.2 本书方法对 Cameraman 图像的去模糊结果

表 4.1 不同去模糊方法的 PSNR (dB)结果对比

图像	输入 PSNR	[25]中的方法	[32]中的方法	ASDS-TD1	ASDS-TD2	ASDS-AR-TD1	ASDS-AR-TD2	ASDS-AR-NL-TD1	ASDS-AR-NL-TD2
Cameraman	22.30	25.58	25.31	25.85	25.95	26.08	26.18	26.26	26.36
Boats	25.10	28.03	27.75	29.07	29.15	29.13	29.20	29.55	29.61
Parrot	25.84	28.37	28.25	29.86	29.83	29.92	29.93	30.11	30.14

图 4.3 和图 4.4 给出了和其他方法的实验对比结果。可以看到，基于小波迭代阈值的方法[25]的结果图像包含许多噪声残留以及锯齿和振铃效应；文献[32]中的 TV 方法能有效抑制噪声，但是它们生成的过于平滑的图像丢失了图像的细节；很明显地，本书提出的方法可产生最好视觉效果的去模糊图像，它不但有效去除模糊同时保留了更多的图像细节。不同去模糊方法的 PSNR 结果如表 4.1 所示(对于彩色图像我们只计算亮度分量的 PSNR)。和文献[32]中的 TV 方法相比，本书提出的方法的 PSNR 增益达到了 1.9 dB。为了评价它们的主观效果，我们用结构相似性指标(Structural Similarity，SSIM)[37]指标来衡量它们的视觉效果，如表 4.2 所示。可以看到，本书方法具有最高的 SSIM 值。

(a) 原图像

(b) 模糊含噪图像

(c) [25]中的方法

(d) [32]中的方法

(e) 本书方法

图 4.3 不同方法对 Cameraman 图像的去模糊结果

(a) 原图像

(b) 模糊含噪图像

(c) [25]中的方法

(d) [32]中的方法

(e) 本书方法

图 4.4 不同方法对 Parrot 图像的去模糊结果对比

表 4.2 不同去模糊方法的 SSIM 结果对比

图像	输入SSIM	[25]中的方法	[32]中的方法	ASDS-TD1	ASDS-TD2	ASDS-AR-TD1	ASDS-AR-TD2	ASDS-AR-NL-TD1	ASDS-AR-NL-TD2
Cameraman	0.6857	0.7628	0.8125	0.8143	0.8176	0.8119	0.8160	0.8148	0.8185
Boats	0.6895	0.7828	0.8012	0.8278	0.8317	0.8280	0.8313	0.8388	0.8411
Parrot	0.8174	0.8490	0.8648	0.8983	0.8987	0.8988	0.8992	0.9010	0.9017

4.5.2 图像超分辨率实验结果

在本节，我们给出单幅图像超分辨率实验结果。同样的，我们先测试提出的方法对训练集的鲁棒性。图 4.5 给出了用本书提出的方法重构的 Parrot 图像。可以看到，不同的训练集产生了几乎一样的高分辨率图像。这说明基于学习的自适应稀疏域和 AR 模型对训练图像具有鲁棒性。ASDS 能较好地重建图像边缘，但是也存在一些振铃效应。这些效应可以通过 AR 模型正则进行有效抑制。通过结合非局部相似正则，可以进一步提高图像恢复的性能。

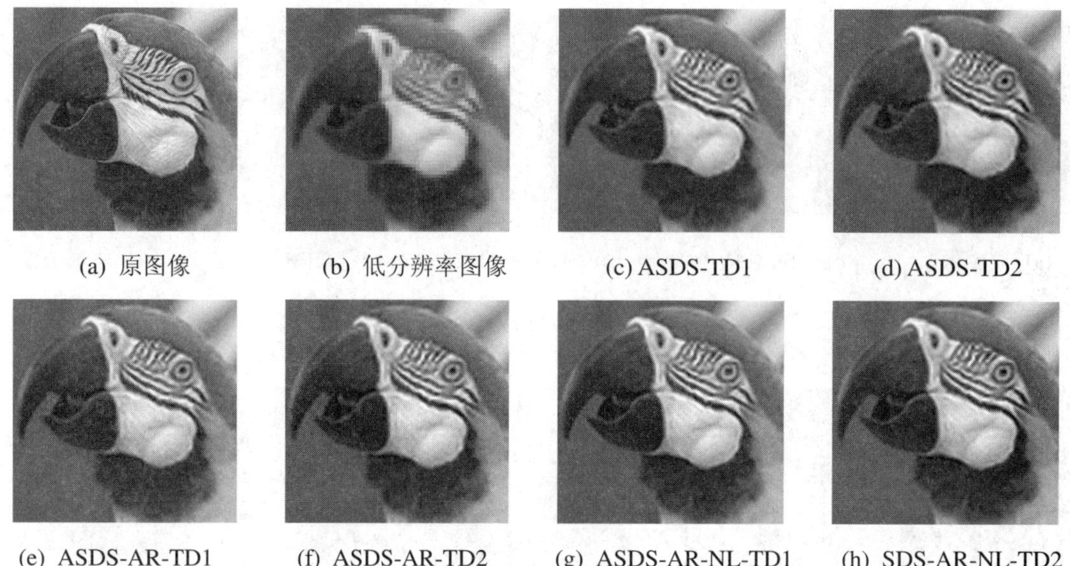

(a) 原图像　(b) 低分辨率图像　(c) ASDS-TD1　(d) ASDS-TD2

(e) ASDS-AR-TD1　(f) ASDS-AR-TD2　(g) ASDS-AR-NL-TD1　(h) SDS-AR-NL-TD2

图 4.5　本书提出的方法重构 Parrot 图像超分辨率结果对比(放大倍数为 3)

接下来，我们将和现有方法[25, 15, 35]进行对比。图 4.6 至图 4.8 给出了这些方法的视觉对比结果。

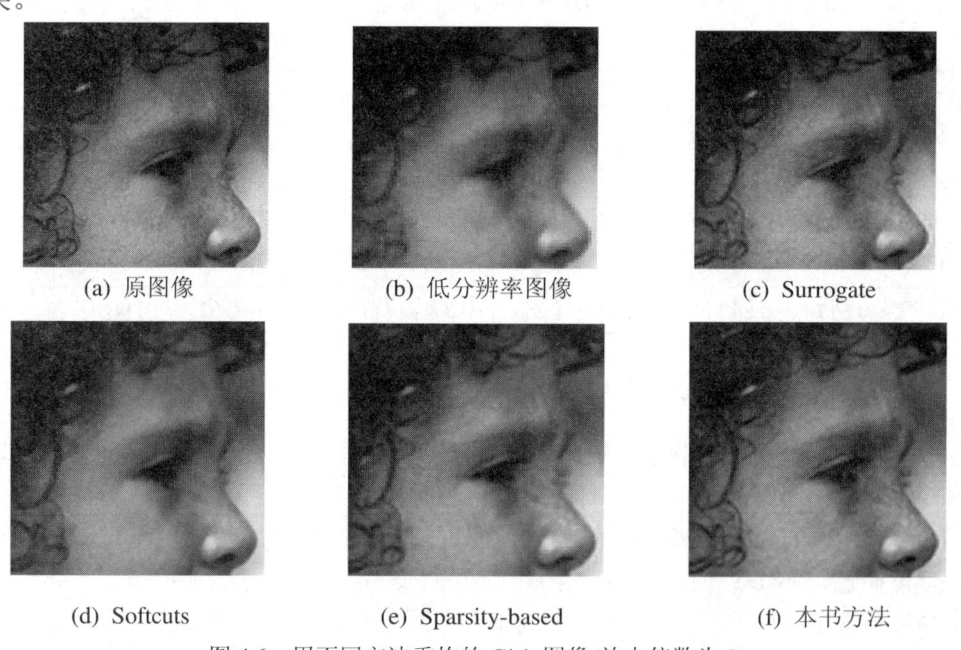

(a) 原图像　(b) 低分辨率图像　(c) Surrogate

(d) Softcuts　(e) Sparsity-based　(f) 本书方法

图 4.6　用不同方法重构的 Girl 图像(放大倍数为 3)

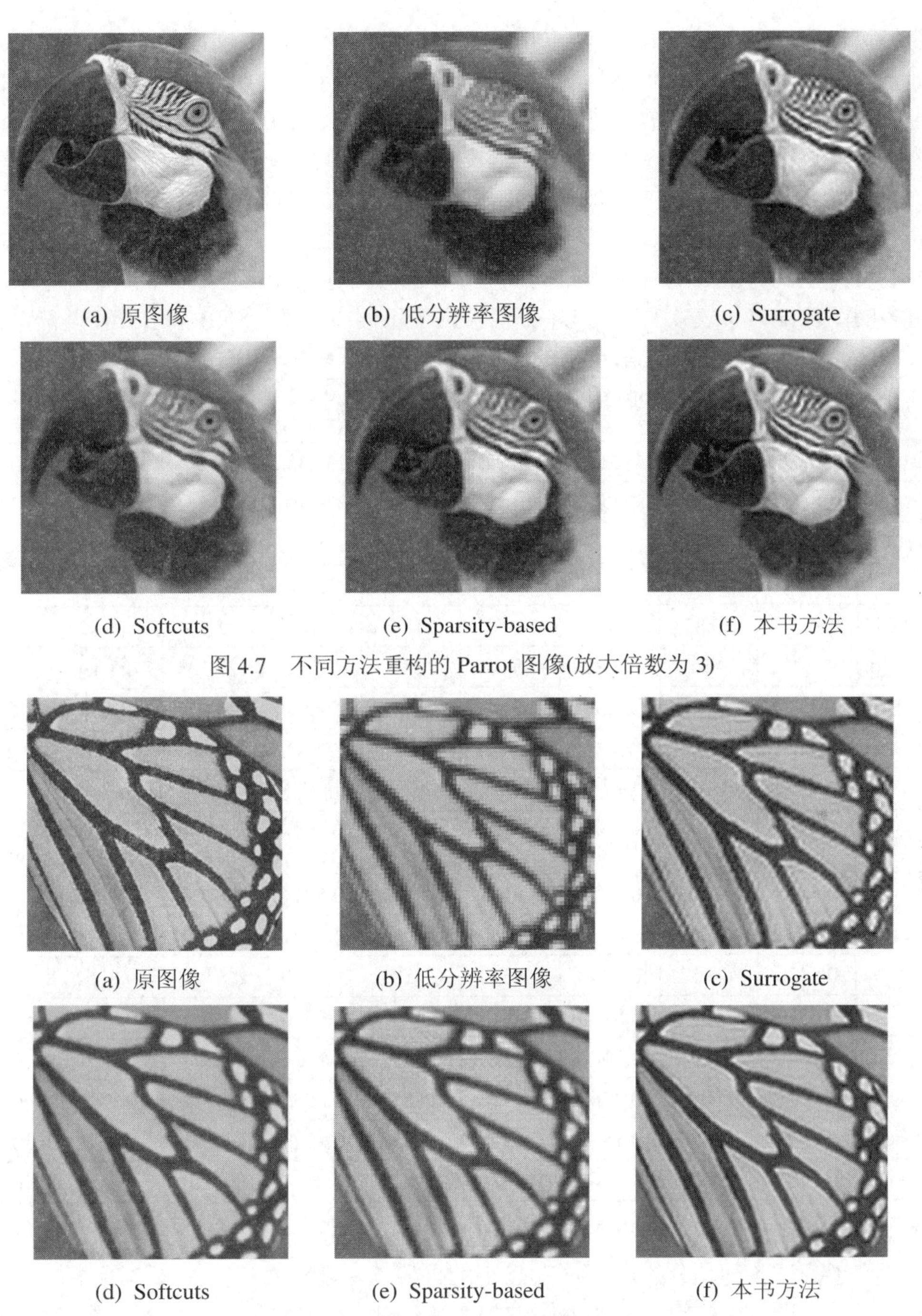

图 4.7　不同方法重构的 Parrot 图像(放大倍数为 3)

图 4.8　不同方法重构的 Butterfly 图像(放大倍数为 3)

我们可以看到，Surrogate 方法重构的高分辨率图像有许多锯齿和振铃效应；Softcuts 方法[35]产生了光滑的边缘，但是图像的细节也被光滑掉了，使得重构图像看起来不自然。通过用学习到的低分辨率字典对输入低分辨率图像进行稀疏表示，并用表示系数和相应的高分辨率字典重构高分辨率图像，Sparsity-based 方法在视觉效果上很有竞争力。由于很难学习一个通用的低/高分辨率字典对来有效表示各种低/高分辨率图像结构对，因此 Sparsity-based 方法重构的图像边缘并不光滑，含有一些噪声。与去模糊实验相似，本章提出的方法可产生具有最好的视觉效果的高分辨率图像，重构出更加尖锐的图像边缘，并恢复出更多的图像细节。表 4.3 和表 4.4 分别给出了不同方法的 PSNR 和 SSIM 性能对比。

表 4.3　不同方法重构的图像的亮度分量 PSNR(dB)结果对比

图像	Surrogate	Softcuts	Sparsity-based	ASDS-TD1	ASDS-TD2	ASDS-AR-TD1	ASDS-AR-TD2	ASDS-AR-NL-TD1	ASDS-AR-NL-TD2
Girl	32.93	31.94	32.51	33.24	33.25	33.35	33.27	33.48	33.45
Parrot	28.78	27.71	27.98	29.15	29.14	29.40	29.34	29.61	29.56
Butterfly	25.16	25.19	23.73	25.51	25.55	25.87	25.56	26.33	26.20
Leaves	24.59	24.34	24.35	24.95	24.99	25.16	25.01	25.93	25.85
Noisy Girl	30.37	30.81	30.70	31.62	31.62	31.65	31.66	31.72	31.72
Noisy Parrot	27.01	26.40	26.82	28.04	28.02	28.14	28.13	28.19	28.21
Noisy Butterfly	23.67	24.65	23.50	24.53	24.60	24.65	24.67	24.84	24.88
Noisy Leaves	23.62	23.17	23.35	23.82	23.80	23.92	23.88	24.19	24.19

表 4.4　不同方法重构的图像的亮度分量 SSIM 结果对比

图像	Surrogate	Softcuts	Sparsity-based	ASDS-TD1	ASDS-TD2	ASDS-AR-TD1	ASDS-AR-TD2	ASDS-AR-NL-TD1	ASDS-AR-NL-TD2
Girl	0.8102	0.7704	0.7912	0.8157	0.8157	0.8214	0.8201	0.8236	0.8233
Parrot	0.8845	0.8682	0.8665	0.8980	0.8980	0.8971	0.8949	0.9020	0.9012
Butterfly	0.8336	0.8623	0.7942	0.8574	0.8585	0.8570	0.8458	0.8752	0.8714
Leaves	0.8310	0.8372	0.8170	0.8515	0.8502	0.8516	0.8444	0.8808	0.8783
Noisy Girl	0.7044	0.7244	0.7088	0.7545	0.7537	0.7557	0.7554	0.7576	0.7573
Noisy Parrot	0.7911	0.8099	0.7769	0.8555	0.8572	0.8555	0.8572	0.8572	0.8586
Noisy Butterfly	0.7777	0.8431	0.7576	0.8207	0.8250	0.8232	0.8256	0.8312	0.8341
Noisy Leaves	0.7751	0.7939	0.7467	0.8016	0.8023	0.8047	0.8040	0.8181	0.8188

在实际图像成像过程中，会不可避免地引入噪声，这使得图像超分辨率问题变得更具挑战性。为了测试各种超分辨率方法对噪声的鲁棒性，我们对低分辨率图像添加标准方差为 5 的高斯白噪声，重构的高分辨率图像如图 4.9～图 4.11 所示。我们可以看到 Surrogate

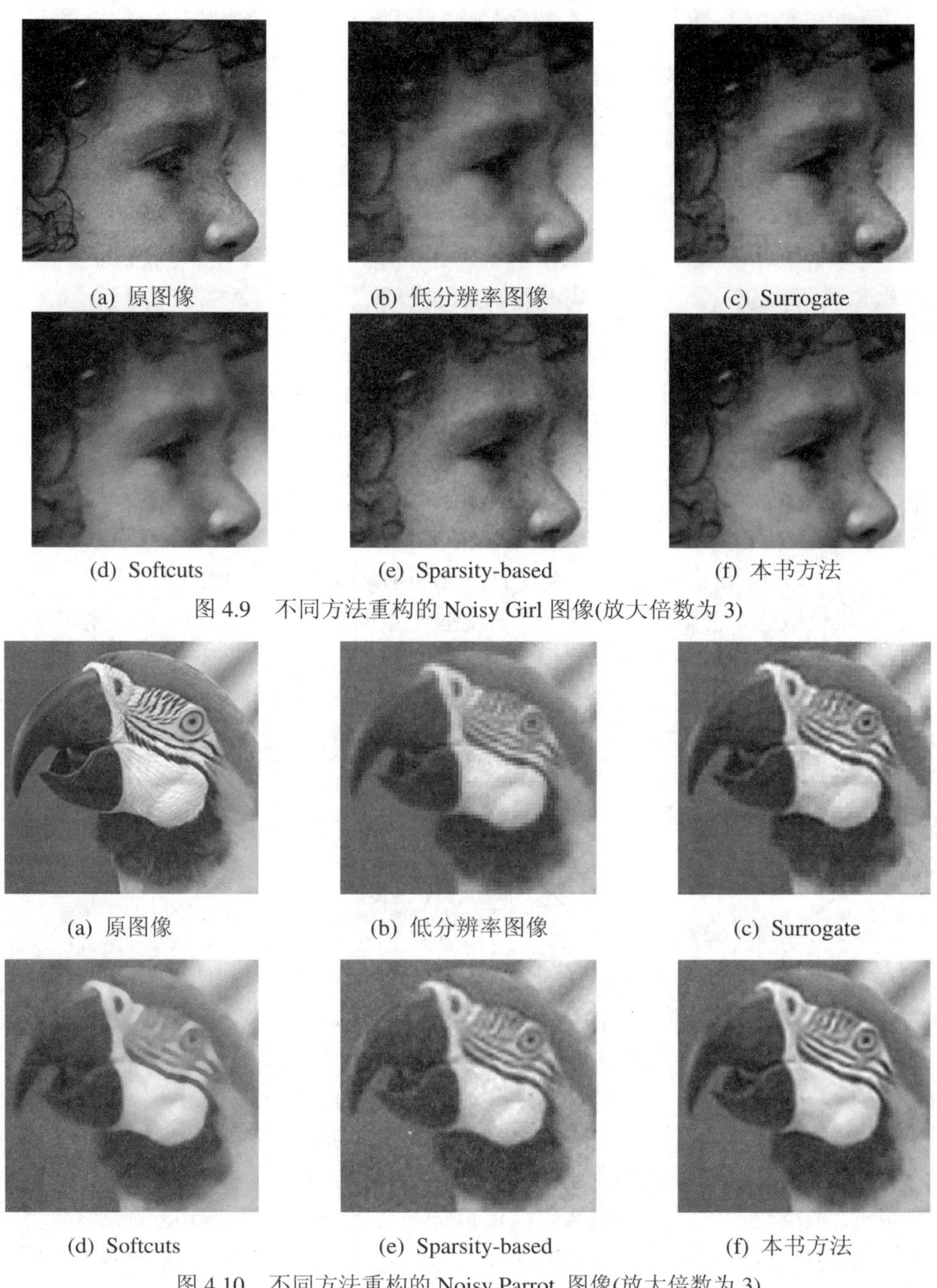

(a) 原图像　(b) 低分辨率图像　(c) Surrogate

(d) Softcuts　(e) Sparsity-based　(f) 本书方法

图 4.9　不同方法重构的 Noisy Girl 图像(放大倍数为 3)

(a) 原图像　(b) 低分辨率图像　(c) Surrogate

(d) Softcuts　(e) Sparsity-based　(f) 本书方法

图 4.10　不同方法重构的 Noisy Parrot 图像(放大倍数为 3)

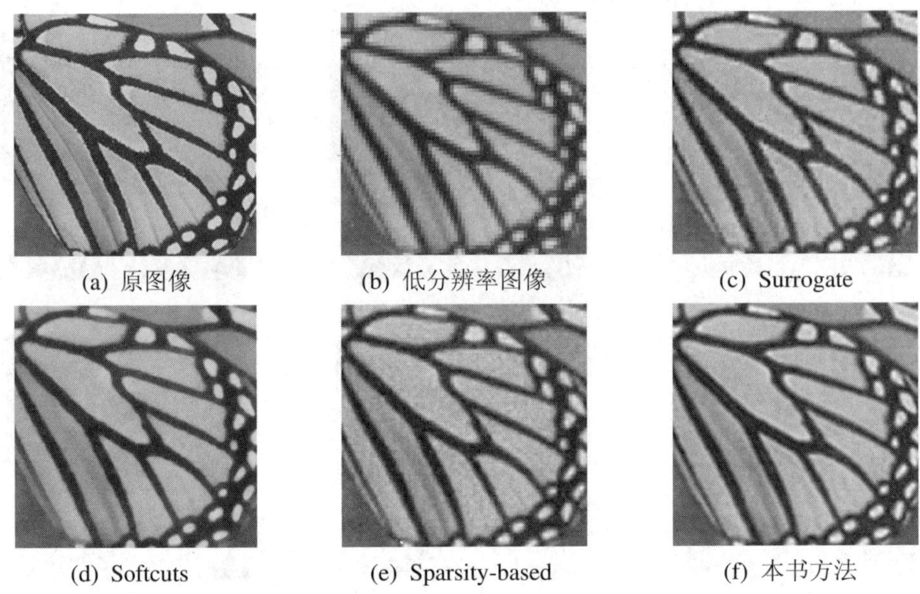

(a) 原图像　(b) 低分辨率图像　(c) Surrogate

(d) Softcuts　(e) Sparsity-based　(f) 本书方法

图 4.11　不同方法重构的 Noisy Butterfly 图像(放大倍数为 3)

方法对噪声比较敏感，它在边缘区域产生了一些严重的噪声效应；Softcuts 方法产生了过于光滑的结果；由于在Sparsity-based方法后面我们级联了一个反向投影迭代方法来去除模糊，它对噪声比较敏感，因此它的性能急剧下降。相比之下，本书提出的方法显示了较好的噪声鲁棒性，它不但能有效抑制噪声，同时，可保持图像的边缘。PSNR 和 SSIM 结果如表 4.3 和表 4.4 所示。我们可以看到 ASDS-AR-NL 方法对其他方法的 PSNR 增益达到了 1.4 dB，SSIM 增益达到了 0.05。

本 章 小 结

本章提出了一个新颖的基于自适应稀疏域选择的图像去模糊和超分辨率方法。考虑到不同的自然图像，甚至不同区域的稀疏域差别可以很大，我们对每一个局部图像块使用不同的稀疏域。为此，我们从训练集中学习一系列的字典，然后自适应选择一个最佳的字典作为局部图像块的稀疏域。实验结果表明，基于自适应稀疏域选择的图像恢复方法能显著提高重建图像的质量。为了进一步提高图像恢复性能，我们引入了两种自适应正则项。我们从训练集中学习一组 AR 模型用于正则局部图像结构，同时用非局部相似性正则项来进一步提高图像恢复质量。通过使用迭代阈值算法来有效实现本章提出的图像恢复算法。在自然图像上的实验结果表明，本书提出的算法比现有的方法具有更高的 PSNR 和更好的视觉效果，同时作为一个学习型算法，本书方法对训练数据集不敏感。

本章参考文献

[1] Starck J L, Candès E J, Donoho D L. The curvelet transform for image denoising[J]. IEEE Trans. Image Process., 2002, 11(6)：670-684.

[2] Candès E J, Demanet L, DonohoD L, et al. Fast discrete curvelet transforms[J].Multiscale Modeling & Simulation, 2006, 5(3)：861-899.

[3] DoMN, Vetterli M. The contourlet transform: an efficient directional multiresolution image representation [J]. IEEE Trans. Image Process.,2005, 14 (12)：2091-2106.

[4] Lu Yue, DoM N. A new contourlet transform with sharp frequency localization[C]. Proc. IEEE Int. Conf. on Image Proc.,2006：1629-1632.

[5] PennecE L, Mallat S. Sparse geometric image representations with bandelets[J].IEEE Trans. Image Process.,2005, 14(4)：423-438.

[6] Peyre G, Mallat S. Surface compression with geometric bandelets[J]. ACM Trans. on Graphics (Proc. ACM SIGGRAPH 05), 2005, 24(3)：601-608.

[7] Aharon, M, Elad M,Bruckstein A. K-SVD: an algorithm for designing overcomplete dictionaries for sparse representation[J].IEEE Trans. Signal Process., 2006, 54(11)：4311-4322.

[8] Mairal J,Sapiro G, Elad M. Learning Multiscale Sparse Representations for Image and Video Restoration[J].SIAM Multiscale Modeling and Simulation, 2008, 7(1)：214-241.

[9] Rubinstein R, Zibulevsky M, Elad M. Learning Sparse Dictionaries for Sparse Signal Representation[C]. IEEE Transactions on Signal Processing, 2013.

[10] Mairal J, Bach F, Ponce J, et al. Supervised dictionary learning[C]. Advances in Neural Information Processing Systems (NIPS'08), 2009：1033-1040.

[11] Mallat S, Zhang Z. Matching pursuits with time-frequency dictionaries[J].IEEE Trans. Signal Process., 1993, 41(12)：3397-3415.

[12] Tropp J, Gilbert A. Signal recovery from random measurements via orthogonal matching pursuit[J]. IEEE Trans. Info. Theory, 2007,53(12)：4655-4666.

[13] Chen S S,Donoho D L, Saunders M. Atomic decompositions by basis pursuit[J]. SIAM Review,2001,43(1): 129-159.

[14] Elad M, Aharon M. Image denoising via sparse and redundant representations over learned dictionaries[J].IEEE Trans. Image Process., 2006, 15(12)：3736-3745.

[15] Yang Jianchao,Wright J,Ma Yi, et al. Image super-resolution as sparse representation of raw image patches[C]. IEEE Computer Vision and Pattern Recognition, 2008：1-8.

[16] Gunturk B K, Batur A U, Altunbasak Y,et al. Eigenface-based super-resolution for face recognition[C]. Proc. Int. conf. Image Process., 2002：845-848.

[17] Mairal J,Elad M, Sapiro G. Sparse Representation for Color Image Restoration[J]. IEEE Trans. on Image Processing, 2008, 17(1)：53-69.

[18] Mairal J, Bach F, Ponce J, et al. Non-Local Sparse Models for Image Restoration[C]. Proc. IEEE International Conference on Computer Vision, Tokyo, Japan, 2009：2272-2279.

[19] Fadili M J, Starck J L.Sparse representation-based image deconvolution by iterative thresholding[C]. Astronomical Data Analysis, Marseille, France, 2006.

[20] Bobin J, Starck J, Fadili J, et al. Morphological Component Analysis: An Adaptive Thresholding Strategy[J]. IEEE Trans. Image processing, 2007, 16(11)：2675-2681.

[21] CandèsE J, Tao T. Decoding by linear programming[J]. IEEE Trans. Inf. Theory, 2005, 51(12)：4203-4215.

[22] Candès E J, Romberg J, Tao T. Robust uncertainty principles: Exact signal reconstruction from highly incomplete frequency information[J].IEEE Trans. Inf. Theory, 2006, 5(2)：489-509.

[23] Donoho D. Compressed sensing[J].IEEE Trans. Inf Theory, 2006, 52(4)：1289-1306.

[24] Candès E. Compressive sampling[C]. Proc. of the Int. Congress of Mathematics, Madrid, Spain, 2006：1433-1452.

[25] Daubechies I, Defriese M, DeMol C. An iterative thresholding algorithm for linear inverse problems with a sparsity constraint[J]. Commun. Pure Appl. Math., 2004, 57(11)：1413-1457.

[26] Combettes P, Wajs V. Signal recovery by proximal forward-backward splitting[J]. SIAM J.Multiscale Model.Simul., 2005, 4(4)：1168-1200.

[27] Yin Wotao, Osher S, Goldfarb D, et al. Bregman iterative algorithms for l_1-minimization with applications to compressed sensing[J].SIAM J. Imaging Sci.,2008, 1(1)：143-168.

[28] Monaci G, Vanderqheynst P. Learning structured dictionaries for image representation[C]. Proc. Int. conf. Image Process.,2004, 4：2351-2354.

[29] Rubinstein R, Bruckstein A M, Elad M. Dictionaries for Sparse Representation Modeling[J].Proceedings of the IEEE, 2010, 98(6)：1045-1057.

[30] Buades A, Coll B, Morel J M. A review of image denoisingalgorithms, with a new one[J].Multisc. Model. Simulat., 2005, 4(2)：490-530.

[31] Wu Xiaolin, Zhang Xiangjun, Wang Jia. Model-guided adaptive recovery of compressive sensing[C].Proc. Data Compression Conference,2009：123-132.

[32] Fukunaga K. Introduction to Statistical Pattern Recognition, 2nd ed[M]. Academic Press, 1991.

[33] Protter M, Elad M, Takeda H, et al. Generalizing the nonlocal-means to super-resolution reconstruction[J].IEEE Trans. On Image Process., 2009, 18(1)：36-51.

[34] Beck A, Teboulle M. Fast gradient-based algorithms for constrained total variation image denoising and deblurring problems[J].IEEE Trans. On Image Process.,2009, 18(11)：2419-2434.

[35] Dai Shengyang, Han Mei, Xu Wei, et al. SoftCuts: a soft edge smoothness prior for color image super-resolution[J].IEEE Trans. Image Process., 2009, 18(5)：969-981.

[36] Irani M, Peleg S. Motion analysis for image enhancement: resolution, occlusion and transparency[J].JVCI., 1993, 4(4)：324-335.

[37] Wang Zhou, Bovik A C, Sheikh H R, et al.Image quality assessment: from error measurement to structural similarity[J]. IEEE Trans. Image Process., 2004, 3(4)：600-612.

第五章　基于压缩感知的一维回波信号获取与检测

5.1　引　言

Shannon/Nyquist 采样定理是信号处理领域中最常用的定理。一般来说，传统的信号采集系统都是基于 Nyquist 采样定理对模拟信号进行均匀采样，获得数字信号。在不存在其他信号先验信息的条件下，对于带限信号来说，Nyquist 采样定理本质上是最优的[1]。然而，随着用以传输信息的信号带宽越来越大，以 Nyquist 采样定理进行信号转换的成本变得越来越高，实现的难度也越来越大，并且获取的数据量也越来越高，从而大大增加了后续信号处理的难度。

尽管为了提高目标的分辨率，信号传输的带宽不断增加，实际上，相对信号数字化所要求的极高的数据率，信号传输的信息率是较低的。并且在实际的信号处理中，待处理信号一般存在着显著的结构特性，若能够寻找或者设计一个可以有效描述信号特征的变换空间，就能获得稀疏的信号表示。这样的处理方法实际上也是信号处理领域中的主要方法之一，信号变换是信号分析、信号压缩等的基本手段。

利用信号的稀疏性，压缩感知理论[2-3]指出：相对于 Nyquist 采样定理要求的采样率，稀疏信号的采样率实际上可以很大程度地降低。该理论采用非自适应的观测方法对信号进行随机观测，获得了远小于 Nyquist 样本量的数据，对信号施加稀疏性的正则化条件，仍然可以保障信号的精确恢复。在本章的内容中，我们将介绍如何在主动式探测问题中应用压缩感知理论，其中涉及了问题的建模、信号的稀疏刻画以及信号的优化重构。在压缩感知的框架下，一方面可以实现回波接收机的低速采样，另一方面可以实现回波信号的高分辨率探测。

5.2 基于压缩感知的低速雷达回波获取

5.2.1 雷达回波的稀疏表示

在本章内容中，我们考虑主动式信号探测系统，包括雷达探测或者超声检测系统。在这类系统中，对接收系统来说，发射信号的信号形式是已知的(或者可测的)，因此可以利用发射信号的具体形式和感兴趣目标的特点，对反射信号的形式建立恰当的模型，并实现其稀疏表示。

在本节中，我们以发射线性调频(LFM)信号为例(其他已知的信号形式同样适用于本书的方法)，给出对信号可稀疏表示的字典的设计方法，所设计的字典可以对反射信号提供最优的稀疏表示，并且考虑到实际应用中，发射机必然存在噪声的问题，介绍利用 SVD 分解去除噪声字典中信号稀疏表示的影响。所介绍的字典设计方法的优势在于，该方法可以根据需求设定参数以达到预期的性能指标。在利用压缩感知(或稀疏表示)思想对回波信号进行检测时，检测的分辨率不受发射信号带宽的约束，而取决于字典中原子的间隔，即对原子采样率的设定，该采样率是不受物理系统的约束的。

线性调频脉冲信号可表示为

$$s(t) = A(t)\cos\left(2\pi f_0 t + \pi k t^2\right) \tag{5-1}$$

其中，$A(t)$ 为幅度，f_0 为起始频率，k 称为调制率。图 5.1 中给出了一个线性调频信号的时域波形和瞬时频率图，由于是线性调频，其瞬时频率是线性增加的。

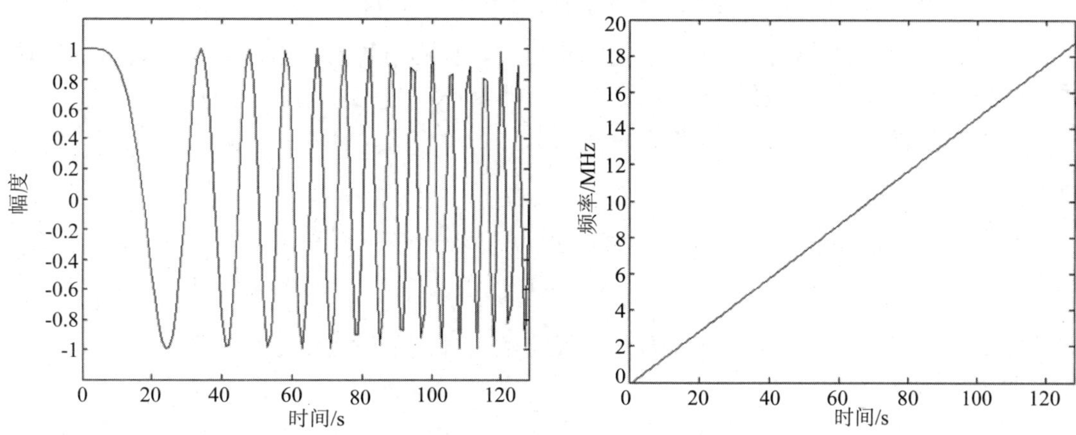

图 5.1 线性调频信号的波形和瞬时频率图

以静态散射点目标的回波信号为例，假设回波信号中包括了 K 个目标回波，并且信号干净，不含噪声，那么根据回波模型，每个回波的时域特征与发射信号相同，不同的是其幅度。因此，回波信号可以表示为 K 个回波的线性叠加，即

$$x(t)=\sum_{i=1}^{K}\theta_i s(t-\tau_i) \tag{5-2}$$

这样的回波如图 5.2 中的回波信号所示，其中包含了 5 个散射点的回波。其中第 3 个目标回波和第 4 个目标回波之间有重叠。对回波信号来说，用传统的正交变换对其进行分解，如离散余弦变换，无法得到稀疏的表示系数。对该信号采用满足 Nyquist 采样定理的速率采样，采样间隔为 τ，将会产生长度为 N 个样本点的采样信号。

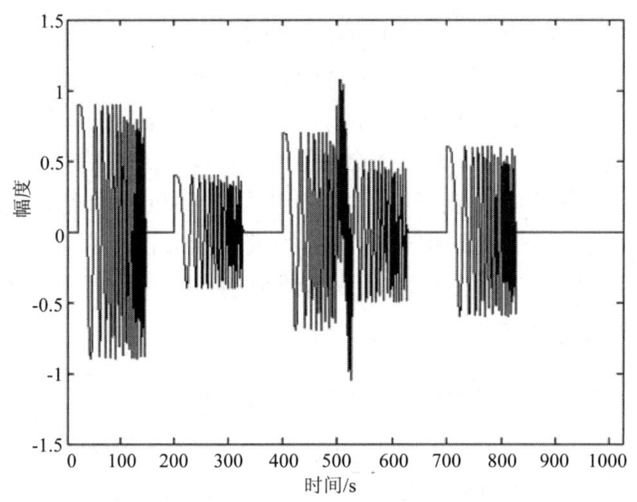

图 5.2　包含了 5 个散射点的回波信号

从回波信号中的散射点反射回波的特点出发，提出了构造适合信号自身特性的字典方法，这样，信号表示所需要的非零系数个数会非常小，达到稀疏表示的目的。

首先，对发射信号以采样周期 τ 对其离散化，产生 S 个样本点，进行能量归一化得到向量 $\boldsymbol{s}_p$：

$$\begin{cases}\boldsymbol{s}_p=\left[s_p(\tau),s_p(2\tau),\cdots,s_p(S\tau)\right]\\ \left\|\boldsymbol{s}_p\right\|_2=1\end{cases} \tag{5-3}$$

称该向量为原型原子，其样本点的数量由设定的采样间隔确定。在原型原子的基础上，构造字典原子集合：

$$\Lambda=\{\boldsymbol{g}_l\},\boldsymbol{g}_l\in\mathbf{R}^N,l=1,2,\cdots,L \tag{5-4}$$

其中的第l个原子为

$$\begin{cases} \boldsymbol{g}_l(n) = \boldsymbol{s}_p & n \in \{l, l+1, \cdots, l+S-1\} \\ \boldsymbol{g}_l(n) = 0 & n \in \{1, 2, \cdots, N\} \setminus \{l, \cdots, l+S-1\} \end{cases} \tag{5-5}$$

图 5.3 给出了字典中的原子示意图，可见，各个原子的非零支撑区域具有相同的波形特征，不同的是非零区域的起始点坐标不同。

图 5.3 字典中的原子示意图

可见，构造的字典中相邻原子间隔为τ。令

$$\boldsymbol{D} = [\boldsymbol{g}_1^{\mathrm{T}}, \boldsymbol{g}_2^{\mathrm{T}}, \cdots, \boldsymbol{g}_L^{\mathrm{T}}]^{\mathrm{T}} \in \mathbf{R}^{L \times N} \tag{5-6}$$

为字典矩阵。这里，我们给出以下两个前提条件：首先，假设待恢复的回波信号中的回波都是完整的，其次任意回波的起始位置是τ的整数倍。在这样的前提下，构造的字典对回波信号的分解来说是完备的。字典中的原子个数与其回波信号维度、发射信号维度的关系为

$$L = N - S + 1 \tag{5-7}$$

无噪声的回波信号$x(t)$在字典中的稀疏表示的系数向量如图 5.4 所示。可以看出，当回波信号中含有少量回波时，它在此字典上的表示系数是稀疏的，稀疏度等于回波的数量，并且回波信号非零系数的位置和幅度明确给出了目标的距离和反射率。对于字典中参数的选取，值得一提的是，选取越小的τ，意味着越大的发射信号采样率、更精细的回

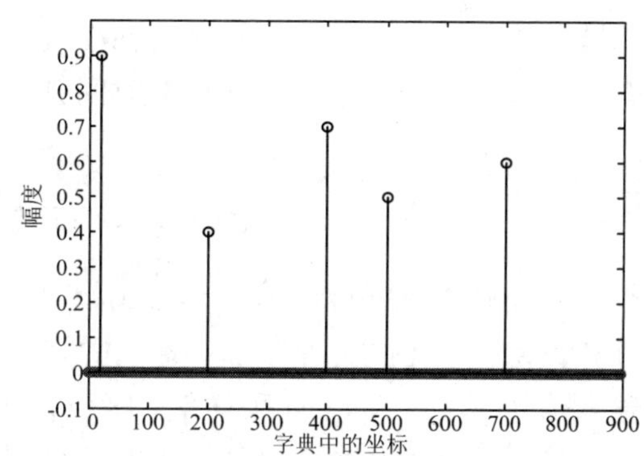

图 5.4 回波信号在字典中的系数向量

波分辨率、更大的回波信号的采样率(或维度)、更大的优化计算复杂度。因此，在实际问题中，要根据需求来衡量、确定适当的原子间隔。

5.2.2 雷达回波信号的低速获取

由于传统雷达系统中，回波信号的分辨率通常都由系统的发射信号带宽所约束，因此为了获取高的分辨率，发射信号的带宽变得越来越大，从而给接收系统带来了极大的挑战。在压缩感知的框架下，利用回波信号的稀疏性，可以低速率地获取反射信号的观测数据，进而在计算机中求解优化问题恢复信号并检测回波。

1. AIC 结构与分析

鉴于 AIC 结构是一个基本和常用的观测结构[4-5]，本节重点讲解 AIC 的组成部件及每个部件在观测中的作用，并推导出等效的观测矩阵。

AIC 结构的提出，是为了对稀疏的、带限信号应用压缩感知时，有效实现随机观测的获取。AIC 的结构图如图 5.5 所示，其中包含了三个处理步骤：随机调制、低通滤波和低速采样。输入信号为 $x(t)$，假设其最大的频率成分的频率为 f_x。

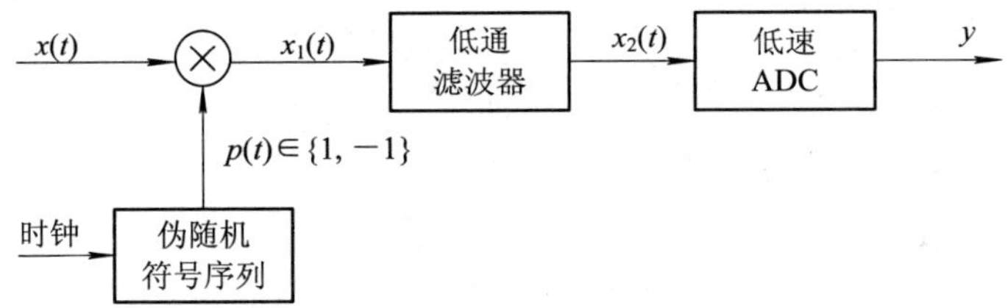

图 5.5 AIC 结构框图

1) 随机调制

首先，用一个伪随机符号序列 $p(t)$ 对信号进行调制。序列 $p(t)$ 是分段常数函数，一共具有 N 个相等的时间分片。这样的时间分片称为位片，时间长度为 T_p。这样的伪随机符号序列可以表示为

$$p(t)=\alpha_k,\ (k-1)T_p \leqslant t \leqslant kT_p,\ k=1,2,\cdots,N \tag{5-8}$$

其中位片的幅度 $\alpha_k \in \{+1,-1\}$，幅度为+1 和−1 的概率是相等的。这样的二值序列可以使用线性移位寄存器(LFSR)来生成。在 AIC 结构中，要求序列 $p(t)$ 的符号改变率至少要大于等于输入信号 $x(t)$ 的 Nyquist 采样率。序列 $p(t)$ 的频率是一种对白噪声的周期逼近，是全谱带信号。这样的序列 $p(t)$ 在时间域上对信号进行相乘，即在频域上对原信号进行频率调制。根据频谱调制的原理，用一个单频信号作为调制信号对原信号进行调制时，会把原信号的频谱分布向上和向下搬移，搬移量为调制信号的频率。由于序列 $p(t)$ 的全频谱特性，信号的

频率将在全谱带上进行搬移相加，产生“信息混叠”的效果。本步骤的输出结果可以表示为

$$x_1(t)=x(t)p(t) \tag{5-9}$$

调制输出信号的频谱为

$$X_1(w)=(X*P)(w) \tag{5-10}$$

这里$*$表示卷积，$X(w)$、$P(w)$分别是信号$x(t)$、$p(t)$的频谱。

2) 低通滤波

在经过了信号调制后，由于信号信息遍布了全谱带，对信号进行低通、带通或高通滤波都能有效地获取信号信息。但是考虑到后面的操作是用ADC芯片进行采样的，而ADC采样之前，通常都要使用低通滤波器对信号进行抗混叠滤波，使得后面的信号采样不发生混叠。因此，在此使用低通滤波器既可以保留信号的信息，又能避免信号采样发生混叠。滤波器的输出信号可以表示为

$$x_2(t)=\int x(\tau)p(\tau)h(t-\tau)\mathrm{d}\tau \tag{5-11}$$

其中，$h(t)$表示滤波器的响应函数。

3) 低速均匀采样

对低通滤波后的信号，使用低速的ADC进行均匀的采样，获取到信号的观测值。信号观测可表示为

$$y[m]=\int x(\tau)p(\tau)h(t-\tau)\mathrm{d}\tau\,|_{t=m\Delta t}=\int x(\tau)p_c(\tau)h(m\Delta t-\tau)\mathrm{d}\tau,\quad m=1,2,\cdots,M \tag{5-12}$$

其中，Δt为ADC的采样间隔。

下面推导AIC结构对应的观测矩阵。信号在变换空间中的变换可以表示为变换空间基函数$\psi_n(t)(n=1,2,\cdots,N)$的线性组合形式：

$$x(t)=\sum_{n=1}^{N}\theta_n\psi_n(t) \tag{5-13}$$

其中，$\theta_n(n=1,\cdots,N)$是变换系数。对一个具有高频率成分的信号，尽管其Nyquist采样率很高，但是在信号空间中，它的自由度仅为其非零系数的未知信息(位置和幅度)维度。

对应数字信号的变换表示形式可以表示为

$$\boldsymbol{x}=\boldsymbol{\Psi\theta},\boldsymbol{\Psi}=[\boldsymbol{\psi}_1(n),\boldsymbol{\psi}_2(n),\cdots,\boldsymbol{\psi}_N(n)] \tag{5-14}$$

其中$\boldsymbol{x}$是信号$x(t)$对应的离散信号，满足Nyquist采样率；$\boldsymbol{\psi}_i(n)(i=1,2,\cdots,N)$是模拟基函数对应的离散基函数，与信号$\boldsymbol{x}$具有同样的采样率。

把信号的表示形式即式(5-13)代入式(5-12)，则观测数据的每个元素可表示为

$$y[m]=\sum_{n=1}^{N}\theta_n\int_{-\infty}^{\infty}\psi_n(\tau)p_c(\tau)h(m\Delta t-\tau)\mathrm{d}\tau \tag{5-15}$$

用向量的形式进行表示，观测方程可表示为

$$\boldsymbol{y}=\boldsymbol{A\theta} \tag{5-16}$$

其中 $\boldsymbol{\theta}$ 为数字信号 $\boldsymbol{x}(n)$ 在变换空间中 $\boldsymbol{\Psi}=[\boldsymbol{\psi}_1(n),\boldsymbol{\psi}_2(n),\cdots,\boldsymbol{\psi}_N(n)]$ 中的表示系数。观测矩阵 $\boldsymbol{A}$ 的元素可以表示为

$$\boldsymbol{A}_{m,n}=\int_{-\infty}^{\infty}\psi_n(\tau)p_c(\tau)h(m\Delta t-\tau)\mathrm{d}\tau,\ m=1,2,\cdots,M;n=1,2,\cdots,N \tag{5-17}$$

式(5-17)中的矩阵为 AIC 等效矩阵，是对信号稀疏系数进行观测的矩阵，是信号的观测矩阵和变换矩阵的乘积，即 $\boldsymbol{A}=\boldsymbol{D\Psi}$ 。每个元素对应着稀疏表示信号的基函数通过 AIC 结构的输出。

这里值得一提的是，在某些文献中[6]，对 AIC 中的低通滤波器采用的是积分器。从其本身来说，积分器也是一种低通滤波器。在数值推导上，两者存在着差异。积分器类型为积分-清洗(integrate-and-dump)类型。因此，使用积分器的 AIC 中，随机调制操作对应的矩阵形式为

$$\boldsymbol{P}=\mathrm{diag}(\varepsilon_1,\varepsilon_2\cdots,\varepsilon_N),\ \ \varepsilon_i=+1/-1,i=1,2\cdots,N \tag{5-18}$$

其中 $\varepsilon_i=+1/-1,\ i=1,2,\cdots,N$ 是调制信号的幅度。积分器对应的矩阵形式可以表示为(这里以采样率为信号 Nyquist 采样率的 1/3 为例)：

$$\boldsymbol{H}=\begin{bmatrix}1&1&1&&&&&&\\&&&1&1&1&&&\\&&&&&&\cdots&&\\&&&&&&1&1&1\end{bmatrix} \tag{5-19}$$

对信号进行观测的观测矩阵为

$$\boldsymbol{\Phi}=\boldsymbol{HP} \tag{5-20}$$

根据上述推导所得到的观测矩阵，不管是对信号观测的矩阵 $\boldsymbol{\Phi}=\boldsymbol{HP}$ 还是对系数观测的矩阵 $\boldsymbol{A}=\boldsymbol{D\Psi}$ ，通过优化求解就能得到信号的系数，从而恢复信号。

2. 雷达回波信号的低速观测与优化恢复系统

在现代雷达系统中，为了获取系统的良好性能，例如较高的目标分辨率，发射信号的带宽呈现出了越来越宽的趋势。但是对反射回波信号，虽然其带宽较宽，但是考虑到散射点的回波模型，对接收用户来说，接收信号的每一个点的幅度大小对其了解目标并不直观，用户感兴趣的信息如散射点的反射率和距离，反映在回波模型中对应散射点回波的幅度和位移，即整个目标回波相对于发射信号的衰减程度以及整个回波所处的位置。例如，接收到的一段反射回波信号，其中含有 10 个目标散射点的回波，带宽是 20 MHz，对其进行基

带信号采样，采样率至少 40 MHz，每秒产生4×10^7个采样点。用户感兴趣的数据是 10 个目标回波的衰减程度和距离位置，也就是有 20 个未知参数。如果采用传统的基带信号采样，为了获得 20 个未知参数，每秒采集4×10^7个数据，这样采样的代价是非常高昂的，是不合理的。即使采样易于实现，产生大量的数据对储存和传输也会带来巨大的压力。

从压缩感知的观点出发，在信号的信息量相对于信号的维度(Nyquist 采样率对应的数字信号维度)很小的情况下，对这样的信号可以让采样和压缩同时进行，对信息不会造成破坏，信号仍然可以高概率地精确重构。雷达回波信号是非常符合这样的前提的，散射点回波的稀疏性是显而易见的。针对主动式探测雷达，利用 5.2 节中的字典设计方法，可以达到稀疏表示回波信号的目的，为应用压缩感知创造了条件。

图 5.6 给出了基于 AIC 结构的雷达回波获取系统的框图。系统的主要功能模块包括四个部分：AIC 结构获取随机观测、对信号稀疏表示的字典设计、优化重构信号在字典中的系数及信号重构或回波检测。AIC 中调制信号中的位片时间长度设为$T_p=\tau$。控制 AIC 结构的 ADC 芯片的采样率，进而控制整个系统的采样速度。根据发射信号$s(t)$，设计得到字典$\boldsymbol{D}$，由于回波信号$x(t)$中的目标回波数量有限，$x(t)$在字典中有稀疏的表示形式。回波信号$x(t)$通过 AIC 结构获得观测数据$\boldsymbol{y}$。$x(t)$的观测数据与$x(t)$字典中的系数之间的关系为$\boldsymbol{y}=\boldsymbol{A\theta}$。在压缩感知的框架下，利用凸优化计算方法恢复稀疏系数，得到$\hat{\boldsymbol{\theta}}$。根据信号在字典中稀疏的特性，求解以下的优化问题，恢复信号在字典中的系数：

$$\hat{\boldsymbol{\theta}}=\arg\min_{\boldsymbol{\theta}\in\mathbf{R}^L}\|\boldsymbol{\theta}\|_1 \quad \text{s.t. } \boldsymbol{y}=\boldsymbol{A\theta} \tag{5-21}$$

$$\hat{\boldsymbol{\theta}}=\arg\min_{\boldsymbol{\theta}\in\mathbf{R}^L}\lambda\|\boldsymbol{\theta}\|_1+\frac{1}{2}\|\boldsymbol{y}-\boldsymbol{A\theta}\|_2^2 \tag{5-22}$$

两个问题分别是针对信号无噪声和信号含噪声的情况，式(5-21)称为基追踪问题[7]，式(5-22)称为基追踪去噪(BPDN)问题[7]。在基追踪去噪问题中，通过调整参数λ可改变恢复信号稀疏度和噪声能量之间的权重。由恢复系数$\hat{\boldsymbol{\theta}}$，可以进一步通过原子的线性组合恢复信号，或可以由$\hat{\boldsymbol{\theta}}$直接得到散射点的特征信息：反射率和距离。

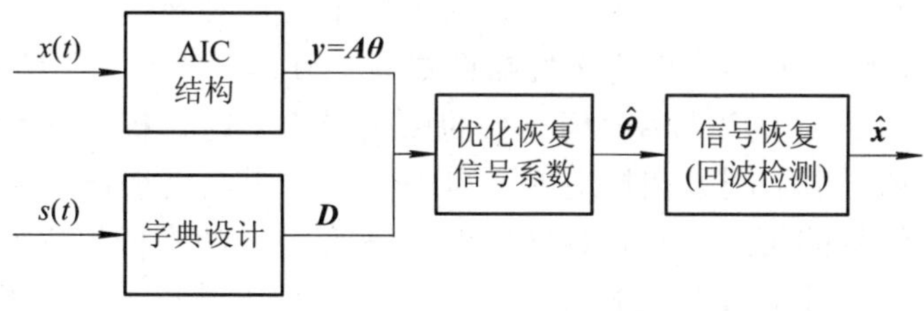

图 5.6　基于 AIC 结构的雷达回波获取系统

这里需要注意的是，压缩感知所设定的前提是信号的稀疏特点，最优表示稀疏特性的是 ℓ_0 最小化问题。尽管在一定的条件下，ℓ_1 最小化问题可完全等效为 ℓ_0 最小化问题，但是，ℓ_1 最小化问题中的目标函数 ℓ_1 范数的值依赖于信号向量的幅度，而 ℓ_0 范数和幅度是无关的。这之间的差距导致的问题是，当信号含有噪声时，信号对应的非零系数的幅度会被消减。

3. 仿真实验

下面通过实验来分析基于 AIC 结构的雷达接收系统的获取和检测性能。图 5.1 中的线性调频信号作为发射信号。根据 Nyquist 采样定理，我们把测试回波信号的传统的 Nyquist 采样速率 f 和相应的采样间隔 τ 分别设置为 $f \approx 3B$（B 是信号带宽），$\tau = 1/f$。这样，得到的原始信号的样本数量为 $N = 1024$。假定回波信号中包含了五个目标回波，位置分别在距离起始点 20τ、200τ、400τ、500τ、700τ 处。各个目标回波的幅度分别为 0.9、0.4、0.7、0.5、0.6。回波信号如图 5.2 所示。该信号在字典中的系数如图 5.4 所示，稀疏度为 $K = 5$。实验中的低通滤波器的截止频率为 $f/4$。

1) *无噪声信号的实验结果*

首先，我们给出无噪声信号的仿真实验结果，以说明本系统理论上的正确性。在无噪声的情况下，采用真正的系数 $\boldsymbol{\theta}$ 和恢复的系数 $\hat{\boldsymbol{\theta}}$ 之间的误差

$$E = \max_i \left| \hat{\theta}_i - \theta_i \right| \tag{5-23}$$

来衡量恢复的质量。在本部分，当误差小于 10^{-7} 时，认为信号是被精确重构的。在我们的仿真测试中，采用 AIC 结构对信号进行观测，采用内点法求解线性规划(LP)问题即式(5-21)，恢复回波信号在字典中的系数。

在无噪声的情况下，AIC 结构的采样率为 10% 的原始采样率(指的是 Nyquist 采样率)，信号系数的误差小于 10^{-8}，恢复的系数如图 5.7 所示。因此，可以得出结论：在获得了回波信号的稀疏表示的前提下，在压缩感知的框架下，用 AIC 结构对信号进行低速观测，即使采样率远低于 Nyquist 采样率，原信号仍然可以通过求解优化问题高质量地重构。

为了分析系统低速采样信号的能力，针对不同的采样速率，统计多次重复实验中信号精确重构的概率，这里重复实验的次数都设置为 100 次。精确重构信号的概率如图 5.8 所示。结果表明，当 AIC 的采样率大于 9%的原始采样率时，提出的系统将以概率 1 对信号精确重构。可见，由于回波在构造的字典中的信息自由度很低，虽然 AIC 结构观测信号的速率很低，信号的信息没有被破坏，利用在变换空间中低自由度的特点，仍然可以成功地重构原信号。可见 AIC 结构作为压缩感知框架中的信号观测结构，实现了有效的随机观测的目的。

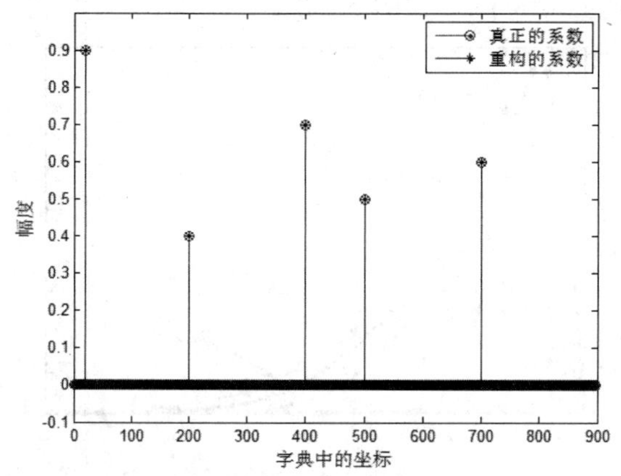

图 5.7　优化重构的系数和真正系数的对比图

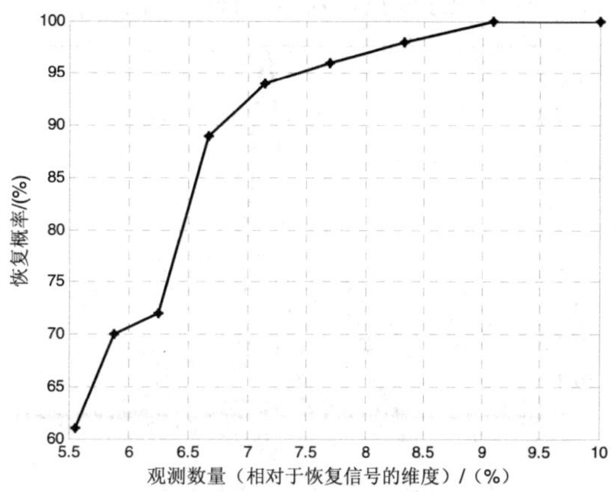

图 5.8　无噪声信号在不同采样率下的恢复概率

2) 有噪声信号的实验结果

进一步，我们考虑更实际的信号场景下，即信号中含有噪声时系统性能的趋势变化。由于噪声的影响，通过求解 ℓ_1-范数正则化的最小二乘问题即式(5-22)得到的系数不再是严格稀疏的。对真正的目标回波在字典上对应的系数来说，其幅度上的损失是不可避免的。在这里，对含噪声信号的系数恢复问题，求解算法采用的是基于稀疏重构的梯度投影(GPSR)算法[8]。这是考虑到该算法中，首先求解带 ℓ_1-范数正则化的最小二乘问题，然后又采用了去偏差步骤，可以进一步修正系数的幅度，降低恢复系数幅度上的误差。恢复了信号的系数后，采用以下阈值对系数做硬阈值处理：

$$T = \max\left\{\frac{\|x(t)\|_2}{2\sqrt{b-a}}, 3\sigma\right\},\ x(t)\in[a,b]\subset R \tag{5-24}$$

其中噪声方差 σ 和信号能量 $\|x(t)\|_2$ 都是通过估计得到的。阈值处理后的系数，如果是非零值我们就认为它对应着一个目标回波，这样就完成了含噪声环境中的回波检测处理。

尽管在实际中，雷达所处的环境噪声比较复杂，通常在仿真实验中，都是采用高斯(Gaussian)和瑞利(Rayleigh)分布特性来刻画噪声的特点。高斯分布的概率密度函数(pdf)为

$$f(x\mid\mu,\sigma) = \frac{1}{\sigma\sqrt{2\pi}}\mathrm{e}^{\frac{-(x-\mu)^2}{2\sigma^2}} \tag{5-25}$$

瑞利分布的概率密度函数为

$$f(x\mid\sigma) = \begin{cases} \dfrac{x}{\sigma^2}\mathrm{e}^{\left(-\frac{x^2}{2\sigma^2}\right)} & x\geqslant 0 \\ 0 & x<0 \end{cases} \tag{5-26}$$

对不同的参数，给出两种分布的概率密度函数示意图，如图 5.9 所示。

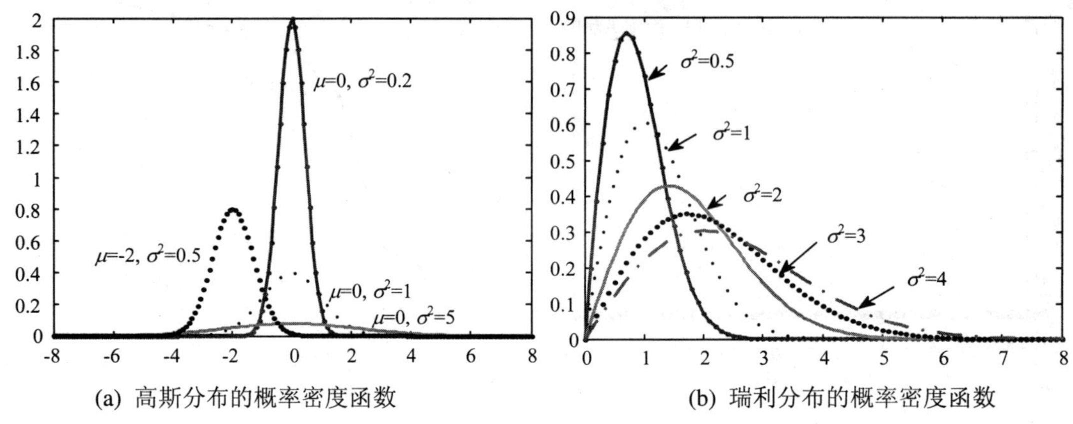

(a) 高斯分布的概率密度函数　　(b) 瑞利分布的概率密度函数

图 5.9　高斯分布和瑞利分布的概率密度函数

首先对高斯分布的噪声模型，我们分别研究了噪声对系统性能的影响。这里，给定观测数量，AIC 的采样速率为 10% 的原始信号速率。高斯分布的噪声均值为零，图 5.10 中给出了不同噪声水平下，即信号的信噪比(SNR)从 5 dB 增加到 30 dB，100 次实验中正确检测到回波位置的概率。根据图 5.10 所示的结果，我们发现在给定的采样率下，为了保证系统能够实现大于 90% 的回波检测率，输入的回波信号的信噪比要在 20 dB 以上。这是由于压缩感知中，信号重构处理对噪声的抑制能力不足所导致的。

另一方面，分别对两种噪声模型，即高斯噪声和瑞利噪声设定固定的噪声水平，这里令反射回波信号的信噪比 SNR = 20 dB，改变观测的数量，统计 100 次重复实验中成功地检测到目标回波位置的概率，结果显示在图 5.11 中。对瑞利分布的噪声，同样给定噪声为 SNR = 20 dB，信号的检测概率一同显示在图 5.11 中。

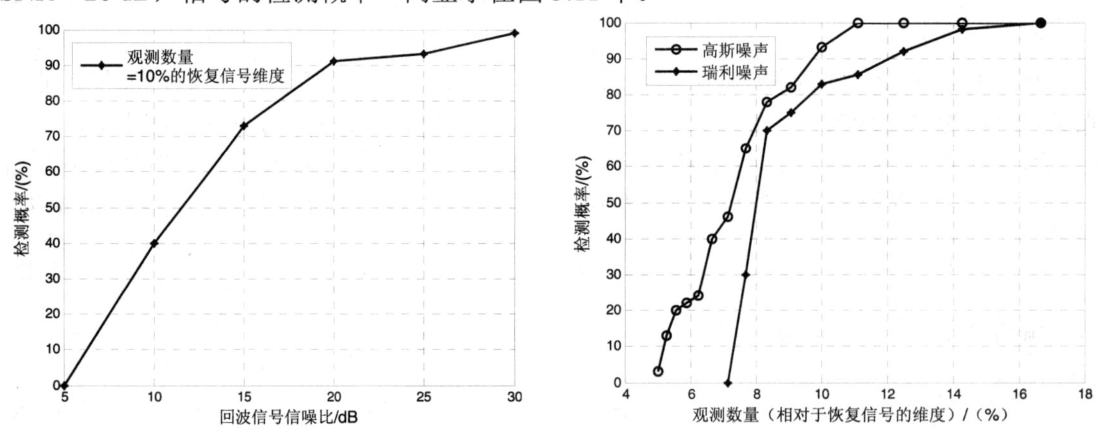

图 5.10　不同噪声水平下回波的检测概率(观测数量给定)　图 5.11　不同噪声、不同观测数量的信号检测结果

从结果可以看出，随着观测数量逐渐增加，① 仿真实验中采用高斯噪声和瑞利噪声模型，系统的回波位置检测概率的变化趋势是类似的；② 在未达到概率 1 的检测性能前，要达到同等的检测性能，即检测概率一样，相比于高斯噪声模型，使用瑞利噪声模型的信号需要更多的随机观测数据；③ 不管采用何种噪声模型，系统均能够实现低速采样、高概率成功恢复回波位置的目的，例如为了实现大于 90%的检测概率，对含高斯噪声的信号，10%的 Nyquist 采样率即可满足要求，对含有瑞利噪声的信号，12.5%的 Nyquist 采样率即可实现同样的目标。

5.3 基于加权 ℓ_1 范数理论的高分辨一维距离像

5.3.1 加权 ℓ_1 范数重构模型简介

重构算法是 CS 理论中最为关键的部分。根据文献[9]的总结，目前的重构算法可以归入以下三大类：

(1) 贪婪追踪算法。这类算法是通过每次迭代时选择一个局部最优解来逐步逼近原始信号，包括 MP 算法、OMP 算法[10]、分段 OMP(STOMP)[11]和正则化 OMP(ROMP)算法[12-13]等。

(2) 凸松弛算法。这类算法通过将非凸问题转化为凸问题求解找到信号的逼近，如 BP 算法、内点法、梯度投影法[8]和迭代阈值法[14]。

(3) 组合算法。这类算法要求信号的采样支持通过分组测试快速重建，如 FFT 采样[15-16]、链式追踪和 HHS(Heavg Hitters on Steroids)追踪[17]等。

本小节主要针对凸松弛算法展开研究，即探索如何将难以求解的非凸问题转化为凸问题。在 CS 理论的指导下，最稀疏的解往往是我们所需要的解，这相当于在 ℓ_0 范数约束下求解欠定方程的问题。然而 ℓ_0 范数的求解是非凸问题，难以求解，而关于凸优化问题算法的研究已比较成熟，于是考虑如何将非凸问题转化为凸问题求解。Donoho 和 Candès 指出，当观测量满足一定的要求时，ℓ_1 范数模型可以获得 ℓ_0 范数模型同样的解：

$$\min\left(\|\hat{\boldsymbol{x}}\|_1\right) \text{ s.t.} \left\|\boldsymbol{y}-\boldsymbol{\Phi}\boldsymbol{\Psi}^{\mathrm{T}}\hat{\boldsymbol{x}}\right\|_2 \leqslant \varepsilon \tag{5-27}$$

然而在很多实际应用中，特别是在较少观测数量及低信噪比情况下，仔细研究 ℓ_1 范数和 ℓ_0 范数的差异，就会发现采用 ℓ_1 范数等价 ℓ_0 范数仍存在一定的误差。在 ℓ_0 范数约束模型下，对于任意一个向量，其解的形式仅存在 0、1 之分，大系数和小系数对目标函数的贡献是相同的，因此在 ℓ_0 范数约束下能够找到最稀疏解。然而在 ℓ_1 范数约束模型中，求解对象为代价函数最小情况下对应的解，此时解向量中大系数和小系数对目标函数的贡献是不一样的，大系数模值大，相应贡献大，小系数模值小，相应贡献小。因此在求解过程中，代价函数会对大系数施加更多的约束以保证整个函数的收敛性。然而在实际应用中，大系数有可能对应于真实信号，因此上述优化过程很可能会削弱大系数(信号分量)的贡献；相反的，小系数(可能对应于噪声)由于并没有施加过多约束而在优化过程中并未受到严格约束。针对这一问题，Candès 在文章[18]中引入加权范数约束思想，即通过对 ℓ_1 范数约束模型进行加权，使得重构信号中的大系数和小系数获得同等约束，这种自适应调整机制使得加权 ℓ_1 范数约束模型可以获得 ℓ_0 范数模型的准确逼近：

$$\min\left(\left\|\boldsymbol{\omega}\hat{\boldsymbol{x}}\right\|_1\right)\ \text{s.t.}\left\|\boldsymbol{y}-\boldsymbol{\Phi}\boldsymbol{\Psi}^{\mathrm{T}}\hat{\boldsymbol{x}}\right\|_2\leqslant\varepsilon \tag{5-28}$$

其中，$\boldsymbol{\omega}$ 为一个对角矩阵，对角线上的元素 $\boldsymbol{\omega}_i=\dfrac{1}{\left|\boldsymbol{x}_i\right|+\eta}$，$\eta$ 是一个微小量，以防止 $\boldsymbol{\omega}_i$ 出现奇异值，该方法称为加权压缩感知(WCS)方法。当待重构系数 $\hat{x}_i$ 较小时，所对应的权值 $\boldsymbol{\omega}_i$ 约束较大，相应重构过程中对该分量进行了更深层次的约束(对于噪声分量来说，相当于施加了一定的噪声抑制)；当 $\hat{x}_i$ 较大时，其所对应的权值较小(对于待重构信号来说，这一约束有效保证了信号重构的保真度)，这样刚好可以拉近大、小系数在目标函数贡献上的差距，因此加权过程相当于在优化过程中实现了对大、小系数的平衡“惩罚”，在含噪模式下，相比常规 ℓ_1 范数模型，该模型更容易获得待优化对象的最优稀疏解。

虽然加权 ℓ_1 范数具有较好的稀疏性逼近效果，然而研究发现参数 η 的调节会使重构信号中的大、小系数的权值向同一方向变化(或增大或减小)，而且权值的最大值会随 η 的不同发生较大变化，这样会使得对小系数的“惩罚”变化剧烈，权值的变化程度和权值最大值之间相互关联，会使得重构结果缺乏稳定性。针对这个问题，本节提出了一种新的加权函数形式：

$$\tilde{\boldsymbol{\omega}}_i=\frac{\eta_1\eta_2}{\left|\boldsymbol{x}_i\right|+\eta_2} \tag{5-29}$$

其中，参数 η_1 表示了权值的整体调整程度，η_1 越大，权值 $\tilde{\boldsymbol{\omega}}_i$ 的整体调整程度就大，反之 η_1 越小，权值 $\tilde{\boldsymbol{\omega}}_i$ 的整体调整程度就小，而且当 $\left|\boldsymbol{x}_i\right|$ 非常小、近似为 0 时，η_1 还表示着权值函数的最大值；η_2 表示了权值对系数的“敏感”程度，η_2 越大，权值 $\tilde{\boldsymbol{\omega}}_i$ 对表示系数的反应就越“迟钝”，反之，η_2 越小，权值 $\tilde{\boldsymbol{\omega}}_i$ 对表示系数的反应就越“敏感”。参数调节时，参量 η_1 具有类似于粗调的作用，其值越大，权值就越大，对代价函数中 ℓ_1 范数的约束就越强，成像结果中噪声就滤除得越干净，但当该值选取过大时，可能会造成有效信号部分能量的损失。参量 η_2 对权值的调节能力相对较弱，具有类似于微调的作用。在参数调节过程中，一般将 η_2 固定为 1，先调节 η_1 到合适的值后，再调节 η_2 使成像结果达到最佳。

对比发现，传统加权方式不能仅通过调节 η 来实现对大、小系数的同时有效惩罚控制。在待恢复信号具有稀疏性的前提下，大系数往往是我们期望得到的真实解，而小系数往往对应于噪声。我们期望减小对大系数的“惩罚”，而增大对小系数的约束。在传统的加权方式下，增大η会导致权值函数的整体降低，这样在减小对大系数“惩罚”的同时，也减小了对小系数的“惩罚”，使得在信噪比较低时，对噪声的抑制效果不明显。本文的改进方式中，η_1决定了权值函数的最大值，η_2决定着惩罚程度，二者的结合使得不必担心惩罚程度的改变对整体幅值的影响与改变，从而使得在信噪比较低下，确保了真实信号细节基本不损失的前提下，较好地去除噪声的影响。加权形式改进后的优化模型如下所示：

$$\min\left(\left\|\tilde{\boldsymbol{\omega}}\hat{\boldsymbol{x}}\right\|_1\right)\ \text{s.t.}\left\|\boldsymbol{y}-\boldsymbol{\Phi}\boldsymbol{\Psi}^{\mathrm{T}}\hat{\boldsymbol{x}}\right\|_2\leqslant\varepsilon \tag{5-30}$$

5.3.2 基于加权ℓ_1范数理论的高分辨一维距离像

首先，我们对成像场景离散化处理，将成像场景看成由一系列点目标组成，电磁波遇到点目标后，根据点目标的散射强度反射电磁波，整个场景的回波是各个点目标回波相互叠加的结果。根据发射信号的形式、点目标的离散化程度以及场景中不同位置处的延时，构造基矩阵，再根据观测矩阵的构造原则，随机产生一个与基矩阵不相关的观测矩阵，最后通过加权ℓ_1成像模型，逆问题求解场景的真实散射系数。下面将详细推导基于 CS 的高分辨一维距离像成像过程。假设发射信号为 LFM 信号，其形式如下：

$$s(t)=\mathrm{rect}\left(\frac{t}{T_{\mathrm{p}}}\right)\mathrm{e}^{\mathrm{j}2\pi\left(f_{\mathrm{c}}t+\frac{1}{2}\gamma t^2\right)} \tag{5-31}$$

其中，f_{c}为发射信号的载频，γ为脉冲调制频率，T_{p}为脉冲宽度。假设场景中有N个散射点目标，则整个场景的回波信号为

$$r(t)=\sum_{i=1}^{N}x(i)\mathrm{e}^{\mathrm{j}2\pi\left(f_{\mathrm{c}}\left(t-\frac{2R_i}{c}\right)+\frac{1}{2}\gamma\left(t-\frac{2R_i}{c}\right)^2\right)} \tag{5-32}$$

其中，R_i表示雷达天线到第i个点目标的距离，$x(i)$表示第i个点目标的散射系数，c表示光速。将回波信号与所设定的参考信号相乘进行解调，参考信号的表达形式如下：

$$s_{\mathrm{ref}}(t)=\mathrm{e}^{\mathrm{j}2\pi\left(f_{\mathrm{c}}\left(t-\frac{2R_{\mathrm{ref}}}{c}\right)+\frac{1}{2}\gamma\left(t-\frac{2R_{\mathrm{ref}}}{c}\right)^2\right)} \tag{5-33}$$

其中，R_{ref}是雷达到场景中心的参考距离。通过低通滤波处理，并消除剩余视频相位项后，信号表达式如下：

$$r(t)=\sum_{i=1}^{N}x(i)\mathrm{e}^{\mathrm{j}2\pi\frac{2R_{\Delta_i}}{c}\left(f_{\mathrm{c}}+\gamma\left(t-\frac{2R_{\mathrm{ref}}}{c}\right)\right)} \tag{5-34}$$

其中，$R_{\Delta_i}=R_{\text{ref}}-R_i$。若定义 $f=f_{\text{c}}+\gamma\left(t-\dfrac{2R_{\text{ref}}}{c}\right)$，则式(5-34)可以表示为

$$r(t)=\sum_{i=1}^{N}x(i)\mathrm{e}^{\mathrm{j}2\pi f\frac{2R_{\Delta_i}}{c}} \tag{5-35}$$

很明显，通过 FFT 变换，就可以获得一维距离像。若将成像场景划分成不同的距离单元，根据不同距离单元处回波的延时不同，构造过完备字典 $\boldsymbol{A}_{P\times Q}$，其字典中每个元素的表达形式如下：

$$\boldsymbol{A}_{p,q}=\mathrm{e}^{\mathrm{j}2\pi\frac{2u_q}{c}\left(f_{\text{c}}+\gamma\left(t_p-\frac{2R_{\text{ref}}}{c}\right)\right)}\quad(p=1,2,\cdots,P;\ q=1,2,\cdots,Q) \tag{5-36}$$

其中，P 表示快时间的采样点数，Q 表示场景的划分点数，$u_q\in(-R/2,R/2)$。根据过完备字典式(5-36)的表达式，目标场景的回波表达形式即式(5-34)可以写成如下形式：

$$\boldsymbol{r}=\boldsymbol{Ax}+\boldsymbol{n} \tag{5-37}$$

其中，$\boldsymbol{n}$ 表示在接收回波过程中所引入的高斯白噪声，$\boldsymbol{x}\in\boldsymbol{R}^{Q\times 1}$ 表示场景的真实散射系数。

1．基矩阵 RIP 性质证明

根据 CS 理论，要保证信号稀疏解 $\boldsymbol{x}$ 的稳定性，则基矩阵 $\boldsymbol{A}$ 必须满足 RIP 条件，由 RIP 性质的要求，基矩阵 $\boldsymbol{A}$ 必须满足如下不等式约束：

$$(1-\delta_k)\|\boldsymbol{v}\|_2^2\leqslant\|\boldsymbol{Av}\|_2^2\leqslant(1+\delta_k)\|\boldsymbol{v}\|_2^2 \tag{5-38}$$

其中，$\boldsymbol{v}$ 为满足 $\|\boldsymbol{v}\|_0\leqslant k$ 条件的任意一维向量。事实上 RIP 性质表明，基矩阵 $\boldsymbol{A}$ 的各列之间非相关。为了方便计算，简化 $\boldsymbol{A}_{P\times Q}$，则 $\boldsymbol{A}_{P\times Q}$ 的表达形式如下：

$$\boldsymbol{A}_{p,q}=\mathrm{e}^{\mathrm{j}2\pi\frac{pq}{Q}}\quad(p=1,2,\cdots P;\ q=1,2,\cdots Q;\ P<Q) \tag{5-39}$$

定义 $\boldsymbol{A}_T$ 是从基矩阵 $\boldsymbol{A}$ 中抽取 T 行构成的一个子矩阵，T 的变化区间为 $\{1,2,\cdots,P\}$。$f(l)$ 是一个多项式次数 $d>2$ 的多项式表达式，$f(l)=a_1l+a_2l^2+\cdots+a_dl^d$，其中 $a_j\in\{0,1,\cdots,P-1\}$，$j=1,2,\cdots,d-1$，$a_d\in\{1,2,\cdots,P\}$。令 $T=\{f(l)\operatorname{mod}P:l=1,2,\cdots,m\}$，则基矩阵 $\boldsymbol{A}$ 中的元素表达式如下：

$$\boldsymbol{A}_{l,q}=\mathrm{e}^{\mathrm{j}\frac{2\pi q(f(l)\operatorname{mod}P)}{Q}}=\mathrm{e}^{\mathrm{j}\frac{2\pi q(f(l)\operatorname{mod}Q+M)}{Q}}=\mathrm{e}^{\mathrm{j}\frac{2\pi qf(l)}{Q}}\mathrm{e}^{\mathrm{j}\frac{2\pi qM}{Q}} \tag{5-40}$$

其中，M 是一个整数，$l=1,2,\cdots,m$。考虑到矩阵 $\boldsymbol{A}_T$ 的特点，令 $\boldsymbol{G}=\boldsymbol{A}_T^{\mathrm{H}}\boldsymbol{A}_T$，则

$$\{\boldsymbol{G}_{y,z}\}=\mathrm{e}^{\mathrm{j}\frac{2\pi(y-z)M}{Q}}\sum_{i=1}^{m}\mathrm{e}^{\mathrm{j}\frac{2\pi(y-z)f(l)}{Q}}\quad(y,z\in 1,2,\cdots,Q) \tag{5-41}$$

令 $h(l)=\dfrac{(y-z)f(l)}{Q}$，则式(5-41)变为

$$\left\{G_{y,z}\right\}=\alpha\sum_{l=1}^{q}\mathrm{e}^{\mathrm{j}2\pi h(l)}\quad\left(y,z\in 1,2,\cdots,Q\right)\tag{5-42}$$

其中，α 为常量。根据 Gersgorin Disc 理论[19]和 Weyl 理论[20]，当 l 满足一定的条件时，基矩阵 $\boldsymbol{A}$ 满足 RIP 性质。

2. IWCS (Improved Weighted CS)高分辨一维距离像

从上面的分析，我们发现基矩阵 $\boldsymbol{A}$ 是过完备的，因此，式(5-37) 存在很多解，如何从众多解中找到正确的那个呢？为了找到正确解，我们要充分挖掘信号 $\boldsymbol{x}$ 的稀疏性，通过前面的分析，我们将最逼近 ℓ_0 范数模型的改进加权 ℓ_1 范数模型运用到求解式(5-37)的过程中，其求解模型如下：

$$\hat{\boldsymbol{x}}=\operatorname{argmin}\left(\lambda\left\|\tilde{\boldsymbol{\omega}}\hat{\boldsymbol{x}}\right\|_1+(1-\lambda)\left\|\boldsymbol{r}-\boldsymbol{A}\hat{\boldsymbol{x}}\right\|_2\right)\tag{5-43}$$

与前面参数表示意义类似，$\tilde{\boldsymbol{\omega}}$ 为权值函数，λ 是一常量，用来调节稀疏性约束和保真度约束，其取值范围为 0～1。λ 越大，稀疏性约束越强，其成像结果对噪声的抑制也越好，但 λ 过大，会使信号的能量有一部分损失，因此，要根据成像结果人为适当地调节 λ 值。

由上述推导过程可见，基于 CS 的高分辨一维距离像成像结果不再受发射信号带宽的限制，而是与场景划分的仔细程度有关：场景的划分程度越细，成像分辨率越高，甚至可以实现超分辨成像。然而如果将场景划分得过细，会使所构造的基矩阵过大，优化重构过程会比较慢，进而影响成像的实时性。基于 CS 的高分辨一维距离像成像过程如下：

(1) 设置阈值 ζ，最大迭代次数 $k_{\max}$，初始化迭代变量 $k=0$，$\boldsymbol{\omega}_i^{(0)}=1,\ i=1,2,\cdots,Q$。

(2) 求解代价函数：$\boldsymbol{x}^{(k)}=\arg\min\left(\left\|\tilde{\boldsymbol{\omega}}^{(k)}\boldsymbol{x}\right\|_1\right)\ \text{s.t.}\left\|\boldsymbol{r}-\boldsymbol{A}\boldsymbol{x}\right\|_2^2\leqslant\varepsilon$。

(3) 设置 η_1、η_2 的值，计算权值函数：$\tilde{\boldsymbol{\omega}}_i=\dfrac{\eta_1\eta_2}{\left|\boldsymbol{x}_i\right|+\eta_2}$。

(4) 当相邻两次的重构结果之差小于所设阈值 ζ 或达到最大迭代次数时，停止迭代；否则返回步骤(2)，继续迭代求解代价函数。

3. 实验设计

为了验证基于 CS 理论的 IWCS 一维距离成像模型在成像分辨率和对噪声抑制方面的有效性，我们做了如下仿真实验，雷达参数如表 5.1 所示。

表 5.1 雷 达 参 数

发射波形	线性调频连续波
发射频率	C 波段(1 GHz)
信号带宽	100 MHz
脉冲宽度	1 μs
采样频率	400 MHz
距离分辨率	1.5 m

该实验是为了验证 IWCS 一维距离成像模型具有比常规距离成像方法更高的分辨率。成像场景为 19 500～20 500 m，场景中共分布有散射强度不同的 13 个目标，目标之间的最小间隔

为 1 m，分别用常规 RD 成像方法和基于 CS 成像模型的成像结果如图 5.12 所示。

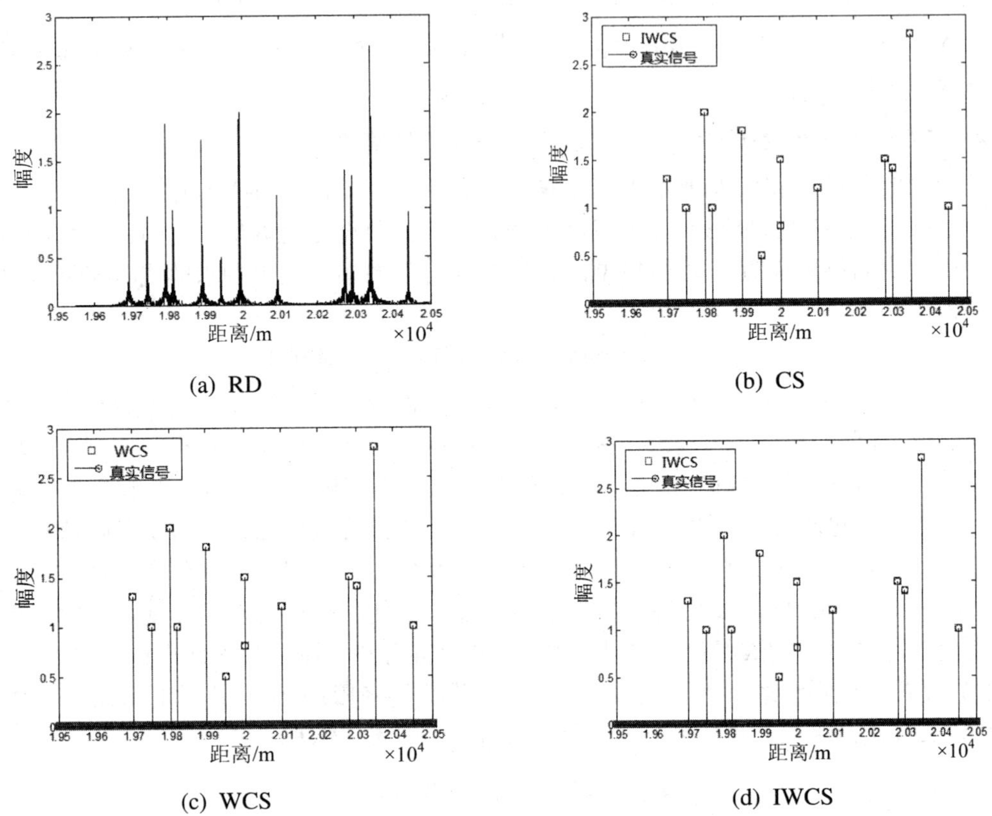

(a) RD　　(b) CS

(c) WCS　　(d) IWCS

图 5.12　各模型成像分辨率对比

从图 5.12 中可以看出，受发射信号带宽的限制，RD 成像的分辨率极限值为 1.5 m，而目标 7 和目标 8 之间的真实距离为 1 m，所以 RD 成像结果中目标 7 和目标 8 难以区分。而 CS 模型的成像分辨率与场景的划分程度成正比，本次实验中场景划分的间距为 0.5 m，所以能够准确地检测出目标 7 和目标 8。在重构精度上，CS 模型的成像结果目标的幅度值与其真实值一样，重构误差极小，能够实现目标的准确重构。由于是在无噪条件下的仿真实验，所以 CS、WCS、IWCS 模型的成像结果一样，区别并不明显。

为比较不同成像模型之间的差异，凸显 IWCS 成像模型的优势，实验中目标个数为 7，回波信号的信噪比为 0 dB。其不同模型的成像结果如图 5.13 所示。

在含噪的情况下，噪声会对成像场景的稀疏性造成干扰，进而会影响到目标的重构精度，会使得在抑制噪声的同时削弱信号的能量。从 CS 成像模型的结果可以看出，成像结果中仍存留着大量的噪声，尤其是目标 2 附近的噪声能量比较高，与信号的能量相当，在做目标检测时容易出现虚警的情况，如果将去噪的参数设置得过大，又会极大地削弱目标的能量，出现漏检的情况。与 CS 模型的成像结果相比，WCS 的成像质量有了较大提升，对噪声的整体抑制情况有一定改善，信号的重构精度有了较大提高，但信号的重构结果与其真实值之间仍有较大差异，对成像结果的后处理有一定的影响。IWCS 成像结果与 CS 和 WCS 模型相比，对噪声的抑制效果非常明显，目标 2 的检测不再受噪声的干扰，能够准确地被检测，目标的整体重构精度也比较高。

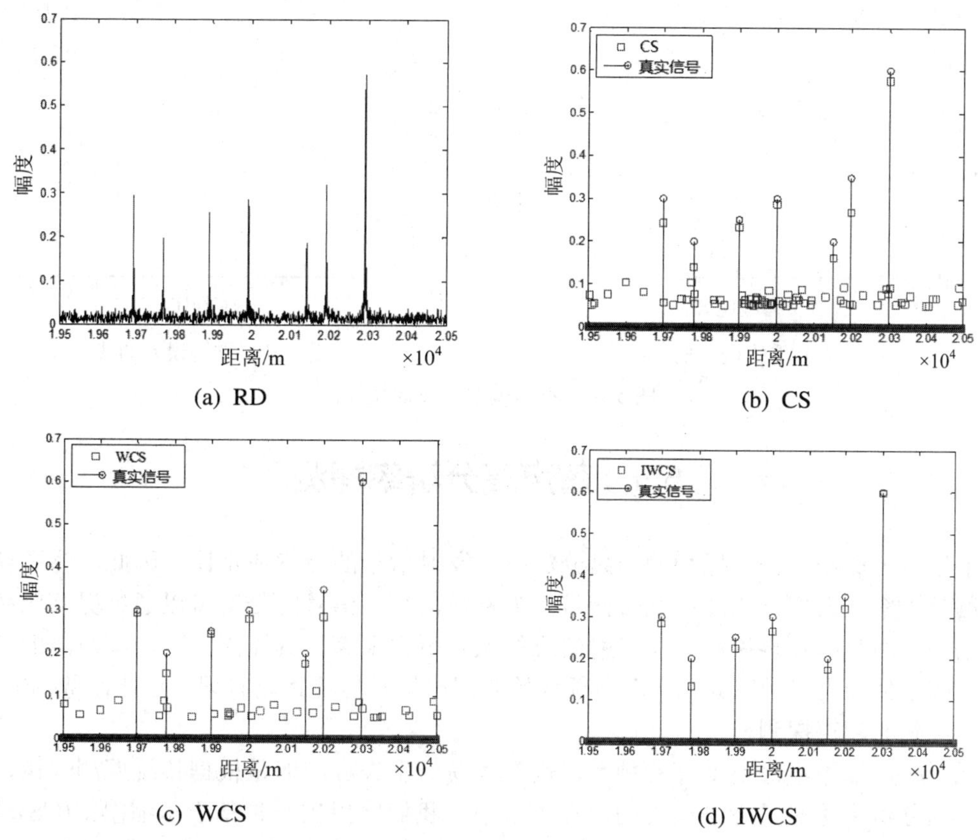

(a) RD　　(b) CS

(c) WCS　　(d) IWCS

图 5.13　0 dB 噪声下各模型成像分辨率对比

单次实验还不能充分说明 IWCS 成像模型在含噪情况下的优势，为此，我们在不同信噪比下分别做了 100 次重构实验，信噪比的变化范围为 −2～12 dB，根据实验结果绘制出不同模型下的重构概率曲线和重构误差曲线。

图 5.14 的统计实验表明在相同条件下，IWCS 成像模型具有比 CS 和 WCS 成像模型更高的重构概率。在信噪比为 4 dB 时，CS 模型的重构概率几乎为 0，WCS 模型的重构概率为 50%左右，而 IWCS 模型的重构概率已经达到 90%。信噪比为 5 dB 时，IWCS 成像模型

可以实现 100%重构，而 WCS 模型和 CS 模型重构概率为 100%时，所对应的信噪比分别为 7 dB 和 12 dB。从重构误差曲线上，在相同条件下，IWCS 成像模型具有明显的优势。总之，统计实验结果表明，在低信噪比下，IWCS 成像模型具有比 CS 和 WCS 成像模型更好的成像效果。

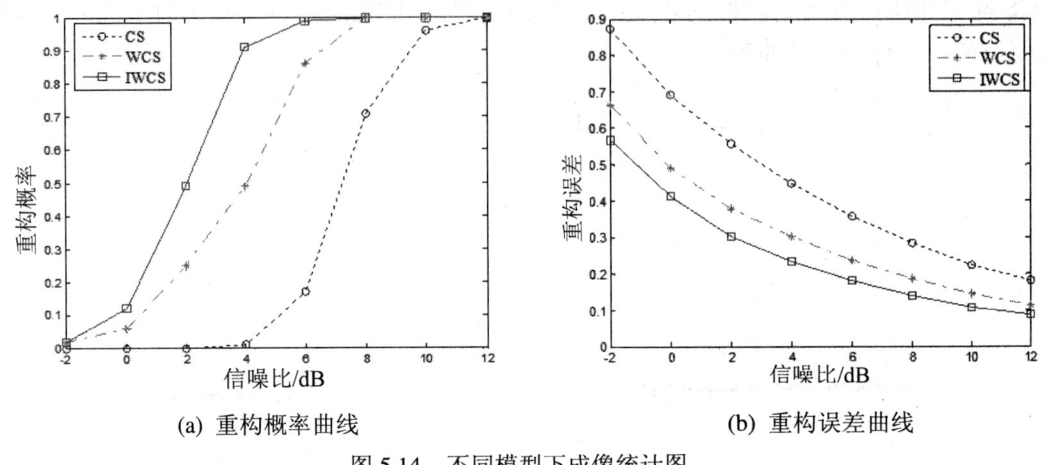

(a) 重构概率曲线　　(b) 重构误差曲线

图 5.14　不同模型下成像统计图

5.4　超声高分辨率探测

根据传统探测理论，探测的距离分辨率与发射信号的带宽成正比。因此，为了获得高的探测分辨率，人们一般使用宽带信号作为发射信号。信号的带宽可以通过提高频率的方式来增加，但是在超声探测中，发射信号的频率不宜太高。其原因在于，超声波的能量随其频率的增加而呈指数衰减，从而高频宽带的超声信号传播距离有限，并且容易产生失真，不利于实际的超声探测。

低频超声信号不需要太高的频率，也不容易产生失真，但是根据传统探测理论，低频信号的高分辨率探测是无法实现的。在本节中，我们将提出一种基于压缩感知(CS)理论的新型探测方法。这种方法的距离分辨率不受制于发射信号的带宽，可以突破传统探测理论的约束，以窄带信号实现高分辨率探测。这样的方法既可以实现高分辨率探测，又不存在高频宽带信号的种种问题，因此在实际探测中更加实用和有效。

5.4.1　基于压缩感知理论的探测原理

1. 接收信号的表示及字典构造

在超声探测中，反射模式是一种常用的探测模式。在这一模式下，人们首先对被探测的场景发射一个超声脉冲，然后对接收到的信号进行处理。目标的位置可以根据回波的到达时间以及超声波的传播速度来确定，而目标的尺寸则可以由回波的振幅来确定。

在反射模式下，回波的波形是发射信号波形在时间上的反转。只要知道发射信号的波形，我们就可以构造出回波信号的波形。假设 $s(t)$ 是一个单独的回波信号，那么任意的无噪接收信号 $x(t)$ 都可以表示为

$$x(t)=\sum_{i=1}^{P}\theta_i s(t)*\delta(t-\tau_i) \tag{5-44}$$

其中，P 表示回波的个数，θ_i 是第 i 个回波的反射系数，$\delta(t)$ 是单位冲击函数，τ_i 是第 i 个回波的到达时间。

当这些信号被离散化为数字信号时，对于一个长度为 m 的接收信号和一个长度为 l 的发射信号来说，可能出现回波的位置最多只有 $m-l+1$ 个。令 $n=m-l+1$，我们可以构造出这样的 n 个长度为 m 的向量：$\boldsymbol{\psi}_1$，$\boldsymbol{\psi}_2$，…，$\boldsymbol{\psi}_n$。$\boldsymbol{\psi}_i\,(1\leqslant i\leqslant n)$表示只包含一个回波的向量，并且回波就在第 i 个可能的位置上。不失一般性，我们令 $\|\boldsymbol{\psi}_i\|=1\,(1\leqslant i\leqslant n)$，并且定义矩阵

$$\boldsymbol{D}=[\boldsymbol{\psi}_1,\boldsymbol{\psi}_2,\cdots,\boldsymbol{\psi}_n] \tag{5-45}$$

作为字典，那么任意的无噪接收信号 $\boldsymbol{x}$ 都可以表示为

$$\boldsymbol{x}=\boldsymbol{D\theta} \tag{5-46}$$

其中向量 $\boldsymbol{\theta}$ 是一个 n 维向量，包含了所有位置上的反射系数。回波的位置和振幅都可以从系数向量 $\boldsymbol{\theta}$ 中获得，并且该向量的 ℓ_0 范数就是回波的个数。因此，如果系数向量 $\boldsymbol{\theta}$ 足够稀疏，那么目标的探测问题就可以建模为

$$\min_{\boldsymbol{\theta}}\|\boldsymbol{\theta}\|_0 \quad \text{s.t. } \boldsymbol{x}=\boldsymbol{D\theta},\ \boldsymbol{\theta}\geqslant 0 \tag{5-47}$$

我们对系数向量 $\boldsymbol{\theta}$ 加上了非负的约束，是因为在实际探测中，目标的反射系数都是非负的。另外，由于回波的个数以及回波之间的距离都是有限的，系数向量 $\boldsymbol{\theta}$ 的稀疏性可以由足够高的采样率来保证。

2. 基本求解模型

根据 CS 的有关理论[21-22]，如果字典 $\boldsymbol{D}$ 中的原子具有足够的不相干性，那么通过求解以下优化问题，就能以较高的概率求解出系数向量 $\boldsymbol{\theta}$：

$$\min_{\boldsymbol{\theta}}\|\boldsymbol{\theta}\|_1 \quad \text{s.t. } \boldsymbol{x}=\boldsymbol{D\theta},\ \boldsymbol{\theta}\geqslant 0 \tag{5-48}$$

然而，有关研究[23]表明，只要字典 $\boldsymbol{D}$ 中的原子具有一定的不相干性，我们同样可以通过式(5-48)中的优化问题很好地求解出系数向量 $\boldsymbol{\theta}$。而我们所构造的字典与文献[23]所采用的字典一致，因此我们可以放心地使用 $\boldsymbol{D}$ 作为求解模型中的字典。

在实际探测中，接收信号通常都是含噪的，即

$$y = x + \sigma z \tag{5-49}$$

其中 y 是接收信号，$\sigma > 0$ 是噪声方差，z 是标准的高斯白噪声。对信号中含有噪声干扰的情况下，通常需要将线性等式约束 $\boldsymbol{x} = \boldsymbol{D\theta}$ 转化为一个松弛项 $\min\limits_{\theta}\|\boldsymbol{y}-\boldsymbol{D\theta}\|_2^2$，以便恢复信号的同时容许噪声的干扰。因此，我们使用以下优化问题来求解系数向量 $\boldsymbol{\theta}$：

$$\min_{\theta}\|\boldsymbol{y}-\boldsymbol{D\theta}\|_2^2 + \lambda\|\boldsymbol{\theta}\|_1 \ \text{ s.t. } \boldsymbol{\theta} \geqslant 0 \tag{5-50}$$

根据文献[7]，其中的惩罚因子 λ 建议设置为 $\sigma\sqrt{2\ln n}$ 以获得比较好的求解性能。式(5-50)中的优化问题被称为带有非负约束的基追踪去噪问题[7]，即 non-negative BPDN(下文中简称为 NN-BPDN)。接下来我们将给出使用 NN-BPDN 进行高分辨率探测的一个简单例子。

3. 高分辨率探测举例

在该例子中，发射信号采用的是一个高斯包络正弦调制的脉冲信号，如图 5.15 所示，信号的中心频率 $f_c = 0.5$ MHz，-6 dB 带宽 $f_B = 0.15$ MHz。可以很容易地算出来，发射信号的上频率 $f_u = f_c + 0.5f_B = 0.65$ MHz，而下频率 $f_l = f_c - 0.5f_B = 0.35$ MHz。

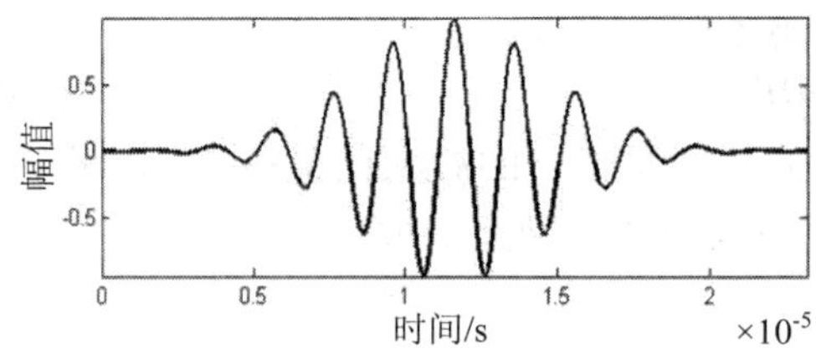

(a) 发射信号的波形

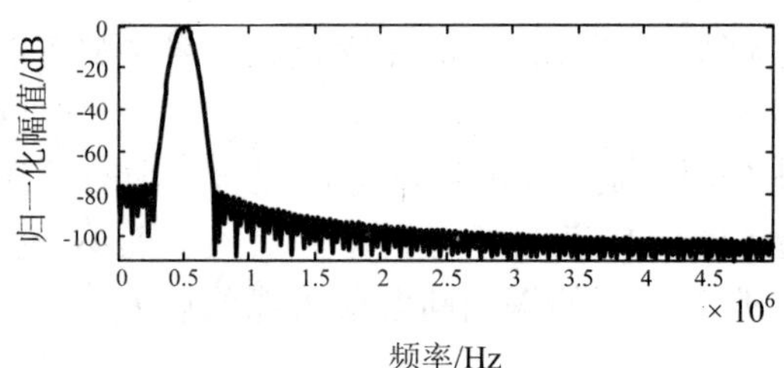

(b) 发射信号的频谱

图 5.15 中心频率 $f_c = 0.5$ MHz，-6 dB 带宽 $f_B = 0.15$ MHz 的发射信号

由于回波的位置与超声波在介质中的传播速度有关，所以在此我们更关注回波的到达时间。根据传统探测理论[24]，使用上述发射信号进行探测，利用匹配滤波的方法，可以获得的时间分辨率应为 $\Delta t_1 = 1/f_B = 6.67\times10^{-6}$ s。另外，由该发射信号的衍射效应所确定的时间分辨率为 $\Delta t_2 = 1/f_l = 2.35\times10^{-6}$ s。值得注意的是，Δt_2 是使用该发射信号所能达到的最高时间分辨率，由于传统探测方法的时间分辨率还远小于发射信号的衍射极限，说明传统探测理论并没有充分发挥这一发射信号的探测性能。以下的例子也验证了这一论断。

如图 5.16(a)所示，我们构造了一个包含 6 个回波的接收信号，并且对其加入了噪声水平为 0.01 的标准高斯白噪声，前两个回波的到达时间之差为 Δt_1，因此传统的匹配滤波方法可以将其区分开来。中间两个回波的到达时间之差为 $0.5\Delta t_1$，所以匹配滤波方法无法将其区分为两个回波，但是 NN-BPDN 可以将其区分开来。最后两个回波的到达时间之差为 Δt_2，

NN-BPDN 仍然可以将其区分开来，可见 NN-BPDN 可以充分发挥发射信号的探测性能。

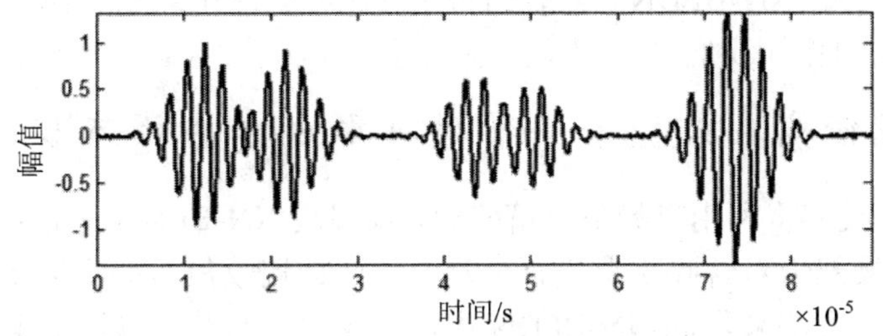

(a) 包含 6 个回波的接收信号，其噪声水平为 $\sigma = 0.01$

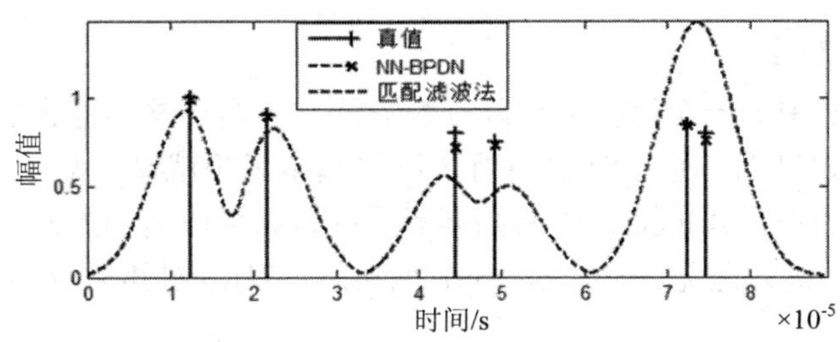

(b) 不同方法的探测结果

图 5.16　包含 6 个回波的接收信号以及对比探测结果

4. 基本探测原理小结

上述例子表明，使用 NN-BPDN 进行目标探测，所获得的分辨率是高于传统探测理论的分辨率的。也就是说，在引入 CS 理论之后，探测的距离分辨率可以与发射信号的带宽无关——这就是 NN-BPDN 的最大优点。利用这一优点，我们可以充分发挥低频窄带发射信号的探测性能，以不增加带宽的方式获得最高的探测分辨率。考虑到在信号的上频率一定的情况下，窄带信号的衍射极限比宽带信号的衍射极限要小，因此 NN-BPDN 可以突破宽带探测的衍射极限。

然而，在将 NN-BPDN 应用到实际探测中时，仍然有一些重要问题需要解决。首先，在 NN-BPDN 的字典构造中，我们假设发射信号是没有噪声的。但是，实际中采集到的发射信号是有噪声的。发射信号中的噪声会导致构造的字典含噪，而含有噪声的字典会影响 NN-BPDN 的求解性能。其次，在 NN-BPDN 的求解中，我们假设惩罚因子 λ 已知。但是，实际探测中接收信号的噪声水平 σ 是未知的，从而惩罚因子 λ 也没有办法计算出来。为了更好地利用 NN-BPDN，我们需要一种可以自适应估计接收信号噪声水平的方法。再次，NN-BPDN 中的优化问题规模仍然比较大。在上述例子中，我们使用了 10 MS/s 的采样率，由此获得的接收信号长度为 990，相应的字典 $\boldsymbol{D}$ 的尺寸为 990×804。在我们的计算机上使用 CVX 程序包[25]求解 NN-BPDN，耗时约为 12 s，可见优化问题规模之大。为了使得该高分辨率探测方法实用化，我们必须解决上述问题。

5.4.2 结合压缩感知理论和奇异值分解的高分辨率探测方法

在本小节中，我们将利用奇异值分解(SVD)来解决 NN-BPDN 中存在的问题。首先，我们利用 SVD 的去噪能力对含噪字典进行处理，并估计接收信号的噪声水平。其次，我们使用基于 SVD 的降维方法来降低 NN-BPDN 中优化问题的规模。最后，我们针对超声探测的特点，对探测结果加入了一个后处理的过程，得出了一种结合 CS 理论和 SVD 的高分辨率探测方法。

1．字典的去噪处理

SVD 是数据分析中的一个重要的矩阵分解方法，也是一些信号去噪方法的理论基础，例如低秩自适应滤波器[26]。使用 SVD 进行去噪的基本思想就是求解矩阵的低秩逼近。

假设一个 $m\times n$ 的矩阵 $\boldsymbol{A}$ 的列是含有高斯噪声的，如果取适当的 k，那么 $\boldsymbol{A}$ 的一个秩为 k 的最优逼近就可以认为是无噪的(理论细节见文献[27])。对矩阵 $\boldsymbol{A}$ 进行 SVD 分解可以得到

$$\boldsymbol{A}=\boldsymbol{U}\boldsymbol{\Sigma}\boldsymbol{V}^{\mathrm{T}} \tag{5-51}$$

其中：矩阵 $\boldsymbol{\Sigma}=\mathrm{diag}(\sigma_1,\sigma_2,\cdots,\sigma_n)$，$\mathrm{diag}(\cdot)$ 为对角函数，对角矩阵 $\boldsymbol{\Sigma}$ 中包含了 $\boldsymbol{A}$ 的所有奇异值，并且奇异值的大小关系为 $\sigma_1\geqslant\sigma_2\geqslant\cdots\geqslant\sigma_n\geqslant0$；$\boldsymbol{U}$ 和 $\boldsymbol{V}$ 都是由 $\boldsymbol{A}$ 的奇异向量组成的正交矩阵。那么 $\boldsymbol{A}$ 的一个秩为 k 的最优逼近 $\hat{\boldsymbol{A}}$ 可以由下式计算得出：

$$\hat{\boldsymbol{A}}=\boldsymbol{U}_k\boldsymbol{\Sigma}_k\boldsymbol{V}_k^{\mathrm{T}} \tag{5-52}$$

其中 $\boldsymbol{U}_k$ 是 $\boldsymbol{U}$ 的前 k 列；$\boldsymbol{V}_k$ 是 $\boldsymbol{V}$ 的前 k 列；$\boldsymbol{\Sigma}_k$ 是一个对角阵，对角线上的元素就是 $\boldsymbol{A}$ 的前 k 个最大的奇异值。参数 k 可以通过噪声和(含噪声)信号之间的能量比值来确定。在信噪比比较高的情况下，$\boldsymbol{A}$ 的最后 $n-k$ 个奇异值的平方和就是噪声的能量，因此在对含噪字典进行去噪处理时，可以通过求解下列优化问题来获得 k：

$$\min_k\left(\frac{\sum_{i=k+1}^{n}\sigma_i^2}{\sum_{i=1}^{n}\sigma_i^2}-\frac{\sigma_z^2}{\sigma_s^2+\sigma_z^2}\right)^2 \tag{5-53}$$

其中，σ_z^2 是噪声信号的能量，σ_s^2 则是无噪信号的能量。

我们使用了一个信噪比 SNR=20.20 dB 的发射信号(如图 5.17 所示)来构造字典 $\boldsymbol{D}$，由此得到字典 $\boldsymbol{D}$ 的奇异值如图 5.18 所示。从奇异值大小的分布可以看出，如果 k 足够大，$\boldsymbol{D}$ 的一个秩为 k 的逼近就可以保留 $\boldsymbol{D}$ 的大部分能量。

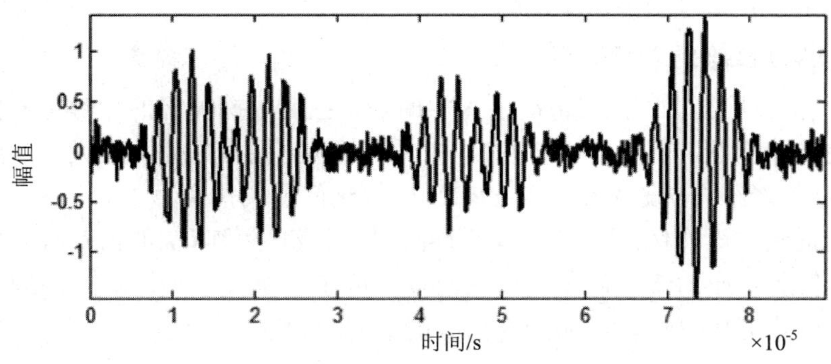

图 5.17　含噪声信号(SNR=20.20 dB)

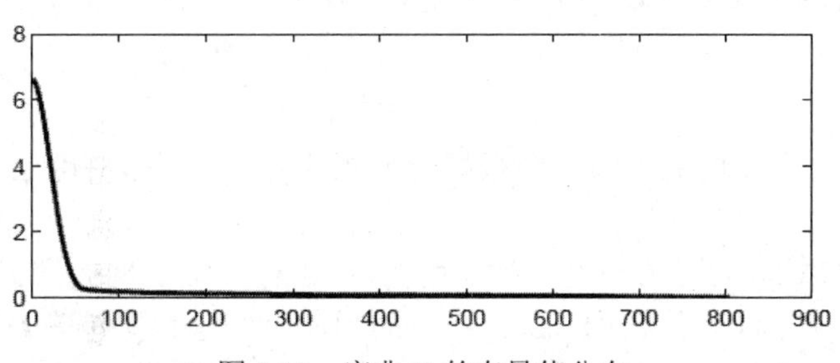
图 5.18　字典 $\boldsymbol{D}$ 的奇异值分布

为了根据式(5-53)中的优化问题精确求解出 k，我们还需要实现估计噪声的能量 σ_z^2。实际上，σ_z^2 表示探测系统本身的噪声能量。当不发射任何信号时，就可以根据采集到的噪声来计算出 σ_z^2。另外，$\sigma_s^2+\sigma_z^2$ 可以从含噪声的发射信号中计算得出。由此，利用 SVD 分解可以自适应地去除字典 $\boldsymbol{D}$ 中的噪声。假设字典 $\boldsymbol{D}$ 的 SVD 可以写为 $\boldsymbol{D}=\boldsymbol{U}_{\boldsymbol{D}}\boldsymbol{\Sigma}_{\boldsymbol{D}}\boldsymbol{V}_{\boldsymbol{D}}^{\mathrm{T}}$，那么我们就可以通过下式计算出近似无噪声的字典 $\widehat{\boldsymbol{D}}$：

$$\widehat{\boldsymbol{D}}=\boldsymbol{U}_{\boldsymbol{D},k}\boldsymbol{\Sigma}_{\boldsymbol{D},k}\boldsymbol{V}_{\boldsymbol{D},k}^{\mathrm{T}} \tag{5-54}$$

其中，k 是根据式(5-53)求解出来的，$\boldsymbol{U}_{\boldsymbol{D},k}$ 是 $\boldsymbol{U}_{\boldsymbol{D}}$ 的前 k 列，$\boldsymbol{V}_{\boldsymbol{D},k}$ 是 $\boldsymbol{V}_{\boldsymbol{D}}$ 的前 k 列。这样，我们就完成了字典 $\boldsymbol{D}$ 的去噪处理。

2．接收信号噪声水平估计

SVD 的性质同样可以用于估计接收信号的噪声水平。如上文所述，任何由回波组成的接收信号都可以使用字典中原子的线性组合表示出来，既然 SVD 可以为字典去噪，那么当接收信号的信噪比不是很低的时候，SVD 同样可以对接收信号进行去噪处理。当处理含噪声的接收信号 $\boldsymbol{y}$ 时，无噪信号 $\hat{\boldsymbol{y}}$ 可以通过下式获得：

$$\hat{\boldsymbol{y}}=\boldsymbol{U}_{\boldsymbol{D},k}\boldsymbol{U}_{\boldsymbol{D},k}^{\mathrm{T}}\boldsymbol{y} \tag{5-55}$$

进而，噪声信号 $\boldsymbol{\eta}$ 可以通过 $\boldsymbol{\eta}=\boldsymbol{y}-\hat{\boldsymbol{y}}$ 来获得。而 $\boldsymbol{\eta}$ 的标准差就是接收信号的噪声水平 σ。由

此，我们完成了接收信号噪声水平的估计。

3．基于 SVD 降维的求解模型

利用 SVD 的去噪能力，我们解决了 NN-BPDN 在实际探测中的含噪字典问题和接收信号噪声水平的估计问题，但是 NN-BPDN 中优化问题的规模仍然比较大。对此，我们引入一种基于 SVD 的降维方法来降低 NN-BPDN 中优化问题的规模。

上文中也提到，矩阵$\boldsymbol{U}_{\boldsymbol{D}}$由字典$\boldsymbol{D}$的奇异向量组成，矩阵$\boldsymbol{U}_{\boldsymbol{D}}$的前$k$列正好是字典$\boldsymbol{D}$中最大$k$个奇异值所对应的奇异向量，这些向量构成了一个投影矩阵$\boldsymbol{U}_{\boldsymbol{D},k}^{\mathrm{T}}$。因此，使用矩阵$\boldsymbol{U}_{\boldsymbol{D},k}^{\mathrm{T}}$对字典进行投影可以保留字典的大部分能量。记投影矩阵为

$$\widehat{\boldsymbol{D}}=\boldsymbol{U}_{\boldsymbol{D},k}^{\mathrm{T}}\boldsymbol{D}=\boldsymbol{\Sigma}_{\boldsymbol{D},k}\boldsymbol{V}_{\boldsymbol{D},k}^{\mathrm{T}} \tag{5-56}$$

则投影矩阵$\widehat{\boldsymbol{D}}$中包含了原字典$\boldsymbol{D}$的大部分能量。另外，使用$\boldsymbol{U}_{\boldsymbol{D},k}^{\mathrm{T}}$对$\boldsymbol{y}$进行投影，同样可以保留$\boldsymbol{y}$的大部分能量。记$k$维向量

$$\hat{\boldsymbol{y}}=\boldsymbol{U}_{\boldsymbol{D},k}^{\mathrm{T}} \tag{5-57}$$

则投影向量$\hat{\boldsymbol{y}}$就是原观测向量$\boldsymbol{y}$的一个很好的低维表示，因为$\hat{\boldsymbol{y}}$中包含了$\boldsymbol{y}$的大部分有用信息。

主成分分析(PCA)[28]的有关理论也为使用 SVD 进行降维处理提供了理论依据。假设字典$\boldsymbol{D}$中的所有列都是已经均值化的，那么$\boldsymbol{U}_{\boldsymbol{D},k}^{\mathrm{T}}$的列就恰好是数据矩阵$\boldsymbol{D}$的主成分。由于$\boldsymbol{D}$的列均值向量中的元素都是很小的，在实际中可以视为 0，因此使用 SVD 进行降维可以等效为使用 PCA 进行降维。PCA 是一种可以保留高维信号最主要能量的降维方法，因此，使用 SVD 进行降维处理可以保留$\boldsymbol{D}$和$\boldsymbol{y}$的最主要能量。

因此，我们提议使用如下所示的凸优化问题来求解系数向量$\boldsymbol{\theta}$：

$$\min_{\boldsymbol{\theta}}\left\|\hat{\boldsymbol{y}}-\widehat{\boldsymbol{D}}\boldsymbol{\theta}\right\|_2^2+\beta\|\boldsymbol{\theta}\|_1 \quad \text{s.t. } \boldsymbol{\theta}\geqslant 0 \tag{5-58}$$

其中，维度为$k\times m$的矩阵$\widehat{\boldsymbol{D}}$是根据式(5-56)计算出来的，$\hat{\boldsymbol{y}}$由式(5-57)获得，而惩罚因子β与接收信号的噪声水平有关。我们把上述优化问题称为降维的 NN-BPDN，简称 DR-NN-BPDN。有关实验表明，当$\beta=2\sigma^2\ln n$时，可以获得比较好的求解性能。将式(5-50)和式(5-58)中的优化问题进行对比，我们可以发现，DR-NN-BPDN 中的ℓ_2最小化问题比 NN-BPDN 中的ℓ_2最小化问题规模要小很多，原因在于矩阵$\widehat{\boldsymbol{D}}$的尺寸比矩阵$\boldsymbol{D}$的尺寸小很多。因此，DR-NN-BPDN 在理论上是远比 NN-BPDN 要快的。

4．NN-BPDN 和 DR-NN-BPDN 的一个对比实验

为了验证 DR-NN-BPDN 的快速性和有效性，我们在 5.4.1 小节中高分辨率探测的例子的基础上进行了一些修改，对 NN-BPDN 和 DR-NN-BPDN 进行了一个对比实验。首先，我们使用如图 5.17 所示的含噪声发射信号，其信噪比为 20.20 dB。其次，我们将图 5.16(a)中

的接收信号的噪声水平提高到了 0.09，得到如图 5.19 所示的接收信号，其中 6 个回波的信噪比依次为 11.21 dB、10.38 dB、9.17 dB、8.12 dB、9.94 dB 和 8.45 dB。

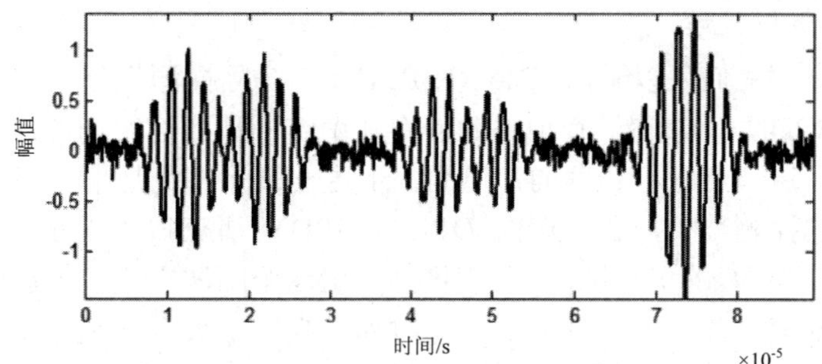

图 5.19 噪声水平 $\sigma = 0.09$ 的接收信号

我们分别使用 NN-BPDN 和 DR-NN-BPDN 对这一接收信号进行处理，得到如图 5.20 所示的实验结果。

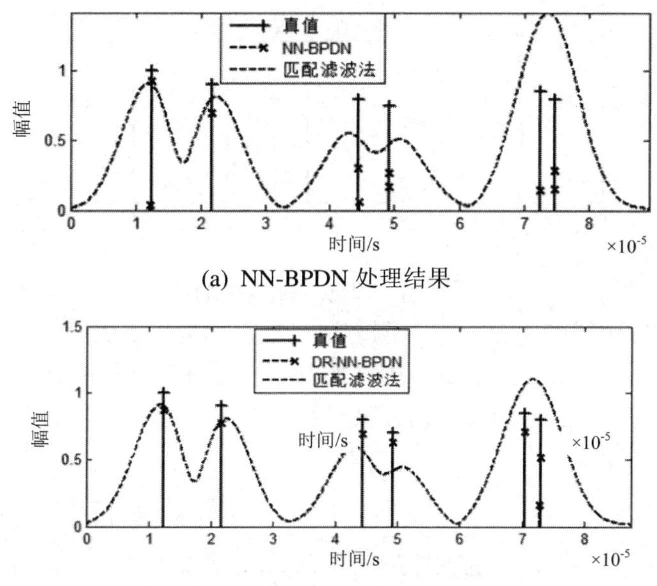

(a) NN-BPDN 处理结果

(b) DR-NN-BPDN 处理结果

图 5.20 字典含噪情况下的探测结果

实验结果表明，由 DR-NN-BPDN 所获得的回波幅度和到达时间都比由 NN-BPDN 所获得的更精确。可见当字典含噪时，DR-NN-BPDN 是一种更好的处理方法。

另外，使用 CVX 程序包求解 DR-NN-BPDN 仅需大约 0.7 s，远少于 NN-BPDN 所需的 12 s。而利用快速方法[29]求解 SVD 所花费的时间仅为 0.1 s，也远远小于普通 SVD 方法所需的 1.5 s。因此，先利用快速 SVD 构造 DR-NN-BPDN，然后进行求解，是比 NN-BPDN 要快很多的。

5．探测结果的后处理

从上面的例子中我们可以看出，DR-NN-BPDN 在实际探测中是一个更好的选择。然而，根据由 DR-NN-BPDN 所获得的反射系数，存在两个回波到达时间的最小差值与采样时间间隔相等的情况，这一点是不合理的，原因在于这一最小差值是不可能小于 Δt_2 的。因此，为了获得更合理的探测结果，我们对由 DR-NN-BPDN 所获得的探测结果进行了改进。对于到达时间间隔小于 Δt_2 的多个回波，我们将其采用单个回波来代替。这一单个回波的幅度，等于被合并回波幅度之和；而该回波的到达时间，则等于被合并回波中幅度最大的那个回波的到达时间。改进后的探测结果如图 5.21 所示，从图中可以看出，改善后的探测结果更加合理，也更接近于真实值了。

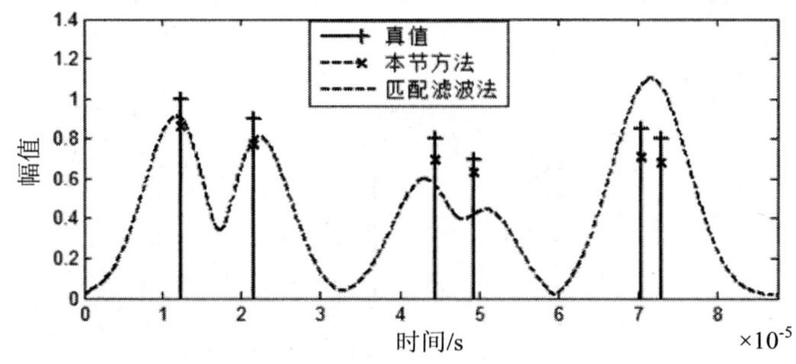

图 5.21　改进后的探测结果

综上所述，我们所提的高分辨率探测方法可以总结为图 5.22 所示的框图。该方法主要分为两个阶段：第一个阶段对发射信号进行处理，包括构造字典和求解投影矩阵；第二个阶段对接收信号进行处理，包括降维、估计噪声水平、构造及求解 DR-NN-BPDN 和后处理。

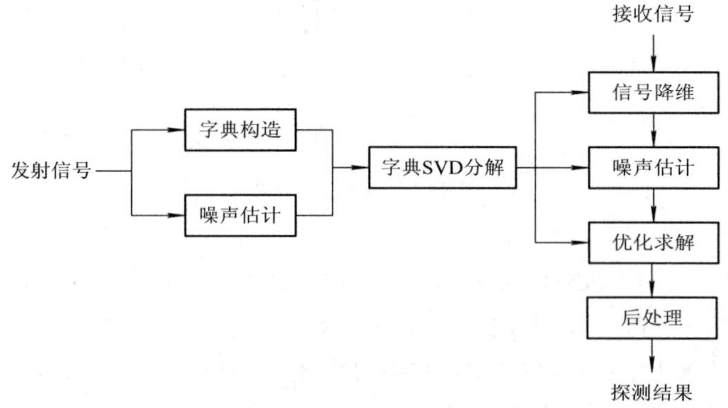

图 5.22　高分辨率探测方法框图

5.4.3 仿真实验及其结果分析

在本小节中，我们将通过仿真实验来证明高分辨率探测方法的有效性和快速性。实验中所采用的系统采样率、发射信号的中心频率、–6 dB 带宽和噪声水平都与前面例子中所采用的一致。

1．算法性能评估

首先，我们将构造多个连续混叠的回波信号来测试我们的方法对于分离混叠回波的处理能力。在实际探测中，连续混叠的回波个数通常都是远小于 30 个的。因此，如果我们的方法可以很好地处理 30 个连续混叠的回波，那么对于数量更少的回波，算法将会表现出更好的性能。因此，我们构造了一个具有 30 个连续混叠的回波的接收信号进行仿真实验。相邻两个回波的到达时间之差与 Δt_2 (由发射信号衍射极限确定的最小时间差)相等。如图 5.23 所示，这些回波中的最大信噪比为 11.18 dB，最小信噪比为 5.11 dB。

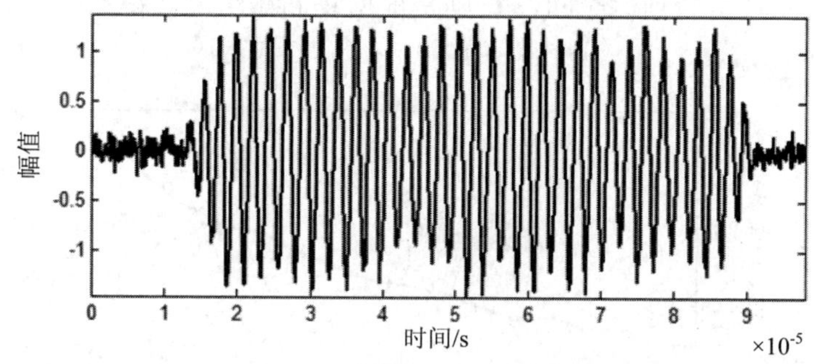

图 5.23　包含 30 个回波的接收信号

对应的检测结果如图 5.24 所示。该实验结果表明，我们的方法可以在信噪比不太高的情况下，很好地区分这些高度混叠的回波，获得比传统匹配滤波方法更高的分辨率。

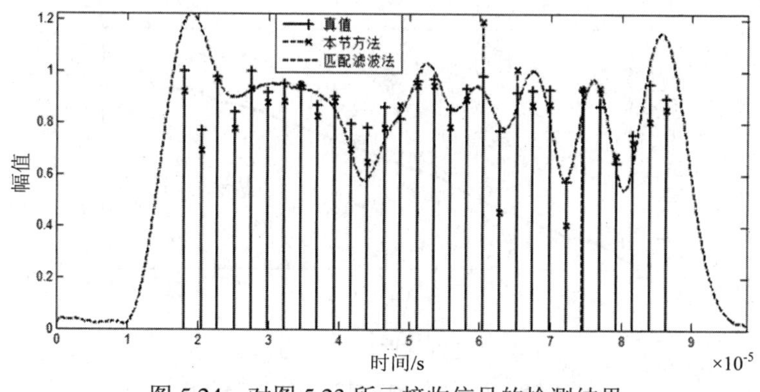

图 5.24　对图 5.23 所示接收信号的检测结果

2．定量的误差分析

为了给出高分辨率探测方法探测误差的一个定量分析，我们进行了进一步的仿真实验。与上一个实验类似，我们同样采用了具有 30 个回波的接收信号作为处理对象。在我们的实验中，接收信号的噪声水平从 0.05 变化到 0.25，并且在区间[0.5, 1]随机改变 30 个回波的幅度，然后通过计算探测结果与真实值之间的误差来定量评估高分辨率探测方法探测的误差。

探测的误差包括回波的幅度误差和到达时间的误差。我们根据下式计算幅度的误差：

$$\frac{1}{\|\boldsymbol{\theta}\|_0}\sum_{i=1}^{\|\boldsymbol{\theta}\|_0}\left|\boldsymbol{\alpha}_1(i)-\boldsymbol{\alpha}_2(i)\right| \tag{5-59}$$

其中：$\|\boldsymbol{\theta}\|_0=30$，与回波数量相等；$\boldsymbol{\alpha}_1$ 是一个包含真实非零反射系数的向量，向量 $\boldsymbol{\alpha}_2$ 则包含了由高分辨率探测方法所获得的反射系数。与此类似，我们根据下式计算到达时间的误差：

$$\frac{1}{\|\boldsymbol{\theta}\|_0}\sum_{i=1}^{\|\boldsymbol{\theta}\|_0}\left|\boldsymbol{T}_1(i)-\boldsymbol{T}_2(i)\right| \tag{5-60}$$

其中，$\boldsymbol{T}_1$ 是各个回波真实的到达时间，$\boldsymbol{T}_2$ 则是根据我们算法所获得的回波到达时间。分析结果如图 5.25 所示。

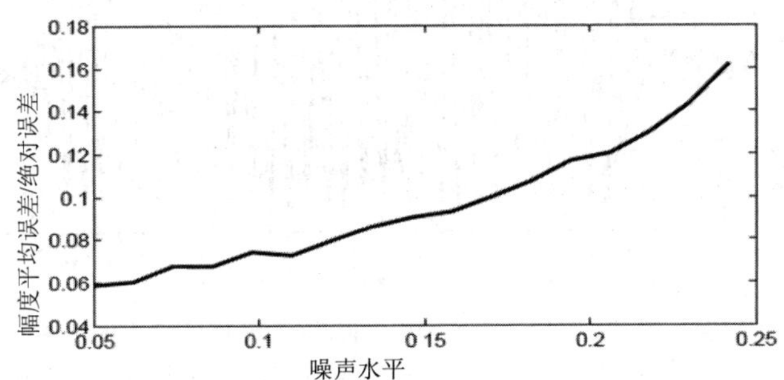

(a) 回波幅度的平均误差

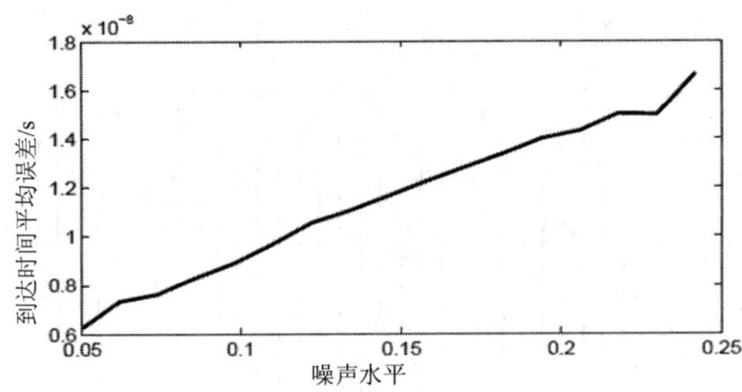

(b) 回波到达时间的平均误差

图 5.25　高分辨率探测方法的误差分析

从这些分析中我们可以看出，回波幅度的平均误差是足够低的，并且回波到达时间的平均误差小于采样间隔。因此，我们所提出的探测系统具有较高的信号恢复精度。

3．高分辨率探测方法的效率分析

除了误差分析之外，我们还通过与 NN-BPDN 进行对比实验，给出了高分辨率探测方法的效率分析。通过逐渐增加接收信号的长度并记录执行时间，我们对不同方法的执行效率进行了分析。

如图 5.26 所示，在快速 SVD 算法[17]的帮助下，高分辨率探测方法的执行时间远小于 NN-BPDN 的执行时间。可见高分辨率探测方法的实时性更好，为实时的高分辨率探测打下了基础。

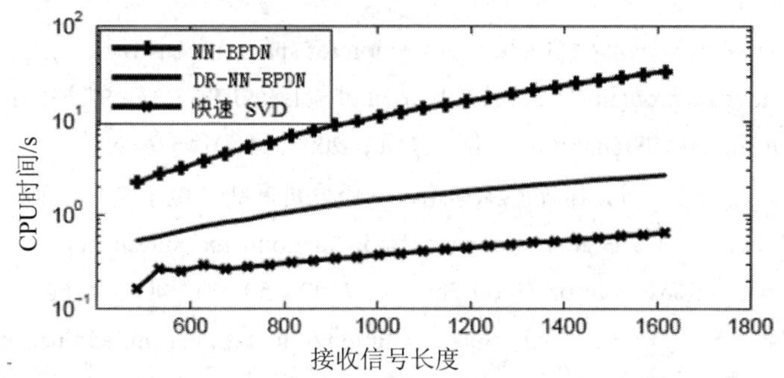

图 5.26　执行时间的对比(求解 DR-NN-BPDN 的时间+快速 SVD 的时间)

本 章 小 结

在本章内容中，我们给出了基于压缩感知理论的一维回波信号的高分辨率探测方法，包括建立检测或成像系统的整体框架、性能更好的求解算法，以及更加鲁棒、快速的高分辨率探测方法。一维回波的高分辨率探测方法为二维图像的处理方法提供了基础。

本章参考文献

[1] Landau H. Sampling，data transmission，and the Nyquist rate[J]. IEEE，1967, 65(10)：1701-1706.

[2] Donoho D L. Compressed Sensing[J]. IEEE Transactions on Information Theory. 2006，52(4)：1289-1306.

[3] Candès E，Romberg J，Tao T. Robust Uncertainty Principles: Exact Signal Reconstruction from Highly Incomplete Frequency Information[J]. IEEE Transactions on Information Theory，2006，52(2)：489-509.

[4] Kirolos S，Laska J，Wakin M，et al．Analog-to-information conversion via random demodulation[J]．IEEE Dallas Circuits Systems Workshop，2006：71-74．

[5] Laska J，Kirolos S，Duarte M，et al．Theory and Implementation of an Analog-To- Information Converter Using Random Demodulation[J]．IEEE International Symposium on Circuits and Systems．2007：1959-1962．

[6] Chen Xi， Yu Zhuizhuan，Hoyos Sebastian，et al．A Sub-Nyquist Rate Sampling Receiver Exploiting Compressive Sensing［J］．IEEE Transactions on Circuits and Systems-I: Regular Papers．2010，58(3)：507-520．

[7] Chen S，Donoho D，Saunders M．Atomic decomposition by basis pursuit．SIAM J．on Sci．Comp．，1998，20(1)：33-61．

[8] Figueiredo M，Nowak R，Wright S．Gradient projection for sparse reconstruction: application to compressed sensing and other inverse problems[J]．IEEE Journal of Selected Topics in Signal Processing: Special Issue on Convex Optimization for Signal Processing．Dec，2007，1(4)：586-597．

[9] 石光明，刘丹华，高大化，等．压缩感知理论及其研究进展[J]．电子学报，2009，37(5)：1070-1080．

[10] Tropp J A，Gilbert A C. Signal recovery from random measurements via orthogonal matching pursuit[J].IEEE Transactions on information Theory，2007，53(12)：4655-4666.

[11] Donoho D L， Tsaig Y， Drori I，et al．Sparse solution of under-determined linear equations by stagewise orthogonal matching pursuit[R]．Technical Report，2006．

[12] Needell D，Vershynin R. Signal recovery from incomplete and inaccurate measurements via regularized orthogonal matching pursuit[J].IEEE Journal of Selected Topics in Signal Processing，2010，4(2)：310-316.

[13] Davenport M A，Wakin M B. Analysis of orthogonal matching pursuit using the restricted isometry property[J].IEEE Transations on Information Theory，2010，56(9)：4395-4401.

[14] Daubechies I，Defrise M，De Mol C．An iterative thresholding algorithm for linear inverse problems with a sparsity constraint[J]．Comm．Pure Appl．Math，2004，57(11)：1413-1457．

[15] Gilbert A C，Guha S，P Indyk，et al. Near-optimal sparse Fourier representations via sampling[C]．Proceeding of the Annual ACM Symposium on Theory of Computing. Montreal，Que，Canada：Association for computing Machinery，2002：152-161．

[16] Gilbert A C，Muthukrishnan S，Strauss M J. Improved time bounds for near optimal sparse Fourier representation [C]．Proceeding of SPIE，Wavelets XI．Bellingham WA：International Society for Optical Engineering，2005，5914：1-15．

[17] Gilbert A C，Strauss M J，Tropp J A，et al．One sketch for all: Fast algorithm for compressed sensing [C]．Proceeding of the 39th Annual ACM Symposium on Theory of Computing．New York：Association for computing Machinery，2007：237-246．

[18] Candès E J, Wakin M B, BoydS P. Enhancing sparsity by reweighted l1minimization[J], Journal of Fourier Analysis and Applications, 2008, 14(5): 877-905.

[19] Varga R.Gersgorin and His Circles[J]. Number 36 in Springer Series in Computational Mathematics. Springer-Verlag, Berlin, Germany, 2004.

[20] Korobov N. Exponential Sums and Their Applications[M]. Kluwer Academic Publishers, 1992.

[21] Donoho D L. For most large underdetermined systems of linear equations the minimal l1-norm solution is also the sparsest solution[J]. Communications on Pure and Applied Mathematics, 2006, 59(6): 797-829.

[22] Candès E, Romberg J. Sparsity and incoherence in compressive sampling[J]. Inverse Problem. 2007, 23(3): 969-985.

[23] Shi Guangming, Lin Jie, Chen Xuyang, et al. UWB echo signal detection with ultra-low rate sampling based on compressed sensing[J]. IEEE Trans. Circuits Syst. II, 2008, 55: 379-383.

[24] Misaridis T, Jensen J. Use of modulated excitation signals in medical ultrasound. Part II: design and performance for medical imaging applications [J]. IEEE Transactions on Ultrasonics, Ferroelectrics, and Frequency Control, 2005, 52(2): 192-207.

[25] Grant M, Boyd S. CVX: Matlab software for disciplined convex programming, version 1.21. http://cvxr.com/cvx, Apr, 2011.

[26] Strobach P. Low-rank adaptive filters[J]. IEEE Trans. Signal Processing, 1996, 44(12): 2932-2947.

[27] Eckart C, Young G. The approximation of one matrix by another of lower rank[J]. Psychometrika, 1936, 1: 211-218.

[28] Jolliffe I T, Principal Component Analysis[M], 2nd ed. Springer-Verlag, 2002.

[29] Rokhlin V, Szlam A, TygertM. A randomized algorithm for principal component analysis[J], SIAM J Matrix. Anal. Appl., 2009, 31(3): 1100-1124.

第六章　基于压缩感知的计算成像

6.1　引　言

计算成像方法采用感光码调制或光谱码调制等方式，建立场景与观测之间的变换模型，然后利用逆问题求解等数学手段进行计算反演成像。通俗地讲，计算成像就是利用计算机数据处理的方法，结合现代传感器、光学等技术来提高和增强数码摄影能力的一种成像技术。它通过在场景和图像之间建立某种特定的联系，突破点到点一一对应的直接采样形式，实现非直接采样。由于计算成像技术的采样形式灵活多变，将更能充分发挥不同传感器的特点与性能。如何建立场景与图像之间的联系使得采样数据包含全部的场景信息，以及如何求解逆问题反演图像是计算成像方法中的两个重要问题。计算成像方法缓解了传统成像方法成像质量对传感器像元密度的依赖性，有效地提高了成像的效果。但该研究领域中仍然存在诸如算法理论不够完善、高维信息获取时的大量数据存储压力等问题。

目前的研究成果已经表明，基于压缩感知的计算成像方法有望提升图像的空间、时间、谱间等分辨率，实现利用低维/低分辨率探测器获取高维/高分辨率图像的目标。目前这类方法的研究集中在两方面：

(1) 如何通过光学、机械和电子等手段对空间信息、光谱信息或动态信息进行高分辨率的编码，完成信息模拟调制，并采用现有的一维或二维传感器对编码调制后的场景信息进行积分混叠采样。此时，采样值不仅仅包含场景中某一点的信息，而是整个场景的全部或部分信息的叠加，更加适用于对探测器成本、功耗、体积、重量、存储与传输等有苛刻要求的场合。

(2) 如何通过稀疏特性分析、稀疏正则模型建立与重建算法设计进行高分辨率高维信息重构。还有一些学者在压缩感知计算成像中的稀疏域构造、感知方法、重建方法和推广应用等方面做了研究工作，这些都极大地扩展了计算成像的研究领域。

在本章中，我们将介绍利用不同的光谱调制方式实现的可见光和多光谱计算成像技术，并给出行之有效的高维信号重构方法。

6.2 高分辨率可见光计算成像

6.2.1 基于运动随机曝光的高分辨率可见光计算成像方法

所谓运动随机曝光模式，指的是在较低分辨率相机快门随机编码曝光的同时移动相机。这种方式可将大量的场景信息压缩到少量几个传感器中，这一过程实质上是对场景信息进行加权求和的过程，最终实现对场景的压缩感知采样。

1. 运动随机曝光

所谓随机曝光，是指在整个曝光过程中，控制传感器曝光的快门并不是像传统曝光方法一样始终处于打开状态，而是随机地高速闪动。随机曝光首先由 R. Raskar 等人提出，主要用于图像去模糊[1]。

这种曝光模式中，高速闪动的快门随机地处于“开”或“闭”的状态，因此相机中每一个传感器并没有累积所有的曝光时间内光强，它们累积的曝光时间不尽相同，正是这种曝光时间的差异使低分辨模糊图像保留了足够多的高频信息。图 6.1(a)为传统曝光过程，图 6.1(b)为随机曝光过程。

如果仅仅进行随机曝光，传感器的成像结果并没有差别，但是如果使传感器在随机曝光的同时运动起来，就能够使每一个传感器都充分获取场景的各部分信息，这就是运动随机曝光的动机，其执行示意图如图 6.1(c)所示。在运动随机曝光过程中，每个传感器采集到了整个场景不同位置的编码信息，实现了对场景各个部分的编码和混叠，整个曝光过程结束以后得到了一幅模糊的图像，在这个模糊图像中既保留了足够的结构信息，又保留了大量的高频细节信息。

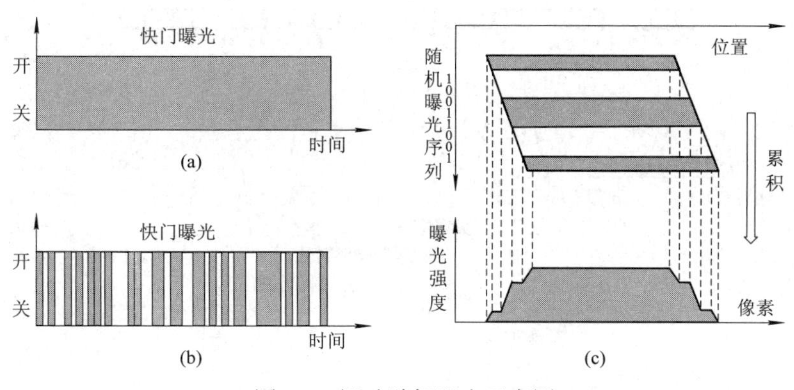

图 6.1 运动随机曝光示意图

假设整个曝光时间为T，我们将其划分为k个时间片，在每一个时间片内，相机快门或者打开或者关闭，也就是说，这曝光时间T内快门闪动引发曝光k次。这种随机开/关的过程对应于一个长度为k的二进制随机序列。记二进制随机序列为$R=\{r_1,r_2,\cdots,r_k\}$，当$r_i=1$时快门打开，当$r_i=0$时快门关闭。假设低分辨率成像设备共有M个传感器，该设备以速度s水平移动，场景$\boldsymbol{X}$有N个像素，相机运动速度为s，在不同的时间片内，每一个传感器对应的场景位置不同，快门的状态不同，这就造成其累积的场景的位置和光强有所不同，最终实现了对整个场景的混叠采样。传感器光强累积情况的示意图如图 6.2 所示。

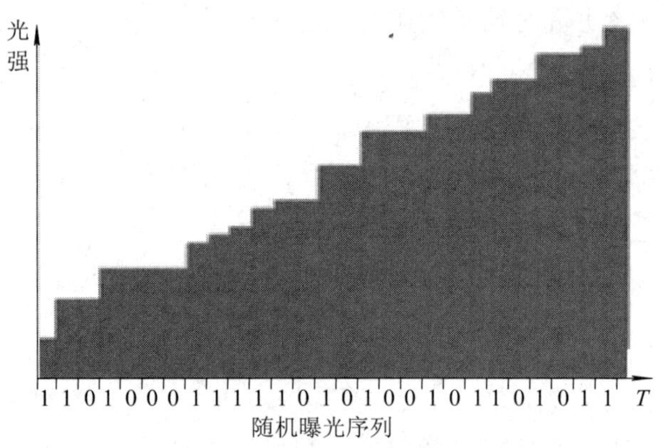

图 6.2　单个传感器光强累积情况

为了说明运动随机曝光过程，下面以一个传感器在一维场景前匀速运动为例，说明其具体的过程，如图 6.3 所示。一组传感器在场景前从左到右匀速直线运动，运动速度$s=4$像素/秒(Pixel/s)。以第三个传感器为例，它从$k=3$时刻开始能够接收场景信息，此时$r_3=1$，

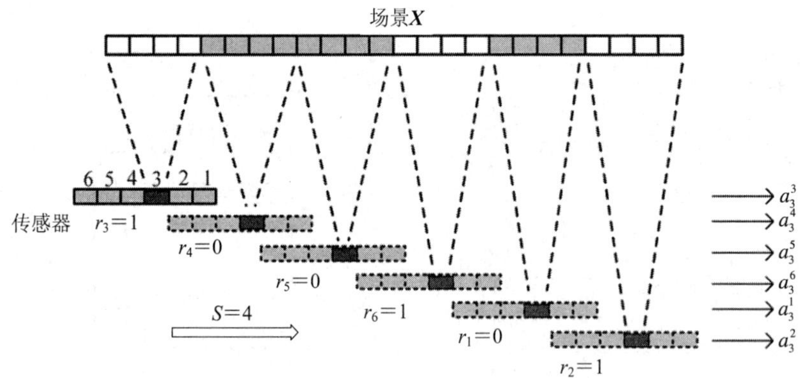

图 6.3　运动随机曝光过程

快门开，该传感器可以接收到对应部分场景的信息。在$k=4$时刻，第三个传感器运动到了另一部分场景前，此时$r_4=0$，快门关，第三个传感器不累计这部分信息。依次进行曝光，当第三个传感器运动出场景X时，它在快门的控制下，累积了场景中多个部分的信息。这实际上是对场景信息进行加权求和的过程。其他的每个传感器也进行类似的随机运动曝光。这样就可将大量的场景信息压缩到少量几个传感器中，最终实现对场景的压缩观测。

这种运动随机曝光模式受成像设备运动方式和快门随机闪动方式两个方面的影响，需要对其进行设计，使其既容易实现，又能采集到丰富的场景信息。下面我们将详细分析运动随机曝光，推导出其混叠采样过程对应的观测矩阵。

2．成像模型

为了便于分析，我们仅仅考虑一维运动的情况。设场景$\boldsymbol{X}=[x_1,x_2,\cdots,x_N]^{\mathrm{T}}$，其中$N$是像素个数，$\boldsymbol{Y}=[y_1,y_2,\cdots,y_M]^{\mathrm{T}}$为场景$\boldsymbol{X}$的$M$个观测值。令$d=N/M$，即分辨率提升比例。相机以速度$s$沿着平行于场景线路进行一维匀速运动，不失一般性，令$s=d$。控制快门的二进制随机序列为$\boldsymbol{R}=[r_1,r_2,\cdots,r_k]$，其中$r_i=0$或1，$i=1,2,\cdots,k$。

在我们的方法中，由于是使用低分辨率相机来进行高分辨率场景的混叠采样，所以在每个时间片中，相机中的每个传感器都对应高分辨率场景中的多个像素。为推导出匀速运动随机曝光的观测矩阵，首先需要确定第i个传感器第j次曝光的曝光向量$\boldsymbol{a}_i^j$。所谓曝光向量$\boldsymbol{a}_i^j$即第i个传感器第j次曝光时对应的高分辨率场景的状态，图 6.4 给出了运动速度$s=4$像素/秒时，第 3 个传感器第 5 次曝光对应的曝光向量$\boldsymbol{a}_3^5$的示例。

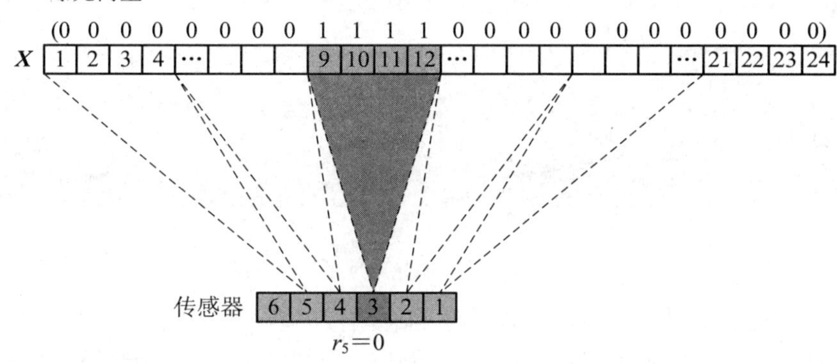

图 6.4　曝光向量$\boldsymbol{a}_3^5$的示例

为简化叙述，下面以一维图像为例。针对第i个像素的第j次曝光，根据曝光原理，可以得到曝光向量$\boldsymbol{a}_i^j$（$i=1,2,\cdots,M$，$j=1,2,\cdots,k$），即

$$\begin{cases} \boldsymbol{a}_i^1 = (\underbrace{0,0,\cdots,0}_{1},\cdots,\underbrace{1,1,\cdots,1}_{i},\underbrace{0,0,\cdots,0}_{i+1},\cdots,\underbrace{0,0,\cdots,0}_{M}) \\ \boldsymbol{a}_i^2 = (\underbrace{0,0,\cdots,0}_{1},\cdots,\underbrace{0,0,\cdots,0}_{i},\underbrace{1,1,\cdots,1}_{i+1},\cdots,\underbrace{0,0,\cdots,0}_{M}) \\ \cdots \\ \boldsymbol{a}_i^k = (\underbrace{0,0,\cdots,0}_{1},\cdots,\underbrace{0,0,\cdots,0}_{i},\cdots,\underbrace{1,1,\cdots,1}_{i+k-1},\cdots,\underbrace{0,0,\cdots,0}_{M}) \end{cases} \tag{6-1}$$

这里需要指出的是，在相机刚刚进入场景边缘和相机离开场景边缘时，快门应持续使用相同的随机序列进行分片曝光，这样可以保持 k 次曝光的一致性。

接着，根据第 i 个像素第 j 次曝光的曝光向量可以进一步推导出第 i 个像素的曝光矩阵 $\boldsymbol{A}_i$。如果快门一直保持打开状态，第 i 个像素的曝光矩阵为 $\boldsymbol{A}_i = \left[\boldsymbol{a}_i^1;\boldsymbol{a}_i^2;\cdots,\boldsymbol{a}_i^k\right]$，它将破坏高频细节信息，使图像变模糊。但是当快门在二进制随机序列 $\boldsymbol{R}$ 的控制下随机闪动时，高频信息被保留下来。利用第 i 个像素的曝光矩阵 $\boldsymbol{A}_i$ 和随机序列 $\boldsymbol{R}$，求出第 i 个观测值 $y_i = \boldsymbol{R}\boldsymbol{A}_i\boldsymbol{X}$。观测所得的低分辨率图像 $\boldsymbol{Y}$ 表示为

$$\boldsymbol{Y} = \begin{bmatrix} y_1 \\ y_2 \\ \vdots \\ y_M \end{bmatrix} = \begin{bmatrix} \boldsymbol{R}\boldsymbol{A}_1 \\ \boldsymbol{R}\boldsymbol{A}_2 \\ \vdots \\ \boldsymbol{R}\boldsymbol{A}_M \end{bmatrix} \boldsymbol{X} = \boldsymbol{\Phi}\boldsymbol{X} \tag{6-2}$$

由观测值得到观测矩阵为 $\boldsymbol{\Phi} = \left[\boldsymbol{R}\boldsymbol{A}_1, \boldsymbol{R}\boldsymbol{A}_2, \cdots, \boldsymbol{R}\boldsymbol{A}_M\right]^{\mathrm{T}}$。

图 6.5 给出了一个一维场景的观测矩阵 $\boldsymbol{\Phi}$ 的实际例子，其中高分辨率图像像素 $N = 1024$，相机的传感器数目 $M = 128$，相机运动速度 $s = 8$ 像素/秒。

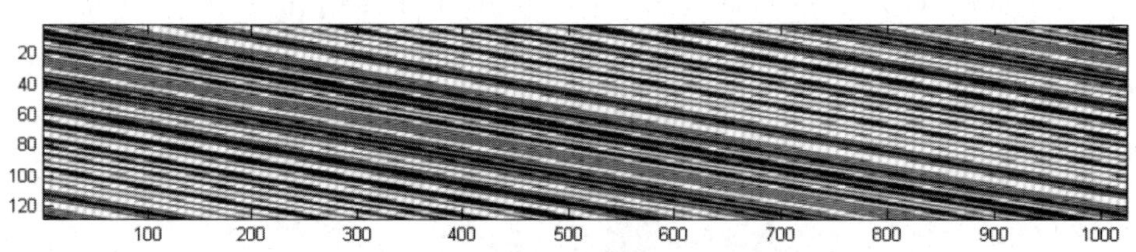

图 6.5 运动随机曝光对应的观测矩阵

需要指出的是，本书所提方法仅仅关注静态图像的获取，对于那些场景中含有运动目标的场景，只有其运动的速度足够低时才可以成像。具体来说，如果目标在整个曝光时间内移动距离 D 对应的像移不超过一个像素(如图 6.6 所示)，则本书所提方法仍然有效。

对于场景特征不断改变的动态场景，由于重构模型中的先验特征也要相应动态变化，这将需要额外的时间消耗，影响重构速度，因此本书的方法不再适用。

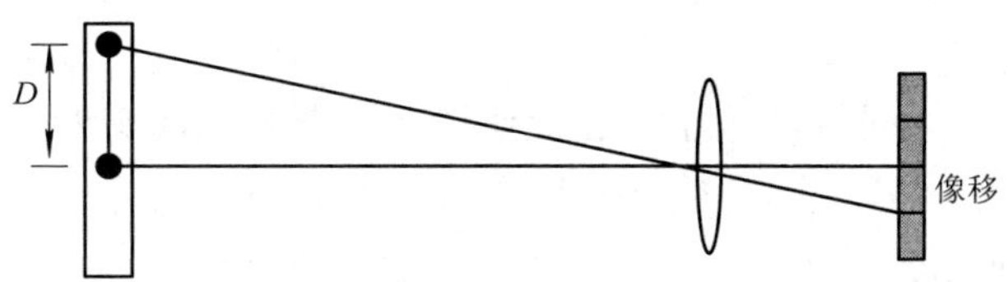

图 6.6　运动目标的像移

需要指出的是，当前的高密度传感器阵列密度和集成电路一样每 18 个月就能翻一番，对于通常的消费类数码相机而言，提高传感器阵列密度相对容易。但是，本书所提方法在传统相机上还要增加运动控制和曝光控制系统，体积、重量、功耗都将增加，使用不便，而且还将降低相机的可靠性。除此之外，反演优化过程将消耗较多的计算时间，无法做到实时成像。因此，相对于传统方法，运动随机曝光不太适用于普通消费类数码相机。但是，在航天遥感领域，由于其应用环境特殊、制造工艺和过程要求严格，使得航天级传感器的造价是普通传感器造价的上百倍，而且相应的图像采集处理费用也将增加。同时，随着传感器密度的增加，成像噪声也将增加，这将严重影响成像质量。此时，使用本书所提出的运动随机曝光方法将带来巨大的好处。首先，不需要通过提高传感器密度来获取高分辨率图像；其次，遥感成像中相机一般都会随着平台(星载或机载)自然地相对场景进行运动，并不需要额外增加运动控制装置；再次，电子快门控制相对容易，并不会增加体积、重量和功耗等，易于实现。从上面的分析可以看出，本书所提方法很适合用于那些提高传感器阵列密度较大的遥感领域，该方法同样也适用于其他相机分辨率严重受限的领域，如红外成像、光谱成像等。

3. 仿真实验

为使用数据仿真来验证基于运动随机曝光的压缩感知计算成像方法的成像效果，并更接近实际情况，我们进行了大量仿真实验，并在实验中考虑了点扩散函数、定位误差、光强累积误差等因素。

在我们的实验中，设相机的分辨率是 128×128，待反演的高分辨率图像为 256×256，相机运动的方向分为水平和竖直两种，运动速度为 8 个像素点/帧(Pixel/Slice)。下面介绍试验中引入的误差情况。

1) 点扩散函数

对光学系统来讲，输入物为一点光源时其输出像的光场分布，称为点扩散函数。在数学上点光源可用 δ-函数(点脉冲)代表，输出像的光场分布叫做脉冲响应，所以点扩散函数也就是光学系统的脉冲响应函数。点扩散函数通常被用来反映传感器特性(非线性性、饱和阈值等)与光传播特性(散射效应等)。这里我们使用最常用的高斯型点扩散函数去构造前文提出的曝光向量，如下式：

$$f(x)=\alpha \mathrm{e}^{-\beta x^2} \tag{6-3}$$

其中，α 是幅度因子，β 是形状因子。在此假设下，曝光向量变为

$$\boldsymbol{a}^j(n)=\alpha \mathrm{e}^{-\beta(n-\gamma(i,j))^2},\ n=1,2,\cdots,N \tag{6-4}$$

其中 $\gamma(i,j)=\begin{cases}(j-i+1/2)d, & j\geqslant i\\ (M+j-i+1/2)d, & j<i\end{cases}$ 是位置因子。

2) 定位误差

定位误差是相机运动造成的，是运动相机的期望位置与实际位置之间的偏差。由于很难严格实现相机的匀速运动，因此定位误差不可避免。为了反映定位误差对成像质量的影响，我们在式(6-4)位置参数 γ 中引入 8%的定位误差，得到了含噪的位置参数 $\gamma_{\text{noise}}=d(1+0.08\eta)$，其中 $d=N/M$，而 η 是一个服从正态分布 $N(0,1)$ 的随机数。

3) 光强累积误差

为了反映光强累积误差对成像质量造成的影响，我们同样在式(6-4)幅度参数 α 中引入了 8%的累积误差，得到含噪的幅度因子 $\alpha_{\text{noise}}=\alpha(1+0.08\eta)$ 。

在引入了上述三种误差之后，就可以使用含噪的曝光向量来生成含噪的观测矩阵，并使用此矩阵进行场景的混叠采样，但在优化反演过程中仍然使用理想的观测矩阵，这样成像结果就能在一定程度上反映噪声的影响，更接近真实的成像质量。

运动随机曝光后，所得到的观测图像与待反演图像之间的方程如式(6-2)所示。对于这一欠定方程，我们需要利用待反演图像的特征建立合适的正则项，进而求解优化问题获得最优的图像。在优化反演过程中，我们分别针对不同特征的图像，使用了全变差(TV)、压缩感知(CS)和模式引导自适应恢复方法(MARX)三种不同的重构模型来反演高分辨率的图像。这里 TV 模型对应的是分片光滑的图像，CS 模型对应的是在某变换域(文中选择的是 DCT 变换)稀疏的图像，MARX 模型对应的是纹理细节丰富的图像，在 MARX 模型中需要有一初始图像进行迭代求解，这里我们使用 TV 模型的解作为其初始迭代值。

例 6.1 分片光滑图像。我们选择具有分片光滑特征的图像 Lotus 作为输入图像，如图 6.7(a)所示。图 6.7 (b)是对原始场景进行竖直方向(纵向)运动随机曝光混叠采样得到的模糊图像；图 6.7(c)、图 6.7(d)、图 6.7(e)分别是对应 TV 模型、CS 模型、MARX 模型重建的图像，它们对应的峰值信噪比(PSNR)分别为 33.371 dB、33.135 dB、30.808 dB；图 6.7(f)是对原始场景进行水平方向(横向)运动随机曝光混叠采样得到的模糊图像；图 6.7(g)、图 6.7(h)、图 6.7(i)分别是对应 TV 模型、CS 模型、MARX 模型重建的图像，它们对应的 PSNR 分别为 33.328 dB、33.245 dB、33.038 dB。从这个结果可以看出本书所提的图像观测方法能够有效保留图像信息，重构算法可以较好地完成图像的重建，并且采用 TV 模型恢复的效果最好，这不仅验证了本书方法的有效性，也说明了场景先验信息对成像质量的重要性。

(a) 原始图像

(b) 纵向

(c) TV 模型重建 (PSNR = 33.371 dB)

(d) CS(DCT)模型重建 (PSNR = 33.135 dB)

(e) MARX 模型重建 (PSNR = 30.808 dB)

(f) 横向

(g) TV 模型重建 (PSNR = 33.328 dB)

(h) CS(DCT)模型重建 (PSNR = 33.245 dB)

(i) MARX 模型重建 (PSNR = 33.038 dB)

图 6.7　图像 Lotus 的重建结果

例 6.2　DCT 变换下稀疏图像。我们使用在 DCT 变换下稀疏的图像 Tower 作为输入图像，如图 6.8(a)所示。图 6.8 (b)是对原始场景进行竖直方向(纵向)运动随机曝光混叠采样得到的模糊图像；图 6.8(c)、图 6.8(d)、图 6.8(e)分别是对应 TV 模型、CS 模型、MARX 模型重建的图像，它们对应的峰值信噪比(PSNR)分别为 24.934 dB、25.059 dB、24.732 dB；图 6.8(f)是对原始场景进行水平方向(横向)运动随机曝光混叠采样得到的模糊图像；图 6.8(g)、图 6.8(h)、图 6.8(i)分别是对应 TV 模型、CS 模型、MARX 模型重建的图像，它们对应的

PSNR 分别为 24.539 dB、24.859 dB、24.839 dB。从这个结果可以看出本书所提出的图像观测方法能够较好地完成图像的重建，并且采用 CS 模型恢复的效果最好，这不仅验证了本书方法的有效性，也说明了场景先验信息对成像质量的重要性。

(a) 原始图像

(b) 纵向

(c) TV 模型重建 (PSNR = 24.934 dB)

(d) CS(DCT)模型重建 (PSNR = 25.059 dB)

(e) MARX 模型重建 (PSNR = 24.732 dB)

(f) 横向

(g) TV 模型重建 (PSNR = 24.539 dB)

(h) CS(DCT)模型重建 (PSNR = 24.859 dB)

(i) MARX 模型重建 (PSNR = 24.839 dB)

图 6.8　图像 Tower 的重建结果

例 6.3　线条纹理丰富的图像。我们使用线条纹理细节丰富的图像 Beehead 作为输入图像，如图 6.9(a)所示。图 6.9(b)是对原始场景进行竖直方向(纵向)运动随机曝光混叠采样得到的模糊图像；图 6.9(c)、图 6.9(d)、图 6.9(e)分别是对应 TV 模型、CS 模型、MARX 模型重建的图像，它们对应的峰值信噪比(PSNR)分别为 22.150 dB、21.949 dB、25.706 dB；图 6.9(f)是对原始场景进行水平方向(横向)运动随机曝光混叠采样得到的模糊图像；图 6.9(g)、图 6.9(h)、图 6.9(i)分别是对应 TV 模型、CS 模型、MARX 模型重建的图像，它们对应的 PSNR 分别为 21.610 dB、22.187 dB、25.464 dB。从这个结果可以看出本书所提出的图像重建方法能够较好地完成图像的重建，并且采用 MARX 模型恢复的效果最好，这不仅验证了本书方法的有效性，也说明了场景先验信息对成像质量的重要性。

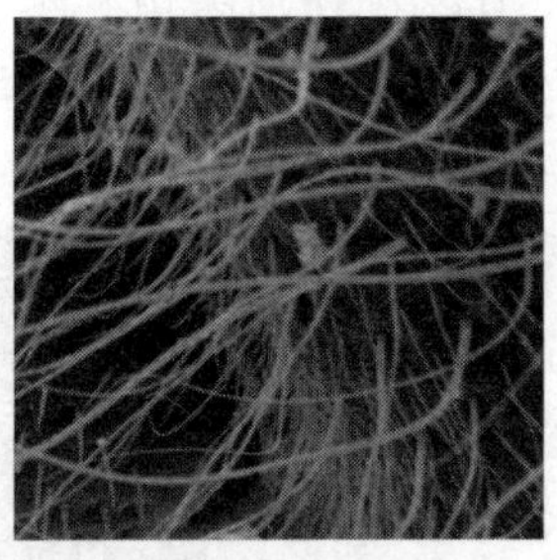

(a) 原始图像

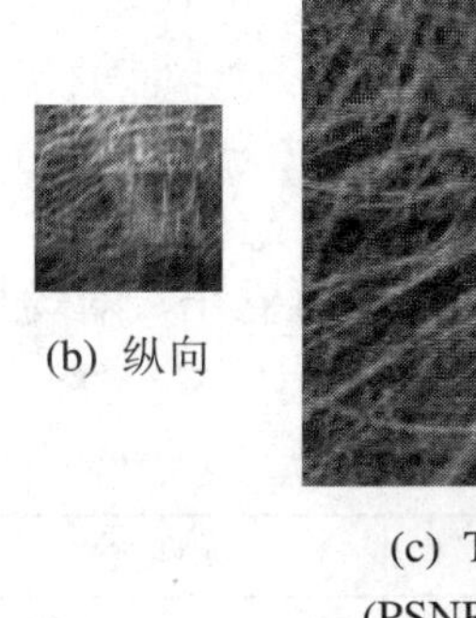

(b) 纵向

(c) TV 模型重建 (PSNR = 22.150 dB)

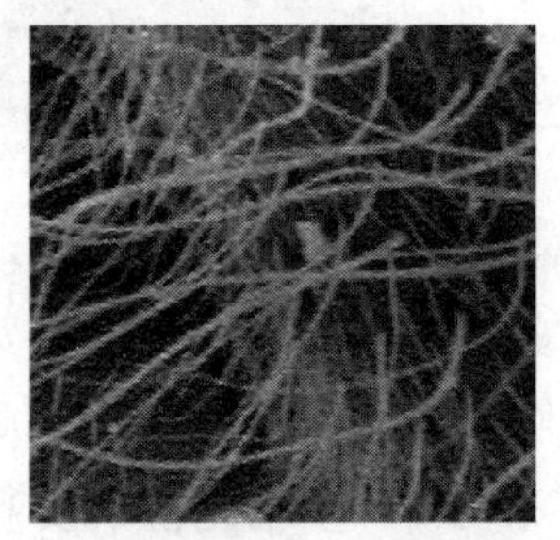

(d) CS(DCT)模型重建 (PSNR = 21.949 dB)

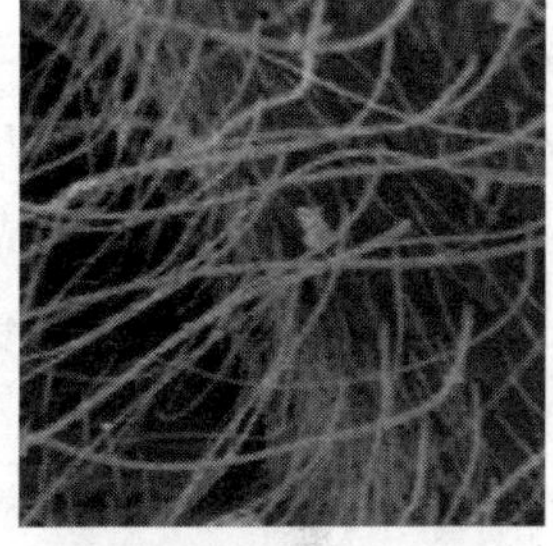

(e) MARX 模型重建 (PSNR = 25.706 dB)

(f) 横向

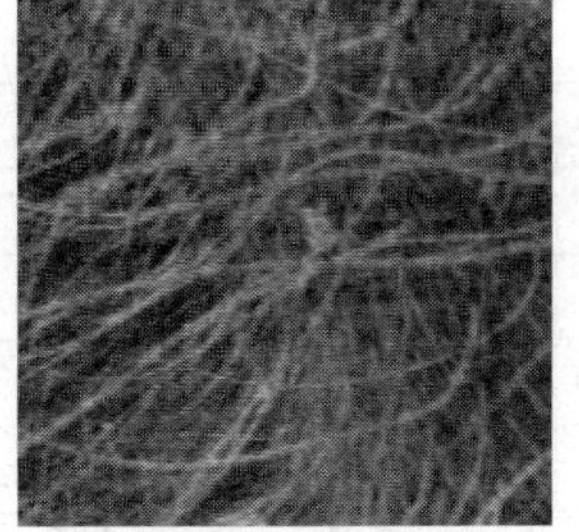

(g) TV 模型重建 (PSNR = 21.610 dB)

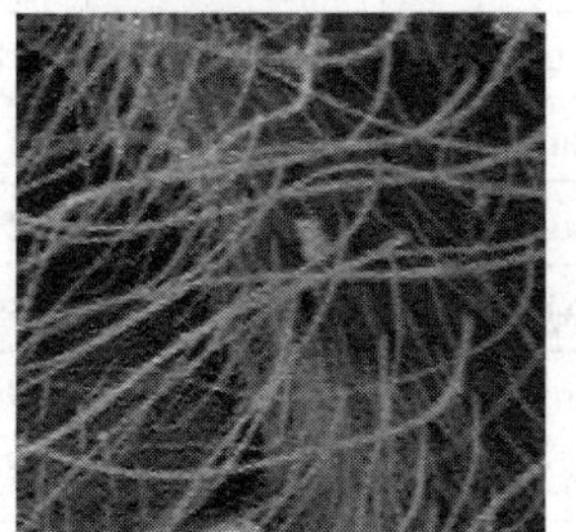

(h) CS(DCT)模型重建 (PSNR = 22.187 dB)

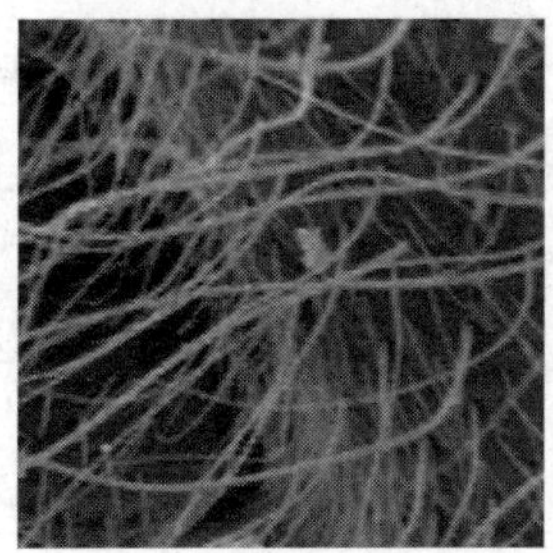

(i) MARX 模型重建 (PSNR = 25.464 dB)

图 6.9　图像 Beehead 的重建结果

从上面的例子不难看出，TV 模型更适合分片光滑场景，CS 模型更适合稀疏场景，而 MARX 模型更适合线条纹理丰富场景，因此，在成像前需要尽可能了解先验特征，选择合适的重构模型。

接下来分析定位误差和光强累积误差对成像质量的影响。首先以图 6.7 中的 Lotus 图像为例，实验结果如图 6.10 所示。在图 6.10 中，x 轴对应的是定位误差的大小，而 y 轴对应的是光强累积误差的大小，图中的色块对应的是重构图像的 PSNR 大小，颜色深代表 PSNR 较小，而颜色浅代表 PSNR 较大。从图中可以看出，当定位误差和光强累积误差大于 8% 时，重构质量迅速衰减。这说明在我们的成像方法中，只要定位误差和光强累积误差不是很大，就能够正确成像。

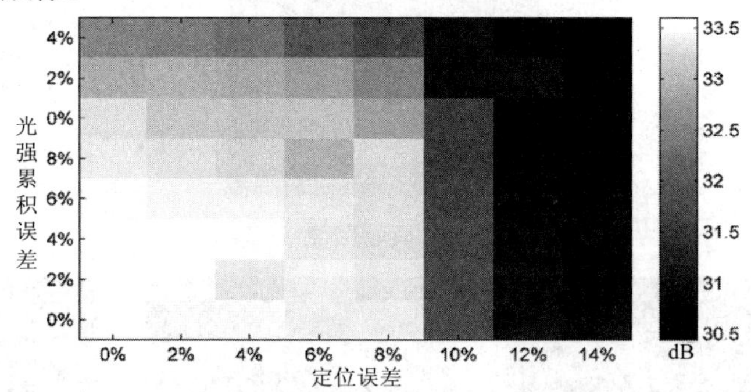

图 6.10　Lotus 图像定位误差和光强累积误差对成像质量的影响

表 6.1 给出了一些仿真实验的 PSNR 对照表，从表中的 PSNR 数据不难看出，对场景了解得越多、先验知识越准确，采用的重构模型就越合适，重构质量就越好。

表 6.1　多幅图像的实验数值结果

PSNR(dB)	重构模型	TV		CS(DCT)		MARX	
图像特征	方向	竖直	水平	竖直	水平	竖直	水平
分片光滑图像	Lotus	33.371	33.328	33.133	33.245	30.808	33.038
	Car	26.117	25.951	26.065	24.529	25.854	21.587
	Pentagon	29.982	29.827	29.235	27.108	20.274	20.273
DCT 域稀疏图像	Tower	24.934	24.539	25.059	24.859	24.732	24.839
	Lena	28.950	28.798	29.019	29.203	26.578	28.688
	Woman	23.323	23.655	23.658	23.704	22.976	23.512
线条纹理丰富图像	Beehead	22.150	21.610	21.949	22.187	25.706	25.464
	Beehead2	18.773	21.358	19.506	21.398	22.430	23.562
	SAR	18.146	18.118	18.201	18.212	18.246	18.266

以上这些实验结果验证了基于运动随机曝光的高分辨率计算成像方法的有效性。同时不难看出，采用的重构模型越匹配图像的先验特征，其重构的高分辨率图像质量越高。

6.2.2 基于 CCD-TDI 模式的高分辨率遥感光谱成像

1. 基本框架

在高空间分辨率遥感成像中，行间转移面阵电荷耦合器件(CCD)工作于时间延迟积分(TDI)模式，可以线性累加对场景的有效曝光积分电荷。与普通线阵 TDI-CCD 相比，行间转移面阵 CCD 具有更灵活的编码功能，是一种可编码的面阵探测器。我们利用行间转移面阵 CCD 可以按 TDI 模式工作的特点，同时结合压缩感知理论，设计运动随机曝光控制电路，实现 CCD-TDI 模式的混叠采样，并通过计算成像，恢复高分辨率场景图像及提高图像的信噪比，为推扫式遥感成像提供一种获得高分辨率图像的新途径。

在本书提出的高分辨率遥感成像新方法中，混叠采样和计算成像是实现图像高分辨率的两个重要阶段。图 6.11 描述了方法的基本框架。第一个阶段，在推扫过程中，随机曝光控制电路控制行间转移面阵 CCD 的每个像元实现混叠采样，并把场景信息压缩到少量的测量值中。其中，工作于 TDI 模式的面阵 CCD 实现低速采样，保证收集到足够光流量并降低噪声影响；曝光控制电路实现对场景信息的高速随机调制，保存了高频率信息。第二个阶段，根据压缩感知理论，把高空间分辨率图像的重构问题构造为最优解求逆问题。

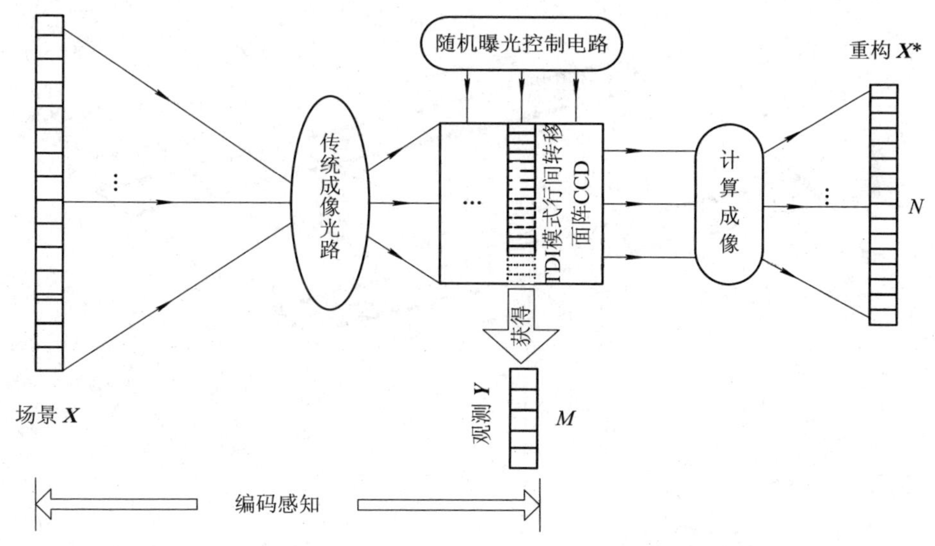

图 6.11 基于 CCD-TDI 模式的高分辨率遥感光谱成像新方法的基本框架

在图 6.11 中，以离散形式表示一维场景 $\boldsymbol{X}=[x_1,x_2,\cdots,x_N]^{\mathrm{T}}$，其中 N 为像素的数量。$\boldsymbol{Y}$

为场景 X 经过混叠采样后 M 个观测值组成的向量($M \ll N$)，$Y = (y_1, y_2, \cdots, y_M)^{\mathrm{T}}$。随后通过计算成像得到 N 个像素的重构图像 X^*。

在高分辨率遥感成像新方法中，没有像传统的成像方法一样对场景 X 的每个像素直接采样，而是当 CCD 相对场景做推扫运动时，对场景 X 的每个像素信息多次加权求和，最终得到观测值向量 Y。更具体地说，传感器的输出 Y 是场景 X 的 N 个像素的复杂线性组合，即

$$Y = \boldsymbol{\Phi} X \tag{6-5}$$

其中，$\boldsymbol{\Phi}$ 是 $M \times N$ 的观测矩阵。对观测矩阵 $\boldsymbol{\Phi}$ 的结构，将在后面给出详细介绍。从观测值向量 Y 中提取场景 X 的信息重构高分辨率图像 X^*，可以通过求解式(6-5)完成。但由于 $M \ll N$，求解问题是不适定的，并且无法通过直接获得 $\boldsymbol{\Phi}$ 的逆矩阵进而得到 X。然而，如果场景 X 在一个固定变换基 $\boldsymbol{\Psi}$ 下是完全或近似稀疏的，压缩感知理论能以高概率从较少的观测值重构出高分辨率图像，只要变换基 $\boldsymbol{\Psi}$ 与测量矩阵 $\boldsymbol{\Phi}$ 非相干。因此通过求解下面优化问题可以重构 X^*：

$$X^* = \arg\min \|\boldsymbol{\Psi}^{\mathrm{T}} X\|_1 \quad \text{s.t.} \quad Y = \boldsymbol{\Phi} X \tag{6-6}$$

2. 随机曝光控制电路的工作过程

在推扫式成像过程中，行间转移面阵 CCD 的 TDI 模式和 TDI-CCD 的工作模式相同，即对同一目标多次曝光，通过时间延时积分的方法，增强光能的收集，保证成像质量。图 6.12 为行间转移面阵 CCD 推扫式成像过程示意图。

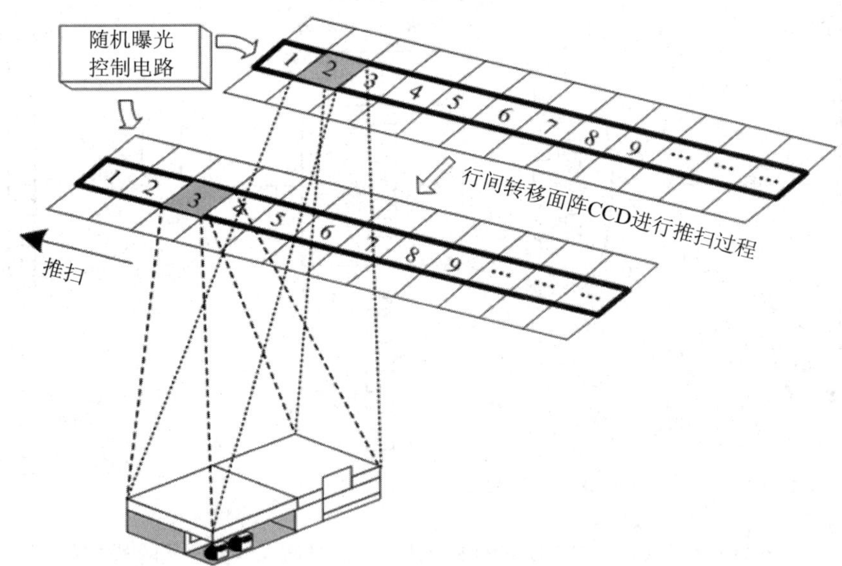

图 6.12　行间转移面阵 CCD 推扫式成像过程示意图

不像线阵 TDI-CCD 积分级数通常固定为几级，行间转移面阵 CCD 的 TDI 级数可以根据图像质量情况进行任意级设置。行间转移面阵 CCD 每个像元感光区的光敏二极管在积分曝光获取图像完成后，累积的电荷可以立即转移到紧挨着的由行间掩膜区形成的电荷转移通道[2]。

传统方法中，传感器阵列累积每次有效曝光时间内的光通量。而在混叠采样中，面阵 CCD 根据曝光控制电路产生的二进制随机序列，决定行间掩膜区是否累积场景 $\boldsymbol{X}$ 各部分的光强度。如图 6.13 所示为随机曝光控制电路控制某列传感器按照 TDI 模式完成混叠采样的工作过程。其中，该列 CCD 共有 S 个像元，每个像元执行 K 次曝光。当 r_{ij}=1 时，该列第 i 个 CCD 像元曝光积分收集本次光电荷，并当下次曝光时间到来时掩膜区累积电荷同步转移到下一行 CCD 像元对应的掩膜区；当 r_{ij}=1 时，传感器不收集本次光电荷，下次曝光时间到来时先前转移到掩膜区的电荷将如数转移到下一行 CCD 像元对应的掩膜区。

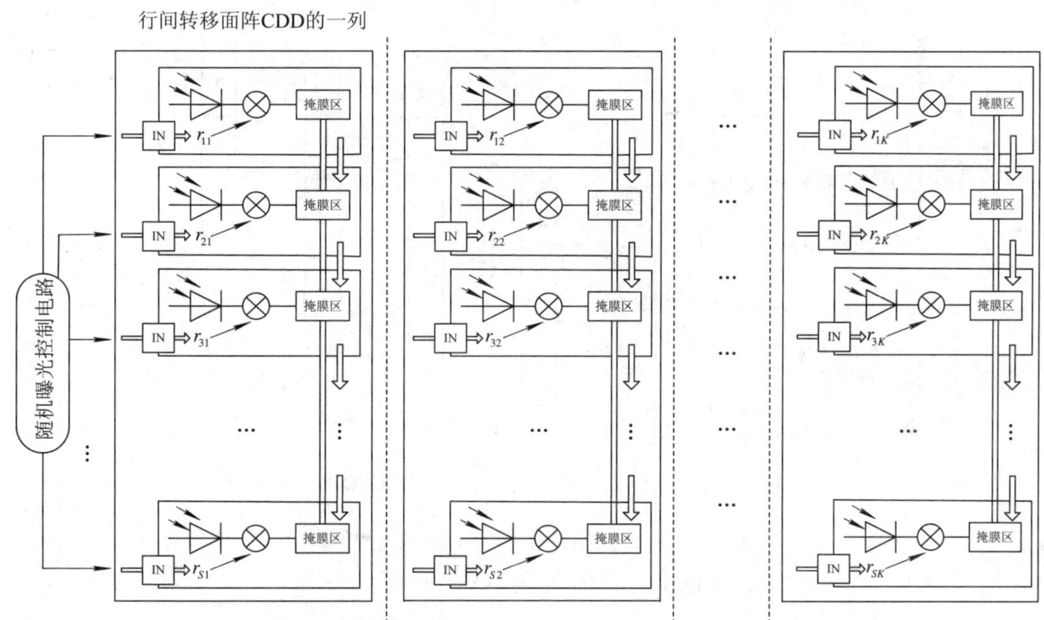

图 6.13　曝光控制电路控制某列 CCD 传感器的 TDI 模式工作过程

3. 成像模型

为了分析方便，我们只考虑一维场景。取行间转移面阵 CCD 的某列，它由长度不等的 M 个传感器子块组成，各子块所含传感器个数分别为 N_m ($m=1,2,\cdots,M$)。不同的传感器子块实现不同的 TDI 积分级数，并按照 CCD-TDI 模式的混叠采样产生 M 个观测值。同时，

摄像机以速度 s 沿着与场景平行的路线推扫。针对高分辨率场景，每个 CCD 传感器可以在一次曝光时间内同时感知 n 个像素。若要获得第 m 个观测值，则对应的传感器子块需要 N_m 个随机曝光控制序列，并且每个控制序列的长度 $K=(N+s-n)/s$ 。如图 6.14 所示为一维场景 $\boldsymbol{X}=[x_1,x_2,\cdots,x_{16}]^{\mathrm{T}}$ 的第一个观测值的形成过程，其中 $N=16$ 为像素的数量， $d=N/M$ 代表分辨率， $m=1$ ， $n=4$ ， $s=3(n>s)$ ， $K=5$ 。针对该次观测所需的 $N_1=4$ 个线阵 CCD 传感器，自上而下依次标记为 1～4。此外，定义 $\boldsymbol{a}_i^j$（$1\times N$）为曝光向量，记录高分辨率场景的所有像素在第 i 个传感器第 j 个时间切片时的曝光状态。随着相机的运动，可得到所有传感器在不同曝光时间的曝光向量。

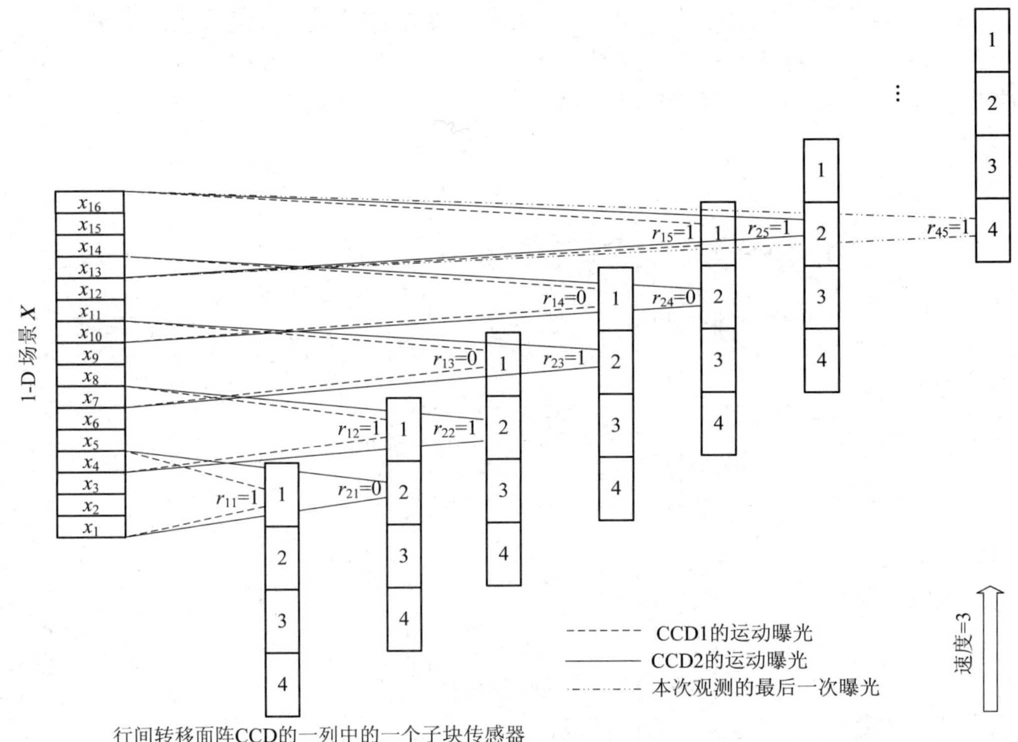

图 6.14　首个测量值的形成过程

根据前面所述，对观测值向量 $\boldsymbol{Y}$ 中第 m 个传感器子块累积光强总数 y_m 可表示为

$$y_m=\sum_{i=1}^{N_m}\left(\sum_{j=1}^{K} r_{ij}\boldsymbol{a}_i^j\boldsymbol{X}\right) \tag{6-7}$$

结合曝光向量，假设第 i 个传感器的曝光矩阵为 $\boldsymbol{A}_i$ $(K\times N)$ ，对应的二进制随机曝光控制序列为 $\boldsymbol{R}_i$ $(1\times K)$ ，则观测值向量 $\boldsymbol{Y}$ 的第 m 个观测值 y_m 可被表示为

$$\boldsymbol{A}_i=\left[(\boldsymbol{a}_i^1)^{\mathrm{T}}\quad(\boldsymbol{a}_i^2)^{\mathrm{T}}\quad\cdots\quad(\boldsymbol{a}_i^K)^{\mathrm{T}}\right]^{\mathrm{T}},\quad \boldsymbol{R}_i=(r_{i1},r_{i2},\cdots,r_{iK})$$

$$y_m=\sum_{i=1}^{N_m}\boldsymbol{R}_i\boldsymbol{A}_i\boldsymbol{X},\quad m=1,2,\cdots,M \tag{6-8}$$

低空间分辨率图像$\boldsymbol{Y}$被写为

$$\boldsymbol{Y}=\left[\left(\sum_{i=1}^{N_1}\boldsymbol{R}_i\boldsymbol{A}_i\right)^{\mathrm{T}}\quad\left(\sum_{i=1}^{N_2}\boldsymbol{R}_i\boldsymbol{A}_i\right)^{\mathrm{T}}\quad\cdots\quad\left(\sum_{i=1}^{N_m}\boldsymbol{R}_i\boldsymbol{A}_i\right)^{\mathrm{T}}\quad\cdots\quad\left(\sum_{i=1}^{N_M}\boldsymbol{R}_i\boldsymbol{A}_i\right)^{\mathrm{T}}\right]\boldsymbol{X}=\boldsymbol{\Phi X} \tag{6-9}$$

从先前的研究分析显示，我们可以推导出$M\times N$的测量矩阵$\boldsymbol{\Phi}$，如下式所示：

$$\boldsymbol{\Phi}=\left[\left(\sum_{i=1}^{N_1}\boldsymbol{R}_i\boldsymbol{A}_i\right)^{\mathrm{T}}\quad\left(\sum_{i=1}^{N_2}\boldsymbol{R}_i\boldsymbol{A}_i\right)^{\mathrm{T}}\quad\cdots\quad\left(\sum_{i=1}^{N_m}\boldsymbol{R}_i\boldsymbol{A}_i\right)^{\mathrm{T}}\quad\cdots\quad\left(\sum_{i=1}^{N_M}\boldsymbol{R}_i\boldsymbol{A}_i\right)^{\mathrm{T}}\right]^{\mathrm{T}}=\begin{bmatrix}\sum_{i=1}^{N_1}\boldsymbol{R}_i\boldsymbol{A}_i\\ \sum_{i=1}^{N_2}\boldsymbol{R}_i\boldsymbol{A}_i\\ \vdots\\ \sum_{i=1}^{N_m}\boldsymbol{R}_i\boldsymbol{A}_i\\ \vdots\\ \sum_{i=1}^{N_M}\boldsymbol{R}_i\boldsymbol{A}_i\end{bmatrix} \tag{6-10}$$

为了说明测量矩阵的结构，这里给出如图 6.15 所示的一个测量矩阵例子，其中$M=64$，$N=256$，$\boldsymbol{\Phi}$是离散余弦变换(DCT)。

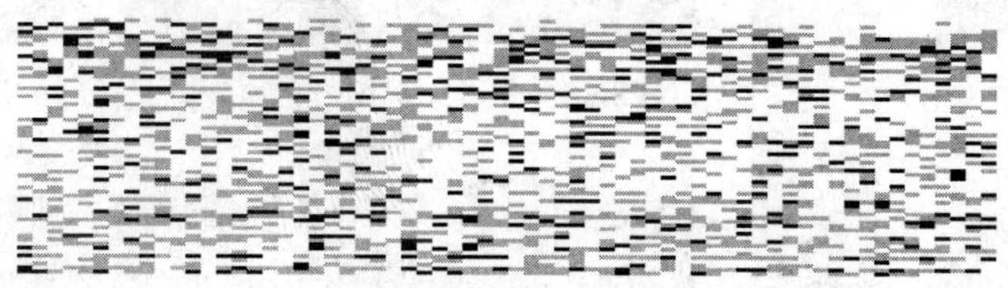

图 6.15　一个测量矩阵$\boldsymbol{\Phi}$的实例

4．仿真实验

如图 6.16(a)～(d)所示，对四幅256×256的遥感图像进行对比仿真实验。采用256×64的探测器，根据传统遥感成像方法对原始图像进行直接下采样观测，然后利用双线性插值的方法恢复高分辨率遥感图像。随后，利用具有相同输出像元密度的面阵 CCD，按照本书提出的基于 CCD-TDI 压缩感知计算成像方法，对其进行成像实验，相应的参数设置为$M=64$，$N=256$，$n=s=4$，$d=N/M=4$，$K=64$，选择 DCT 作为稀疏变换基$\boldsymbol{\Psi}$。仿真实验结果如图 6.16 所示。

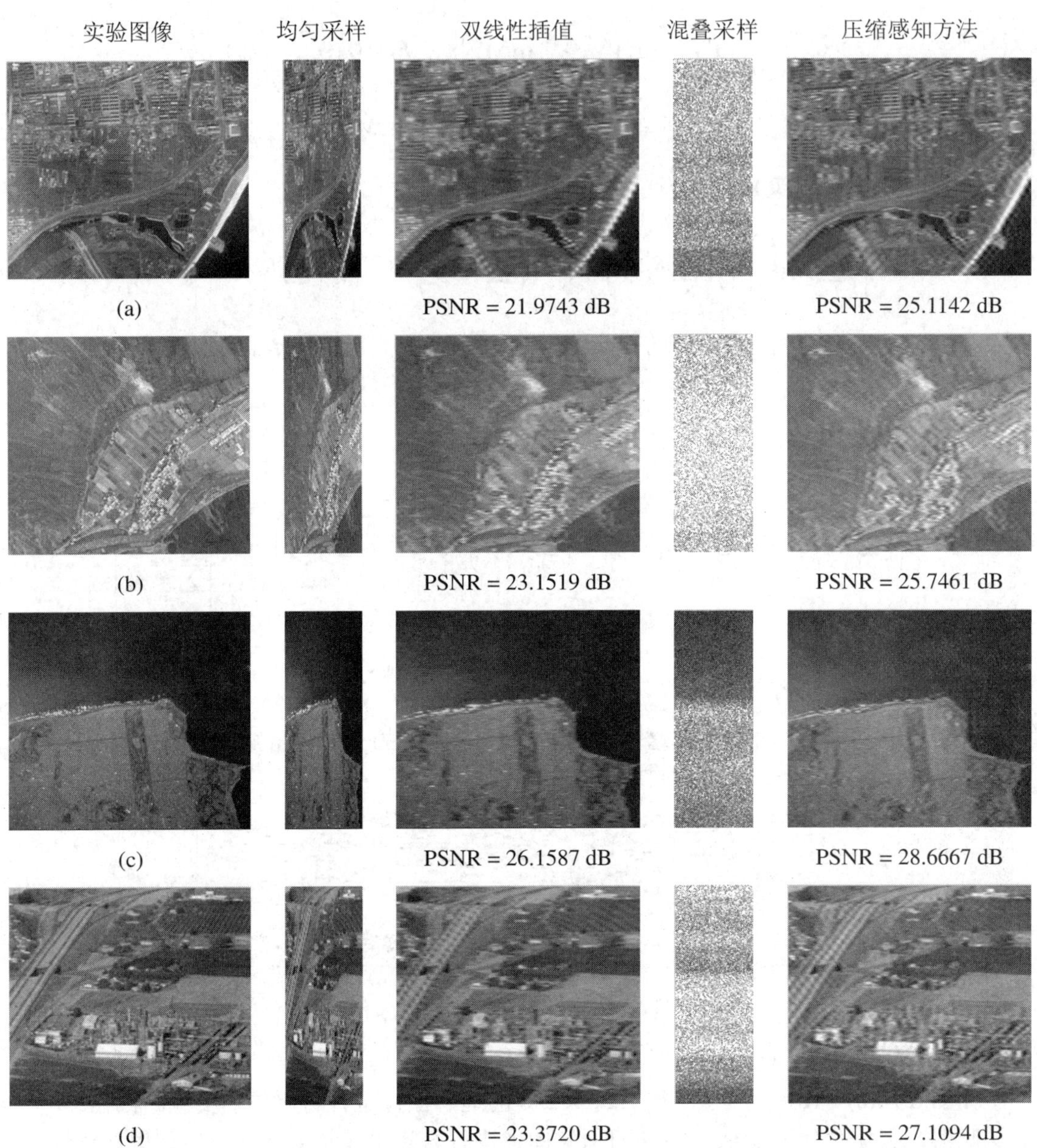

图 6.16　本书提出的遥感成像方法和传统成像方法实验仿真结果图

在仿真结果图 6.16 中，本书提出的遥感成像方法对四幅遥感图像优化重构的 PSNR 值均大于 25.1142 dB，比传统遥感成像方法的 PSNR 值平均高出 2.9949 dB，且对实验图像(d)甚至高出 3.7374 dB，证明了该方法的有效性。此外应当指出，精心设计随机曝光控制序列、传感器阵列的低速采样和稀疏变换基 $\boldsymbol{\Psi}$，增强测量矩阵 $\boldsymbol{\Phi}$ 和稀疏变换基 $\boldsymbol{\Psi}$ 之间的非相干性，会提高本方法的性能。

本节介绍了一种利用低密度可编码探测器获取高分辨率遥感图像的推扫式成像新方法。其中，采用随机曝光控制电路和工作于 TDI 模式的行间转移面阵 CCD 实现对光生电荷的高速随机调制，并根据压缩感知理论通过求解 ℓ_1 范数最小化问题，从得到的少量观测数据中重构出高分辨率场景信息。这种基于 CCD-TDI 模式压缩感知的高分辨率遥感计算成像方法，不仅提高了成像分辨率，还增强了输出图像的信噪比。仿真结果也验证了该方法的有效性。与传统遥感成像方法相比，该方法仅需要额外设计随机曝光控制电路。

6.3 高分辨率光谱计算成像

6.3.1 单通道光谱计算成像模型

大多数的光谱成像仪通过多次在空间或光谱间的扫描，从而获取静态场景的光谱数据立方体，但这对于动态场景而言是有局限性的。而快照光谱成像仪只经过一次曝光，由一块二维 CCD 阵列即可获取感兴趣场景的三维光谱数据信息。三维的光谱数据立方体将通过数值估计的方法对获得的二维观测值解码得到。本小节将对新型快照光谱成像仪(Coded Aperture Snapshot Spectral Imager, CASSI)的成像原理进行简单介绍。

新型快照光谱成像仪由杜克大学 Ashwin. A. Wagadarikar 提出，获取完整的一帧光谱图像只需要一次曝光，其原理图如图 6.17 所示。快照光谱成像仪包含了一片物镜、一个编码模板、一个带通滤波器、一个中继镜、一个双阿米奇棱镜以及一块 CCD。物镜对需要进行观测的场景进行成像，并且保证其成像面位于编码模板上。这里的编码模板是一块涂有隔光材料的石英玻片，隔光材料的位置是随机选择的，使其能够对场景的光线进行选择性的遮挡，实现对其编码的效果。经过编码模板的光线由带通滤波器进行滤波，仅保留可见光范围内的光波。光波继续经由中继镜传播到阿米奇棱镜上，由于光波包含了不同的波长，因此场景不同谱带的光波在其经过棱镜后偏转角度不同，最终到达 CCD 阵列实现错位累加，得到场景的编码混叠压缩观测图像。

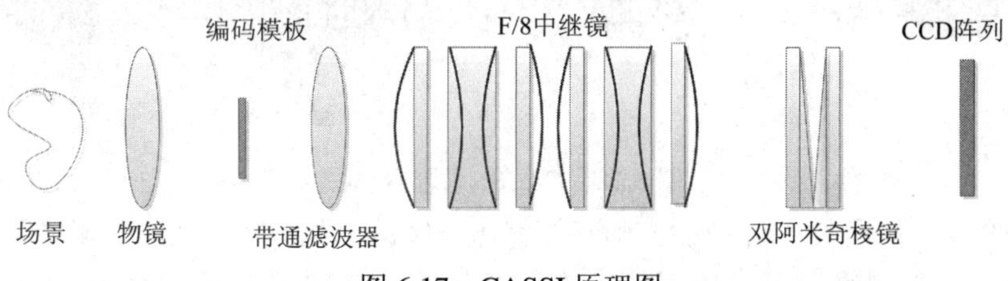

图 6.17　CASSI 原理图

快照光谱成像仪将场景的三维光谱数据立方体投影到二维的CCD阵列上，最终实现对三维光谱的压缩观测。但是，显然这里CCD阵列的传感器数量远远小于光谱数据立方体像元的个数，即观测方程的个数远远少于未知数的个数，这是一个欠定性问题。如何解决这一问题，压缩感知理论给出了答案。杜克大学在进行相关研究的时候采用了 TwIST (Two-step Iterative Shrinkage Threshold)算法框架来解决这一问题。在CASSI系统中进行图像重构，TwIST将其转化为一个一般非线性带约束的最小值求解问题。

快照光谱成像的成像原理决定其可以在一次曝光的时间内完成对场景完整的光谱成像，这一特性使得它非常适合于光谱视频成像领域，但是由于其光谱信息和光能量的利用率均较低，图像的信噪比有待提升。另外，杜克大学所采用的TwIST算法并不能很好地刻画光谱图像的特征，不能够充分挖掘其稀疏性，而且完全没有考虑到光谱图像同一般自然图像的区别，这些不足将对最终光谱成像的质量造成较大影响。下文将逐步就CASSI在压缩观测模型及重构算法两方面提出改进方案，在压缩观测模型方面提出双通道互补观测模型(Double Channel-Coded Aperture Snapshot Spectral Imager, DC-CASSI)，这对于原CASSI观测模型的不足进行了改进。与此同时，在重构算法中引入了基于结构稀疏聚类的光谱图像重构算法(CSR)，该算法结合了局部相似性与非局部结构稀疏性两种不同层次的观点，并引入了光谱图像所具有的独有的特征，对于最终光谱图像的重构效果有很大帮助。

基本的CASSI框架仅需在成像光路中加入编码模板和色散棱镜，即可完成对光谱场景的编码调制和混叠采样，其系统示意图如图 6.18 所示。其成像过程主要包括三个步骤：① 使用编码模板对场景进行编码；② 使用色散棱镜对编码后的场景进行色散；③ 使用CCD传感器对编码色散后的光谱场景进行混叠采样。

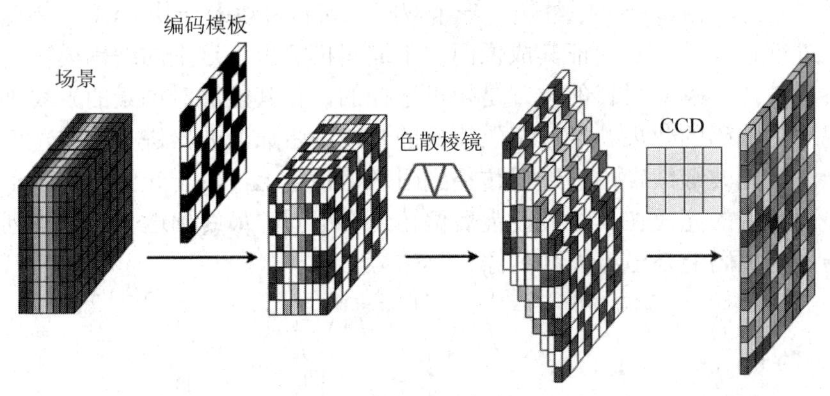

图 6.18 CASSI系统示意图

不失一般性，假设某一时刻的光谱场景信息 $x(\alpha_1,\alpha_2,\alpha_3)$ 为三维连续函数，其中 α_1、α_2 为空间维，α_3 为光谱维。可以使用一组连续函数的集合稀疏表示 $\boldsymbol{x}(\alpha_1,\alpha_2,\alpha_3)$，记作

$$\boldsymbol{x}(\alpha_1,\alpha_2,\alpha_3)=\sum_{i=1}^{N}\theta_i\boldsymbol{\psi}_i(\alpha_1,\alpha_2,\alpha_3) \tag{6-11}$$

这里$\{\theta_i:i=1,2,\cdots,N\}$为稀疏表示系数，$\boldsymbol{\Psi}=\{\boldsymbol{\psi}_i(\alpha_1,\alpha_2,\alpha_3):i=1,2,\cdots,N\}$表示稀疏基。如果$\boldsymbol{x}(\alpha_1,\alpha_2,\alpha_3)$在稀疏基$\boldsymbol{\Psi}$下是严格稀疏的，则$\{\theta_i\}$只有$K$个是非零的且$K<<N$；如果$\boldsymbol{x}(\alpha_1,\alpha_2,\alpha_3)$在稀疏基$\boldsymbol{\Psi}$下是可压缩的，那么系数$\{\theta_i\}$若按幅值降序排列将会呈指数级衰减。在稀疏基$\boldsymbol{\Psi}$中，尽管每一个$\boldsymbol{\psi}_i$都有可能是宽带信号，但它们的稀疏组合$\boldsymbol{x}(\alpha_1,\alpha_2,\alpha_3)$本身却是一个低自由度的多维信号。正是由于信号的这种稀疏特性保证我们可以使用少量的观测值精确地重构出原始信号。

在CASSI系统中，首先使用编码模板对光谱场景进行编码调制。假设编码调制函数为$T(\alpha_1,\alpha_2,\alpha_3)$，编码模板对应的离散化形式可以表示为$T(n_1,n_2,\alpha_3)$，其中$n_i=1,2,\cdots,N_i\,(i=1,2)$，$N_i$表示编码模板的码元维度。由于编码模板是二维的，所以对于任意的α_3，$T(n_1,n_2,\alpha_3)$均为定值。对光谱场景$\boldsymbol{x}(\alpha_1,\alpha_2,\alpha_3)$的编码调制可以理解为，首先对$\boldsymbol{x}(\alpha_1,\alpha_2,\alpha_3)$进行离散化，然后进行幅度的调制。设多维光谱场景$\boldsymbol{x}(\alpha_1,\alpha_2,\alpha_3)$经过编码模板时在$\alpha_1$, α_2维度上的视场坐标区间为$[a_1,b_1]$、$[a_2,b_2]$，分辨率为Δ_1、Δ_2 (由编码模板码元尺寸决定)，其离散化后像素数为$N_1=(b_1-a_1)/\Delta_1$、$N_2=(b_2-a_2)/\Delta_2$ (对应编码模板的码元维度)，则$\boldsymbol{x}(\alpha_1,\alpha_2,\alpha_3)$对应的离散化形式为

$$\hat{\boldsymbol{x}}(n_1,n_2,a_3)=\int_{\substack{\alpha_1=a_1+\\(n_1-1)\Delta_1}}^{a_1+n_1\Delta_1}\int_{\substack{\alpha_2=a_2+\\(n_2-1)\Delta_2}}^{a_2+n_2\Delta_2}\boldsymbol{x}(\alpha_1,\alpha_2,\alpha_3)\,d\alpha_1 d\alpha_2 \tag{6-12}$$

经过编码模板编码调制之后的光谱场景$\hat{\boldsymbol{x}}(n_1,n_2,a_3)$可以表示为

$$\hat{\boldsymbol{x}}(n_1,n_2,a_3)=\boldsymbol{x}(n_1,n_2,a_3)\boldsymbol{\cdot}T(n_1,n_2,a_3) \tag{6-13}$$

在探测器观测采样之前还需完成光谱场景的色散混叠，色散的过程是由色散棱镜完成的。假设色散棱镜的色散函数为$f(\cdot)$，由于色散棱镜的色散曲线只与波长α_3有关，所以经过编码调制和色散混叠之后的光谱场景可以表示为

$$\bar{\boldsymbol{x}}(n_1,n_2,a_3)=f\left(\hat{\boldsymbol{x}}(n_1,n_2,a_3)\right)=f\left(\boldsymbol{x}(n_1,n_2,a_3)\boldsymbol{\cdot}T(n_1,n_2,a_3)\right) \tag{6-14}$$

由于相机在不同波段上光谱响应能力不同，因此我们将光谱响应特性整合到混叠采样过程。已知相机的光谱响应是一个只与波长α_3相关的连续函数，可表示为$P_\lambda(\alpha_1,\alpha_2,\alpha_3)$，对于固定的$\alpha_3$，$P_\lambda(\alpha_1,\alpha_2,\alpha_3)$为常数。

此时，编码调制和色散混叠之后的光谱场景可以表示为

$$\bar{\boldsymbol{x}}(n_1,n_2,a_3)=f\left(\boldsymbol{x}(n_1,n_2,a_3)\boldsymbol{\cdot}T(n_1,n_2,a_3)\boldsymbol{\cdot}P_\lambda(n_1,n_2,\alpha_3)\right) \tag{6-15}$$

由于编码模板编码调制函数$T(\alpha_1,\alpha_2,\alpha_3)$只与$\alpha_1$、$\alpha_2$有关，而相机的光谱响应函数

$P_\lambda(\alpha_1,\alpha_2,\alpha_3)$只与波长$\alpha_3$有关，所以可将其联合表示为

$$R(\alpha_1,\alpha_2,\alpha_3)=T(\alpha_1,\alpha_2,\alpha_3)\cdot P_\lambda(\alpha_1,\alpha_2,\alpha_3) \tag{6-16}$$

所以

$$\overline{\boldsymbol{x}}(n_1,n_2,a_3)=f\left(\boldsymbol{x}(n_1,n_2,a_3)\cdot R(n_1,n_2,a_3)\right) \tag{6-17}$$

因为二维探测器采集到的都是离散数据，所以我们需要对$\overline{\boldsymbol{x}}(n_1,n_2,a_3)$进行离散化。从图 6.19 中可以看出，色散棱镜对光谱图像的色散并非是线性色散，我们按色散方向上的等间隔进行离散化，那么对应的光谱维就不再是等间隔的。

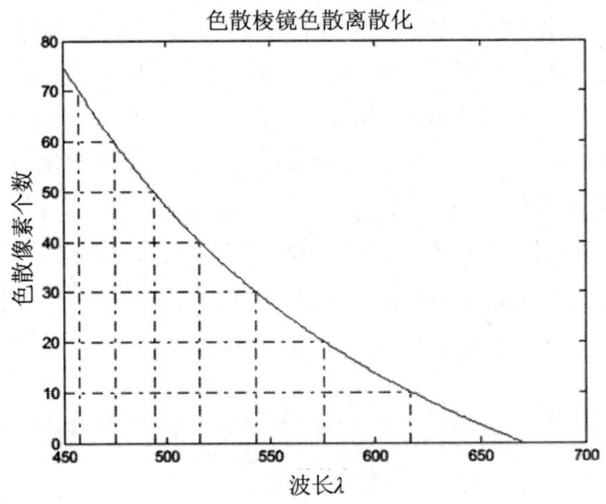

图 6.19　色散棱镜色散离散化

假设$\alpha_{3,i}$表示对光谱维进行离散化时第i个区域的起始波长，则最终的离散化形式可以表示为

$$\overline{\boldsymbol{x}}(n_1,n_2,n_3)=\int_{\alpha_{3,i}}^{\alpha_{3,i+1}}\overline{\boldsymbol{x}}(n_1,n_2,a_3)\,\mathrm{d}\alpha_3 \tag{6-18}$$

根据上述离散化方式，光谱场景$\boldsymbol{x}(\alpha_1,\alpha_2,\alpha_3)$的离散化形式可以表示为

$$\boldsymbol{x}(n_1,n_2,n_3)=\int_{\substack{\alpha_1=a_1+\\(n_1-1)\Delta_1}}^{a_1+n_1\Delta_1}\int_{\substack{\alpha_2=a_2+\\(n_2-1)\Delta_2}}^{a_2+n_2\Delta_2}\int_{\alpha_{3,i}}^{\alpha_{3,i+1}}\boldsymbol{x}(\alpha_1,\alpha_2,\alpha_3)\,\mathrm{d}\alpha_3\,\mathrm{d}\alpha_1\,\mathrm{d}\alpha_2 \tag{6-19}$$

其中，$n_i=1,\cdots,N_i\,(i=1,2)$。如果将光谱场景看做一个连续的三维立方体，那么它的离散形式$\boldsymbol{x}(n_1,n_2,n_3)$实际上可以理解为：$\boldsymbol{x}(n_1,n_2,n_3)$是$\boldsymbol{x}(\alpha_1,\alpha_2,\alpha_3)$在其内部局部区域(小的三维立方体)的强度积分，如图 6.20 所示。光谱成像的目的就是借助各种手段对光谱场景

$\boldsymbol{x}(\alpha_1,\alpha_2,\alpha_3)$进行采样观测，最终得到光谱场景离散化的形式$\boldsymbol{x}(n_1,n_2,n_3)$。

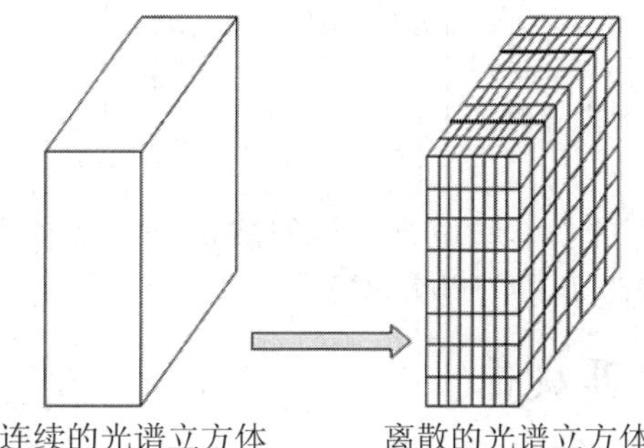

图 6.20　光谱场景离散化

综上所述，最终二维传感器上采集的光谱数据可以表示为

$$
\begin{aligned}
y_{n_1,n_2}^s &= \sum\nolimits_{n_3} \overline{\boldsymbol{x}}(n_1,n_2,n_3) \\
&= \int_{\substack{\alpha_1=a_1+\\(n_1-1)\Delta_1}}^{a_1+n_1\Delta_1} \int_{\substack{\alpha_2=a_2+\\(n_2-1)\Delta_2}}^{a_2+n_2\Delta_2} \left[\int_{a_3}^{b_3} f(\boldsymbol{x}(\alpha_1,\alpha_2,\alpha_3)R(\alpha_1,\alpha_2,\alpha_3))d\alpha_3\right] d\alpha_1 d\alpha_2 \\
&= \sum_{i=1}^{N}\theta_i \int_{\substack{\alpha_1=a_1+\\(n_1-1)\Delta_1}}^{a_1+n_1\Delta_1} \int_{\substack{\alpha_2=a_2+\\(n_2-1)\Delta_2}}^{a_2+n_2\Delta_2} \left[\int_{a_3}^{b_3} f(\boldsymbol{\psi}_i(\alpha_1,\alpha_2,\alpha_3)R(\alpha_1,\alpha_2,\alpha_3))d\alpha_3\right] d\alpha_1 d\alpha_2
\end{aligned}
\tag{6-20}
$$

其中，$[a_3,b_3]$表示光谱维的范围。观测值的个数共有$K=N_1\times N_2$个，将它们拉成一列，即令$k=(n_1-1)N_2+n_2$，则上式变为

$$
y_k^s = \sum_{i=1}^{N}\theta_i \int_{\substack{\alpha_1=a_1+\\(n_1-1)\Delta_1}}^{a_1+n_1\Delta_1} \int_{\substack{\alpha_2=a_2+\\(n_2-1)\Delta_2}}^{a_2+n_2\Delta_2} \left[\int_{a_3}^{b_3} f(\boldsymbol{\psi}_i(\alpha_1,\alpha_2,\alpha_3)R(\alpha_1,\alpha_2,\alpha_3))\,\mathrm{d}\alpha_3\right] \mathrm{d}\alpha_1\,\mathrm{d}\alpha_2 = \sum_{i=1}^{N}\boldsymbol{a}_{\mathrm{k,i}}^s\theta_i \tag{6-21}
$$

其中

$$
\boldsymbol{a}_{\mathrm{k,i}}^s = \int_{\substack{\alpha_1=a_1+\\(n_1-1)\Delta_1}}^{a_1+n_1\Delta_1} \int_{\substack{\alpha_2=a_2+\\(n_2-1)\Delta_2}}^{a_2+n_2\Delta_2} \left[\int_{a_3}^{b_3} f(\boldsymbol{\psi}_i(\alpha_1,\alpha_2,\alpha_3)R(\alpha_1,\alpha_2,\alpha_3))\,\mathrm{d}\alpha_3\right] \mathrm{d}\alpha_1\,\mathrm{d}\alpha_2
$$

记作：

$$
\boldsymbol{Y}_s = \left(y_1^s, y_2^s, \ldots, y_K^s\right)^{\mathrm{T}} = \boldsymbol{A}_s\boldsymbol{\Theta} \tag{6-22}
$$

其中

$$
\boldsymbol{\Theta} = \left(\theta_1,\theta_2,\cdots,\theta_N\right)^{\mathrm{T}}
$$

$$
\boldsymbol{A}_s = \begin{bmatrix} \boldsymbol{a}_{1,1}^s & \boldsymbol{a}_{1,2}^s & \cdots & \boldsymbol{a}_{1,N}^s \\ \boldsymbol{a}_{2,1}^s & \boldsymbol{a}_{2,1}^s & \cdots & \boldsymbol{a}_{2,N}^s \\ \cdots & \cdots & \cdots & \cdots \\ \boldsymbol{a}_{K,1}^s & \boldsymbol{a}_{K,1}^s & \cdots & \boldsymbol{a}_{K,N}^s \end{bmatrix}
$$

通过上述推导，我们建立了单通道光谱计算成像的观测模型，在下一节我们将进一步推导双通道光谱计算成像模型并进行仿真实验。

6.3.2 双通道光谱计算成像

1. 混叠采样过程

在 CASSI 系统中，编码模板的使用使得每个谱段都缺失了相同的空间维信息，必然使得重构结果受到影响；其次，无论如何设计编码模板，它的使用必然会丢失一部分光谱数据(如果使用等概率随机编码，则会丢失一半的信息和能量)，这也会影响重构效果。基于 CASSI 的全色双通道 CASSI 系统能很好地解决这一问题。全色双通道 CASSI 系统的混叠采样通道也是一个完整的单色散 CASSI 系统。不同的是，第二通道不再是与第一通道互补的单色散 CASSI 系统，而是全色通道，该全色通道为灰度相机。如图 6.21 所示，通过主机控制两个通道的同时曝光及数据采集，然后在主机端完成光谱图像的重构。

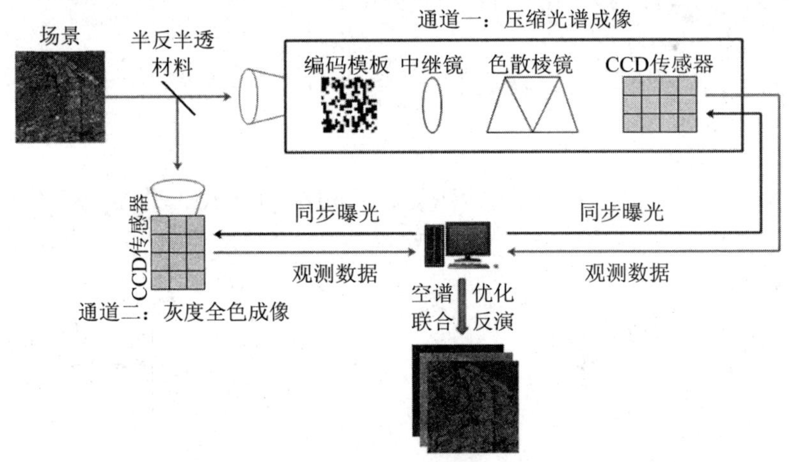

图 6.21　灰度全色双通道示意图

通道一的观测方式和数学模型与单色散 CASSI 系统完全一致，此处直接讨论灰度全色通道。其观测过程实际上是通道一的简化，没有编码和色散的过程，而是对每一个空间位置都进行全波段积分，如下式所示：

$$y_{n_1,n_2}^p = \int\limits_{\substack{\alpha_1=a_1+\\(n_1-1)\Delta_1}}^{a_1+n_1\Delta_1}\int\limits_{\substack{\alpha_2=a_2+\\(n_2-1)\Delta_2}}^{a_2+n_2\Delta_2}\left[\int_{a_3}^{b_3}\boldsymbol{x}(\alpha_1,\alpha_2,\alpha_3)\mathrm{P}_\lambda(\alpha_1,\alpha_2,\alpha_3)\mathrm{d}\alpha_3\right]\mathrm{d}\alpha_1\,\mathrm{d}\alpha_2$$

$$= \sum_{i=1}^{N}\theta_i\int\limits_{\substack{\alpha_1=a_1+\\(n_1-1)\Delta_1}}^{a_1+n_1\Delta_1}\int\limits_{\substack{\alpha_2=a_2+\\(n_2-1)\Delta_2}}^{a_2+n_2\Delta_2}\left[\int_{a_3}^{b_3}\boldsymbol{\psi}_i(\alpha_1,\alpha_2,\alpha_3)\mathrm{P}_\lambda(\alpha_1,\alpha_2,\alpha_3)\mathrm{d}\alpha_3\right]\mathrm{d}\alpha_1\,\mathrm{d}\alpha_2 \tag{6-23}$$

观测值的个数共有 $K = N_1\times N_2$，将上式的数据拉成一列，即令 $k=\left(n_1-1\right)N_2+n_2$，则上式变为

$$y_k^p = \sum_{i=1}^{N}\theta_i\int\limits_{\substack{\alpha_1=a_1+\\(n_1-1)\Delta_1}}^{a_1+n_1\Delta_1}\int\limits_{\substack{\alpha_2=a_2+\\(n_2-1)\Delta_2}}^{a_2+n_2\Delta_2}\left[\int_{a_3}^{b_3}\boldsymbol{\psi}_i(\alpha_1,\alpha_2,\alpha_3)\mathrm{P}_\lambda(\alpha_1,\alpha_2,\alpha_3)\mathrm{d}\alpha_3\right]\mathrm{d}\alpha_1\,\mathrm{d}\alpha_2$$

$$= \sum_{i=1}^{N}\boldsymbol{a}_{k,i}^p\theta_i \tag{6-24}$$

其中

$$\boldsymbol{a}_{k,i}^p = \int\limits_{\substack{\alpha_1=a_1+\\(n_1-1)\Delta_1}}^{a_1+n_1\Delta_1}\int\limits_{\substack{\alpha_2=a_2+\\(n_2-1)\Delta_2}}^{a_2+n_2\Delta_2}\left[\int_{a_3}^{b_3}\boldsymbol{\psi}_i(\alpha_1,\alpha_2,\alpha_3)\mathrm{P}_\lambda(\alpha_1,\alpha_2,\alpha_3)\mathrm{d}\alpha_3\right]\mathrm{d}\alpha_1\,\mathrm{d}\alpha_2$$

满足条件 $k=(n_1-1)N_2+n_2, n_1=1,2,\cdots,N_1, n_2=1,2,\cdots,N_2$。记作：

$$\boldsymbol{Y_p} = \left(y_1^p, y_2^p,\cdots,y_K^p\right)^{\mathrm{T}} = \boldsymbol{A_p\Theta} \tag{6-25}$$

$$\boldsymbol{A_p} = \begin{bmatrix} \boldsymbol{a}_{1,1}^p & \boldsymbol{a}_{1,2}^p & \ldots & \boldsymbol{a}_{1,N}^p \\ \boldsymbol{a}_{2,1}^p & \boldsymbol{a}_{2,1}^p & \ldots & \boldsymbol{a}_{2,N}^p \\ \ldots & \ldots & \ldots & \ldots \\ \boldsymbol{a}_{K,1}^p & \boldsymbol{a}_{K,1}^p & \ldots & \boldsymbol{a}_{K,N}^p \end{bmatrix}$$

将灰度全色通道与压缩光谱成像通道相结合，即

$$\begin{cases} \boldsymbol{Y_s} = \left(y_1^s, y_2^s,\ldots,y_K^s\right)^{\mathrm{T}} = \boldsymbol{A_s\Theta} \\ \boldsymbol{Y_p} = \left(y_1^p, y_2^p,\ldots,y_K^p\right)^{\mathrm{T}} = \boldsymbol{A_p\Theta} \end{cases} \tag{6-26}$$

可以表示为

$$\boldsymbol{Y} = \boldsymbol{A\Theta} \tag{6-27}$$

其中

$$\boldsymbol{Y} = \begin{bmatrix} \boldsymbol{Y_s} \\ \boldsymbol{Y_p} \end{bmatrix} = \left(y_1^s, y_2^s,\cdots,y_K^s, y_1^p, y_2^p,\cdots,y_K^p\right)^{\mathrm{T}}$$

$$A=\begin{bmatrix}A_s\\A_p\end{bmatrix}=\begin{bmatrix}\boldsymbol{a}_{1,1}^{s} & \boldsymbol{a}_{1,2}^{s} & \cdots & \boldsymbol{a}_{1,N}^{s}\\ \boldsymbol{a}_{2,1}^{s} & \boldsymbol{a}_{2,1}^{s} & \cdots & \boldsymbol{a}_{2,N}^{s}\\ \cdots & \cdots & \cdots & \cdots\\ \boldsymbol{a}_{K,1}^{s} & \boldsymbol{a}_{K,1}^{s} & \cdots & \boldsymbol{a}_{K,N}^{s}\\ \boldsymbol{a}_{1,1}^{p} & \boldsymbol{a}_{1,2}^{p} & \cdots & \boldsymbol{a}_{1,N}^{p}\\ \boldsymbol{a}_{2,1}^{p} & \boldsymbol{a}_{2,1}^{p} & \cdots & \boldsymbol{a}_{2,N}^{p}\\ \cdots & \cdots & \cdots & \cdots\\ \boldsymbol{a}_{K,1}^{p} & \boldsymbol{a}_{K,1}^{p} & \cdots & \boldsymbol{a}_{K,N}^{p}\end{bmatrix}$$

彩色相机不仅可以比灰度相机获取更多的观测，还能提供更多的空间维先验信息，这是由于在光谱图像反演阶段获得了更好的重构。因此，此处我们在上一小节的基础上提出了基于 RGB 彩色成像的双通道 CASSI 观测系统，如图 6.22 所示。

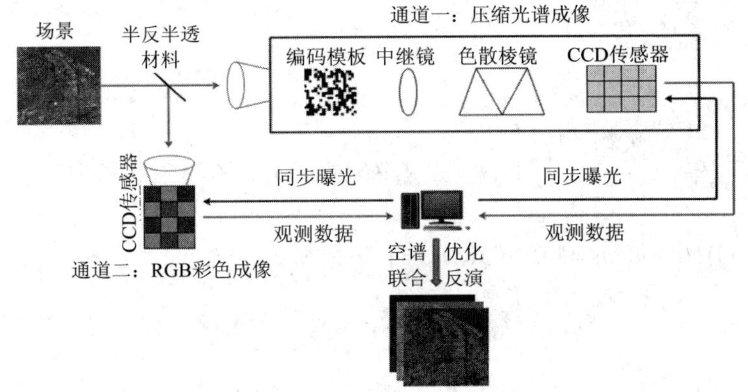

图 6.22　彩色全色双通道示意图

众所周知，彩色相机能比灰度相机获得更多的信息，主要因为彩色相机 CCD 的像素阵列表面覆盖了一层彩色滤镜阵列(Color Filter Array，CFA)。如图 6.23 所示为常见的 Bayer 模式排列的 CFA。由于人眼对三原色中绿色(G)辨识度最高，采集更多的绿色信息有利于辨别出更好的局部信息，因此该排列中使绿色分量占总像素数的 1/2，红色(R)和蓝色(B)各占总像素的 1/4。

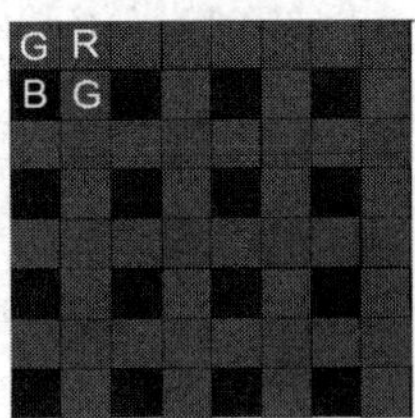

图 6.23　Bayer 模式的彩色滤镜阵列

由于彩色相机 CCD 前覆盖了三种不同颜色的滤镜，所以会导致像素中出现三种不同的光谱响应。

假设红色通道的光谱响应为 $P_\lambda^r(\alpha_1,\alpha_2,\alpha_3)$，绿色通道的光谱响应为 $P_\lambda^g(\alpha_1,\alpha_2,\alpha_3)$，蓝色通道的光谱响应为 $P_\lambda^b(\alpha_1,\alpha_2,\alpha_3)$，则红色通道、绿色通道、蓝色通道的采样值可以表示为

$$\begin{cases} y_k^r = \sum_{i=1}^{N}\theta_i \int\limits_{\substack{\alpha_1=a_1+\\(n_1-1)\Delta_1}}^{a_1+n_1\Delta_1} \int\limits_{\substack{\alpha_2=a_2+\\(n_2-1)\Delta_2}}^{a_2+n_2\Delta_2} \left[\int_{a_3}^{b_3}\boldsymbol{\psi}_i(\alpha_1,\alpha_2,\alpha_3)P_\lambda^r(\alpha_1,\alpha_2,\alpha_3)\,\mathrm{d}\alpha_3\right]\mathrm{d}\alpha_1\,\mathrm{d}\alpha_2 = \sum_{i=1}^{N}\boldsymbol{a}_{k,i}^r\theta_i \\ y_k^g = \sum_{i=1}^{N}\theta_i \int\limits_{\substack{\alpha_1=a_1+\\(n_1-1)\Delta_1}}^{a_1+n_1\Delta_1} \int\limits_{\substack{\alpha_2=a_2+\\(n_2-1)\Delta_2}}^{a_2+n_2\Delta_2} \left[\int_{a_3}^{b_3}\boldsymbol{\psi}_i(\alpha_1,\alpha_2,\alpha_3)P_\lambda^g(\alpha_1,\alpha_2,\alpha_3)\,\mathrm{d}\alpha_3\right]\mathrm{d}\alpha_1\,\mathrm{d}\alpha_2 = \sum_{i=1}^{N}\boldsymbol{a}_{k,i}^g\theta_i \\ y_k^b = \sum_{i=1}^{N}\theta_i \int\limits_{\substack{\alpha_1=a_1+\\(n_1-1)\Delta_1}}^{a_1+n_1\Delta_1} \int\limits_{\substack{\alpha_2=a_2+\\(n_2-1)\Delta_2}}^{a_2+n_2\Delta_2} \left[\int_{a_3}^{b_3}\boldsymbol{\psi}_i(\alpha_1,\alpha_2,\alpha_3)P_\lambda^b(\alpha_1,\alpha_2,\alpha_3)\,\mathrm{d}\alpha_3\right]\mathrm{d}\alpha_1\,\mathrm{d}\alpha_2 = \sum_{i=1}^{N}\boldsymbol{a}_{k,i}^b\theta_i \end{cases} \tag{6-28}$$

其中

$$\begin{cases} \boldsymbol{a}_{k,i}^r = \int\limits_{\substack{\alpha_1=a_1+\\(n_1-1)\Delta_1}}^{a_1+n_1\Delta_1} \int\limits_{\substack{\alpha_2=a_2+\\(n_2-1)\Delta_2}}^{a_2+n_2\Delta_2} \left[\int_{a_3}^{b_3}\boldsymbol{\psi}_i(\alpha_1,\alpha_2,\alpha_3)P_\lambda^r(\alpha_1,\alpha_2,\alpha_3)\,\mathrm{d}\alpha_3\right]\mathrm{d}\alpha_1\,\mathrm{d}\alpha_2 \\ \boldsymbol{a}_{k,i}^g = \int\limits_{\substack{\alpha_1=a_1+\\(n_1-1)\Delta_1}}^{a_1+n_1\Delta_1} \int\limits_{\substack{\alpha_2=a_2+\\(n_2-1)\Delta_2}}^{a_2+n_2\Delta_2} \left[\int_{a_3}^{b_3}\boldsymbol{\psi}_i(\alpha_1,\alpha_2,\alpha_3)P_\lambda^g(\alpha_1,\alpha_2,\alpha_3)\,\mathrm{d}\alpha_3\right]\mathrm{d}\alpha_1\,\mathrm{d}\alpha_2 \\ \boldsymbol{a}_{k,i}^b = \int\limits_{\substack{\alpha_1=a_1+\\(n_1-1)\Delta_1}}^{a_1+n_1\Delta_1} \int\limits_{\substack{\alpha_2=a_2+\\(n_2-1)\Delta_2}}^{a_2+n_2\Delta_2} \left[\int_{a_3}^{b_3}\boldsymbol{\psi}_i(\alpha_1,\alpha_2,\alpha_3)P_\lambda^b(\alpha_1,\alpha_2,\alpha_3)\,\mathrm{d}\alpha_3\right]\mathrm{d}\alpha_1\,\mathrm{d}\alpha_2 \end{cases} \tag{6-29}$$

满足条件 $k=(n_1-1)N_2+n_2, n_1=1,2,\cdots,N_1, n_2=1,2,\cdots,N_2$。记作：

$$\begin{cases} \boldsymbol{Y_r} = \left(y_1^r, y_2^r, \cdots, y_K^r\right)^{\mathrm{T}} = \boldsymbol{A_r\Theta} \\ \boldsymbol{Y_g} = \left(y_1^g, y_2^g, \cdots, y_K^g\right)^{\mathrm{T}} = \boldsymbol{A_g\Theta} \\ \boldsymbol{Y_b} = \left(y_1^b, y_2^b, \cdots, y_K^b\right)^{\mathrm{T}} = \boldsymbol{A_b\Theta} \end{cases} \tag{6-30}$$

其中

$$
\boldsymbol{A}_r = \begin{bmatrix} \boldsymbol{a}_{1,1}^r & \boldsymbol{a}_{1,2}^r & \cdots & \boldsymbol{a}_{1,N}^r \\ \boldsymbol{a}_{2,1}^r & \boldsymbol{a}_{2,1}^r & \cdots & \boldsymbol{a}_{2,N}^r \\ \vdots & \vdots & & \vdots \\ \boldsymbol{a}_{K,1}^r & \boldsymbol{a}_{K,1}^r & \cdots & \boldsymbol{a}_{K,N}^r \end{bmatrix}
$$

$$
\boldsymbol{A}_g = \begin{bmatrix} \boldsymbol{a}_{1,1}^g & \boldsymbol{a}_{1,2}^g & \cdots & \boldsymbol{a}_{1,N}^g \\ \boldsymbol{a}_{2,1}^g & \boldsymbol{a}_{2,1}^g & \cdots & \boldsymbol{a}_{2,N}^g \\ \vdots & \vdots & & \vdots \\ \boldsymbol{a}_{K,1}^g & \boldsymbol{a}_{K,1}^g & \cdots & \boldsymbol{a}_{K,N}^g \end{bmatrix}
$$

$$
\boldsymbol{A}_b = \begin{bmatrix} \boldsymbol{a}_{1,1}^b & \boldsymbol{a}_{1,2}^b & \cdots & \boldsymbol{a}_{1,N}^b \\ \boldsymbol{a}_{2,1}^b & \boldsymbol{a}_{2,1}^b & \cdots & \boldsymbol{a}_{2,N}^b \\ \vdots & \vdots & & \vdots \\ \boldsymbol{a}_{K,1}^b & \boldsymbol{a}_{K,1}^b & \cdots & \boldsymbol{a}_{K,N}^b \end{bmatrix}
$$

将彩色全色通道与压缩光谱成像通道相结合，即

$$
\begin{cases} \boldsymbol{Y}_s = \left(y_1^s, y_2^s, \cdots, y_K^s\right)^{\mathrm{T}} = \boldsymbol{A}_s \boldsymbol{\Theta} \\ \boldsymbol{Y}_r = \left(y_1^r, y_2^r, \cdots, y_K^r\right)^{\mathrm{T}} = \boldsymbol{A}_r \boldsymbol{\Theta} \\ \boldsymbol{Y}_g = \left(y_1^g, y_2^g, \cdots, y_K^g\right)^{\mathrm{T}} = \boldsymbol{A}_g \boldsymbol{\Theta} \\ \boldsymbol{Y}_b = \left(y_1^b, y_2^b, \cdots, y_K^b\right)^{\mathrm{T}} = \boldsymbol{A}_b \boldsymbol{\Theta} \end{cases} \tag{6-31}
$$

可以表示为

$$
\boldsymbol{Y} = \boldsymbol{A}\boldsymbol{\Theta}
$$

其中

$$
\boldsymbol{Y} = \begin{bmatrix} \boldsymbol{Y}_s \\ \boldsymbol{Y}_r \\ \boldsymbol{Y}_g \\ \boldsymbol{Y}_b \end{bmatrix}, \quad \boldsymbol{A} = \begin{bmatrix} \boldsymbol{A}_s \\ \boldsymbol{A}_r \\ \boldsymbol{A}_g \\ \boldsymbol{A}_b \end{bmatrix}
$$

2. 光谱图像优化重建

接下来需要进行光谱图像的重构，不同于传统的成像光谱仪，基于压缩感知的成像仪通过对原始场景光谱数据进行随机编码调制获取混叠数据。当获取的观测值个数小于三维光谱中各光谱像素的总和时，混叠数据只包含了部分原始场景的部分信息，从混叠数据反演出原始高光谱分辨率、高空间分辨率的光谱图像是一个欠定的逆问题。

通过前面的分析推导，全色双通道的观测过程最终可以统一转化为 $\boldsymbol{Y} = \boldsymbol{A}\boldsymbol{\Theta}$ 的形式。由

于$\boldsymbol{\Theta}$是一个严格稀疏或可压缩的信号，根据压缩感知理论，如果观测矩阵$\boldsymbol{A}$满足一定的条件(如有限等距性质)，$\boldsymbol{\Theta}$将可以被完全重构，重构过程为求解的最小化模型。

$$\hat{\boldsymbol{\Theta}} = \operatorname{argmin}\|\boldsymbol{\Theta}\|_1 \quad \text{s.t.}\ \boldsymbol{A\Theta} = \boldsymbol{Y} \tag{6-32}$$

当$\hat{\boldsymbol{\Theta}} = \left(\hat{\theta}_1, \hat{\theta}_2, \cdots, \hat{\theta}_N\right)^{\mathrm{T}}$确定后，对应的多维场景也可以通过下式计算求得：

$$\hat{\boldsymbol{x}}(\alpha_1, \alpha_2, \alpha_3) = \sum_{i=1}^{N} \hat{\theta}_i \boldsymbol{\psi}_i(\alpha_1, \alpha_2, \alpha_3) \tag{6-33}$$

如果稀疏域$\boldsymbol{\Psi} = \{\boldsymbol{\psi}_i(\alpha_1, \alpha_2, \lambda): i = 1, 2, \cdots, N\}$有离散形式且构成标准正交基，即

$$\boldsymbol{\Psi}^{\mathrm{T}}\boldsymbol{\Psi} = \boldsymbol{E}$$

这里$\boldsymbol{\Psi} = (\boldsymbol{\psi}_1, \boldsymbol{\psi}_2, \cdots, \boldsymbol{\psi}_N), \boldsymbol{\psi}_i = (\boldsymbol{\psi}_{1i}, \boldsymbol{\psi}_{2i}, \cdots, \boldsymbol{\psi}_{Ni})^{\mathrm{T}}$，则离散化后的多维场景$\boldsymbol{X} = \boldsymbol{\Psi\Theta}$，令$\boldsymbol{\Phi} = \boldsymbol{A\Psi}^{\mathrm{T}}$，此时最优化模型还可以写为

$$\hat{\boldsymbol{X}} = \arg\min_{\boldsymbol{X}} \left\|\boldsymbol{\Psi}^{\mathrm{T}}\boldsymbol{X}\right\|_1 \quad \text{s.t.}\ \boldsymbol{\Phi X} = \boldsymbol{Y} \tag{6-34}$$

其中，$\boldsymbol{\Phi} = \boldsymbol{A\Psi}^{\mathrm{T}}$。

不难看出，上面模型中的$\boldsymbol{A}$(或$\boldsymbol{\Phi}$)仅与编码调制函数$\mathrm{T}(\alpha_1, \alpha_2, \alpha_3)$、色散混叠函数$f(\bullet)$、相机光谱响应函数$P_\lambda$以及稀疏域$\boldsymbol{\Psi}$有关，只要$T$、$f(\bullet)$、$P_\lambda$、$\boldsymbol{\Psi}$确定，$\boldsymbol{A}$就确定了，计算重构性能也就确定了。但在 CASSI 系统中，T和P_λ对硬件的依赖最大，一旦设计好就已固定，无法改变。相对前两者而言，$f(\bullet)$具有较大的设计空间，对于不同的观测系统，例如单通道单色散 CASSI，互补双通道单色散 CASSI 以及本书提出的基于灰度全色成像和 RGB 彩色成像的双通道系统而言，相当于是它们对应的$f(\bullet)$不同。对于一种特定的 CASSI 观测系统，T、$f(\bullet)$、P_λ已经确定，而稀疏域$\boldsymbol{\Psi}$却只与场景的稀疏特性有关，可以自由地设计。所以，通常的做法是在反演重构时尽可能设计更好的稀疏域$\boldsymbol{\Psi}$。

在压缩感知理论中有许多方法可以解决的问题：基于凸优化的基追踪法(Basis Pursuit，BP)[3]，求解精度较高，但是速度较慢；基于贪婪算法的匹配追踪法(Mathching Pursuit，MP)[4]和正交匹配追踪法(Orthogonal Mathching Pursuit，OMP)[5]，虽然其重构速度明显快于 BP 算法，但是其重构精度也有所下降；相比之下，两步迭代收缩阈值法(Two step Iterative Shrinkage/Thresholding, TwIST)[6]在保证重构精度高的同时可获得更好的重构速度。另外，在 TwIST 算法中可以灵活地使用各种稀疏域，例如傅立叶变换域、离散余弦变换域、小波变换域以及全变差(Total Variation，TV)域。综合考量上述算法，本节将结合我们提出的观测模型，利用 TwIST 算法对其求解。

结合 TwIST 算法，将式(6-34)的观测模型重新表示为下式的形式：

$$\hat{\boldsymbol{X}} = \operatorname{argmin}\left\|\boldsymbol{Y} - \boldsymbol{\Phi X}\right\|_2^2 + \lambda\left\|\boldsymbol{\Psi}^{\mathrm{T}}\boldsymbol{X}\right\|_1 \tag{6-35}$$

其中，$\boldsymbol{X}$ 表示待恢复的光谱数据，$\boldsymbol{Y}$ 表示观测的数据，$\boldsymbol{\Phi}$ 表示从 $\boldsymbol{X}$ 到 $\boldsymbol{Y}$ 的线性变换，$\lambda \in [0,+\infty)$ 表示正则项参数。

不管是在何种形式的重构框架下，求解估计值 $\hat{\boldsymbol{X}}$ 的过程都可以理解为在约束项 $\left\|\boldsymbol{Y} - \boldsymbol{\Phi X}\right\|_2^2$ 和正则项 $\left\|\boldsymbol{\Psi}^{\mathrm{T}}\boldsymbol{X}\right\|_1$ 之间平衡的过程，其中正则项参数 λ 就是用于平衡忠诚项与正则项的权重的。在这些重构框架中，一种常用的方法为迭代收缩阈值法(Iterative Shrinkage Thresholding Algorithms, IST)[7]-[8]，另一种为迭代权重缩减算法(Iterative Reweighted Shrinkage Algorithms, IRS)[9]。对于严重“病态”的方程，由于 IRS 使用了两步固定迭代，因此其收敛速度比 IST 更快。而当待解方程不是严重“病态”但是噪声比较严重时，IST 方法的收敛速度比 IRS 更快，在上述两种方法的基础上，Bioucas-Dias 与 Figueiredo 提出了一种改进方法，称为两步迭代收缩阈值法(TwIST)。在 IST 中，每次迭代仅依赖于前一次的迭代结果，而在 TwIST 中，每次迭代都依赖于前两次的迭代结果，迭代的形式如下：

$$\begin{cases} \boldsymbol{X}_1 = \Gamma_\lambda\left(\boldsymbol{X}_0\right) \\ \boldsymbol{X}_{t+1} = (1-\alpha)\boldsymbol{X}_{t-1} + (\alpha-\beta)\boldsymbol{X}_t + \beta\Gamma_\lambda\left(\boldsymbol{X}_t\right) \end{cases} \tag{6-36}$$

其中：$\boldsymbol{X}_{t-1}$、$\boldsymbol{X}_t$ 和 $\boldsymbol{X}_{t+1}$ 分别为第 $t-1$ 次、t 次和 $t+1$ 次迭代后的估计值，$\Gamma_\lambda : \boldsymbol{R}^m \to \boldsymbol{R}^m$ 为阈值收缩函数，可以表示为 $\Gamma_\lambda\left(\boldsymbol{X}\right) = \boldsymbol{\Psi}_\lambda\left(\boldsymbol{X} + \boldsymbol{\Phi}^{\mathrm{T}}\left(\boldsymbol{Y} - \boldsymbol{\Phi X}\right)\right)$；$\alpha$ 和 β 为各次迭代估计值的权重，$\alpha = \rho^2 + 1$，$\beta = 2\alpha/\left(\lambda_1 + \lambda_m\right)$，$\rho = \left(1-\sqrt{\kappa}\right)/\left(1+\sqrt{\kappa}\right)$，$\kappa = \lambda_1/\lambda_m$。

在 TwIST 中，稀疏域 $\boldsymbol{\Psi}$ 可以为 DCT 域、小波域等，考虑到全变差(Total Variation，TV)可以对图像平滑区域进行较好的处理，且处理速度较快，因此这里选择使用 TV 域，也就是说使用的正则项为 TV 正则项 $\left\|\boldsymbol{\Psi}^{\mathrm{T}}\boldsymbol{X}\right\|_{\mathrm{TV}}$，阈值收缩函数 Γ_λ 为文献中[10]的 TV 去噪方法。这里我们记基于 TV 的 TwIST 算法为 TV-TwIST。TV-TwIST 的流程如图 6.24 所示，其具体步骤如下：

(1) 输入从观测系统采集的混叠光谱图像。

(2) 数据初始化：初始化待重构光谱图像和迭代次数，并设置终止条件。

(3) 残差修正：使用残差修正函数 $\boldsymbol{X} = \boldsymbol{X} + \boldsymbol{\Phi}^{\mathrm{T}}\left(\boldsymbol{Y} - \boldsymbol{\Phi X}\right)$ 来保证重构出的光谱图像不要偏离约束条件 $\boldsymbol{Y} = \boldsymbol{\Phi X}$。

(4) TV 降噪处理：利用 TV 降噪法 $\Gamma_\lambda\left(\boldsymbol{X}\right)$ 对光谱图像进行降噪，以满足先验信息 $\left\|\boldsymbol{\Psi}^{\mathrm{T}}\boldsymbol{X}\right\|_{\mathrm{TV}}$。此时如果执行的是 TwIST 迭代，则直接跳转到步骤(5)；否则，新的目标函数 $f(x)$

是否变小，如果变小则跳转到步骤(3)并开始 TwIST 迭代，如果没变小加大步长后跳转到步骤(3)。

(5) 更新估计值：利用迭代公式 $\boldsymbol{X}_{t+1}=(1-\alpha)\boldsymbol{X}_{t-1}+(\alpha-\beta)\boldsymbol{X}_t+\beta\Gamma_\lambda(\boldsymbol{X}_t)$ 进行 TwIST 更新，获得新的估计值。如果新的目标函数 $f(x)$ 变小，则跳转到步骤(6)；否则，结束 TwIST 迭代并跳转到步骤(3)。

(6) 迭代终止条件判断：根据终止条件判断是否结束迭代。

(7) 输出重构的光谱图像。

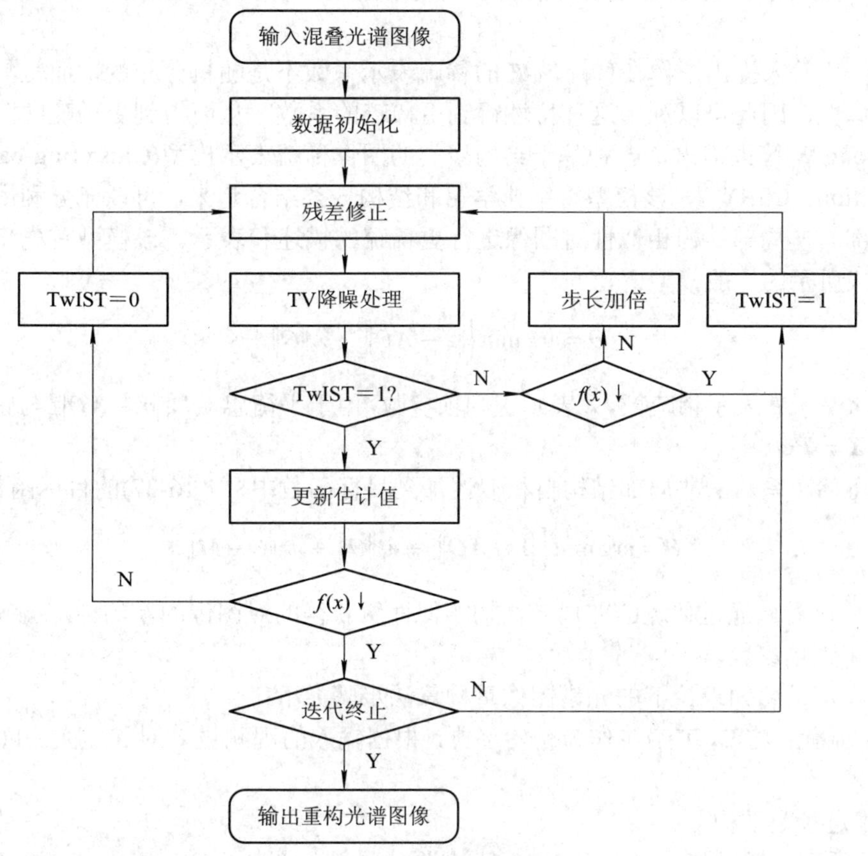

图 6.24　TV-TwIST 流程图

从 TwIST 的流程图可以看出，TwIST 实际是一个三凸集投影(Projection Onto Convex Sets，POCS)结构。在 TwIST 算法中，除了条件跳转需要计算目标函数 $f(x)$ 之外，其他的计算量都集中在“残差修正”、“TV 降噪处理”和“更新估计值”三个步骤。

在 TwIST 中我们使用的稀疏域$\boldsymbol{\Psi}$为 TV 域，原理简单，计算复杂度低，但是无法完整刻画出图像的全部特征，不能充分利用我们附加的全色通道所提供的光谱图像的空间维先验信息，因此重构质量可能不佳。于是人们提出了基于图像局部自相似性、非局部结构自相似性等先验信息进行联合求解的模型，以及使用过完备字典[11]来代替稀疏基$\boldsymbol{\Psi}$用于对图像进行稀疏表示。字典$\boldsymbol{\Psi}$的优劣会影响图像重构的质量，因此字典$\boldsymbol{\Psi}$的选取或者说字典的学习依旧是图像重构领域的研究热点[12]。目前常用的字典学习方法有最优方向法(MOD)[13]、K-SVD[14]法和在线字典学习法(Online Dictionary Learning)[15]，而 Dong W 等人在基于结构聚类的图像稀疏表示模型中使用的是一种基于 PCA 的自适应局部字典学习法[16]。

Dong W 等人提出图像在稀疏域$\boldsymbol{\Psi}$的稀疏表示系数不是随机分布的，而是具有非局部结构自相似性，因此可以利用这种特性得到更稀疏的系数，从而得到更稀疏的图像表示。基于此，Dong W 等人提出了一种基于结构聚类的图像稀疏表示模型(Clustering-based Sparse Representation，CSR)[17]，该模型将字典学习和结构分类结合起来，可以充分利用光谱图像自身的局部与非局部结构相似性对图像进行更稀疏的描述和表示。该模型首先将观测过程表示为下式所示的一般模型：

$$\hat{\boldsymbol{\Theta}} = \arg\min\left\{\left\|\boldsymbol{Y} - \boldsymbol{A\Theta}\right\|_2^2 + \lambda\left\|\boldsymbol{\Theta}\right\|_1\right\} \tag{6-37}$$

其中，$\boldsymbol{A} = \boldsymbol{\Phi\Psi}$，$\boldsymbol{\Psi}$表示稀疏域，$\lambda$表示正则项参数，用于平衡忠诚项$\left\|\boldsymbol{Y} - \boldsymbol{A\Theta}\right\|_2^2$与正则项$\left\|\boldsymbol{\Theta}\right\|_1$的权重，$\boldsymbol{X} = \boldsymbol{\Psi\Theta}$。

然后将稀疏系数的非局部结构自相似性加到目标函数中，式(6-37)的目标函数将变为

$$\hat{\boldsymbol{\Theta}} = \arg\min\left\{\left\|\boldsymbol{Y} - \boldsymbol{A\Theta}\right\|_2^2 + \lambda_1\left\|\boldsymbol{\Theta}\right\|_1 + \lambda_2\left\|\boldsymbol{\Theta} - \boldsymbol{M}\right\|_1\right\} \tag{6-38}$$

其中，$\boldsymbol{M}$可以看做通过稀疏的非局部结构相似性所获得的对图像的新的稀疏编码系数，λ_1和λ_2表示正则项参数。

CSR 在压缩感知理论下的光谱图像重构算法步骤如下：

(1) 初始化：将 DCT 字典作为初始字典，根据输入的观测量$\boldsymbol{Y}$对$\boldsymbol{X}$进行初始重构，得到初始值$\boldsymbol{X}_0$。

(2) 固定参数重构：

(a) 外循环：通过 K-means 和 PCA 算法学习得到字典$\boldsymbol{\Psi}$。

(b) 内循环：

(i) 残差修正$\boldsymbol{X} = \boldsymbol{X} + \boldsymbol{\Phi}^{\mathrm{T}}\left(\boldsymbol{Y} - \boldsymbol{\Phi X}\right)$；

(ii) 根据字典获得稀疏表示系数$\boldsymbol{\Theta}$；

(iii) 更新稀疏编码系数 M；

(iv) 对稀疏系数$\boldsymbol{\Theta}$进行阈值处理；

(v) 根据字典及稀疏系数更新估计的图像$\bar{\boldsymbol{X}}$。

(3) 自适应参数重构：

(a) 外循环：通过 K-means 和 PCA 算法学习得到字典$\boldsymbol{\Psi}$。

(b) 内循环：

(i) 残差修正$\boldsymbol{X}=\boldsymbol{X}+\boldsymbol{\Phi}^{\mathrm{T}}\left(\boldsymbol{Y}-\boldsymbol{\Phi X}\right)$；

(ii) 根据字典获得稀疏表示系数$\boldsymbol{\Theta}$；

(iii) 更新修正阈值；

(iv) 更新稀疏编码系数$\boldsymbol{M}$；

(v) 对稀疏系数$\boldsymbol{\Theta}$进行阈值处理；

(vi) 根据字典及稀疏系数更新估计的图像$\bar{\boldsymbol{X}}$。

本算法中的第一步通过 DCT 字典重构是为了得到一个较好的重构结果，以便在自适应字典学习中能得到好的字典。因此，在此步骤中，也可将通过 DCT 字典进行初始化重构修改为其他的重构方法，比如通过 TwIST 进行重构。

3．仿真实验

我们利用上述介绍的重构算法实施了一系列仿真对比实验，实验的硬件测试平台为：Intel Core i7 CPU，主频 4.0 GHz，内存 16 GB；软件仿真平台为：Windows 7 64 位操作系统和 Matlab 2014a。

在本实验中我们将与现有的两种 CASSI 系统进行对比，对比其在 TV-TwIST 反演算法和 CSR 反演算法下的重构精度。

对比的系统分别为：

① 单通道单色散 CASSI 系统(CASSI)；

② 互补双通道单色散 CASSI 系统(DC-CASSI)；

③ 基于灰度全色相机的双通道单色散 CASSI 系统(P-CASSI)；

④ 基于彩色全色相机的双通道单色散 CASSI 系统(RGB-CASSI)。

对比的反演算法分别为：

① TV-TwIST 重构算法(TwIST)；

② 基于 2D 字典学习的 CSR 算法(CSR2D)；

③ 基于 3D 字典学习的 CSR 算法(CSR3D)。

对比的测试图像分别为：

① 空间分辨率为(256, 256)，谱间分辨率为 7 的 house 光谱图像；

② 空间分辨率为(242, 242)，谱间分辨率为 16 的 stone 光谱图像；

③ 空间分辨率为(512, 512)，谱间分辨率为 31 的 egyptian_statue 光谱图像。

需要指出的是，不同的编码模板会导致不同的重构结果，所以为了保证实验的公平性，本实验中使用的编码模板都为同一模板(随机的二进制编码模板，其中 0 和 1 的个数分别为 50%，0 表示光线不能通过，1 表示光线可以通过)。另外，我们对相机中光谱响应函数进行了简化。对于灰度相机，假设 $P_\lambda(\alpha_1,\alpha_2,\alpha_3)=1$；对于彩色相机，假设

$$\begin{cases} P_\lambda^b(\alpha_1,\alpha_2,\alpha_3)=\begin{cases}1, & \lambda_0\leqslant\lambda\leqslant\lambda_0+\dfrac{1}{3}(\lambda_1-\lambda_0)\\ 0, & \text{其他}\end{cases}\\ P_\lambda^g(\alpha_1,\alpha_2,\alpha_3)=\begin{cases}1, & \lambda_0+\dfrac{1}{3}(\lambda_1-\lambda_0)<\lambda\leqslant\lambda_0+\dfrac{2}{3}(\lambda_1-\lambda_0)\\ 0, & \text{其他}\end{cases}\\ P_\lambda^r(\alpha_1,\alpha_2,\alpha_3)=\begin{cases}1, & \lambda_0+\dfrac{2}{3}(\lambda_1-\lambda_0)<\lambda\leqslant\lambda_1\\ 0, & \text{其他}\end{cases}\end{cases} \tag{6-39}$$

其中，λ_0 表示观测的光谱初始波长，λ_0 表示观测的终止波长。

仿真实验中采用峰值信噪比 PSNR 作为衡量本实验光谱图像恢复效果的指标，PSNR 的定义为

$$\text{MSE}=\frac{\|\boldsymbol{x}-\hat{\boldsymbol{x}}\|^2}{MN} \tag{6-40}$$

$$\text{PSNR}=10\lg\left(\frac{\text{MAX}^2}{\text{MSE}}\right) \tag{6-41}$$

其中，MSE 表示原始光谱图像 $\boldsymbol{x}$ 与重构出的光谱图像 $\hat{\boldsymbol{x}}$ 的均方误差，M 和 N 分别表示光谱图像每个谱段像素的行数和列数，MAX 表示光谱图像像素值的最大值。

表 6.2、表 6.3、表 6.4 分别展示了三种光谱图像在 CASSI、DC-CASSI、P-CASSI 及 RGB-CASSI 观测系统下分别利用 TwIST、CSR2D 和 CSR3D 重构方法的 PSNR 结果。从表中可以看出，不管是在 TwIST 重构方法还是 CSR2D、CSR3D 重构方法下，DC-CASSI 系统、P-CASSI 系统、RGB-CASSI 系统的重构结果都明显优于 CASSI 系统。以 TwIST 重构方法针对 house 图的重构为例，上述三种系统的平均 PSNR 对比 CASSI 系统分别高出 2.8492 dB、5.995 6dB、9.2123 dB。从压缩感知理论的角度考虑，出现这种情况主要是因为上述系统的采样率更高，DC-CASSI 和 P-CASSI 的采样率大约是 CASSI 采样率的 2 倍，而 RGB-CASSI 的采样率更是达到 CASSI 采样率的 4 倍；从图像理解和描述的角度考虑，

在采样率相同的情况下，本书提出的 P-CASSI 系统也明显优于 DC-CASSI 系统，以 TwIST 重构方法针对三幅图的重构为例，P-CASSI 系统的平均 PSNR 比 CASSI 系统的平均 PSNR 分别高出 3.1464 dB、5.1315 dB、8.2274 dB，这是因为 P-CASSI 系统中的全色通道能很好地保存光谱场景的结构信息(如图像的边缘、纹理)。而本书提出的 RGB-CASSI 系统在三种光谱图像的仿真实验中都取得了最好的效果，并且优势明显，这就要归因于其最高的采样率和完好的场景结构信息。另外，针对同一种观测系统，观测量完全一样，CSR2D 重构方法和 CSR3D 重构方法一般都能获得比 TwIST 更好的重构结果，而 CSR3D 的重构结果也都优于 CSR2D，这是因为 CSR3D 重构方法能同时利用光谱数据的空间信息和谱间信息，而 CSR2D 中只侧重于光谱数据的空间信息。

表 6.2　house 图重构 PSNR(dB)

PSNR(dB)	CASSI			DC-CASSI		
	TwIST	CSR2D	CSR3D	TwIST	CSR2D	CSR3D
Band 1	34.1788	37.9575	40.6044	36.4269	41.7165	43.5785
Band 2	35.9409	39.2431	40.8581	38.4547	43.7637	43.6150
Band 3	29.4313	32.8066	36.7767	31.7745	37.4494	40.5074
Band 4	28.9977	32.4739	34.9910	32.3666	37.2125	38.0947
Band 5	31.2069	34.8975	38.1022	34.7161	40.2838	42.2413
Band 6	31.3452	34.8097	38.4210	34.5639	39.8935	42.0032
Band 7	31.2314	35.1981	38.1893	33.9742	39.6730	40.8780
平均	31.7618	35.3409	38.2775	34.6110	39.9989	41.5597
PSNR(dB)	P-CASSI			RGB-CASSI		
	TwIST	CSR2D	CSR3D	TwIST	CSR2D	CSR3D
Band 1	40.5241	44.8680	45.3145	42.9978	46.9704	48.0918
Band 2	40.8133	44.9577	44.8530	45.6659	48.6168	47.9928
Band 3	36.2427	41.2664	42.4012	40.2730	45.1119	45.5414
Band 4	35.0560	39.2563	39.7053	39.4948	43.6620	44.4654
Band 5	38.4853	43.1037	43.7140	38.3800	42.4886	44.5363
Band 6	37.2242	41.6742	42.4363	40.8846	43.8258	45.2904
Band 7	35.9560	41.1135	41.9860	39.1228	42.5562	44.5442
平均	37.7574	42.3200	42.9158	40.9741	44.7474	45.7803

表 6.3　stone 图重构 PSNR(dB)

PSNR(dB)	CASSI			DC-CASSI		
	TwIST	CSR2D	CSR3D	TwIST	CSR2D	CSR3D
Band 1	27.2256	26.9184	28.2409	30.3208	30.9487	32.2609
Band 2	27.7187	27.2461	28.5528	31.0008	31.6877	32.8298
Band 3	28.1878	27.6059	28.6825	31.4691	32.0008	32.6467
Band 4	28.9999	28.8323	29.8896	31.9719	32.6385	33.6669
Band 5	29.2508	29.2877	30.1590	31.7789	32.3811	33.2051
Band 6	29.7054	29.7590	30.5747	31.9281	32.5562	33.4824
Band 7	29.6672	29.8512	30.3797	31.6168	32.4109	33.0733
Band 8	29.9777	30.0232	30.5428	31.8710	32.3312	33.0335
Band 9	29.9956	29.9581	30.5641	31.8907	32.4151	33.1200
Band 10	29.7651	29.7380	30.5471	31.8578	32.3895	33.5618
Band 11	29.5501	29.5227	30.4498	31.8509	32.4400	33.5159
Band 12	28.9881	28.9807	30.0956	31.8943	32.4055	33.6587
Band 13	28.9566	29.0164	30.4268	32.2172	32.8526	34.3020
Band 14	28.8270	28.9187	30.6972	32.2779	33.2954	34.9345
Band 15	29.3167	29.6784	32.3281	33.1712	34.3451	37.1702
Band 16	29.5995	30.2408	33.6206	33.1112	34.7966	38.3941
平均	29.1082	29.0986	30.3595	31.8893	32.6184	33.9285
PSNR(dB)	P-CASSI			RGB-CASSI		
	TwIST	CSR2D	CSR3D	TwIST	CSR2D	CSR3D
Band 1	32.4855	34.1876	34.9639	40.0341	37.2680	41.1062
Band 2	34.5165	35.8778	37.4726	40.5627	40.0870	42.2134
Band 3	36.7705	37.5629	36.7127	40.1530	40.7751	40.9323
Band 4	39.2565	40.6524	40.8926	40.8487	39.6637	42.8872
Band 5	37.7558	39.1078	39.7234	38.7850	37.3675	40.5992
Band 6	37.4982	39.5356	40.0601	39.2030	38.9266	41.3755
Band 7	35.6289	37.3600	36.6748	37.4948	37.7507	37.9296
Band 8	36.0543	37.8588	37.5364	38.0294	38.4375	38.8018

续表

PSNR(dB)	P-CASSI			RGB-CASSI		
	TwIST	CSR2D	CSR3D	TwIST	CSR2D	CSR3D
Band 9	35.6849	36.8894	36.6284	37.0868	37.2986	37.3946
Band 10	37.0595	38.5846	38.3508	38.0335	38.2441	39.8629
Band 11	36.7237	37.7603	38.2049	38.6701	38.6197	39.8552
Band 12	37.2657	37.9309	37.7780	38.0768	38.3377	39.7762
Band 13	38.4387	39.5451	39.3445	40.2327	41.1564	42.5425
Band 14	39.4386	40.2724	40.1302	41.4128	42.8015	44.0358
Band 15	39.5140	40.8825	41.8991	43.0773	44.7522	45.6951
Band 16	38.2408	40.2846	40.2554	42.8569	42.8240	41.9272
平均	37.0208	38.3933	38.5392	39.6599	39.6444	41.0584

表 6.4　egyptian_statue 图重构 PSNR(dB)

PSNR(dB)	CASSI			DC-CASSI		
	TwIST	CSR2D	CSR3D	TwIST	CSR2D	CSR3D
Band 1	34.2499	34.5470	35.8527	39.2813	37.9852	40.0447
Band 2	32.8735	33.0089	33.9035	37.4214	36.1816	37.9441
Band 3	31.9950	32.3764	33.3758	36.7629	35.6011	37.2947
Band 4	31.6037	32.2441	32.9861	36.2962	35.4238	36.8240
Band 5	31.6489	32.3878	33.0637	36.2392	35.5616	36.7448
Band 6	32.0878	32.9352	33.6063	36.6971	36.1144	37.4702
Band 7	32.4644	33.3317	33.9879	37.1125	36.5121	37.7597
Band 8	32.5518	33.4346	34.1373	37.1903	36.4961	37.8983
Band 9	32.6540	33.4858	34.2049	37.0505	36.4387	37.7399
Band 10	33.1286	33.8230	34.7632	37.4928	36.8287	38.2632
Band 11	33.0365	33.4790	34.3164	37.0028	36.3002	37.6718
Band 12	32.9919	33.4058	34.2008	36.6397	36.0083	37.4181
Band 13	32.8077	33.1261	33.9122	36.1619	35.5754	36.9734
Band 14	32.5447	32.7802	33.5025	35.6915	35.1542	36.4980
Band 15	32.4521	32.6548	33.3735	35.4852	35.0057	36.3067

续表一

PSNR(dB)	CASSI			DC-CASSI		
	TwIST	CSR2D	CSR3D	TwIST	CSR2D	CSR3D
Band 16	32.5620	32.7102	33.4280	35.4892	35.0511	36.3848
Band 17	32.6151	32.6398	33.3367	35.5315	34.9843	36.3072
Band 18	32.5471	32.6029	33.3097	35.4048	34.9425	36.2759
Band 19	32.0896	32.2222	32.7979	34.8274	34.5509	35.7651
Band 20	31.9763	32.1700	32.8752	34.7851	34.5266	35.9950
Band 21	32.0993	32.3145	33.0842	35.0564	34.8037	36.3881
Band 22	31.7003	32.0349	32.7929	34.7620	34.5564	36.2464
Band 23	31.2009	31.5216	32.2306	34.3406	34.1234	35.8472
Band 24	31.0434	31.3071	32.0456	34.2700	34.0180	35.7988
Band 25	31.2561	31.4616	32.2682	34.7362	34.4500	36.4732
Band 26	30.9266	31.2073	32.0757	34.5388	34.2988	36.4343
Band 27	30.5730	30.8886	31.8455	34.2755	34.0816	36.4147
Band 28	30.5714	30.9458	32.0726	34.5703	34.3212	36.9018
Band 29	30.2142	30.5666	31.9704	34.2734	33.9384	36.8891
Band 30	29.9366	30.4576	32.0869	34.0437	33.7047	36.9098
Band 31	30.1980	30.7272	32.6952	33.8360	33.6736	37.3276
平均	31.9549	32.3483	33.2291	35.7183	35.2004	36.9423
PSNR(dB)	P-CASSI			RGB-CASSI		
	TwIST	CSR2D	CSR3D	TwIST	CSR2D	CSR3D
Band 1	39.6384	38.6056	40.7476	46.9231	38.1368	41.5557
Band 2	42.1373	42.4932	43.5135	46.6014	45.4483	46.5810
Band 3	43.2359	44.3047	44.4087	46.7975	47.0482	48.5179
Band 4	43.3351	43.9787	44.0788	46.8604	45.9105	47.2424
Band 5	44.0942	44.3479	44.5486	48.6551	45.8807	47.0872
Band 6	44.5652	44.4654	45.5436	49.9447	48.5445	50.4298
Band 7	44.1113	44.1673	45.4348	49.6598	49.3729	51.0005
Band 8	43.8702	44.0013	45.7961	49.1370	49.1254	51.5337

续表二

PSNR(dB)	P-CASSI			RGB-CASSI		
	TwIST	CSR2D	CSR3D	TwIST	CSR2D	CSR3D
Band 9	43.8441	44.2686	45.9136	48.3193	48.8787	50.1353
Band 10	42.8538	43.6853	45.6125	47.3215	47.1830	47.4362
Band 11	43.5809	44.2025	45.9421	47.4023	41.4739	43.9436
Band 12	44.4100	44.7159	46.6708	49.0531	43.2358	45.9201
Band 13	45.6076	45.6671	46.7335	51.2121	48.3031	50.7182
Band 14	44.6183	45.0480	45.7496	50.9350	50.7333	52.6195
Band 15	44.4004	45.0227	45.4792	50.9570	49.5729	52.2146
Band 16	45.1177	45.4934	45.9654	51.7119	51.8256	53.6117
Band 17	45.4901	45.5295	45.6803	51.9867	52.3486	51.8982
Band 18	45.6471	45.5507	45.8902	51.2593	51.6446	51.0723
Band 19	44.8275	45.4200	44.6443	48.6955	45.0326	46.2699
Band 20	44.5946	45.4267	46.4491	46.4538	41.5164	46.7689
Band 21	45.6136	45.6606	47.1849	47.3045	46.3973	48.3676
Band 22	44.6855	44.5354	46.1530	48.8916	48.9098	50.4919
Band 23	43.3237	43.0911	44.9385	49.5631	50.4826	51.8543
Band 24	43.4002	42.8523	44.5563	50.1984	50.7499	52.5993
Band 25	45.0865	44.3070	46.0659	51.5077	51.5441	53.3987
Band 26	44.6190	44.0699	45.6602	51.8303	52.7232	54.4258
Band 27	43.9243	43.3288	45.0093	51.1032	51.8176	53.5036
Band 28	43.9452	43.7159	45.3016	50.5234	51.8179	53.5714
Band 29	43.1442	42.9880	44.6055	49.3941	50.5354	51.8867
Band 30	42.5026	42.2557	43.9891	48.1502	48.5475	50.1439
Band 31	42.0932	41.9656	43.9501	47.1839	48.3946	49.6986
平均	43.9457	44.0376	45.2328	49.2109	48.1657	49.8870

图 6.25、图 6.26、图 6.27 分别展示了光谱图像在 CASSI、DC-CASSI、P-CASSI 及 RGB-CASSI 观测系统下分别利用 TwIST、CSR2D 和 CSR3D 重构方法的恢复图像及对应的 PSNR，由于篇幅限制，这里只展示了 house 光谱图像的第 3 个谱段、stone 光谱图像的第 1

个谱段以及 egyptian_statue 光谱图像的第 27 个谱段。其中第一行显示的为原始图像，后四行分别对应 CASSI、DC-CASSI、P-CASSI 及 RGB-CASSI 观测系统；第一列对应 TwIST 重构方法，第二列对应 CSR2D 重构方法，第三列对应 CSR3D 重构方法。从这三种光谱图像的对比结果可以看出，基于 CASSI 观测系统和 DC-CASSI 观测系统恢复得到的图像整体存在模糊、不清晰的现象，对边缘和纹理结构的恢复效果不好。相比而言，本书提出的 P-CASSI 观测系统和 RGB 观测系统能恢复出更加逼近于原始图像的结果，这主要是因为其全色通道能较好地保存丰富的细节信息。

原始图像

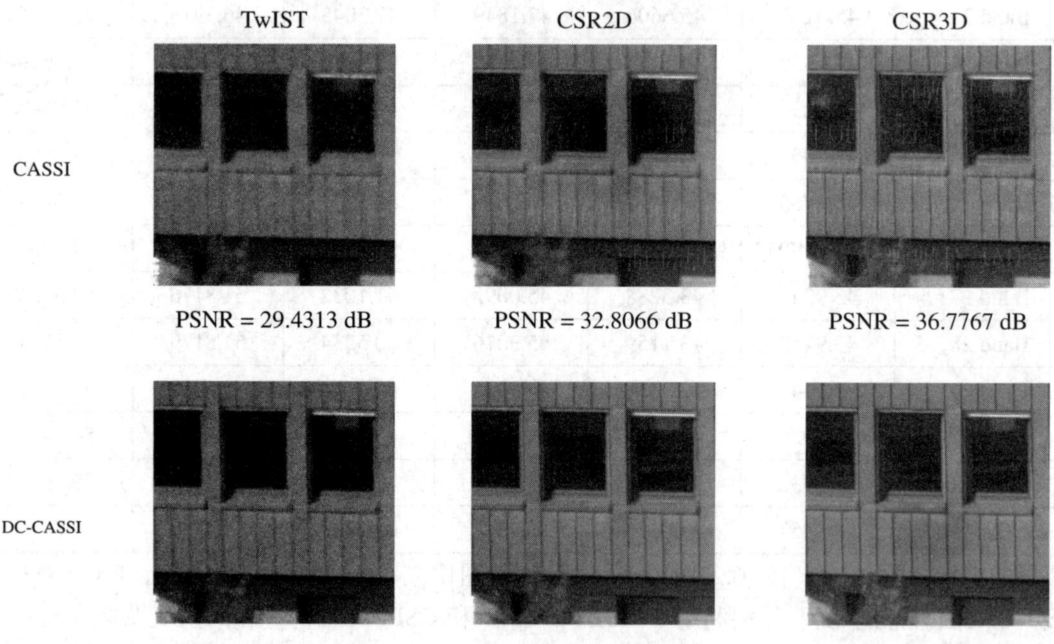

P-CASSI

PSNR = 36.2427 dB

PSNR = 41.2664 dB

PSNR = 42.4012 dB

GB-CASSI

PSNR = 40.2730 dB

PSNR = 45.1119 dB

PSNR = 45.5414 dB

图 6.25　house 图重构结果

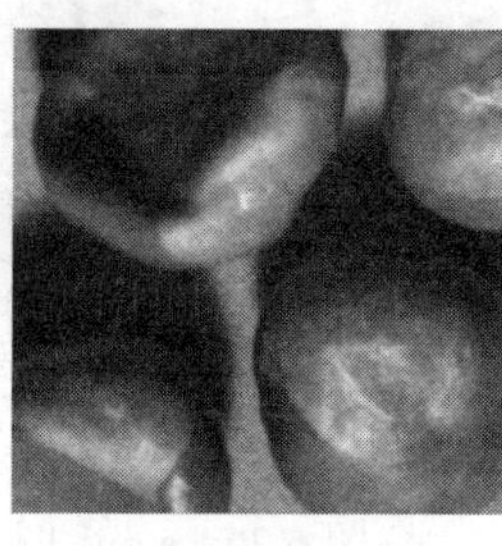

原始图像

TwIST　　CSR2D　　CSR3D

CASSI

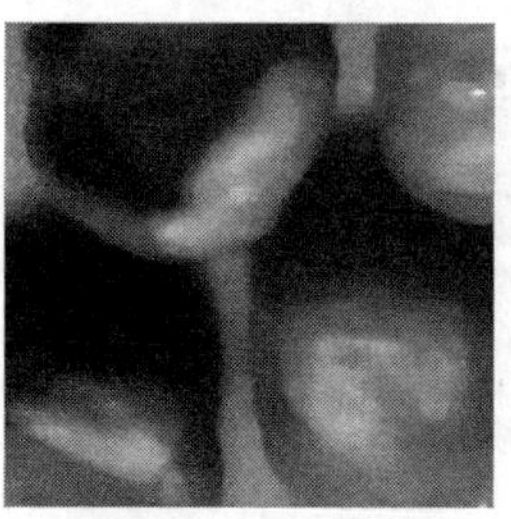

PSNR = 27.2256 dB

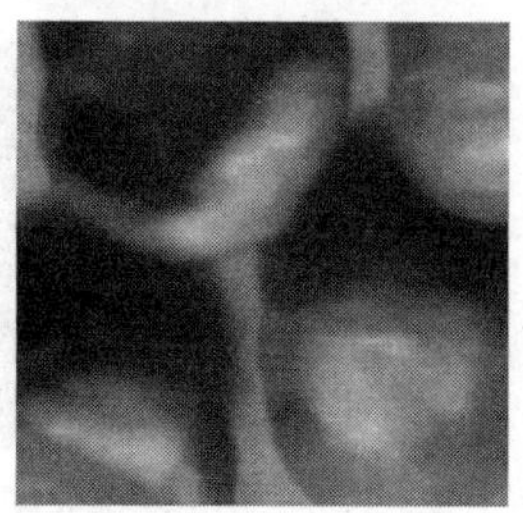

PSNR = 26.9184 dB

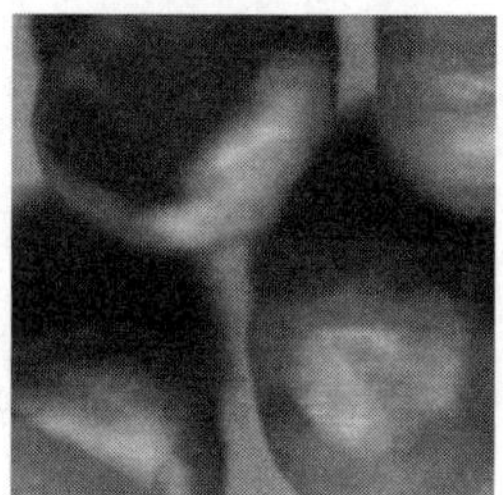

PSNR = 28.2409 dB

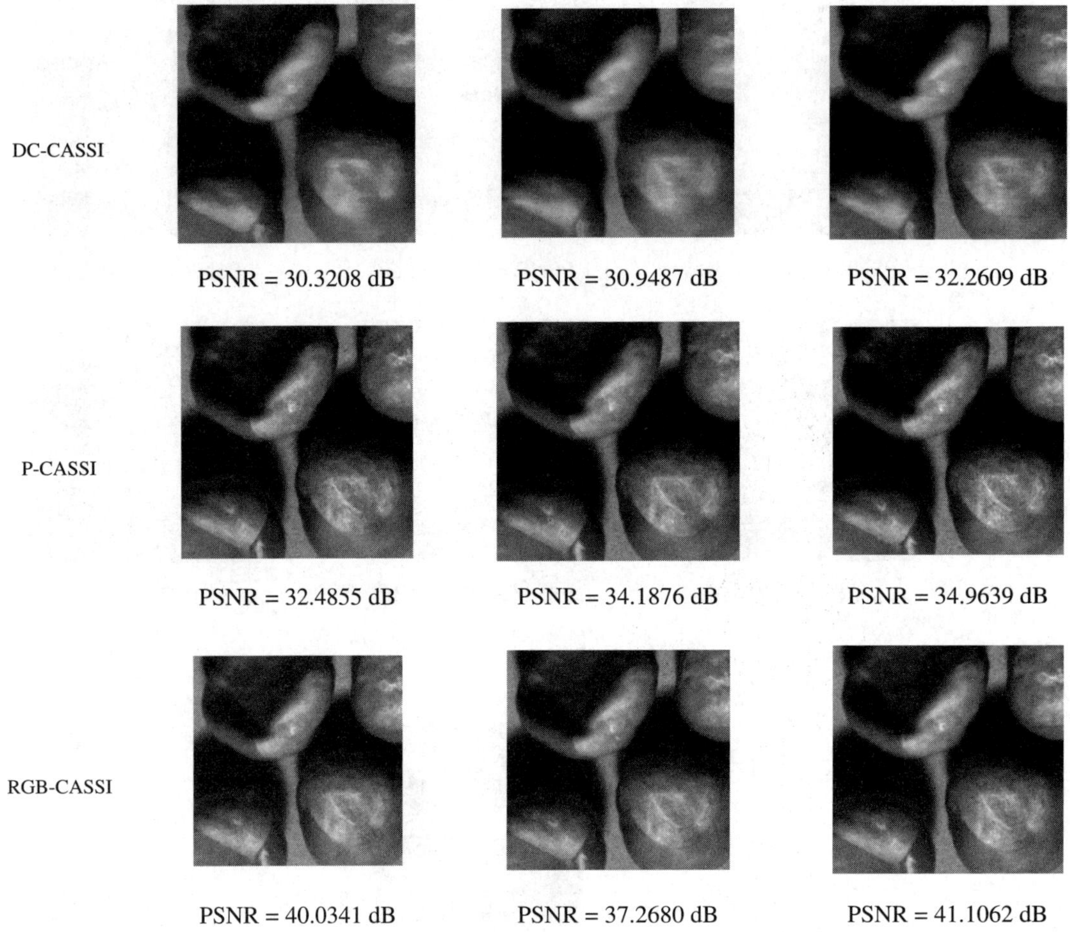

DC-CASSI

PSNR = 30.3208 dB　PSNR = 30.9487 dB　PSNR = 32.2609 dB

P-CASSI

PSNR = 32.4855 dB　PSNR = 34.1876 dB　PSNR = 34.9639 dB

RGB-CASSI

PSNR = 40.0341 dB　PSNR = 37.2680 dB　PSNR = 41.1062 dB

图 6.26　stone 图重构结果

原始图像

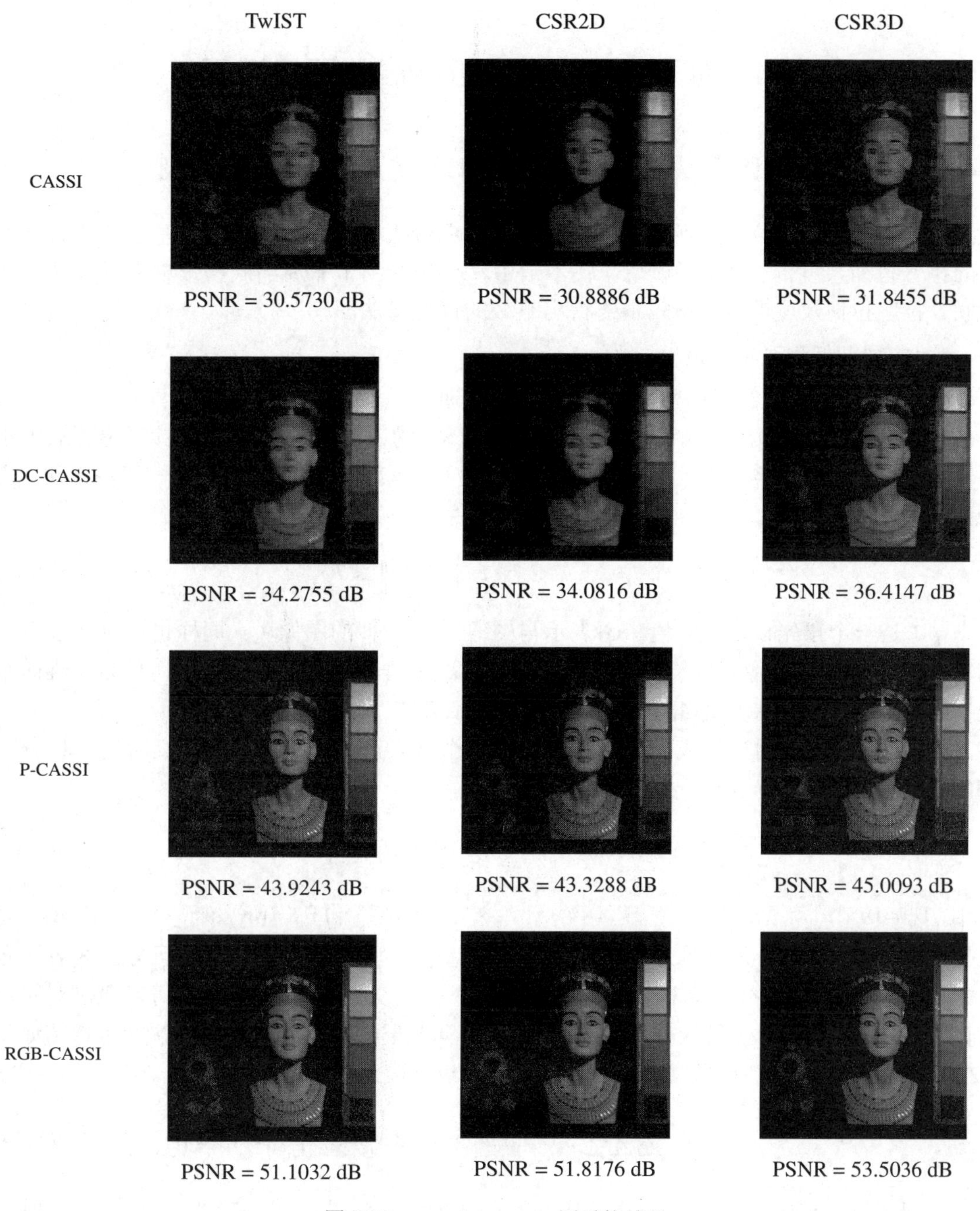

图 6.27　egyptian_statue 图重构结果

6.4　基于低秩张量逼近的高维图像恢复

6.4.1　基于低秩张量逼近的拉普拉斯尺度混合(LSM)模型

针对高光谱图像恢复问题，确切地说是针对图像去噪问题，我们提出基于低秩张量逼近的拉普拉斯尺度混合(LSM)模型。在本节中，首先介绍了非局部低秩张量逼近算法，然后联合拉普拉斯尺度混合模型，最终得出有效的优化算法。

1．非局部低秩张量逼近

低秩张量逼近主要包括两步：块分组和低秩逼近。

(1) 首先将含噪声的高光谱图像表示为 $H\times W\times L$ 的三维数据块，然后在第 i 位置取大小为 $\sqrt{n}\times\sqrt{n}\times L$ 图像块 P_i，随后在 40×40 的局部窗里搜索与该图像块相似的一组图像块，表示为

$$G_i=\left\{i_j,\left\|P_i-P_{i_j}\right\|_2<T\right\} \tag{6-42}$$

其中，T 是一个预先设定的阈值，G_i 表示与图像块 P_i 相似的图像块。同样也可以通过 k 近邻算法求 G_i。在对图像块聚类之后，我们通过重组三维图像块的每个矩阵切片为一维向量把一组相似的三维图像块重组为三阶张量，即 $\boldsymbol{Y}_i\in\boldsymbol{R}^{n\times m\times L}$。

(2) 低秩逼近被用来形成张量 $\boldsymbol{Y}_i$。给定的一个含噪声的张量 $\boldsymbol{Y}_i$，它的高阶奇异值分解(HOSVD，也叫 Tucker 分解)表示为

$$\boldsymbol{Y}_i=\sum_{r=1}^{n}\sum_{c=1}^{m}\sum_{l=1}^{L}\tilde{S}_i(r,c,l)\boldsymbol{u}_{i,r}\times\boldsymbol{v}_{i,\mathrm{c}}\times\boldsymbol{w}_{i,l}=\tilde{\boldsymbol{S}}_i\times_1\boldsymbol{U}_i\times_2\boldsymbol{V}_i\times_3\boldsymbol{W}_i \tag{6-43}$$

其中，$\boldsymbol{U}_i=[\boldsymbol{u}_{i,1},\boldsymbol{u}_{i,2},\cdots,\boldsymbol{u}_{i,n}]\in\boldsymbol{R}^{n\times n}$，$\boldsymbol{V}_i=[\boldsymbol{v}_{i,1},\boldsymbol{v}_{i,2},\cdots,\boldsymbol{v}_{i,m}]\in\boldsymbol{R}^{m\times m}$ 和 $\boldsymbol{W}_i=[\boldsymbol{w}_{i,1},\boldsymbol{w}_{i,2},\cdots,\boldsymbol{w}_{i,L}]\in\boldsymbol{R}^{L\times L}$ 是正交矩阵，$\tilde{\boldsymbol{S}}_i\in\boldsymbol{R}^{n\times m\times L}$ 是三维系数矩阵(也叫核张量)，$\tilde{\mathrm{S}}_i(r,c,l)$ 是 $\tilde{\boldsymbol{S}}_i$ 的组成元素，$\times$ 表示张量乘积($\boldsymbol{x}\times\boldsymbol{y}=\boldsymbol{x}\boldsymbol{y}^{\mathrm{T}}$)，$\times_j$ 表示 j-mode 张量乘积。三个正交矩阵 $\boldsymbol{U}_i$、$\boldsymbol{V}_i$、$\boldsymbol{W}_i$ 可以通过对张量 $\boldsymbol{Y}_i$ 的 SVD 分解，即对张量 $\boldsymbol{Y}_i$ 分别按 mode-j($j=1,2,3$)展开。高阶奇异值分解的示意图如图 6.28 所示。得益于我们对图像块的聚类，$\boldsymbol{Y}_i$ 可以近似表示为如下低秩张量：

$$\hat{\boldsymbol{X}}_i=\sum_{r=1}^{r_1}\sum_{c=1}^{r_2}\sum_{l=1}^{r_3}\hat{\mathrm{S}}_i(r,c,l)\boldsymbol{u}_{i,r}\times\boldsymbol{v}_{i,\mathrm{c}}\times\boldsymbol{w}_{i,l}=\hat{\boldsymbol{S}}_i\times_1\hat{\boldsymbol{U}}_i\times_2\hat{\boldsymbol{V}}_i\times_3\hat{\boldsymbol{W}}_i \tag{6-44}$$

其中：$\hat{\boldsymbol{U}}_i=[\boldsymbol{u}_{i,1},\cdots,\boldsymbol{u}_{i,r_1}]\in\boldsymbol{R}^{n\times r_1}$；$\hat{\boldsymbol{V}}_i=[\boldsymbol{v}_{i,1},\cdots,\boldsymbol{v}_{i,r_2}]\in\boldsymbol{R}^{m\times r_2}$ 和 $\hat{\boldsymbol{W}}_i=[\boldsymbol{w}_{i,1},\cdots,\boldsymbol{w}_{i,r_3}]\in\boldsymbol{R}^{L\times r_3}$ 分别是 $\boldsymbol{U}_i,\boldsymbol{V}_i,\boldsymbol{W}_i$ 的降维矩阵，$r_1\leqslant n,r_2\leqslant m,r_3\leqslant L$；$\hat{\boldsymbol{S}}_i\in\boldsymbol{R}^{r_1\times r_2\times r_3}$ 表示更小的核张量，(r_1,r_2,r_3) 通常被

叫做张量$\boldsymbol{Y}_i$的 3-rank。为了估计张量的 n-rank，针对不同的模型经常使用 AIC/MDL(Akaike Information Criterion /Minimum Description Length)算法[18]进行估计。随着(r_1,r_2,r_3)的求出，通过沿着$\tilde{S}_i$的不同 mode 设置$n-r_1,m-r_2,L-r_3$切片为零矩阵，就能得出$\boldsymbol{Y}_i$的低秩张量逼近。

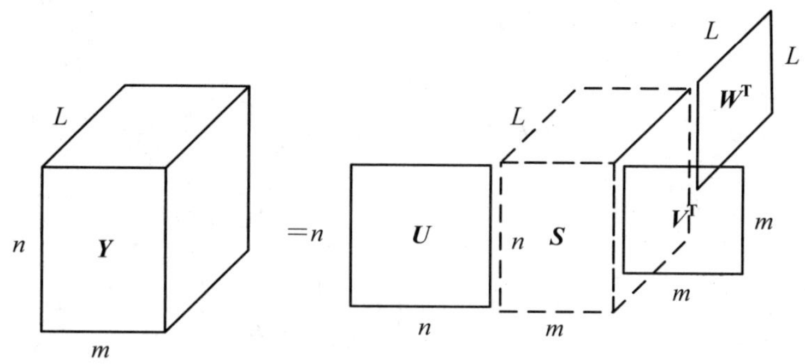

图 6.28　低秩张量 $\boldsymbol{Y}$ 的 HOSVD 分解

下面我们通过对张量系数应用稀疏正则的方法取代上文中介绍的 AIC/MDL 算法获取低秩张量逼近：

$$\hat{\boldsymbol{S}}_i=\arg\min_{S_i}\psi(\boldsymbol{S}_i)\quad \text{s.t.}\quad \left\|\boldsymbol{Y}_i-\boldsymbol{S}_i\times_1\boldsymbol{U}_i\times_2\boldsymbol{V}_i\times_3\boldsymbol{W}_i\right\|_{\mathrm{F}}^2\leqslant\sigma_w^2 \tag{6-45}$$

其中，$\psi(\cdot)$表示稀疏约束函数，$(\boldsymbol{U}_i,\boldsymbol{V}_i,\boldsymbol{W}_i)$是对张量$\boldsymbol{Y}_i$进行 HOSVD 分解获得的正交矩阵。由于这些矩阵的正交性，式(6-45)可以被重新写为

$$\hat{\boldsymbol{S}}_i=\arg\min_{S_i}\psi(\boldsymbol{S}_i)\quad \text{s.t.}\quad \left\|\tilde{\boldsymbol{S}}_i-\boldsymbol{S}_i\right\|_F^2\leqslant\sigma_w^2 \tag{6-46}$$

其中，$\tilde{\mathrm{S}}_i=\boldsymbol{Y}_i\times_1\boldsymbol{U}_i^{\mathrm{T}}\times_2\boldsymbol{V}_i^{\mathrm{T}}\times_3\boldsymbol{W}_i^{\mathrm{T}}$。上述问题经常被写成拉格朗日形式：

$$\hat{\boldsymbol{S}}_i=\arg\min_{S_i}\left\|\tilde{\boldsymbol{S}}_i-\boldsymbol{S}_i\right\|_{\mathrm{F}}^2+\lambda\psi(\boldsymbol{S}_i) \tag{6-47}$$

我们通常选择伪ℓ_0范数和ℓ_1范数作为稀疏约束函数$\psi(\cdot)$，这也就是对张量系数$\tilde{\boldsymbol{S}}_i$分别进行硬阈值和软阈值。一般来说，选择的阈值λ是自适应求解的[19]。

2．基于低秩张量逼近的拉普拉斯尺度混合模型

从式(6-47)可以看出，如何选择一个恰当的稀疏约束函数$\psi(\cdot)$在低秩张量逼近中是非常重要的。在这一小节中，我们提出一个最大后验概率(MAP)算法从$\tilde{\boldsymbol{S}}_i$中估计$\boldsymbol{S}_i$。为简单起见，我们去掉下标i，并用$\tilde{\boldsymbol{s}}\in\boldsymbol{R}^{n\cdot m\cdot L}$和$\boldsymbol{s}\in\boldsymbol{R}^{n\cdot m\cdot L}$来分别表示$\tilde{\boldsymbol{S}}$和$\boldsymbol{S}$拉成的一维向量。如果$\boldsymbol{s}$

表示无噪声的，$\tilde{s}$ 表示含噪声的，$n \in R^{n \cdot m \cdot L}$ 表示添加的高斯噪声，即 $\tilde{s} = s + n$。因此从 $\tilde{s}$ 到 s 最大后验概率估计可以写为

$$s = \arg\min_{s} \left\{ -\log P(\tilde{s} \mid s) - \log P(s) \right\} \tag{6-48}$$

其中 $\log P(\tilde{s} \mid s)$ 由高斯噪声分布函数得到：

$$\log P(\tilde{s} \mid s) \propto \exp\left(-\frac{1}{2\sigma_w^2} \|\tilde{s} - s\|_2^2 \right) \tag{6-49}$$

s 的先验分布为

$$P(s) \propto \prod_j \exp\left(-\frac{\psi(s_j)}{\theta_j} \right) \tag{6-50}$$

其中，θ_j 表示 s_j 的标准差。当 $P(s)$ 服从独立同分布的拉普拉斯分布，对于解决 s 的加权 ℓ_1 范数问题时，我们通过对上述最大后验概率公式的一系列简单推导，得出：

$$s = \arg\min_{s} \|\tilde{s} - s\|_2^2 + 2\sqrt{2}\sigma_w^2 \sum_j \frac{1}{\theta_j} |s_j| \tag{6-51}$$

从文献[20]中我们得知，加权 ℓ_1 范数比原始的 ℓ_1 范数稀疏估计更加有效。现在剩下的问题就是如何从噪声观测 $\tilde{s}$ 中估计 θ_j。

在本节中，我们提出了一个 s 的先验估计，采用了拉普拉斯尺度混合(LSM)模型进行估计。使用拉普拉斯尺度混合先验，我们可以把 s 分解为拉普拉斯向量 α 和一个具有 $P(\theta_j)$ 分布的正隐藏的标量乘子 θ 的逐点乘积，即 $s_j = \theta_j \alpha_j$。从文献[21]中可见，这种分解同高斯尺度混合模型十分相似。并且 s_j 服从标准差为 θ_j 的拉普拉斯分布。假设 θ_j 和 α_j 是独立的，则可以将 s 的拉普拉斯尺度混合先验写为

$$P(s) = \prod_j P(s_j), P(s_j) = \int_0^\infty P(s_j \mid \theta_j) P(\theta_j) d\theta_j \tag{6-52}$$

可以看出对于许多可选择的 $P(\theta_j)$，$P(s)$ 都没有解析表达式。因此，使用拉普拉斯尺度混合先验来计算 s 的最大后验估计是非常困难的。但是我们可以通过使用联合先验模型 $P(s,\theta)$ 来解决这个问题。我们使用 $P(s,\theta)$ 取代最大后验概率估计式(6-48)得到：

$$P(s,\theta) = \arg\min_{s,\theta} \left\{ -\log P(\tilde{s} \mid s) - \log P(s \mid \theta) - \log P(\theta) \right\} \tag{6-53}$$

这里我们采用一个乘数因子分布，$P(\theta_j)=\dfrac{1}{\theta_j}$。通过杰弗瑞先验，式(6-53)可以被写成：

$$P(\boldsymbol{s},\boldsymbol{\theta})=\arg\min_{\boldsymbol{s},\boldsymbol{\theta}}\|\tilde{\boldsymbol{s}}-\boldsymbol{s}\|_2^2+2\sqrt{2}\sigma_w^2\frac{1}{\theta_j}|s_j|+4\sigma_w^2\sum_j\log\theta_j \tag{6-54}$$

在拉普拉斯尺度混合中有 $\boldsymbol{s}=\boldsymbol{\Lambda}\boldsymbol{\alpha}$，其中 $\boldsymbol{\Lambda}=\operatorname{diag}(\theta_j)\in\boldsymbol{R}^{n\cdot m\cdot L\times n\cdot m\cdot L}$，则式(6-54)可以重写为

$$P(\boldsymbol{\alpha},\boldsymbol{\theta})=\arg\min_{\boldsymbol{\alpha},\boldsymbol{\theta}}\|\tilde{\boldsymbol{s}}-\boldsymbol{\Lambda}\boldsymbol{\alpha}\|_2^2+2\sqrt{2}\sigma_w^2\sum_j|\alpha_j|+4\sigma_w^2\sum_j\log(\theta_j+\varepsilon) \tag{6-55}$$

其中，ε 是为了保持数值稳定性的一个很小的正常数。从式(6-55)中我们可以看出，通过使用拉普拉斯尺度混合先验，$\boldsymbol{s}$ 的稀疏估计被转成了 $\boldsymbol{\alpha}$ 和 $\boldsymbol{\theta}$ 的联合估计。

3．迭代优化算法

为了求解上述目标函数式(6-55)，最一般的方法是采用迭代优化算法求解。同时我们发现，上述目标函数式的子问题具有封闭解，这就使我们的求解变得更加简单。

第一步，给定一个初始的 $\boldsymbol{\alpha}$，我们可以得出求解 $\boldsymbol{\theta}$ 的优化式：

$$\boldsymbol{\theta}=\arg\min_{\boldsymbol{\theta}}\|\tilde{\boldsymbol{s}}-\boldsymbol{A}\boldsymbol{\theta}\|_2^2+4\sigma_w^2\sum_j\log(\theta_j+\varepsilon) \tag{6-56}$$

其中 $\boldsymbol{A}=\operatorname{diag}(\boldsymbol{\alpha}),\ \boldsymbol{\Lambda}\boldsymbol{\alpha}=\boldsymbol{A}\boldsymbol{\theta}$。同样的，上式可以重写为

$$\boldsymbol{\theta}=\arg\min_{\boldsymbol{\theta}}\sum_j\left\{a_j\theta_j^2+b_j\theta_j+c\log(\theta_j+\varepsilon)\right\} \tag{6-57}$$

其中，$a_j=\alpha_j^2,\ b_j=2\alpha_j\tilde{s}_j,\ c=4\sigma_w^2$。因此，上式可以归结为求解一系列标量最小化问题：

$$\theta_j=\arg\min_{\theta_j}a_j\theta_j^2+b_j\theta_j+c\log(\theta_j+\varepsilon) \tag{6-58}$$

该式可以通过取倒数来求解，即 $\dfrac{\mathrm{d}f(\theta_j)}{\mathrm{d}\theta_j}=0$，其中 $f(\theta)$ 表示式(6-58)等号右边的式子。通过令 $\dfrac{\mathrm{d}f(\theta_j)}{\mathrm{d}\theta_j}=0$，可以得到两个点：

$$\theta_{j,1}=-\frac{b_j}{4a_j}+\sqrt{\frac{b_j^2}{16a_j^2}-\frac{c}{2a_j}},\ \theta_{j,2}=-\frac{b_j}{4a_j}-\sqrt{\frac{b_j^2}{16a_j^2}-\frac{c}{2a_j}} \tag{6-59}$$

(1) 当 $\dfrac{b_j^2}{16a_j^2}-\dfrac{c}{2a_j}\geqslant 0$ 时，式(6-58)的全局最小值即为 $f(0)$、$f(\theta_{j,1})$、$f(\theta_{j,2})$ 中最小的那

个点。

(2) 当 $\frac{b_j^2}{16a_j^2}-\frac{c}{2a_j}<0$ 时，在 $[0,\infty)$ 区间内没有解。因为 ε 是一个很小的正常数，所以 $g(0)=b_j+c/\varepsilon$ 总是正数，其中 $g(\theta)=\frac{f(\theta)}{\mathrm{d}\theta}$。因此 $f(0)$ 是全局最小值点。

所以，式(6-58)可被重写为

$$\theta_j=\begin{cases}0, & \frac{b_j^2}{16a_j^2}-\frac{c}{2a_j}<0\\ t_j, & \text{其他}\end{cases} \tag{6-60}$$

其中 $t_j=\arg\min_{\theta_j}\left\{f(0),f(\theta_{j,1}),f(\theta_{j,2})\right\}$。

第二步，固定 $\boldsymbol{\theta}$，用下式求解 $\boldsymbol{\alpha}$：

$$\boldsymbol{\alpha}=\arg\min_{\boldsymbol{\alpha}}\left\|\tilde{\boldsymbol{s}}-\boldsymbol{\Lambda\alpha}\right\|_2^2+2\sqrt{2}\sigma_w^2\sum_j\left|\alpha_j\right| \tag{6-61}$$

求解该式有一个封闭解：

$$\alpha_j=S_{\tau_j}\left(\frac{\tilde{s}_j}{\theta_j}\right) \tag{6-62}$$

其中，$S_{\tau_j}(\bullet)$ 表示阈值为 $\tau_j=\frac{\sqrt{2}\sigma_{\mathrm{w}}^2}{\theta_j^{\mathrm{w}}}$ 的软阈值函数。

第三步，交替迭代求解式(6-56)和式(6-61)，稀疏系数 $\boldsymbol{s}$ 可以通过等式 $\hat{\boldsymbol{s}}=\hat{\boldsymbol{\Lambda}}\hat{\boldsymbol{\alpha}}$ 估计，其中 $\hat{\boldsymbol{\Lambda}}$ 和 $\hat{\boldsymbol{\alpha}}$ 分别为 $\boldsymbol{\Lambda}$ 和 $\boldsymbol{\alpha}$ 的估计。最后，重构得到的张量可以通过下式得到：

$$\hat{\boldsymbol{X}}=\hat{\boldsymbol{S}}\times_1\boldsymbol{U}\times_2\boldsymbol{V}\times_3\boldsymbol{W} \tag{6-63}$$

其中 $\hat{\boldsymbol{S}}$ 是与 $\hat{\boldsymbol{s}}$ 相应的稀疏系数张量。

6.4.2 基于低秩张量逼近的高维图像去噪

在本节中，我们应用上节中阐述的低秩张量逼近算法对高维图像去噪。假设观测到的噪声数据表示为 $\boldsymbol{Y}=\boldsymbol{X}+\boldsymbol{N}$，其中 $\boldsymbol{X}\in\boldsymbol{R}^{H\times W\times L},\boldsymbol{N}\in\boldsymbol{R}^{H\times W\times L}$ 分别表示待恢复的无噪图像和添加

的噪声。令 $\boldsymbol{Y}_i=\tilde{\boldsymbol{R}}_i\boldsymbol{Y}$ 将一组相似的三维图像块转换为三阶张量，其中 $\tilde{\boldsymbol{R}}_i$ 表示将一组相似的三维图像块转换为三阶张量的操作因子。所以对于三维图像的去噪问题，我们可以将其描述为如下目标函数式：

$$(\boldsymbol{X},\{\boldsymbol{S}\})=\arg\min_{\boldsymbol{X},\{\boldsymbol{S}\}}\|\boldsymbol{Y}-\boldsymbol{X}\|_{\mathrm{F}}^{2}+\eta\sum_{i}\left\|\tilde{\boldsymbol{R}}_i\boldsymbol{X}-\boldsymbol{S}_i\times_1\boldsymbol{U}_i\times_2\boldsymbol{V}_i\times_3\boldsymbol{W}_i\right\|_{\mathrm{F}}^{2}+2\sqrt{2}\sigma_w^2\sum_{i}\|\boldsymbol{\Lambda}_i\boldsymbol{s}_i\|_1+4\sigma_w^2\sum_{i}\log\theta_i \tag{6-64}$$

其中，$\boldsymbol{U}_i$、$\boldsymbol{V}_i$、$\boldsymbol{W}_i$ 是用 HOSVD 计算得到的三个正交矩阵。上述全局最小化问题可以被分解为如下两个子问题，它们可以用交替迭代算法求解。

1．求解 $\boldsymbol{x}$

令 $\hat{\boldsymbol{X}}_i=\hat{\boldsymbol{S}}_i\times_1\boldsymbol{U}_i\times_2\boldsymbol{V}_i\times_3\boldsymbol{W}_i$ 表示用初始估计的 $\boldsymbol{S}_i$ 重构低秩张量 $\hat{\boldsymbol{X}}_i$。对于确定的 $\left\{\hat{\boldsymbol{S}}_i\right\}$，可以通过求解如下目标函数式重构 $\boldsymbol{X}$：

$$\boldsymbol{X}=\arg\min_{\boldsymbol{X}}\|\boldsymbol{Y}-\boldsymbol{X}\|_{\mathrm{F}}^{2}+\eta\sum_{i=1}^{N}\left\|\tilde{\boldsymbol{R}}_i\boldsymbol{X}-\hat{\boldsymbol{X}}_i\right\|_{\mathrm{F}}^{2} \tag{6-65}$$

将上式的张量形式转换成向量形式可得

$$\boldsymbol{x}=\arg\min_{\boldsymbol{x}}\|\boldsymbol{y}-\boldsymbol{x}\|_2^2+\eta\sum_{i=1}^{N}\left\|\tilde{\mathbf{R}}_i\boldsymbol{x}-\hat{\boldsymbol{x}}_i\right\|_2^2 \tag{6-66}$$

其中，$\boldsymbol{y}\in\boldsymbol{R}^{H\cdot W\cdot L}$、$\boldsymbol{x}\in\boldsymbol{R}^{H\cdot W\cdot L}$、$\hat{\boldsymbol{x}}\in\boldsymbol{R}^{\sqrt{n}\cdot\sqrt{n}\cdot L}$ 分别表示张量 $\boldsymbol{Y}$、$\boldsymbol{X}$、$\hat{\boldsymbol{X}}_i$ 的向量形式，$\tilde{\boldsymbol{R}}_i=\left[\tilde{\boldsymbol{R}}_{i_0},\tilde{\boldsymbol{R}}_{i_1},\cdots,\tilde{\boldsymbol{R}}_{i_{m-1}}\right]$ 是提取相似图像块的操作因子，则式(6-66)的封闭解为

$$\boldsymbol{x}=\left(\boldsymbol{I}+\eta\sum_{i=1}^{N}\tilde{\boldsymbol{R}}_i^{\mathrm{T}}\tilde{\boldsymbol{R}}_i\right)^{-1}\left(\boldsymbol{y}+\eta\sum_{i=1}^{N}\tilde{\boldsymbol{R}}_i^{\mathrm{T}}\hat{\boldsymbol{x}}_i\right) \tag{6-67}$$

其中矩阵的转置是对角的，所以很容易得到上式的解。上式很容易通过计算重构出来的三维图像块 $\hat{\boldsymbol{X}}_i$ 的每组的均值来求得。

2．求解 $\{\boldsymbol{s}_i\}$ 和 $\{\boldsymbol{\theta}_i\}$

对于一个固定的 $\boldsymbol{X}$，式(6-64)简化为一组张量的低秩逼近问题，对于每个三维图像块：

$$(\boldsymbol{s}_i,\boldsymbol{\theta}_i)=\arg\min_{\boldsymbol{s}_i,\boldsymbol{\theta}_i}\|\tilde{\boldsymbol{s}}_i-\boldsymbol{s}_i\|_2^2+2\sqrt{2}\frac{\sigma_{\mathrm{w}}^2}{\eta}\sum_{i}\|\boldsymbol{\Lambda}_i\boldsymbol{s}_i\|_1+4\frac{\sigma_{\mathrm{w}}^2}{\eta}\log\theta_i \tag{6-68}$$

其中，$\tilde{\boldsymbol{S}}_i=\boldsymbol{X}_i\times_1\boldsymbol{U}_i^{\mathrm{T}}\times_2\boldsymbol{V}_i^{\mathrm{T}}\times_3\boldsymbol{W}_i^{\mathrm{T}}$，这个问题在上一节中已经被详细地求解过，这里就不再赘述。

下面我们将给出整个基于局部低秩张量逼近的拉普拉斯尺度混合(Nonlocal Low-rank Tensor Approximation with Laplacian Scale Mixture, NLTA-LSM)算法的流程图。

算法 6.1　基于 NLTA-LSM 的高光谱图像去噪算法具体流程

- 初始化：

(a) 设置初始化估计 $\hat{X}=y$，参数 η。

(b) 通过 K-NN 算法搜索 $\hat{X}$ 的每一个样本块来获取一系列张量 $\{X_i\}$。

- 外循环：循环次数 $k=1,2,\cdots,K_{\max}$。

(c) 构建 X_i：把一组相似的三维图像块重组为三阶张量。

(d) 内循环(求解式(6-68))：循环次数 $j=1,2,\cdots,J$。

(I) 求解式(6-60)计算 θ_i；

(II) 求解式(6-62)计算 α_i；

(III) 当循环 J 次时，输出 $s_i=\mathrm{diag}(\theta_i)\alpha_i$。

结束内循环

(e) 通过求解式(6-63)重构 $\{X_i\}$ 和 $\{S_i\}$。

(f) 通过求解式(6-67)从 $\{X_i\}$ 中重构 $\hat{X}^{(k+1)}$。

(g) 当 $k<K_{\max}$ 时，设置 $\hat{X}^{(k+1)}=\hat{X}^{(k+1)}+\delta(y-\hat{X}^{(k+1)})$

结束外循环

- 输出 $\hat{X}^{(k+1)}$。

6.4.3 仿真实验

为了评估该算法的性能，我们在 Matlab 平台上进行了实验。对于高光谱图像和核磁共振图像，本章提出的 NLTA-LSM 算法相比于其他先进的算法在视觉上和评价指标上都具有更好的恢复效果。实验中的参数设置：块大小为 $5\times5\times L$（L 表示高光谱图像谱段数或核磁共振图像帧数）；相似块个数为 100；参数 $\delta=0.12$；迭代次数 $K_{\max}=7$，$J=2$。

1. 高光谱图像去噪结果

下面我们将在 CAVE 数据库上测试本章提出的 NLTA-LSM 算法。CAVE 数据库总共有 32 副包括各种不同真实材料和物体的高光谱图像。这些光谱图像的大小为 $512\times512\times31$，光谱范围是 400～700 nm，采样间隔为 10 nm。在这里我们取其中的 10 副图像进行实验。高斯噪声来自自然资源的热辐射，泊松噪声源自光子量化和均匀曝光的过程，这两种都是比较常见的噪声。

下面我们分别添加高斯噪声和高斯泊松混合噪声到原始高光谱图像中进行两组实验。第一组实验中，我们添加噪声标准差分别为 10、20、30、50 和 100 的高斯噪声；第二组实验中，我们添加高斯泊松混合噪声同文献[22]，高斯噪声与第一组实验相同，泊松噪声的方差设为 $y/2^k$ ，其中 $k=4$ ，y 为无噪声信号。

在上述两组实验中，我们比较了本章提出的NLTA-LSM算法与其他效果比较好的算法，其中涉及的算法包括：张量字典学习算法(Tensor Dictionary Learning，TensorDL)[22]、BM4D算法[23]、PARAFAC 算法[24]、低秩张量逼近算法(Low-Rank Tensor Approximation，LRTA)[25]、ANLM3D 算法[26]和 BM3D 分谱段处理的算法[27]。在混合噪声的情况中，我们应用稳定方差转换(Variance-Stabilizing Transformation，VST)[28]方法在执行算法前和执行算法后对原始含噪声高光谱图像做变换。

两组实验的不同高斯噪声方差等级的平均 PSNR 结果如表 6.5 和表 6.6 所示。从这两个表中我们可以看出，本章提出的 NLTA-LSM 算法相比于其他算法的去噪效果更好。而且相对于现在已发表的最好的算法 TensorDL 和 BM4D，我们提出的 NLTA-LSM 算法的平均 PSNR 要超过它们 2 dB。

表 6.5　添加高斯噪声的 10 幅高光谱图像在 7 种对比算法上的平均 PSNR 结果(dB)

算　法	高斯噪声				
	$\sigma_w=10$	$\sigma_w=20$	$\sigma_w=30$	$\sigma_w=50$	$\sigma_w=100$
PARAFAC[24]	30.88	30.71	30.54	29.21	25.90
ANLM3D[26]	38.86	35.22	34.45	31.91	29.22
LRTA[25]	39.43	36.16	34.16	31.56	28.07
BwBM3D[27]	40.20	36.50	34.36	31.84	28.43
BM4D[23]	43.23	39.48	37.21	34.33	30.45
TensorDL[22]	42.92	39.25	37.19	34.56	31.17
NLTA-LSM	45.57	41.84	39.95	37.27	33.36

表 6.6　添加高斯泊松噪声的 10 幅高光谱图像在 7 种对比算法上的平均 PSNR 结果(dB)

算　法	高斯泊松噪声($k=4$)				
	$\sigma_w=10$	$\sigma_w=20$	$\sigma_w=30$	$\sigma_w=50$	$\sigma_w=100$
PARAFAC[24]	30.95	28.47	27.34	23.87	20.09
ANLM3D[26]	33.36	32.66	32.23	31.17	29.18
LRTA[25]	33.22	33.01	31.97	30.68	27.99
BwBM3D[27]	33.94	32.94	31.85	30.34	27.38
BM4D[23]	36.95	36.00	34.84	33.26	30.31
TensorDL[22]	36.69	35.64	34.89	33.26	30.76
NLTA-LSM	39.50	38.37	37.14	35.87	32.95

在图 6.29 中，我们在添加了高斯噪声(方差为 30)的 Toy 和 Cloth 上，比较了几种处理效果较好的算法在 410 nm 谱段的去噪结果。可以看到相比于其他的算法，NLTA-LSM 算法具有更好的视觉效果和更少的失真。而且我们惊讶地看到，NLTA-LSM 算法恢复出来的图像比原始无噪图像更锐化，这是由于在光谱和空间维的协同滤波的影响。

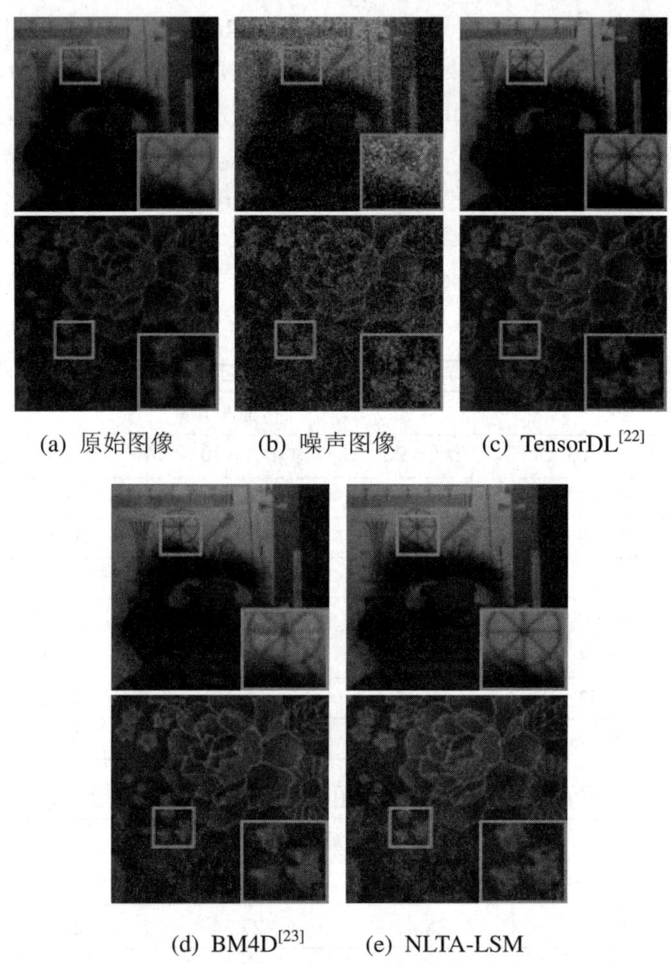

(a) 原始图像　(b) 噪声图像　(c) TensorDL[22]

(d) BM4D[23]　(e) NLTA-LSM

图 6.29　几种算法的高光谱图像去噪结果

2. 核磁共振图像去噪结果

下面我们将在核磁共振图像上用 NLTA-LSM 算法进行去噪实验。我们从 Brainweb 数据库中获取到 T1-weighted 的核磁共振图像。该核磁共振图像的大小为 $217\times181\times10$，分辨率为 $1\times1\times1(\mathrm{mm}^3)$。在这里面我们添加噪声标准差分别为 10、20、30、50 和 100 的高斯噪声到这个核磁共振图像中。

7 种对比算法的 PSNR 结果如表 6.7 所示。从表 6.7 中我们可以看出，BM4D 算法[23]比 TensorDL 算法[22]的结果要好，这是由于在核磁共振图像中不同切片直接的联系并不十分紧密，而 BM4D 算法中采用了更小的三维图像块(4×4×4)使局部相关性得到了更加充分的利用。而我们提出的 NLTA-LSM 算法采用了(5×5×10)的三维图像块，结果仍然比 BM4D 算法好 1.04 dB。在图 6.30 中比较了几种算法处理结果的视觉效果，可以看出 NLTA-LSM 算法比其他几种算法的去噪效果都要好。

表 6.7　添加高斯噪声的核磁共振图像在 7 种对比算法上的平均 PSNR 结果(dB)

算　法	高斯噪声				
	$\sigma_w=10$	$\sigma_w=20$	$\sigma_w=30$	$\sigma_w=50$	$\sigma_w=100$
PARAFAC[24]	22.62	22.61	22.49	22.29	20.54
ANLM3D[26]	32.85	29.11	27.30	25.49	23.59
LRTA[25]	32.79	28.72	27.08	24.50	21.59
BwBM3D[27]	35.42	31.81	29.78	27.33	23.94
BM4D[23]	36.37	32.85	30.89	28.49	25.39
TensorDL[22]	33.63	30.03	28.48	26.18	23.66
NLTA-LSM	37.06	33.62	31.83	29.53	26.41

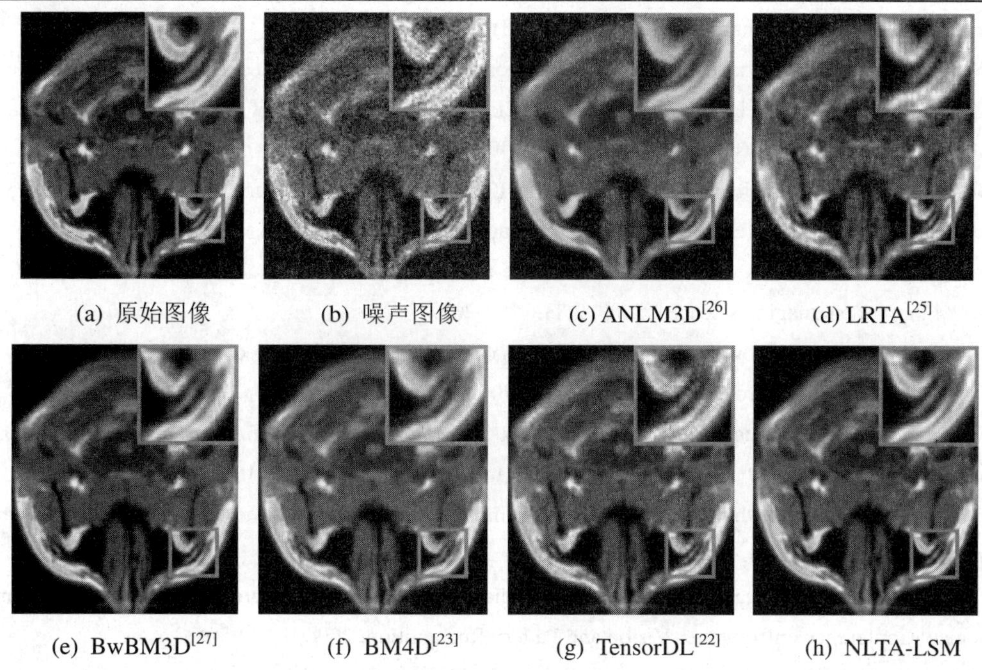

(a) 原始图像　(b) 噪声图像　(c) ANLM3D[26]　(d) LRTA[25]

(e) BwBM3D[27]　(f) BM4D[23]　(g) TensorDL[22]　(h) NLTA-LSM

图 6.30　几种算法的核磁共振图像去噪结果

本 章 小 结

以压缩感知为基础的计算成像方法，结合光学、电子学、信息处理、编码、优化计算等技术，将成像过程分为随机观测和反演重建两个部分，达到了提高成像性能的目的。本章将这种方法应用于灰度成像和光谱成像等，针对不同情况设计了相应优化重建算法，取得了较好的成像效果。

本章参考文献

[1] Raskar R, Agrawal A, Tumblin J. Coded Exposure Photography: Motion Deblurring Using Fluttered Shutter [J]. Acm Transactions On Graphics, 2006, 25(3)：795-804.

[2] 周怀得，刘海英，徐东，等. 行间转移面阵 CCD 的 TDI 工作方式研究[J]. 光学精密工程，2008, 16(9)：1629-1634.

[3] Chen Shaobing, Donoho D. Basis pursuit[C]. IEEE Conference Record of the Twenty-Eighth Asilomar Conference onSignals, Systems and Computers., 1994, 1：41-44.

[4] Cotter S F, Rao B D. Sparse channel estimation via matching pursuit with application to equalization[J]. IEEE Transactions onCommunications, 2002, 50(3)：374-377.

[5] Pati Y C, Rezaiifar R, Krishnaprasad P S. Orthogonal matching pursuit: Recursive function approximation with applications to wavelet decomposition[C]. IEEE Conference Record of The Twenty-Seventh Asilomar Conference onSignals, Systems and Computers, 1993：40-44.

[6] Bioucas-Dias J M, Figueiredo M A T. A new TwIST: two-step iterative shrinkage/thresholding algorithms for image restoration[J]. IEEE Transactions on Image Processing, 2007, 16(12)：2992-3004.

[7] Beck A, Teboulle M. A fast iterative shrinkage-thresholding algorithm for linear inverse problems[J]. SIAM journal on imaging sciences, 2009, 2(1)：183-202.

[8] Figueiredo M A T, Nowak R D. An EM algorithm for wavelet-based image restoration[J]. IEEE Transactions on Image Processing, 2003, 12(8)：906-916.

[9] Figueiredo M A T, Bioucas-Dias J M, Nowak R D. Majorization–minimization algorithms for wavelet-based image restoration[J]. IEEE Transactions On Image Processing, 2007, 16(12)：2980-2991.

[10] Chambolle A. An algorithm for total variation minimization and applications[J]. Journal of Mathematical imaging and vision, 2004, 20(1-2)：89-97.

[11] Elad M, Aharon M. Image denoising via learned dictionaries and sparse representation[C]. IEEE Computer Society Conference onComputer Vision and Pattern Recognition, 2006, 1：895-900.

[12] Chaux C, Combettes P L, Pesquet J C, et al. Iterative image deconvolution using overcomplete

representations [C]. IEEE 14th EuropeanSignal Processing Conference, 2006：1-5.

[13] Engan K, Aase S O, Hakon Husoy J. Method of optimal directions for frame design[C]. IEEE International Conference onAcoustics, Speech, and Signal Processing, 1999, 5：2443-2446.

[14] Aharon M, Elad M, Bruckstein A. K-SVD: An Algorithm for Designing Overcomplete Dictionaries for Sparse Representation[J]. IEEE Transactions on Signal Processing, 2006, 54(11)：4311.

[15] Mairal J, Bach F, Ponce J, et al. Online dictionary learning for sparse coding[C]. Proceedings of the 26th Annual International Conference on Machine Learning, ACM, 2009：689-696.

[16] Dong Weisheng, Zhang Lei, Shi Guangming, et al. Image deblurring and super-resolution by adaptive sparse domain selection and adaptive regularization[J]. IEEE Transactions onImage Processing, 2011, 20(7)：1838-1857.

[17] Dong Weisheng, Li Xin, Zhang Lei, et al. Sparsity-based image denoising via dictionary learning and structural clustering[C]. IEEE Conference on Computer Vision and Pattern Recognition (CVPR), 2011：457-464.

[18] Wax M, Kailath T. Detection of signals by information theoretic criteria[J]. IEEE Trans. Aco., Speech and Sig. Process., 1985, 33(2)：387-392.

[19] Rajwade A, Rangarajan A, Banerjee A. Image denoising using the higher order singular value decomposition[J]. IEEE Trans. PAMI, 2013, 35(4)：849-862.

[20] Buades A, Coll B, Morel J M. A non-local algorithm for image denoising[C]. In Proc. of the IEEE CVPR, 2005, 2：60-65.

[21] Portilla J, Strela V, Wainwright M, et al. Image denoising using scale mixtures of gaussians in the wavelet domain[J]. IEEE Trans. Signal Process.,2003, 12(11)：1338-1351.

[22] Peng Yi, Meng Deyu, Xu Zongben, et al. Decomposable nonlocal tensor dictionary learning for multispectral image denoising[C]. In Proc. of the IEEE CVPR, 2014：4321-4328.

[23] Maggioni M, Katkovnik V, Egiazarian K, et al. Nonlocal transform-domain filter for volumetric data denoising and reconstruction[J]. IEEE Trans. Image Process, 2013, 22(1)：119-133.

[24] Liu Xuefeng, Bourennane S, Fossati C. Denoising of hyperspectral images using the parafac model and statistical performance analysis[J]. IEEE Trans. Geos. and Remote Sensing, 2012, 50(10)：3717 -3724.

[25] Renard N, Bourennane S, Blanc-Talon J. Denoising and dimensionality reduction using multilinear tools for hyperspectral images[J]. IEEE GRS Letters, 2008, 5(2)：138-142.

[26] Manjon J V, Coupe P, Marti-Bonmati L, et al. Adaptive non-local means denoising of mr images with spatially varying noise levels[J]. Journal of Mag. Res.Imaging, 2010, 31(1)：192-203.

[27] Dabov K, Foi A, Katkovnik V, et al. Image denoising by sparse 3-d transform-domain collaborative filtering [J]. IEEE Trans. Image Process., 2007, 16(8)：2080-2095.

[28] Makitalo M, Foi A. Optimal inversion of the generalized anscombe transformation for poisson-gaussian noise[J]. IEEE Trans. Image Process., 2013, 22(1)：91-103.

第七章 基于稀疏理论的高分辨率雷达成像

7.1 引 言

成像分辨率和成像实时性是雷达成像的两个重要指标，随着合成孔径成像(Synthetic Aperture Radar，SAR)的不断发展，如何提高雷达成像分辨率，使其分辨单元远小于目标的尺寸，从而获得目标场景的细微信息，成为雷达成像领域的重要发展方向。传统SAR成像过程中距离分辨率受发射信号带宽和奈奎斯特采样定理的限制，要提高距离分辨率就要增大发射信号的带宽，这对模拟信号的数字化转换系统性能提出了更高的要求；与此同时，其方位分辨率受合成孔径数量的限制，要提高方位分辨率就需要对目标场景在不同方位角下多次观测，提高对目标场景回波的相干积累，随着回波数据量的增多，数据的存储以及成像的实时性均受到严重挑战。总的来说，若采用传统的SAR成像方法以获得高分辨率成像结果对硬件系统提出了更高的要求，增大了硬件实现的成本。如何利用较少的回波数据实现高分辨率SAR成像成为当前研究的热点。

近年来发展起来的压缩感知理论(Compressed Sensing，CS)为解决上述高分辨率成像问题提供了一种可行的新思路。该理论指出，当信号在某个变换域中具有一定的稀疏性或可压缩性时，可以结合ℓ_0范数最小化模型求解，以远低于奈奎斯特采样率的采样数据实现对真实信号的高概率准确重构[1-5]。由于CS理论能够有效降低雷达回波信号的数据率，提高成像的实时性，因此对于SAR高分辨率成像系统的实现具有重要意义，国内外学者陆续开展了将CS理论应用于SAR成像的研究。

Baraniuk 首先提出将压缩感知理论应用到雷达成像过程中，并通过数值分析和仿真实验验证了压缩感知雷达成像的可行性，开创性地提出了CS-SAR成像方法[6]。Herman 采用特定的雷达波形构造压缩感知雷达，并通过矩阵稀疏分解，分析了小场景实现压缩感知雷达成像的可行性，并且得到了对雷达场景稀疏度的上限要求[7]。Müjdat 等人提出了聚束SAR体制的稀疏表示模型，并通过空域及全变差(Total Variation，TV)域下的联合约束，实现了对目标图像的特征增强[8]。在此基础上，Vishal 等人对CS-SAR的观测模型展开了详细探讨，给出了三种不同的观测模型，并利用观测后的雷达回波数据，实现了方位高分辨率成像[9]。

在国内，由于CS-SAR成像理论的先进性，基于CS的高分辨率SAR成像得到了西安电子科技大学、中科院等单位的高度重视，并在该领域展开了相应的研究[10-12]。皮亦鸣等人从高分辨率一维距离像的角度出发，将 CS 理论应用到一维距离像的成像过程中，其成像结果与常规的匹配滤波相比，成像分辨率有明显的提升，但同时也指出，基于 CS 理论的一维距离像对噪声的抑制效果不够理想[13]。谢晓春、张云华等人指出，基于 CS 的距离维成像过程中会破坏方位维的有效相位信息，据此提出了具有保相性的基于 CS 的距离压缩方法，并构建了基于 CS 的二维雷达成像框架[14]。张磊、邢孟道等人将 CS 理论应用到实测数据 ISAR 成像过程中，充分证明了 CS 理论在雷达成像过程中的实用性和可行性[15]。

本章将结合压缩感知理论在微波雷达成像中的应用展开论述，从提升信号稀疏性描述的角度出发，分别提出了基于加权 ℓ_1 范数及贝叶斯后验概率分布模型的高分辨率雷达成像算法。

7.2　基于加权 ℓ_1 范数理论的二维成像

7.2.1　聚束 SAR 信号模型

聚束 SAR 成像模式示意图如图 7.1 所示，通过控制波束指向，雷达可以在更大的视角范围内探测目标场景，能够积累更多的方位孔径数量，因而在相同条件下，具有比条带 SAR 成像模式更高的方位分辨率。

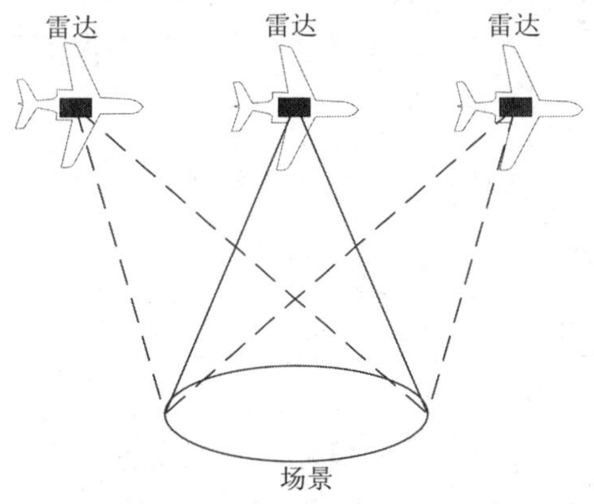

图 7.1　聚束 SAR 工作模式

由于电磁波以光速传播，其传播速度远大于雷达的运动速度。与条带 SAR 的工作模式类似，聚束 SAR 也可近似用“停—走—停”的工作模式采集目标场景的回波数据，即可以近似认为雷达运动到某一位置时停下，探测目标场景并接收到相应回波信号，然后雷达继续向前运动到下个位置处继续探测目标场景并接收相应回波信号。这种工作模式使得在采集回波过程中方位向已经被离散化。本小节将以 LFM 信号作为发射信号，以点目标为例，推导聚束 SAR 成像过程。图 7.2 是聚束模式下 SAR 回波采集过程。

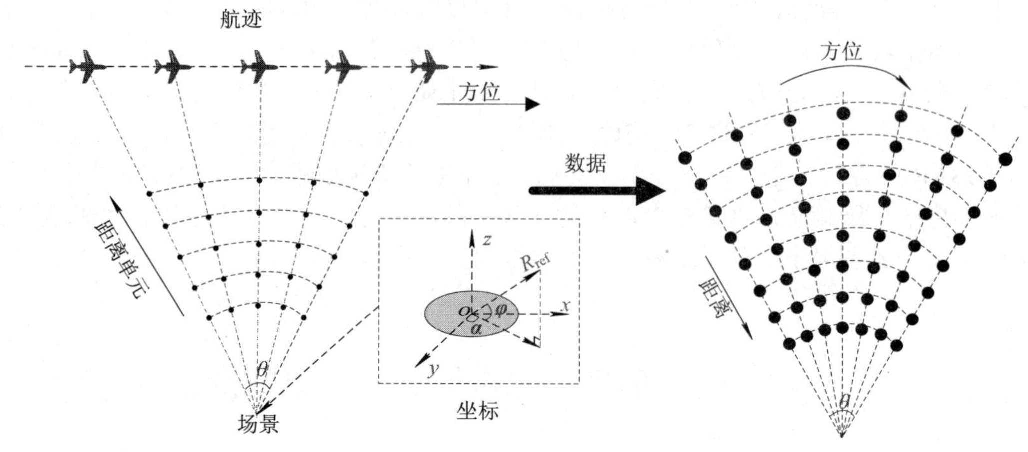

图 7.2　聚束 SAR 回波采集过程

以目标场景中心 O 为原点建立三维直角坐标系，假设雷达以速度 v 沿平行于 x 轴方向匀速飞行，并按航线上的对应位置探测目标场景，同时存储方位维回波数据，整个回波数据阵列呈扇形分布。

若雷达平台到场景中心 O 的最短距离为 R，记 R 在 y 轴方向的投影为 L，R 在 z 轴方向的投影为 H，方位向时间变量为 t_{a}，则雷达平台的坐标为 (vt_{a},L,H)。相对于场景中某点目标 i，其坐标为 $(x_i,y_i,0)$，则雷达平台到该点目标的距离为

$$R_i\left(t_{\mathrm{a}}\right)=\sqrt{\left(x_i-vt_{\mathrm{a}}\right)^2+\left(y_i-L\right)^2+H^2} \tag{7-1}$$

则雷达接收到的回波信号如下式所示：

$$s_{r_i}\left(\hat{t},t_{\mathrm{a}}\right)=\operatorname{rect}\left(\frac{\hat{t}-2R_i\left(t_{\mathrm{a}}\right)/c}{T_{\mathrm{p}}}\right)\exp\left[\mathrm{j}2\pi f_{\mathrm{c}}\left(\hat{t}-\frac{2R_i\left(t_{\mathrm{a}}\right)}{c}\right)+\mathrm{j}\pi\gamma\left(\hat{t}-\frac{2R_i\left(t_{\mathrm{a}}\right)}{c}\right)^2\right] \tag{7-2}$$

其中：$\hat{t}$ 为波传播方向的时间变量，即快时间；T_{p} 为脉冲宽度；f_{c} 为载频频率；γ 为调频率；c 为光速。以场景中心为参考点 O，雷达到该点的距离 R_{ref} 作为参考距离，相应 O 处的回波信号为参考信号，其表达式如下：

$$s_{r_i}\left(\hat{t},t_{\mathrm{a}}\right)=\operatorname{rect}\left(\frac{\hat{t}-2R_{\mathrm{ref}}\left(t_{\mathrm{a}}\right)/c}{T_{\mathrm{p}}}\right)\exp\left\{\mathrm{j}\frac{4\pi}{c}\left[f_{\mathrm{c}}+\gamma\left(\hat{t}-\frac{2R_{\mathrm{ref}}\left(t_{\mathrm{a}}\right)}{c}\right)\right]\Delta R_i\right\} \tag{7-3}$$

回波信号与参考信号解调后，并忽略剩余视频相位项，其表达式如下：

$$s_{r_i}\left(\hat{t},t_{\mathrm{a}}\right)=\mathrm{rect}\left(\frac{\hat{t}-2R_{\mathrm{ref}}\left(t_{\mathrm{a}}\right)/c}{T_{\mathrm{p}}}\right)\exp\left\{\mathrm{j}\frac{4\pi}{c}\left[f_{\mathrm{c}}+\gamma\left(\hat{t}-\frac{2R_{\mathrm{ref}}\left(t_{\mathrm{a}}\right)}{c}\right)\right]\Delta R_i\right\} \tag{7-4}$$

如图 7.2 所示，R_{ref} 方向上的单位向量为$\left(\cos\varphi\sin\alpha,\cos\varphi\cos\alpha,\sin\varphi\right)$，$\Delta R_i$ 可以近似为点目标 i 在 R_{ref} 方向上的投影，即

$$\Delta R_i=x_i\cos\varphi\sin\alpha+y_i\cos\varphi\cos\alpha \tag{7-5}$$

定义：

$$K_R=\frac{4\pi}{c}\left[f_{\mathrm{c}}+\gamma\left(\hat{t}-\frac{2R_{\mathrm{ref}}\left(t_{\mathrm{a}}\right)}{c}\right)\right] \tag{7-6}$$

将式(7-5)和式(7-6)代入式(7-4)，则回波信号的相位 $\boldsymbol{\Phi}$ 可表示为

$$\boldsymbol{\Phi}=x_iK_x+y_iK_y+z_iK_z \tag{7-7}$$

其中 K_x 、K_y 和 K_z 是 K_R 在各坐标轴上的投影分量。将回波数据投影到 x—y 平面，可以发现$\left(x_i,y_i,z_i\right)$与$\left(K_x,K_y,K_z\right)$构成快速傅立叶变换(FFT)关系，通过对$\left(K_x,K_y,K_z\right)$进行 FFT 变换即可得到目标场景的信息。

由上述分析发现，聚束 SAR 成像过程可以简化为：在采集到回波数据后，进行二维插值处理，再将极坐标下的数据转化到直角坐标系下，实现距离与方向二维去耦合，最后将数据进行二维 FFT 变换，即可得到场景图像。

7.2.2 基于 CS 的聚束 SAR 模型

聚束成像模式与条带相比，虽然成像分辨率较高，但需要不断调整波束指向，以得到更大的方位孔径，此方法不利于硬件实现，并对回波数据的传输和存储带来了困难；而且在低信噪比下，对噪声的抑制效果不够理想。例如，弹载成像在方位孔径数量有限的条件下，传统成像方法已不能满足要求。于是，近年来，低信噪比下方位小孔径高分辨率成像成为研究的一个热点问题。

由于传统算法的主要过程是 FFT 变换，其成像结果可以看成是真实散射系数与点扩散函数(如 sinc 函数)卷积的结果，其分辨率受点扩散函数主瓣宽度的制约，即与信号的带宽和多普勒频带宽度有关。与距离高分辨率相比，方位分辨率的提高更加困难。CS 理论不仅可以运用在一维距离像成像过程中，同样也可以运用到方位成像中。对距离脉压后的回波数据在方位向上进行降维观测，然后通过逆问题求解，利用加权 ℓ_1 重构模型实现方位小孔径下高分辨率 SAR 成像。下面在传统聚束 SAR 成像模型的基础上，推导 CA-SAR 成像模型。

首先，将成像场景二维离散化处理，即成像场景中每个点处的回波可以看成是其真实散射系数与发射信号延时乘积的结果，整个成像场景的回波是场景中所有离散点的回波之和，则成像的过程可以看成是通过对回波处理得到场景的真实散射系数。在方位向不同慢时间 t_a 唯一对应于不同方的位角 θ_p，则根据式(7-4)，方位角 θ_p 处整个场景的回波信号如下所示：

$$s\left(\hat{t},\theta_{p}\right)=\sum\sum_{D} g\left(x_{i}, y_{i}\right) \cdot \exp \left\{\mathrm{j} \frac{4 \pi}{c}\left[f_{c}+\gamma\left(\hat{t}-\tau_{0}\right)\right] \Delta R_{i}\left(\theta_{p}\right)\right\} \tag{7-8}$$

其中场景范围为 $D=\left\{(x, y) \middle| x^{2}+y^{2} \leqslant L^{2}\right\}$，$L$ 为场景半径，$g\left(x_{i}, y_{i}\right)$ 为点目标 i 所对应的真实散射系数，$\tau_{0}=2 R_{\mathrm{ref}}\left(\theta_{p}\right) / c$。定义 $\Omega(\hat{t})=(-2 / c)\left(\omega_{c}+2 \gamma\left(\hat{t}-\tau_{0}\right)\right)$，则方位角 θ_p 处的回波信号可表示为

$$s\left(\hat{t},\theta_{p}\right)=\sum\sum_{D} g\left(x_{i}, y_{i}\right) \exp \left\{-\mathrm{j} \Omega(\hat{t}) \times \Delta R_{i}\left(\theta_{p}\right)\right\} \tag{7-9}$$

我们将不同方位角 θ 处的回波信号按角度顺序排列，如下所示：

$$\left\{\begin{array}{l}
s\left(\hat{t},\theta_{1}\right)=\sum\sum_{D} g\left(x_{i}, y_{i}\right) \exp \left\{-\mathrm{j} \Omega(\hat{t}) \times \Delta R_{i}\left(\theta_{1}\right)\right\} \\
s\left(\hat{t},\theta_{2}\right)=\sum\sum_{D} g\left(x_{i}, y_{i}\right) \exp \left\{-\mathrm{j} \Omega(\hat{t}) \times \Delta R_{i}\left(\theta_{2}\right)\right\} \\
\qquad\qquad\vdots \\
s\left(\hat{t},\theta_{p}\right)=\sum\sum_{D} g\left(x_{i}, y_{i}\right) \exp \left\{-\mathrm{j} \Omega(\hat{t}) \times \Delta R_{i}\left(\theta_{p}\right)\right\}
\end{array}\right. \tag{7-10}$$

将式(7-10)写成向量形式如下所示：

$$\begin{bmatrix} \boldsymbol{s}_{\theta_1} \\ \boldsymbol{s}_{\theta_2} \\ \vdots \\ \boldsymbol{s}_{\theta_p} \end{bmatrix} = \begin{bmatrix} \boldsymbol{\Psi}_{\theta_1} \\ \boldsymbol{\Psi}_{\theta_2} \\ \vdots \\ \boldsymbol{\Psi}_{\theta_p} \end{bmatrix} \cdot \boldsymbol{g} \tag{7-11}$$

其中，$\boldsymbol{\Psi}_{\theta_p}=\exp\left\{-\mathrm{j}\Omega(\hat{t})\times\Delta R\left(\theta_p\right)\right\}$。令 $\boldsymbol{s}=\left[\boldsymbol{s}_{\theta_1}\ \boldsymbol{s}_{\theta_2} \cdots \boldsymbol{s}_{\theta_p}\right]^{\mathrm{T}}$，$\boldsymbol{\Psi}=\left[\boldsymbol{\Psi}_{\theta_1}\ \boldsymbol{\Psi}_{\theta_2}\ \cdots\ \boldsymbol{\Psi}_{\theta_p}\right]^{\mathrm{T}}$，则式(7-11)可以简化为

$$\boldsymbol{s}=\boldsymbol{\Psi}\boldsymbol{g}\ \ \mathbf{s}=\boldsymbol{\Psi}\mathbf{g} \tag{7-12}$$

为了降低回波数据量，需要对回波数据进行随机观测以实现数据压缩的目的。观测矩阵的构造是压缩感知理论另外一个核心内容，观测矩阵与稀疏基矩阵之间的不相关性是高概率重构的前提。关于对聚束 SAR 回波数据的随机观测，Vishal 等人做过详细研究，提出了三种不同的观测矩阵的构造方法[9]：

(1) 随机产生一个与稀疏矩阵维数相同的观测矩阵，与稀疏矩阵相乘后，作为优化重

构过程中的基矩阵，由于能够保证随机矩阵与稀疏矩阵之间的不相关性，该基矩阵能够保证 RIP 性质。

(2) 根据 SAR 采集回波过程中方位孔径离散化的特点，随机选取若干观测孔径或某一段连续的孔径所对应的回波作为观测后的回波，稀疏矩阵也要做相应的抽取。

(3) 在观测方式(2)的基础上，在所对应的方位位置处，做随机抖动处理。

为了方便处理，本书采用第二种观测方法，观测过程如图 7.3 所示，即在方位向固定位置序列上随机抽取，令观测矩阵为 $\boldsymbol{\Phi}$，随机观测后的向量为 $\boldsymbol{y}$，则观测方程可以表示为

$$\boldsymbol{y}=\boldsymbol{\Phi\Psi g} \tag{7-13}$$

其中，$\boldsymbol{y}=\boldsymbol{\Phi s}$。定义矩阵 $\boldsymbol{A}=\boldsymbol{\Phi\Psi}$，同时引入高斯白噪声，则式(7-13) 重新定义为

$$\boldsymbol{y}=\boldsymbol{Ag}+\boldsymbol{n} \tag{7-14}$$

通过求解凸优化问题得到式 (7-14)的解，可以高概率重构 SAR 图像。

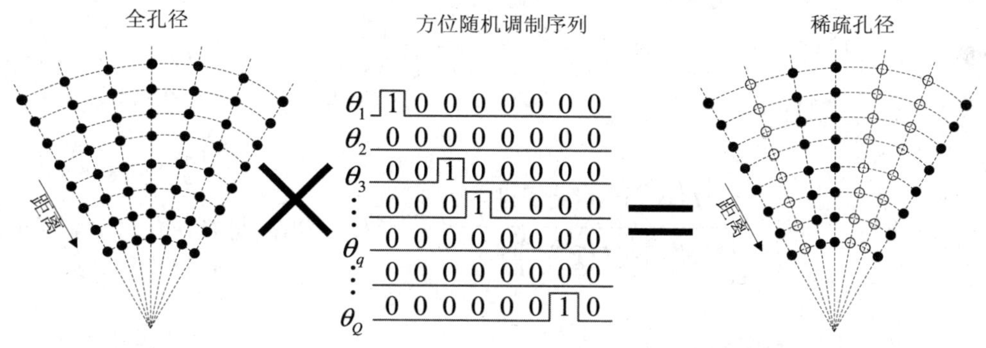

图 7.3　回波数据观测过程

然而 7.1 节的研究表明，由于噪声分量的引入影响了信号在稀疏基矩阵下表示的准确性，此时若仍采用 ℓ_1 范数求解模型并不能获得很好的成像结果。为此，我们将改进的加权 ℓ_1 重构模型运用到求解式(7-14)所示的模型中，提出了一种改进加权的 CS-SAR 模型：

$$\min\left(\sum_i\left|\tilde{\omega}_i\hat{\boldsymbol{g}}_i\right|\right)\ \text{s.t.}\ \left\|\boldsymbol{y}-\boldsymbol{A}\hat{\boldsymbol{g}}\right\|_2^2\leqslant\varepsilon \tag{7-15}$$

式中，权值 $\tilde{\omega}_i=\dfrac{\eta_1\eta_2}{|\boldsymbol{g}_i|+\eta_2}$。其中，参数 η_1 表示了权值的整体调整程度，η_1 越大，权值 $\tilde{\omega}_i$ 的整体调整程度就大，反之 η_1 越小，权值 $\tilde{\omega}_i$ 的整体调整程度就小，而且当 $|\boldsymbol{g}_i|$ 非常小以至近似为 0 时，η_1 还表示着权值函数的最大值；η_2 表示了权值对系数的“敏感”程度，η_2 越大，权值 $\tilde{\omega}_i$ 对系数的反应就越“迟钝”，反之，η_2 越小，权值 $\tilde{\omega}_i$ 对系数的反应就越“敏感”。参数调节时，参量 η_1 具有类似于粗调的作用，其值越大，权值就越大，对代价函数中 ℓ_1 范数的约束就越强，成像结果中噪声就滤除得越干净，但当该值选取过大时，可能会造成有

效信号部分能量的损失。参量η_2对权值的调节能力相对较弱，具有类似于微调的作用。在参数调节过程中，一般先将η_2固定为 1，先调节η_1到合适的值后，再调节η_2使成像结果达到最佳。

将改进的加权ℓ_1范数模型运用到聚束 SAR 方位成像过程中，则改进的加权 CS-SAR(Improved Weighted CS-SAR, IWCS-SAR)成像过程如下：

(1) 针对目标场景及几何关系建立场景回波s，设置最大迭代次数L和精度阈值ζ，令迭代计数器k=0。

(2) 方位维按角度划分构造基矩阵$\boldsymbol{\varPsi}$，按照式(7-13)构造方位向随机观测矩阵$\boldsymbol{\varPhi}$，从而实现 SAR 数据在方位维的随机采样，观测数据为y。

(3) 定义代价函数(IWCS): $\boldsymbol{J}(\hat{\boldsymbol{g}})=\|\boldsymbol{y}-\boldsymbol{A}\hat{\boldsymbol{g}}\|_2^2+\lambda\|\tilde{\boldsymbol{\omega}}\hat{\boldsymbol{g}}\|_1$。

(4) 利用常规ℓ_1范数模型给出 CS-SAR 的初始成像结果$\boldsymbol{g}_i^{(0)}$。

(5) 确定参数η_1、η_2，更新权值$\tilde{\boldsymbol{\omega}}_i^{(k)}$：$\tilde{\boldsymbol{\omega}}_i^{(k+1)}=\dfrac{\eta_1\eta_2}{\left|\boldsymbol{g}_i^{(k)}\right|+\eta_2}$，代入$\boldsymbol{J}(\hat{\boldsymbol{g}})$求解，更新迭代计数器$k$=$k$+1。

(6) 迭代终止判断：$\dfrac{\left|\boldsymbol{J}\left(\hat{\boldsymbol{g}}^{(k)}\right)-\boldsymbol{J}\left(\hat{\boldsymbol{g}}^{(k-1)}\right)\right|}{\left[\left|\boldsymbol{J}\left(\hat{\boldsymbol{g}}^{(k)}\right)\right|+\left|\boldsymbol{J}\left(\hat{\boldsymbol{g}}^{(k-1)}\right)\right|\right]/2}<\zeta$ 或 $k>L$。当满足判决条件时，停止迭代，输出向量$\hat{\boldsymbol{g}}$；否则跳转至步骤(5)。

通过上面的步骤可以看出，步骤(3)中定义的代价函数仍是一个凸优化问题，可以采用常规的优化算法来进行求解，如带噪声的基追踪(Basis Pursuit Denoising, BPDN)、梯度投影稀疏重构(Gradient Projection for Sparse Reconstruction, GPSR)等，而且 IWCS 模型的收敛速度非常快，在常规 CS 模型成像结果的基础上，一般经过两次迭代就可以得到较好的成像结果。下面对不同成像模型的运算复杂度进行详细的定量分析。

7.2.3 运算复杂度分析

基于压缩感知理论的成像模型与传统成像方法相比，虽然提高了成像分辨率，但运算复杂度也较高。传统的聚束 SAR 成像过程主要是傅立叶变换，运算复杂度较低；CS 成像过程中需要对每一个距离单元切片优化处理，因此成像复杂度比距离-多普勒(Range-Doppler, RD)算法高；而加权压缩感知(Weighted Compressed Sensing, WCS)和 IWCS 成像模型均是对 CS 成像模型结果的后处理，即在 CS 成像模型结果的基础上做进一步的优化，但通常仅需要两步迭代就可以达到收敛；IWCS 和 WCS 模型相比，加权形式发生了变化，优化迭代步骤一样，所以 IWCS 和 WCS 模型的运算量相同。例如，成像数据方位点数为 M，距离维点数为 N，常规 CS 模型迭代次数为 k，迭代算法以 BPDN 算法为例，则在方位 CS 成像过程中各模型的运算复杂度对比如表 7.1 所示。

表 7.1　不同模型的运算复杂度对比

成像模型	迭代次数	乘加运算次数
RD	无	$N \times M \lg M$
CS	k	$k \times N \times M^3$
WCS	k+2	$(k+2) \times N \times M^3$
IWCS	k+2	$(k+2) \times N \times M^3$

7.2.4　实验设计

本实验中以舰船作为目标进行二维成像。实验中发射信号采用线性调频信号，载频为 10 GHz，信号带宽为 300 MHz，脉冲重复频率为 183 Hz，全孔径下回波包含 256 个方位维采样数据。图 7.4 给出了全孔径数据下 RD 成像结果。实验中距离维仍采用常规压缩方法，方位维采用 CS-SAR 的成像方法来对比不同模型下的成像结果。实验中随机抽取 1/4 的方位孔径数据成像，观测矩阵采用服从高斯分布的伪随机观测矩阵，实验中重点对接收回波信号信噪比(Signal-to-noise Ration, SNR)为−2 dB 和 0 dB 两种情况进行了实验分析。

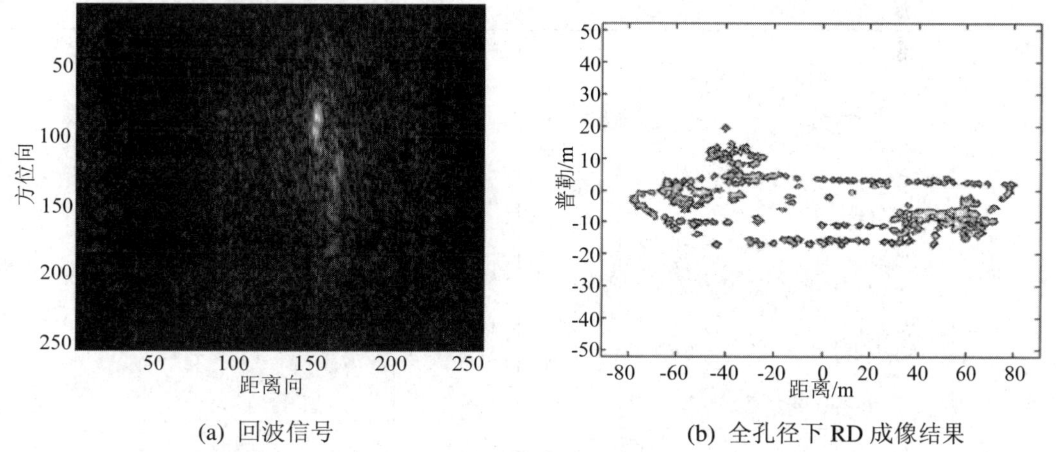

(a) 回波信号　　(b) 全孔径下 RD 成像结果

图 7.4　以舰船为目标的仿真实验

图 7.5 给出了分别采用 RD、CS、WCS 及 IWCS 模型得到的成像结果。由于噪声分量

较高，图 7.5(a)中 RD 算法已经无法获得舰船的轮廓，目标信息几乎完全被噪声淹没。在图 7.5(b)所示的常规 CS-SAR 模型中，由于噪声分量破坏了目标信息的稀疏性，因此该成像结果并不令人满意。图 7.5(c)为采用 WCS 模型获得的成像结果，相比图 7.5(b)，舰船的轮廓信息已经较为明显地显现出来，因此可以看出该模型对噪声分量具有一定的抑制作用。图 7.5(d)是我们所提出的 IWCS 模型的成像结果，可以看出，该成像模型相比 WCS 模型，其目标特点已经很明显地展现出来，且噪声分量通过多参量控制，已经获得显著的改善。图 7.5 中的成像结果进一步说明了改进模型的优势，且在整个成像过程中，目标信息基本没有损失。

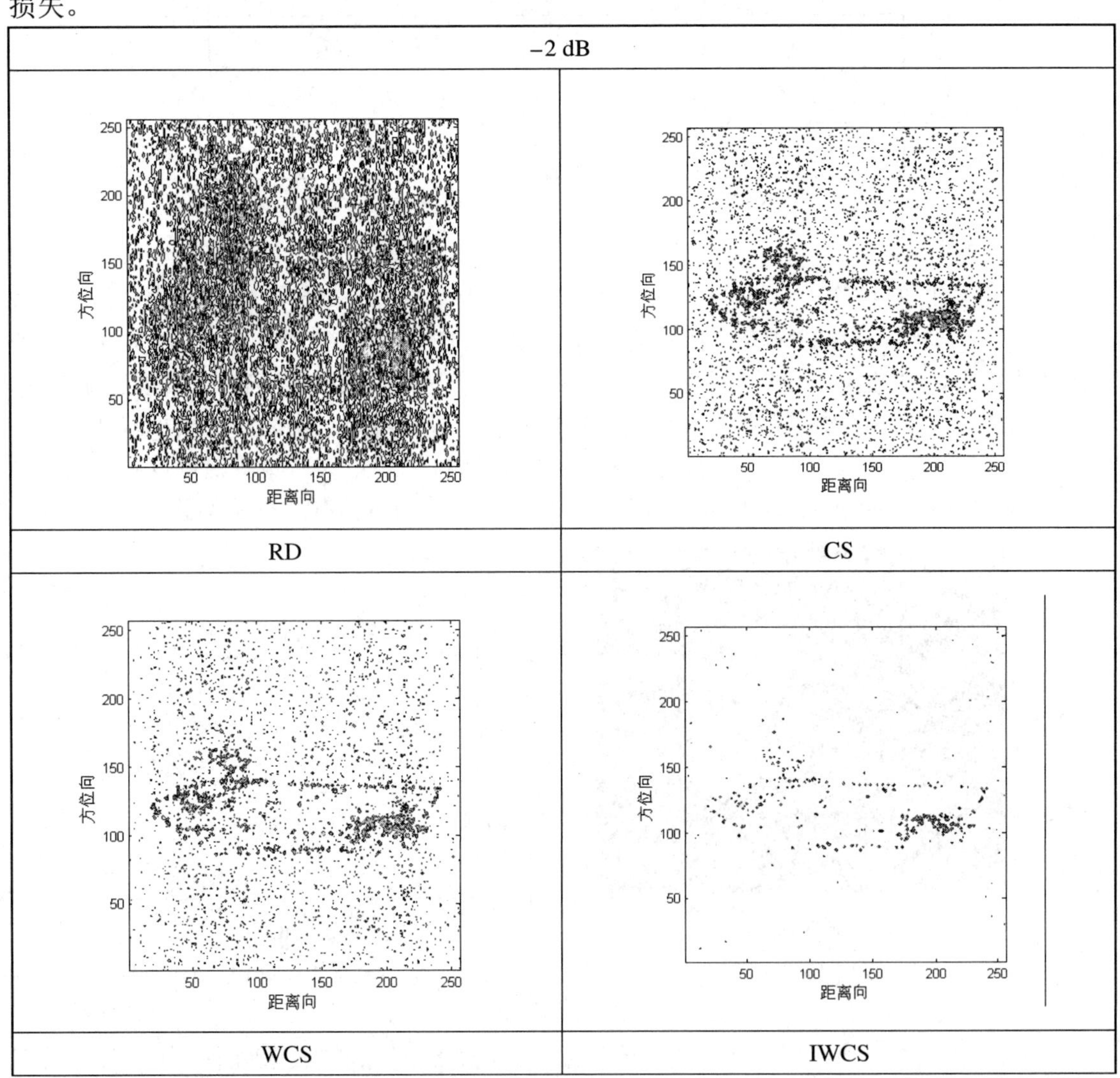

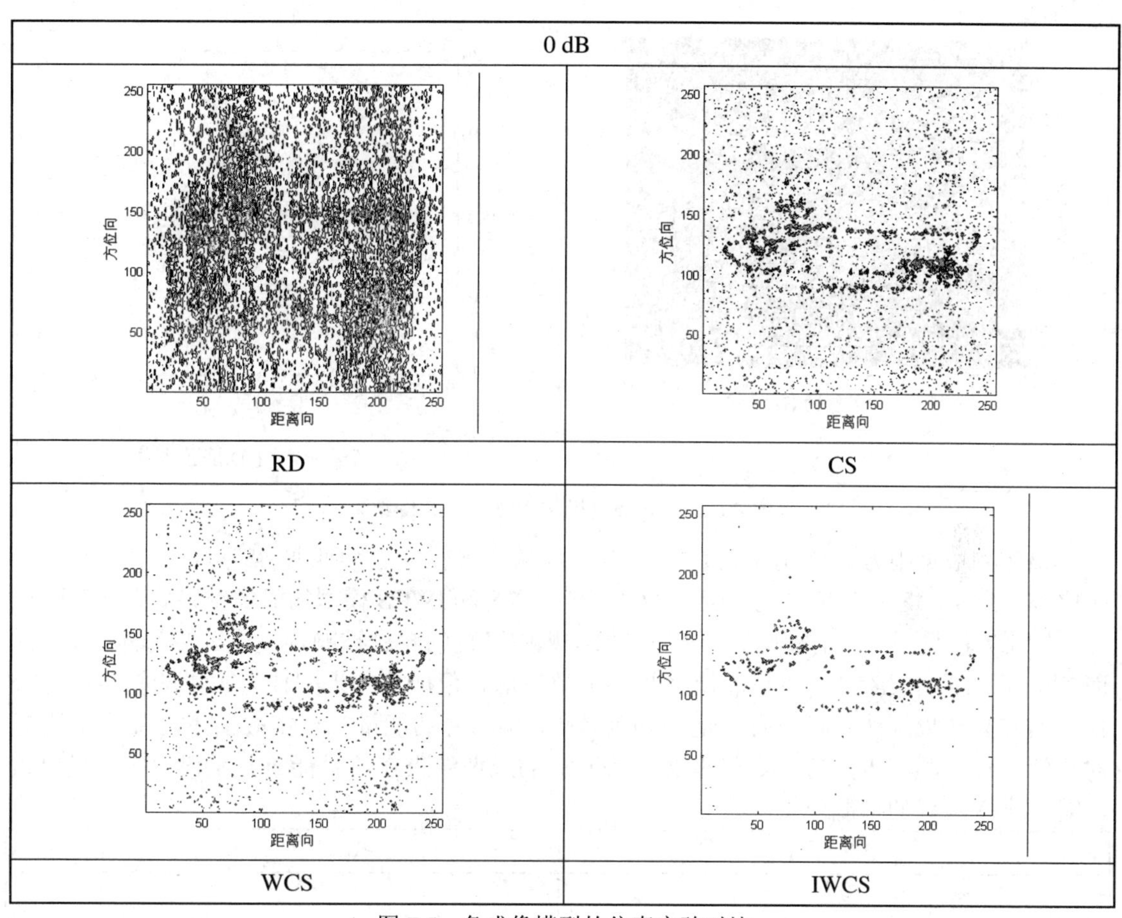

图 7.5　各成像模型的仿真实验对比

为了更加凸显 IWCS 成像模型的优势，我们对以 yake42 飞机为目标的实测数据进行实验，相关雷达参数如表 7.2 所示，该实测数据在全孔径下 RD 成像结果如图 7.6 所示。

表 7.2　雷达参数指标

发射波形	线性调频连续波
发射频率	C 波段(5.52 GHz)
信号带宽	400 MHz
脉冲宽度	25.6 μs
采样频率	10 MHz
距离分辨率	0.375 m
全孔径点数	1024

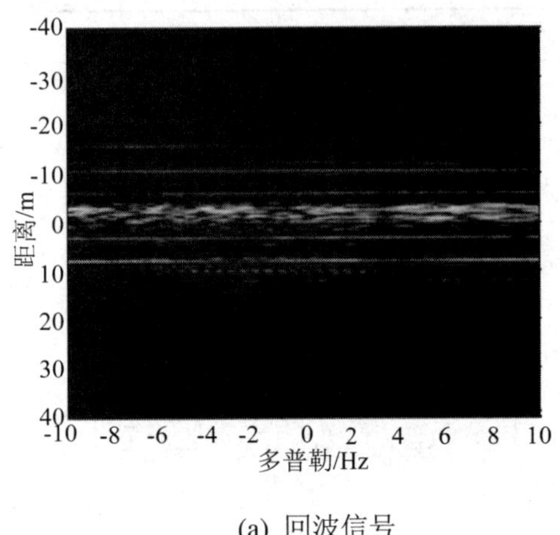

(a) 回波信号

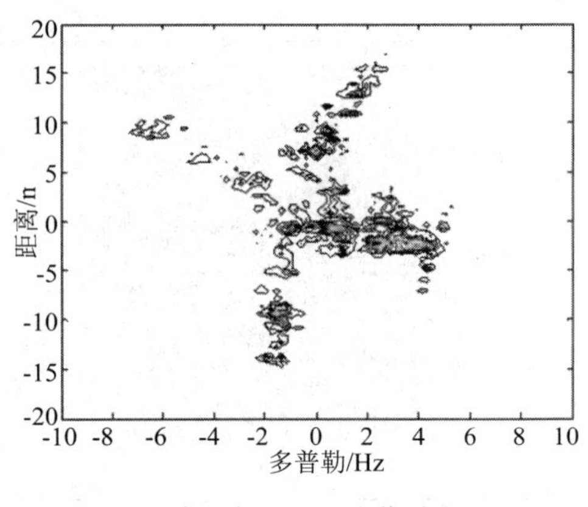

(b) 全孔径下 RD 成像结果

图 7.6　yake42 飞机的实测数据成像结果

该实测数据中方位全孔径点数为 1024，实验中方位向连续抽取 48 点，在回波信号信噪比分别为 −4 dB、−2 dB 下分别运用 RD、CS、WCS 和 IWCS 模型的成像结果如图 7.7 所示。

图 7.7 表明，在低信噪比下，RD 成像结果中飞机的轮廓被噪声湮没，目标难以识别；而 CS 模型下的实验结果可以看出飞机的大致轮廓，但成像结果中伴有大量的噪声；WCS 模型的实验结果虽然对噪声有一定的抑制效果，但信号的能量有一定的损失，仍不够理想，对后续目标检测和识别有一定的干扰；IWCS 的成像结果在信号能量几乎没有损失的情况下对噪声有很好的抑制效果。

−2 B	
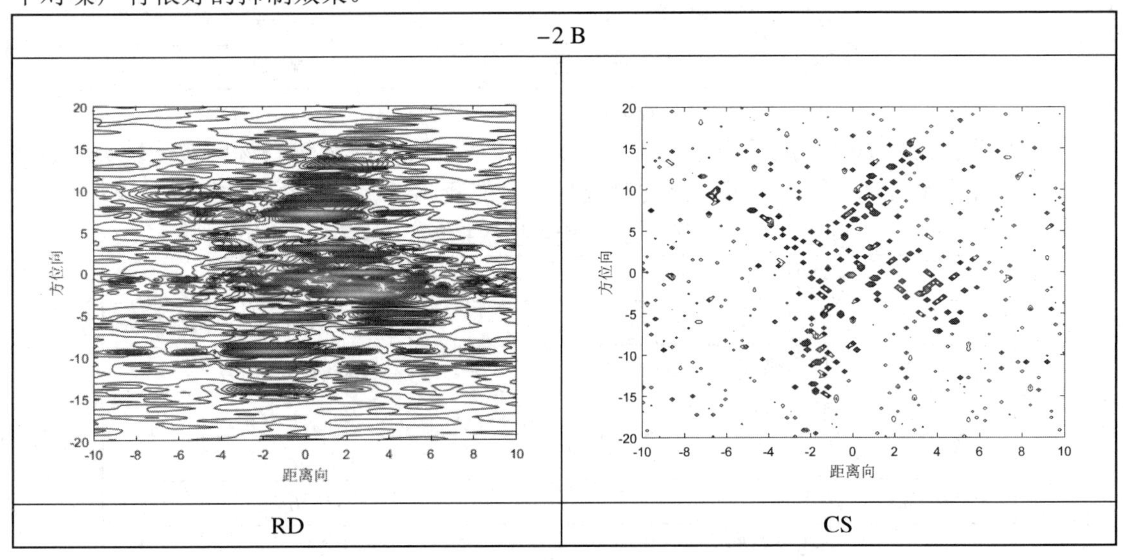	
RD	CS

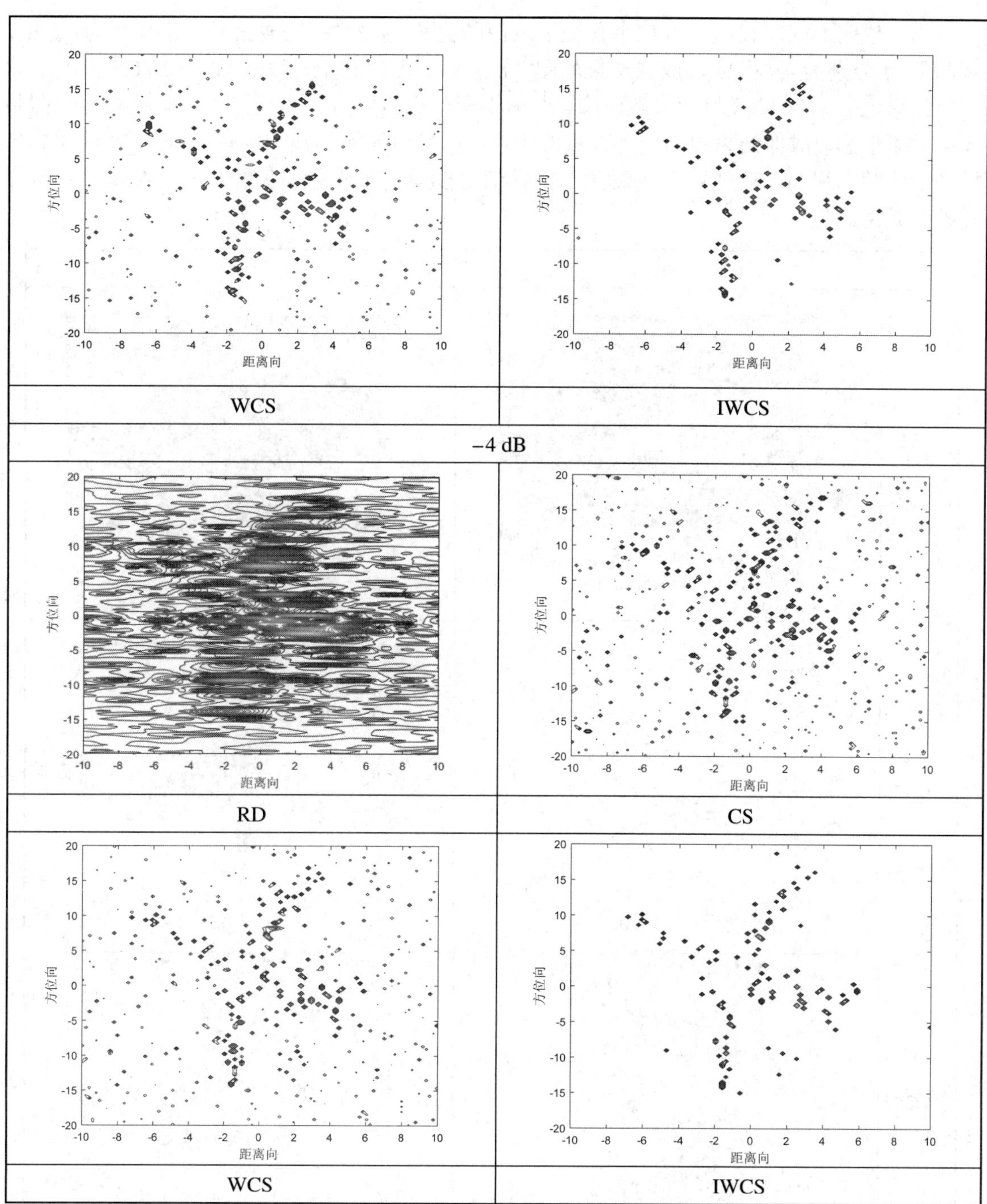

图 7.7　不同 SNR 下各成像模型的成像结果对比

为了说明 IWCS 模型在方位小孔径下成像的优势。实验中，回波信号的信噪比为–2 dB，观测量 M 分别为 48 和 96，成像结果如图 7.8 所示。可以看出，虽然 CS 和 WCS 模型下的实验结果已有 yake42 飞机的大致轮廓，与 RD 相比分辨率有明显的提高，但对噪声的抑制效果并不理想，成像结果中仍伴有大量的噪声，对目标的检测和识别有一定的影响。IWCS 模型的实验结果与 CS 和 WCS 模型相比，在信号能量基本没有损失的情况下对噪声有很好的抑制效果。

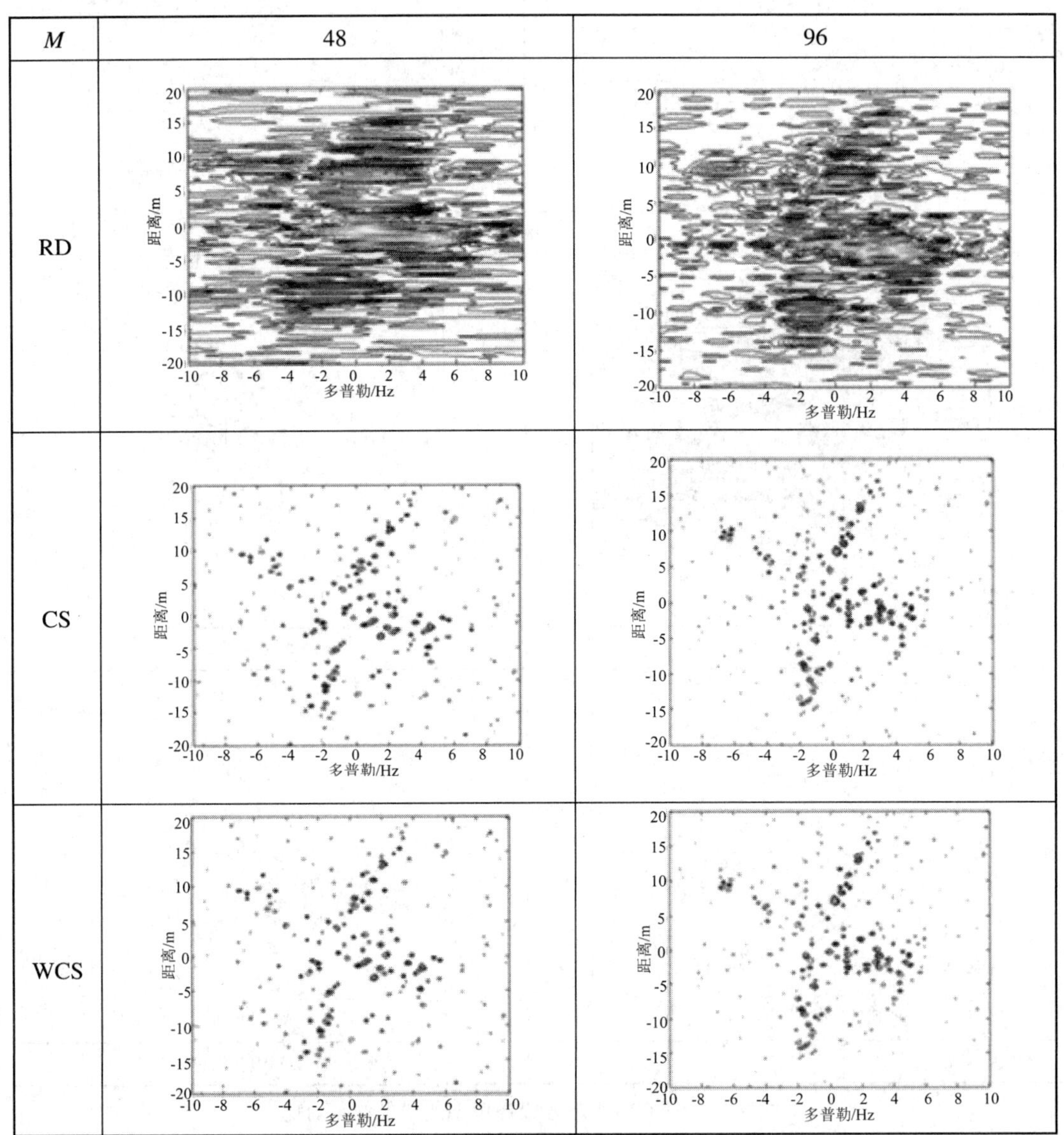

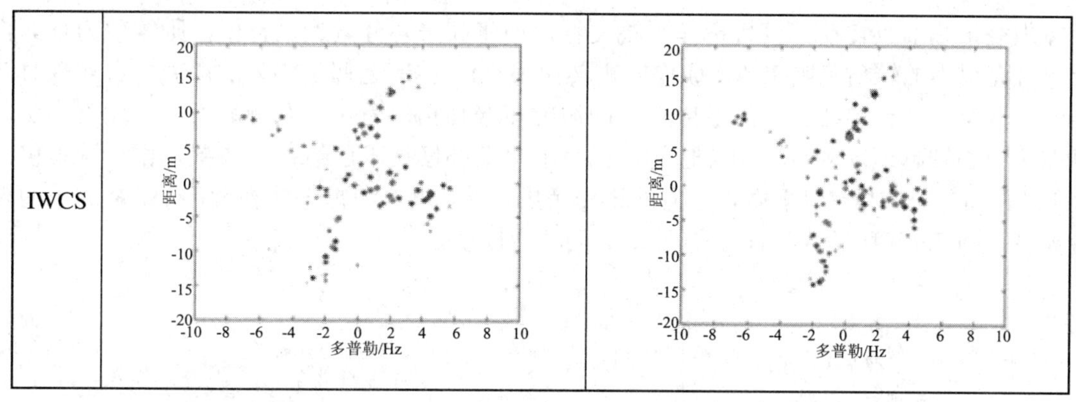

图 7.8　不同观测量下成像结果对比

7.3　基于稀疏理论的高分辨率 ISAR 成像研究

逆合成孔径(Inverse Synthetic Aperture Radar, ISAR)成像的目标是非合作的机动性目标，如飞机、舰船、导弹等，而现实生活中目标大多是运动的，这就决定了 ISAR 在军事和民用上的巨大研究价值。早期的雷达由于其分辨率很低，只能将目标视为“点”目标处理，因此只能用于检测和估计运动目标的位置信息。随着科技的发展，人们对目标识别的要求越来越大，而目标识别的前提是要获得目标的图像，对目标进行成像就需要大幅度提高雷达的分辨率，因此现阶段对成像质量(清晰度及分辨率)的要求在逐步提高。

然而考虑到目标的机动性，实际成像过程中往往无法获得足够的孔径进行成像，因此制约了成像质量。压缩感知理论的出现给这一问题的解决带来了契机。Zhang Lei 等人首先将该理论结合到 ISAR 成像中，并取得了较好的成像结果[11]。在本节中，将从提升信号稀疏性的角度出发，结合贝叶斯稀疏理论，提出一种适用于短孔径成像的高分辨率成像方法。在引入该模型前，首先介绍常规 ISAR 成像的基本原理。

7.3.1　ISAR 成像的转台模型

运动目标相对于雷达的运动可分为平动分量和转动分量[16]，如图 7.9(a)所示，飞机从 1 位置到 2 位置的运动，可分解为从 1 位置到 3 位置的平动分量，旋转 $\Delta\theta$ 后，从 3 位置做圆周运动到达 2 位置。由于圆周运动对多普勒相位没有任何贡献，所以 ISAR 成像中，对目标的运动只考虑径向平动和相对雷达视线的旋转运动。

假设在有限的相参积累时间内，远场情况下，目标的相对姿态保持恒定，即多周期下，目标位于固定的距离单元和多普勒单元，此时仅考虑转动分量对成像的影响。转动分量为目标围绕某基准点转动，设目标作平稳飞行，如将其平动分量加以补偿，则等效为平面转台，且在很小的转角范围(ISAR 成像所需转角很小)，转速近似是均匀的。若转台作顺时针旋转，则位于转台中心轴上的散射点子回波的多普勒相位为 0，右侧的为正，左侧为负，且偏离中心轴越远，多普勒相位也越大。目前平动补偿技术已经十分成熟，由于这里仅研究 ISAR 高分辨成像，对平动补偿方面不作考虑，所以仅仅考虑平动补偿后 ISAR 成像的转台模型，图 7.9(b)所示为目标在平面 *X*-*Y* 的转台模型。

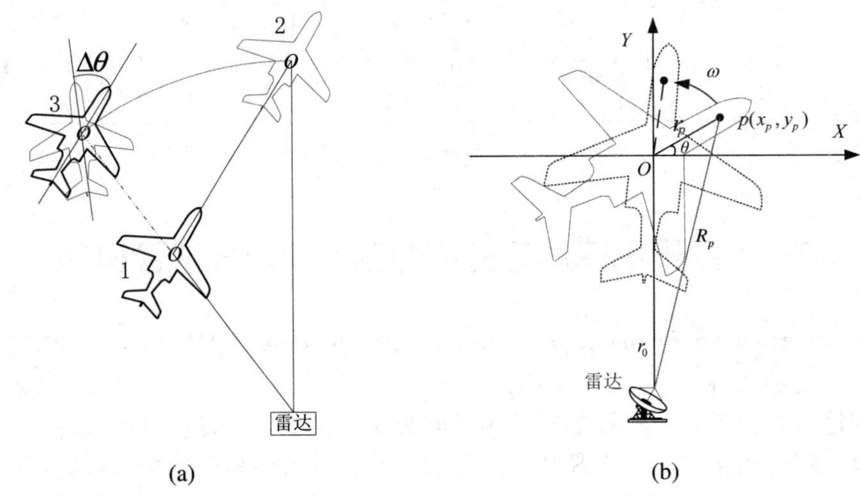

图 7.9　ISAR 成像的转台模型

图 7.9 中 ω 表示目标的转速，O 为目标的转台中心轴，r_0 表示雷达到中心轴的距离，目标上任意一个散射点 p 在某一瞬时 t 到雷达的距离 R_p 为

$$R_p = [r_0{}^2 + r_p{}^2 + 2r_0 r_p \sin(\theta + \omega t)]^{\frac{1}{2}} = r_0 \left[1 + \left(\frac{r_p}{r_0} \right)^2 + 2\frac{r_p}{r_0}\sin(\theta + \omega t) \right]^{\frac{1}{2}} \tag{7-16}$$

由于 $r_0 >> r_p$，转角 ωt 很小，所以上式可近似为

$$R_p = r_0 + y_p + x_p \omega t \tag{7-17}$$

假设雷达发射波为

$$s(t) = p(t)\mathrm{e}^{\mathrm{j}2\pi f_{\mathrm{c}} t} \tag{7-18}$$

其中，$p(t)$ 为发射波的包络，f_{c} 为载频。根据散射点模型，雷达接收到的回波为

$$s(t)=\sum_{p}A_{p}p\left(t-\frac{2R_{p}}{c}\right)\mathrm{e}^{-\mathrm{j}\frac{4\pi f_{c}R_{p}}{c}} \tag{7-19}$$

其中，A_i 表示散射点系数，可通过匹配滤波获得目标在距离上的分布，即距离像。下面对匹配滤波的原理进行简单介绍。回波信号 $s(t)$ 变换到频域为

$$s(f)=\sum_{p}A_{p}P(f)\mathrm{e}^{-\mathrm{j}\frac{4\pi(f+f_{c})R_{p}}{c}} \tag{7-20}$$

匹配滤波是将各频率分量校正成一样的，即在频域乘以 $P^{*}(f)$，$(\cdot)^{*}$ 表示取共轭，然后变换到时域，处理过程如下：

$$s(t)=\mathrm{IFFT}\left(\sum_{p}A_{p}P(f)P^{*}(f)\mathrm{e}^{-\mathrm{j}\frac{4\pi(f+f_{c})R_{p}}{c}}\right)=\mathrm{e}^{-\mathrm{j}\frac{4\pi f_{c}R_{p}}{c}}\sum_{p}A_{p}\mathrm{psf}\left(t-\frac{2R_{p}}{c}\right) \tag{7-21}$$

这里 $\mathrm{psf}(\bullet)=\mathrm{IFFT}\left(\left|p(f)\right|^{2}\right)$ 为包络决定的点散布函数，由此可确定距离分辨率。将式(7-18)代入式(7-21)，得到匹配滤波即距离脉压后的回波：

$$s(t)=\mathrm{e}^{-\mathrm{j}\frac{4\pi f_{c}\left(r_{0}+y_{p}+x_{p}\omega t\right)}{c}}\sum_{p}A_{p}\mathrm{psf}\left(t-\frac{2\left(r_{0}+y_{p}+x_{p}\omega t\right)}{c}\right) \tag{7-22}$$

从式(7-22) 可以看出，转台的旋转使各散射点子回波发生两个方面的变化，即包络时延和相位变化，两者都是由于转动散射点在不同时刻的径向距离 r_i 不同造成的，即散射点发生了径向走动，但径向走动对两者的影响程度是不同的。其中，由于相位变化与发射波的波长 $\lambda=c/f_{c}$ 成反比，因此微小的径向走动就会产生很大的相位变化。而包络延迟是相对于距离分辨率的，距离走到量为 $x_{p}\omega t$，与其横向坐标和转角成正比，由于转角很小，所以影响量不大，但对于离中心轴较远的散射点，总会有一些从一个距离单元进入到邻近的距离单元的情况发生，即发生了散射点走动，称为越距离单元徙动(Migration Through Resolution Cell, MTRC)，这也是本书绪论中提到的 ISAR 成像机制中相干处理时间(Coherent Processing Interval, CPI)不可能长的原因。

7.3.2 ISAR 的 RD 成像

常用的雷达探测信号为线性调频信号(Linear Frequency Modulation, LFM)，载频信号为 $\mathrm{e}^{\mathrm{j}2\pi f_{c}t}$，设脉冲信号以重复周期 T 依次发射，发射时刻为 $t_{\mathrm{m}}=mT(m=0,1,2,\cdots)$，称为慢时间，以发射时刻为起点的时间用 $\hat{t}$ 表示，为快时间。快时间用来计量脉冲传播的时间，而慢时间用来计量脉冲发射的时刻，这两个时间与全时间 t 的关系为 $t=t_{\mathrm{m}}+\hat{t}$，那么 LFM 信号可

以写成：

$$s(t,\hat{t})=\mathrm{rect}\left(\frac{\hat{t}}{T}\right)\mathrm{e}^{\mathrm{j}2\pi\left(f_{\mathrm{c}}t+\frac{1}{2}\gamma\hat{t}^{2}\right)} \tag{7-23}$$

其中 $\mathrm{rect}\left(\frac{t}{T}\right)$ 为形式如下的矩形窗信号：

$$\mathrm{rect}\left(\frac{\hat{t}}{T}\right)=\begin{cases}1, & \left|\frac{\hat{t}}{T}\right|\leqslant 1\\ 0, & \text{其他}\end{cases} \tag{7-24}$$

则 LFM 的回波信号为

$$s\left(t,\hat{t}\right)=\sum_{p}A_{p}\mathrm{rect}\left(\frac{\hat{t}-2R_{p}/c}{T}\right)\mathrm{rec}\left(\frac{t}{T_{\mathrm{a}}}\right)\mathrm{e}^{\mathrm{j}\pi\gamma\left(\hat{t}-2R_{p}/c\right)^{2}}\mathrm{e}^{-\mathrm{j}\frac{4\pi f_{\mathrm{c}}R_{p}}{c}} \tag{7-25}$$

其中，$\mathrm{rec}\left(\frac{t}{T_{\mathrm{a}}}\right)$ 为慢时间窗，T_{a} 为 CPI 时间。假设快时间采样点数为 N，即 $\hat{t}\in\mathbf{R}^{N}$。LFM 信号经过匹配滤波的距离脉压后，点散布函数为

$$\mathrm{psf}_{\mathrm{LFM}}\left(t\right)\approx T\,\mathrm{sinc}(Bt)\mathrm{rect}\left(\frac{t}{2T}\right) \tag{7-26}$$

于是，由式(7-23)得到 ISAR 距离脉压后的回波数据：

$$\begin{aligned}s\left(t,\hat{t}\right)&=\sum_{p}A_{p}\,\mathrm{sinc}\left(\hat{t}-\frac{2\left(r_{0}+y_{p}+x_{p}\omega t\right)}{c}\right)\mathrm{e}^{-\mathrm{j}\frac{4\pi f_{\mathrm{c}}\left(r_{0}+y_{p}+x_{p}\omega t\right)}{c}}\\&\approx\sum_{p}A_{p}\,\mathrm{sinc}\left(\hat{t}-\frac{2\left(r_{0}+y_{p}\right)}{c}\right)\mathrm{e}^{-\mathrm{j}\frac{4\pi f_{\mathrm{c}}\left(r_{0}+y_{p}\right)}{c}}\mathrm{e}^{-\mathrm{j}\frac{4\pi f_{\mathrm{c}}x_{p}\omega t}{c}}\end{aligned} \tag{7-27}$$

省略常数相位项，并假设有 P 个散射点，那么式(7-27)化为

$$s\left(t\right)=\sum_{p}^{P}B_{p}\mathrm{e}^{-\mathrm{j}2\pi f_{p}t} \tag{7-28}$$

其中，$B_{p}=A_{p}\,\mathrm{sinc}\left(\hat{t}-\frac{2\left(r_{0}+y_{p}\right)}{c}\right)$，$f_{p}=\frac{2x_{p}\omega}{\lambda}$ 为第 i 个散射点的多普勒频率。对式(7-28)执行 FFT 变换，得到横向距离脉压数据为

$$s\left(f_{\mathrm{d}}\right)=\sum_{p}^{P} B_{p} \operatorname{sinc}\left(f_{\mathrm{d}}-f_{p}\right) \tag{7-29}$$

其中，$f_{\mathrm{d}} \in \mathbf{R}^{M}$ 表示多普勒频谱，$M=T_{\mathrm{a}} / T_{\mathrm{m}}$ 表示发射脉冲个数。

可见 RD 算法是基于 FFT 变换的，显然 RD 方法的 ISAR 成像其横向分辨率取决于横向采样点的个数 M，也就是与 CPI 时间 T_{a} 成正比。这就表明，在 RD 方法框架下 ISAR 的横向分辨率不可能很高，因为在前文我们已经提到过 ISAR 成像的 CPI 是很短的，这是由 ISAR 的成像机制决定的，这就大大推动了如何在有限的回波数据下获得高分辨率的 ISAR 成像的研究。

由于 ISAR 成像呈现出来的是目标散射点的位置和幅度信息，它们表示了目标的大小和形状特征。目标的图像是强散射点在距离多普勒平面的系数，由于 ISAR 目标的图像特征往往由少数的强散射点系数表示出来，而弱散射点的系数很小，对成像的贡献很小，可以当成噪声处理，因此是可以忽略的。所以 ISAR 图像在距离多普勒域具有良好的稀疏性。这使得将 CS 理论应用于 ISAR 成像成为可能，第三章已经提到距离分辨率可以通过线性调频步进信号的频谱合成技术获得，这里只考虑如何建立 CS 的 ISAR 模型以提高成像的横向分辨率，因此本章的 CS-ISAR 模型将从式(7-28)出发，即以距离脉压之后的回波数据来构建 CS 模型，而 CS 模型是基于贝叶斯压缩感知[5-18]构建的。

贝叶斯压缩感知建模的基本原理是对稀疏信号强加一个概率分布(一般来讲这个概率分布非常锐利，如广义高斯分布等)，然后从最大后验概率(Maximum A Posteriori, MAP)估计出发建模，使得模型重构出的信号满足最大后验概率原则。

7.3.3 LCS-ISAR 模型

本节先分析基于拉普拉斯(Laplace)分布的 l_1 范数成像模型。从贝叶斯 CS 出发，l_1 范数模型可以看成是将稀疏信号加上 Laplace 分布约束，然后通过 MAP 建立的，所以这里将基于 l_1 范数的 CS 成像模型称为 Laplace CS-ISAR(LCS-ISAR)。文献[11]对该模型的建立作了详细的描述，而本节主要阐述 LCS-ISAR 模型的建立以及性能分析。

由于在观察过程中以及在目标背景中不可避免地要引入噪声，于是将式(7-28)的回波数据重写如下：

$$s(t)=\sum_{p}^{P} B_{p} \mathrm{e}^{-\mathrm{j} 2 \pi f_{p} t}+n(t) \tag{7-30}$$

其中，$n(t)$ 表示噪声。构建压缩感知模型，首先从构造稀疏基矩阵出发。时间序列 $t=(1: M)^{\mathrm{T}} T_{\mathrm{m}}$，令 $f_{\mathrm{r}}=1 / T_{\mathrm{m}}$，假设多普勒频谱分辨率为 Δf_{d}，那么多普勒频谱序列为 $(1: M) \Delta f_{\mathrm{d}}-0.5 f_{\mathrm{r}}$，$M=f_{\mathrm{r}} / \Delta f_{\mathrm{d}}$。我们知道，信号发射间隔与系统有关，那么要想得到高的分辨率 Δf_{d}，在这里须重新定义多普勒频谱序列：$(1: L) \Delta f_{\mathrm{d}}-0.5 f_{\mathrm{r}}$。设 $L \geqslant M$，这里采用了

外推技术，即 L 大于实际脉冲发射个数 M，这样就构建了一个冗余字典 $\boldsymbol{\Phi}$：

$$\boldsymbol{\Phi}=\left[\boldsymbol{\varphi}_0,\boldsymbol{\varphi}_1,\cdots,\boldsymbol{\varphi}_{L-1}\right],\boldsymbol{\varphi}_l=\mathrm{e}^{\mathrm{j}2\pi f_p t} \tag{7-31}$$

$\boldsymbol{\Phi}\in\boldsymbol{C}^{M\times L}\left(M<L\right)$，是一个部分傅立叶矩阵，可以看成是对一个傅立叶矩阵 $\boldsymbol{\Psi}\in\boldsymbol{R}^{L\times L}$ 抽取了 M 行，即 $\boldsymbol{\Phi}=\boldsymbol{A\Psi}$，这里 $\boldsymbol{A}$ 即为观测矩阵，$\boldsymbol{\Psi}$ 为稀疏基矩阵，$\boldsymbol{\Phi}$ 为感知矩阵。于是可建立如下 LCS-ISAR 模型：

$$\min\left\|\boldsymbol{\theta}\right\|_1 \quad \text{s.t.} \quad \left\|\boldsymbol{s}-\boldsymbol{\Phi\theta}\right\|_2\leqslant\varepsilon \tag{7-32}$$

其中 $\boldsymbol{\theta}=\left[B_1,B_2,\cdots,B_L\right]$ 表示场景的散射稀疏矩阵，ε 表示噪声的能量。文献[19]指出，对信号估计的误差可近似正比于噪声的能量，这一点证实了当噪声的能量远远小于信号的能量即式(7-32) 时，可基于 CS 模型求解信号的稳健性。

为了提高主要散射点的分辨率，所构建的字典应该是冗余的，字典的列数远大于行数。从高分辨率的角度，式(7-32)重构出的信号是将时间范围外推到超出 CPI 的时间范围，即无形中将 CPI 延长了，从而提高了横向分辨率，而且这种延长是虚拟的，是一种信号处理手段，并不是增加了回波的采样点数，所以不会影响距离单元散射点徙动的问题。另一方面，对于常量 f_{r}，由于设计的冗余字典，使得多普勒分辨率 $\Delta f_{\mathrm{d}}=f_{\mathrm{r}}/L$，通过增大 L，从而达到减小 Δf_{d} 的效果，这样一个相对很大的 L 似乎更有潜力获得高的分辨率，当然通过有限的回波观测数据重构出更高维度的 ISAR 图像是有困难的，需要满足一定的条件。

对于式(7-32)的压缩感知模型，为了能够正确求解，要求构造的部分傅立叶观测矩阵满足 RIP 性质，以保证其列之间足够的非相关性，文献[11]通过奇异值估计[17]方法对部分傅立叶矩阵和高斯随机矩阵作了详细的比较，发现在同样大小的情况下，部分傅立叶矩阵表现出了更好的非相干性，可满足压缩感知理论的重构条件。上述模型的求解可参照前面所介绍的重构算法，这里不再赘述。

虽然上述 LCS-ISAR 模型能够在有限回波观测下获得高的分辨率，但是当在现实环境中，目标出现高机动性导致更短的 CPI，且目标处于高噪声背景下时，那么 LCS-ISAR 成像模型将失去稳健性，这一点可以通过第二章讲述的 l_1 范数的稀疏约束性能分析来理解。针对上述情况，本小节将从增强稀疏性约束角度出发，构建稀疏约束性能更好的 CS-ISAR 成像模型。

7.3.4 基于 Meridian 先验分布的 CS-ISAR 模型

压缩感知近期的工作呈现出一类新的稀疏约束思路，$l_{2,0}$ 范数最小化问题[20]是其中新颖的代表，它是通过目标信号方差在迭代中变化的高斯分布来约束稀疏信号，其关键理念是先验分布的形状在重构过程中不断被锐化，从而达到增强稀疏性约束的效果，文献[21]也明确提出了这种思想。在这种思想的推动下，我们研究了 Meridian 先验分布，并从中推导出了基于 Meridian 分布的压缩感知模型(Meridian CS, MCS)，并发现 MCS 重构模型[12]展示出了更强的稀疏约束性能。

其实 Meridian 分布是广义柯西分布族中的一种，由于广义柯西分布是一种典型的重尾分布函数，使得它在现实生活中经常被用于对冲激过程进行建模，而 ℓ_0 范数的图形表示为冲激函数形式，所以可以想象利用广义柯西分布来逼近 ℓ_0 范数的稀疏约束性能是一种合理的思路，Rafael E 等人的学术研究成果[20,22,23]都证实了这一点。

广义柯西分布的概率密度函数为

$$f(x)=a\beta\left(\beta^p+|x|^p\right)^{-2/p} \tag{7-33}$$

其中，$a=p\Gamma(2/p)/2\left(\Gamma(1/p)\right)^2$，$\beta>0$ 为尺度参数，p 为控制拖尾分布函数的常量参数。当 $p=1$ 时，函数称为 Meridian 先验分布函数，而当 $p=2$ 时为标准柯西分布。当 $p<2$ 时，概率密度函数的尾巴下降速率比 $p\geqslant 2$ 慢，所以 Meridian 先验分布是一个重尾分布，适合用于稀疏约束建模。这里给出 Meridian 分布函数：

$$f_{\text{Meridian}}(x)=\frac{a}{\beta}\left(1+\left|\frac{x}{\beta}\right|\right)^{-2} \tag{7-34}$$

可以从 Meridian 先验导出一个距离度量：从概率论的角度看，$\boldsymbol{x}: x_0, x_2, \cdots, x_{L-1}$ 是获得的随机样本，假设样本满足独立同分布，联合概率分布函数为

$$g(\boldsymbol{x})=\prod_{i=1}^{L}\frac{a}{\beta}\left(1+\frac{|x_i|}{\beta}\right)^{-2} \tag{7-35}$$

那么由最大似然估计理论可定义 l_{Meridian} 范数即如下的距离度量函数：

$$E(\boldsymbol{x})=\sum_{i=1}^{L}\ln\left(1+\frac{|x_i|}{\beta}\right) \tag{7-36}$$

正如第二章讲述的 l_p 范数是从广义高斯分布函数导出来的一样，可见这种由重尾分布函数导出稀疏约束是一种通用的思想。噪声一般服从均值为 0 的高斯分布，即

$$f(\boldsymbol{s}\mid\boldsymbol{x},\sigma_n)=\left(\frac{1}{2\pi\sigma_n^2}\right)^{L/2}\mathrm{e}^{-\left(1/2\sigma_n^2\right)\|\boldsymbol{s}-\boldsymbol{\Phi x}\|_2^2} \tag{7-37}$$

于是由最大后验贝叶斯概率 MAP，我们建立基于 Meridian 先验分布的 CS-ISAR 模型：

$$\min_{x\in\mathbf{R}^L} J(\boldsymbol{x}),\quad J(\boldsymbol{x})=\sum_{i=1}^{L}\ln\left(1+\frac{|x_i|}{\beta}\right)+\frac{1}{2\sigma_n^2}\|\boldsymbol{s}-\boldsymbol{\Phi x}\|_2 \tag{7-38}$$

我们称式(7-38)为 MCS-ISAR 成像模型。

那么，l_{Meridian} 范数的稀疏约束性能具体表现如何？这将决定 MCS-ISAR 相对 LCS-ISAR 成像的优势，下面将从两方面对此进行详细分析。

1. 基于洛伦兹曲线的稀疏性增强评估

l_{Meridian} 范数或 l_1 范数关于变量 x 的曲线称为洛伦兹曲线(术语“洛伦兹曲线”来自于经济和生态学，它一般用来描述稀疏或者能量集中的特性，其详细介绍参见文献[24][25])。图 7.10 是信号在二维情况下两者的洛伦兹曲线，其中图(a)为 l_1 范数，图(b)为 l_{Meridian} 范数。

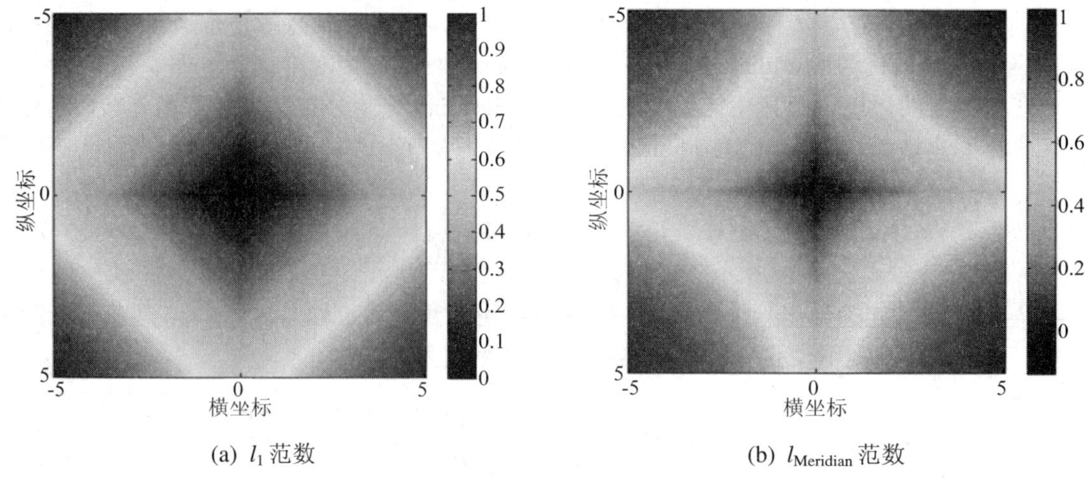

(a) l_1 范数　　(b) l_{Meridian} 范数

图 7.10　l_{Meridian} 范数和 l_1 范数的洛伦兹曲线

洛伦兹曲线反映的是概率密度的能量分布情况，从图 7.10 中能量的渐进分布情况可以看出，l_{Meridian} 范数的能量较之 l_1 范数更集中于坐标轴附近(从稀疏度的角度来说，坐标轴上的点的稀疏度为 1，而非坐标轴上的点的稀疏度为 2)，因此从分布的角度来说，l_{Meridian} 范数对应的分布函数具有更强的稀疏约束能力，可以使得优化结果更加稀疏。当然图 7.10 的洛伦兹曲线只是从图形上展示了 l_{Meridian} 范数刻画稀疏性的优越性，给人以直观的印象。下面我们将从“信号压缩性”的角度，更深入地分析两者在稀疏约束上的差别。

2. 信号压缩性分析

文献[26]为我们提供了一个非常重要的关于如何评估先验分布对稀疏信号重构质量影响的理论研究工作，其中显示了先验分布与稀疏信号的压缩性能密切相关。文中为信号可压缩性建立了一个称为弱 l_p 球的模型，弱 l_p 球是通过信号的次序统计量(Quartile Order Statistics)来定义的[30]，而信号的次序统计量与先验分布有关，这样就建立了先验分布对稀疏信号约束性能的联系。

如果一个信号满足如下不等式：

$$|\alpha_n| \leqslant Rn^{-(1/p)},\ p \leqslant 1 \tag{7-39}$$

其中，α_n 是信号 x 中绝对值大小处于所有分量中第 n 大的分量值，R 表示 l_p 球的半径，那么就称该信号在某个特定先验分布约束下具有可压缩性。而且文献[18]还证明了拉普拉斯先验分布约束不满足式(7-39)，也就是说 LCS 模型对于稀疏约束信号重构不是一个最优的模型，而令人惊讶的是该模型却得到了广泛的应用。值得庆幸的是，Meridian 先验分布约束下的稀疏信号满足式(7-39)的可压缩性。

那么，Meridian 先验是如何满足式(7-39)的呢？我们知道次序统计量理论需要先验分布函数的累积分布函数(Cumulative Distribution Function, CDF)，由于 Meridian 分布函数的累积分布函数的分析形式还不存在(或者到目前为止尚未推导出来)，这样导致了由 Meridian 先验分布约束的信号的压缩性难以评估。但是我们可以通过实验分析来确定，如图 7.11 所示是我们分别从 Laplace 和 Meridian 分布中猜得的 100 个数据(说明一点，这两个分布的方差是一致的)，然后分别将这些点以降序排列，并将其绘制在 log-log 标度的坐标系中。以上处理重复 100 次，并取各个点的均值即近似得到次序统计量，将次序统计量绘成图 7.11 所示的曲线，其中图(a)表示 Laplace 先验的次序统计量，图(b)表示 Meridian 先验的次序统计量。

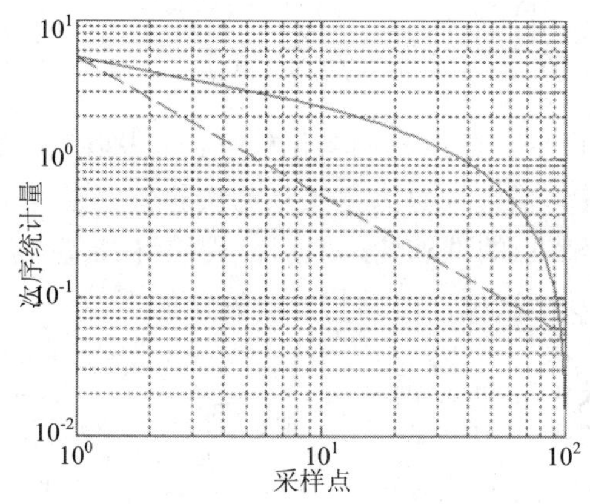

(a) Laplace 分布数据的次序统计量

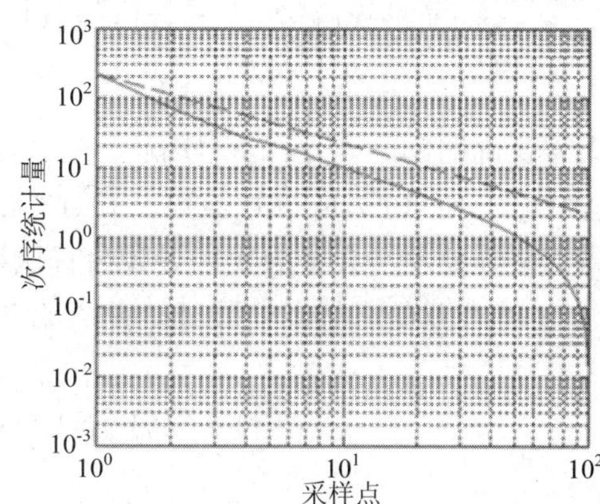

(b) Meridian 分布数据的次序统计量

图 7.11　Laplace 和 Meridian 先验的次序统计量

图 7.11 中，实线是次序统计量，虚线为一条斜率为 −1 的直线。从式(7-39)可以明显看出，在对数坐标系中，如果信号在先验分布约束下满足可压缩性，那么次序统计量曲线应该在直线下面，否则在上面。我们可以看出 Laplace 次序统计量严重违背了这个规律，而 Meridian 先验分布的次序统计曲线完全在直线下面，很好地满足了式(7-39)，呈现出了良好的快速衰减趋势，反映出了出色的信号压缩特性。因此可以得出结论：Meridian 先验可以产生信号可压缩性，而 Laplace 先验不具有这个特性。这再次表明了 MCS 模型相比 LCS 模型具有更好的信号重构性质。

MCS-ISAR 成像模型重写如下：

$$\min_{x\in\mathbf{R}^L} J(\boldsymbol{x}), J(\boldsymbol{x})=\sum_{i=1}^{L}\ln\left(1+\frac{|x_i|}{\beta}\right)+\frac{1}{2\sigma_n^2}\|\boldsymbol{s}-\boldsymbol{\Phi x}\|_2 \tag{7-40}$$

显然 MCS-ISAR 模型是一个非凸优化问题，根据迭代加权最小二乘法(Iteratively Reweighted Least Squares, IRLS)[27-29]求解非凸模型的原理，我们需要找到一个权矩阵将 l_{Meridian} 范数转化为加权 l_2 范数以便求解。其实加权 l_2 范数是对原非凸模型的一阶近似。所以，要求 l_{Meridian} 范数的一阶近似，首先要对其求导：

$$E^{'}(\boldsymbol{x})=\frac{\partial}{\partial\boldsymbol{x}}\left(\sum_{i=1}^{L}\ln\left(1+\frac{|x_i|}{\beta}\right)\right) \tag{7-41}$$

对向量 $\boldsymbol{x}$ 求导数，可分别对每个分量求偏导数，如下：

$$\frac{\partial}{\partial x_i}\left(\sum_{i=1}^{L}\ln\left(1+\frac{|x_i|}{\beta}\right)\right)=\frac{1}{\beta}\left(1+\frac{|x_i|}{\beta}\right)^{-1}\frac{\partial|x_i|}{\partial x_i}=\frac{1}{\beta}\left(1+\frac{|x_i|}{\beta}\right)^{-1}\operatorname{sgn}(x_i)=\frac{1}{\beta}\left(1+\frac{|x_i|}{\beta}\right)^{-1}|x_i|^{-1}x_i \tag{7-42}$$

上式需要说明的一点是，$|x_i|$ 实际上在原点处不可导，这里我们弱化处理，将 $|x_i|$ 导数处理成 $\operatorname{sgn}(x_i)$，$\operatorname{sgn}(\cdot)$ 为取符号函数，正如文献[30]中一样，而且大量文献的实验仿真也证实这种弱化微分处理不会影响我们寻找目标函数的极值点的准确性。然后，我们将 l_{Meridian} 范数函数 $E(\boldsymbol{x})$ 在 0 处进行泰勒展开，并省略 2 次项及高次项，得到其一阶近似如下：

$$E(\boldsymbol{x})=E(0)+E^{'}(\boldsymbol{x})\boldsymbol{x}=\frac{1}{\beta}\sum_{i=1}^{L}\left(1+\frac{|x_i|}{\beta}\right)^{-1}|x_i|^{-1}x_i^2=\|\boldsymbol{w}^{-1}\boldsymbol{x}\|_2 \tag{7-43}$$

这里权值矩阵 $\boldsymbol{w}=\operatorname{diag}\left(|\boldsymbol{x}|+\frac{|\boldsymbol{x}|^2}{\beta}\right)$，这样，我们就将上述非凸优化模型转化为可求导的凸优

化模型。为了防止$|x_i|$趋近 0 时权值矩阵出现奇异值，引入一个微小参量μ，使得

$$\boldsymbol{w}=\operatorname{diag}\left(\sqrt{|\boldsymbol{x}|^2+\mu}+\frac{|\boldsymbol{x}|^2}{\beta}\right) \tag{7-44}$$

这样，我们就将 MCS-ISAR 成像模型转化为

$$\min_{x\in\mathbf{R}^L} J(\boldsymbol{x}),\ J(\boldsymbol{x})=\lambda\left\|\boldsymbol{w}^{-1/2}\boldsymbol{x}\right\|_2+\left\|\boldsymbol{s}-\boldsymbol{\Phi x}\right\|_2 \tag{7-45}$$

其中$\lambda=\sigma_n^2/\beta$为正则因子。由于式(7-45)是一个凸函数，可将式(7-45)对$\boldsymbol{x}$求导：

$$\frac{\partial J(\boldsymbol{x})}{\partial \boldsymbol{x}}=\lambda\boldsymbol{w}^{-1}\boldsymbol{x}+\boldsymbol{\Phi}^*(\boldsymbol{\Phi x}-\boldsymbol{s}) \tag{7-46}$$

并令上述导数为 0，得到如下式：

$$\boldsymbol{x}=\left(\lambda\boldsymbol{w}^{-1}+\boldsymbol{\Phi}^*\boldsymbol{\Phi}\right)^{-1}\boldsymbol{\Phi s} \tag{7-47}$$

由于有以下等式成立：

$$\boldsymbol{\Phi}^*\left(\lambda\boldsymbol{I}_M+\boldsymbol{\Phi w\Phi}^*\right)=\left(\lambda\boldsymbol{w}^{-1}+\boldsymbol{\Phi}^*\boldsymbol{\Phi}\right)\boldsymbol{w\Phi}^* \tag{7-48}$$

于是式(7-47)转化为如下等式：

$$\boldsymbol{x}=\boldsymbol{w\Phi}^*\left(\lambda\boldsymbol{I}_M+\boldsymbol{\Phi w\Phi}^*\right)^{-1}\boldsymbol{s} \tag{7-49}$$

由式(7-49)我们可以塑造如下迭代机制的算法：

$$\begin{cases}\boldsymbol{x}_k=\boldsymbol{w}_{k-1}\boldsymbol{\Phi}^*\left(\lambda\boldsymbol{I}_M+\boldsymbol{\Phi w}_{k-1}\boldsymbol{\Phi}^*\right)^{-1}\boldsymbol{s}\\ \boldsymbol{w}_{k-1}=\operatorname{diag}\left(\sqrt{|\boldsymbol{x}_{k-1}|^2+\mu}+\dfrac{|\boldsymbol{x}_{k-1}|^2}{\beta}\right)\\ \beta_{k-1}=\sigma_{x_{k-1}}\left[\Gamma(1)/4\Gamma(3)\right]^{-(1/2)}\end{cases} \tag{7-50}$$

式中，k 和 $k-1$ 分别表示当前和前一次迭代结果，$\sigma_{\mathbf{x}_{k-1}}$表示信号$\boldsymbol{x}_k$的方差。第三个等式用于自适应地估计尺度参数，这点是借鉴文献[28]用于计算 Laplace 尺度参数的。迄今为止，对于 Meridian 先验分步的尺度参数尚未有一个精确的计算公式，然而在我们的实验仿真中，试用如上公式估计出来的尺度参数具有良好的稳健性，是一个不错的选择，所以我们接受了这种模仿 Laplace 先验的尺度参数更新机制。对于参数γ的选择，本小节讨论了两种情况，

分别针对高信噪比和低信噪比。我们将在下一小节对参数选择进行详细分析。式(7-50)的迭代算法终止条件如下：

$$\frac{\left|J\left(\boldsymbol{x}_k\right)-J\left(\boldsymbol{x}_{k-1}\right)\right|}{\left[\left|J\left(\boldsymbol{x}_k\right)\right|+\left|J\left(\boldsymbol{x}_{k-1}\right)\right|\right]/2}<\zeta \tag{7-51}$$

其中ζ表示迭代终止阈值。当迭代结束后，所得到的估计信号$\hat{\boldsymbol{x}}$即为最终高分辨 ISAR 成像结果。

7.3.5 正则因子的选择

为了更好地分析正则因子的选择，将式(7-45)重写成如下形式：

$$\min_{x\in\mathbf{R}^L} J\left(\boldsymbol{x}\right),\ J\left(\boldsymbol{x}\right)=\lambda\left\|\boldsymbol{q}\right\|_2+\left\|\boldsymbol{s}-\boldsymbol{\Phi}_{\mathrm{w}}\boldsymbol{q}\right\|_2 \tag{7-52}$$

这里$\boldsymbol{q}=\boldsymbol{w}^{-1/2}\boldsymbol{x}$，$\boldsymbol{\Phi}_{\mathrm{w}}=\boldsymbol{\Phi}\boldsymbol{w}^{1/2}$。可见目标函数中共有两项，左边是稀疏约束项，右边是误差约束项。我们知道，正则因子λ的作用是调节两者之间的能量比例。如果参数选择过大将会导致对稀疏项的惩罚过重，得到的解中本来不为 0 的系数反而变成 0，而参数选择过小就会出现很多“伪峰”。一般来讲，求解上述优化模型的迭代算法，稀疏约束项下降的速度要远远快于误差约束项，所以为了得到一个我们所期望的解，必须选择合适的正则因子λ，来对两端变化的速度进行合理的调控，以达到一个既稀疏又准确的解。

既然正则因子的作用如此重要，那么该如何计算这个参数呢？对正则因子的选择问题是学术界长期广泛讨论的一个公开问题，对正则参数的选择现有的方法有 L-curve[32, 33]法等，其实并没有一个广泛而行之有效的选择机制。本小节中将采用 L-curve 方法处理在高信噪比下正则因子的选择问题。而在低信噪比下，由于 L-curve 方法将会失效，所以我们采用手动调节。

在介绍 L-curve 之前，值得说明一点的是，式子$\lambda=\sigma_n^2/\beta$是通过 MAP 建模导出来的，实际是对正则因子的一个粗略估计，这是由于噪声的方差在迭代过程中必然会发生变化，即σ_n不会一直保持不变，同时β也是变化的，所以σ_n在迭代中的具体值是难以估算的，虽然在有些文献中提出利用误差项对σ_n进行估计，即如下表达式：

$$\hat{\sigma}_n=\frac{\left\|\boldsymbol{s}-\boldsymbol{\Phi}\boldsymbol{x}\right\|_2}{L} \tag{7-53}$$

但是这种估计是很粗糙的，我们的实验也验证该方法的效果欠佳。一般情况下我们对噪声的能量有个初始的估计值，而在迭代过程中由于式(7-53)对噪声方差估计不准，所以作如下修正，其中 h 为修正因子：

$$\hat{\sigma}_n = \frac{h\|\boldsymbol{s}-\boldsymbol{\Phi x}\|_2}{L} \tag{7-54}$$

所以迭代中正则因子表达式写成如下形式：

$$\lambda_k(h_k) = \frac{h_k\|\boldsymbol{s}-\boldsymbol{\Phi x}_{k-1}\|_2}{L\beta} \tag{7-55}$$

可以看出，在迭代中对正则因子 λ_k 的估算，即是对 h_k 的估算，因此这里将正则因子写成 h 的函数，而且这样修正的好处将会在 L-curve 方法中体现出来。下面我们将简单介绍 L-curve 对 h_k 的计算机制。

本小节所采用的 L-curve 正则因子选择方法是借鉴了文献[27]所介绍的修正 L-curve，为了表述方便，这里简写为 ML-curve。实际上，ML-curve 是结合了离差原理[31]和 L-curve 的一种对正则因子进行估计的机制，所以下面分别介绍离差原理和 ML-curve。

1．离差原理

离差原理是为了保证信号稀疏表示的质量，在本小节中的具体体现，则是为了使误差约束项尽量小。对于式(7-52)的标准正则模型，文献[34]有如下的求解表达式：

$$\boldsymbol{q}_k = \sum_{i=1}^{\rho}\left(\frac{\sigma_i \boldsymbol{u}_i^{\mathrm{T}} b}{\sigma_i^2 + \lambda_{k-1}}\right)\boldsymbol{v}_i \tag{7-56}$$

其中，ρ 表示 $\boldsymbol{\Phi}_{w_{k-1}}$ 的秩，$\sigma_i\,(i=1,2,\cdots,\rho)$ 是 $\boldsymbol{\Phi}_{\mathrm{w}}$ 的奇异值，$\boldsymbol{u}_i$ 和 $\boldsymbol{v}_i$ 分别对应于左特征向量和右特征向量。正则因子 $\lambda_{k-1}\geqslant 0$ 满足如下等式：

$$\sum_{i=1}^{\rho}\left(\frac{\lambda_{k-1}(h_{k-1})\boldsymbol{u}_i^{\mathrm{T}} b}{\sigma_i^2 + \lambda_{k-1}(h_{k-1})}\right)^2 = \varepsilon^2 \tag{7-57}$$

式(7-57)即为离差原理，而且可以验证式(7-57)是一个单调递增函数。如果我们对噪声的能量有一定的先验知识，那么我们就可以通过该式估计正则因子的大小范围。

2．ML-curve

ML-curve 正则因子估计法首先假设我们对环境噪声有一定的先验知识，利用这个先验知识由上述离差原理就可以估计噪声能量的上界 $\varepsilon_{\mathrm{up}}^2$ 和下界 $\varepsilon_{\mathrm{low}}^2$，即用式(7-57)来估计每次迭代中正则因子的上界 $\lambda_{\max}(h)$ 和下界 $\lambda_{\min}(h)$。下面介绍 L-curve 的具体作用。

我们知道，如果正则因子 λ 从 0 变化到∞，那么稀疏约束项 $\|\boldsymbol{q}\|_2$ 就会从 $\|\boldsymbol{\Phi}_{\mathrm{w}}^{\dagger}\boldsymbol{s}\|_2$ 单调递减至 0，而误差约束项 $\|\boldsymbol{s}-\boldsymbol{\Phi}_{\mathrm{w}}\boldsymbol{q}\|_2$ 却单调递增。而 L-curve 理论指出：如果以 $\|\boldsymbol{\Phi}_{\mathrm{w}}^{\dagger}\boldsymbol{s}\|_2$ 为横坐标，

以$\|s-\boldsymbol{\Phi}_{\mathrm{w}}\boldsymbol{q}\|_2$为纵坐标，在一系列不同的正则因子$\lambda$下，必将在二维坐标系中绘出一条“L”形的曲线，那么最优的正则因子就是曲线曲率最大的点所对应的λ值。问题是如何将这两项写成关于正则因子的函数呢？

在每次迭代中，存在这样一个修正的最小二乘解：

$$\boldsymbol{q}(\lambda)=\sum_{i=1}^{\rho}f_i\frac{\alpha_i}{\sigma_i}\boldsymbol{v}_i,f_i=\frac{\sigma_i^2}{\sigma_i^2+\lambda(h)^2} \tag{7-58}$$

将式(7-58)代入稀疏约束项和误差约束项，就得到两项关于正则因子的函数表达式：

$$\left(\chi_{\lambda(h)},\upsilon_{\lambda(h)}\right)=\left(\sum_{i=1}^{\rho}\left[(1-f_i)\alpha_i\right]^2,\sum_{i=1}^{\rho}\left[f_i\frac{\alpha_i}{\sigma_i}\right]^2\right) \tag{7-59}$$

根据 L-curve 理论，最优的正则因子可由以下曲率公式计算得到：

$$\lambda(h)_{\mathrm{opt}}=\arg\max_{\lambda(h)},\kappa=\frac{\chi^{'}\upsilon^{''}-\chi^{''}\upsilon^{'}}{\left[\left(\chi^{'}\right)^2+\left(\upsilon^{'}\right)^2\right]^{2/3}} \tag{7-60}$$

其中κ表示曲线的曲率，$(\cdot)^{'}$、$(\cdot)^{''}$分别表示一阶导和二阶导。在 ML-curve 中，正则因子的选取机制如下式：

$$\lambda_{\mathrm{opt}}(h)=\begin{cases}\lambda_{\max}(h),\ \lambda(h)_{\mathrm{opt}}>\lambda_{\max}(h)\\ \lambda_{\min}(h),\ \lambda(h)_{\mathrm{opt}}<\lambda_{\min}(h)\\ \lambda_{\mathrm{opt}}(h),\ 其他\end{cases} \tag{7-61}$$

7.3.6 仿真实验

本小节设计了 ISAR 的仿真实验和实测数据实验，将本书提出的 MCS-ISAR 成像与 LCS-ISAR 成像以及原始 RD 成像算法的性能进行了详细的比较。算法的性能对比分别在两个方面展开：在同样信噪比环境下，比较不同观测回波的成像效果，以及在同样的观测回波和不同信噪比下比较各算法的抗噪声性能。

本仿真实验分成两部分进行。

第一部分：该实验中我们设计了一个人为合成的简单场景，场景是由几个单一的散射点组成的，每个散射点的幅度都设为 1。在仿真过程中，假设雷达处于坐标系的中心，雷达回波数据从多个角度进行接收，并假定传统的运动补偿包括包络对齐、聚焦处理已经完成。仿真场景如图 7.12 所示。

雷达工作参数：发射线性调频信号的载频为 10 GHz，信号带宽为 500 MHz，全孔径在相干处理时间内共包含 1024 个回波采样。将回波数据中附加上信噪比 SNR = 2 dB 的高斯复噪声，图 7.13 展示了在不同采样回波数目下三种成像算法的成像结果，回波数目分别为 128、64、48、32 和 16。

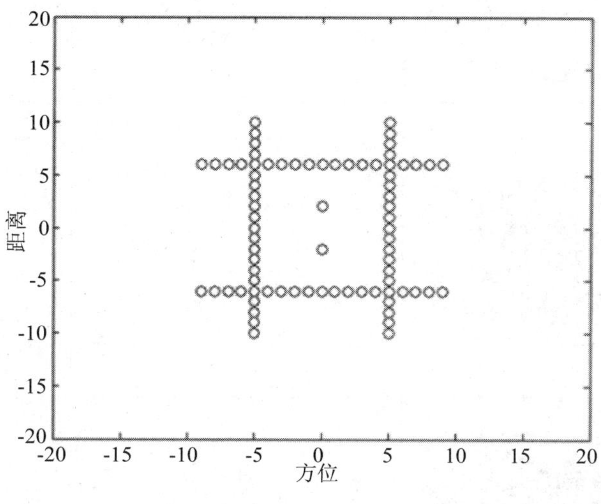

图 7.12　仿真场景

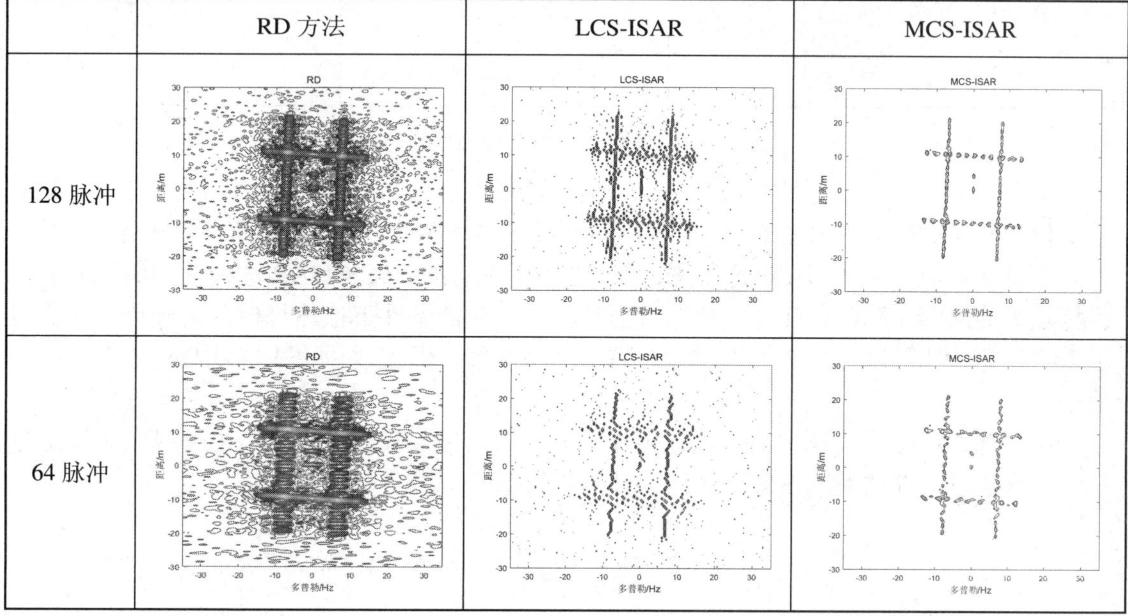

	RD 方法	LCS-ISAR	MCS-ISAR
128 脉冲			
64 脉冲			

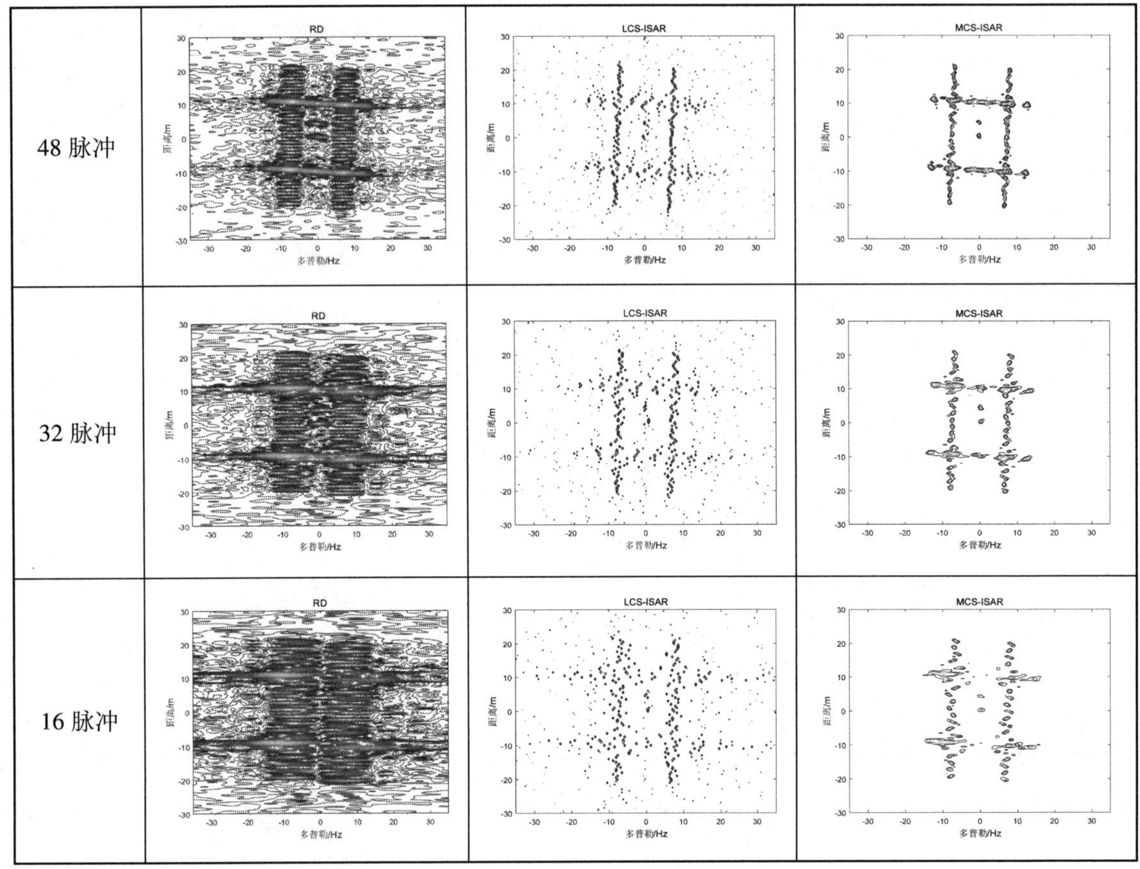

图 7.13　不同回波个数下成像结果对比

从图 7.13 实验结果的对比中可以看出，在采样回波数目足够多的情况下，LCS-ISAR 成像模型和 MCS-ISAR 成像模型都可以获得良好的分辨率性能。而随着回波数目减少时，各成像算法的成像质量都在迅速下降，但是我们所提出的 MCS-ISAR 成像模型始终能给出目标场景的清晰轮廓，即使在其他两种方法完全失效的条件下依然稳健。这一点正好证实了 MCS 模型相比 LCS 模型具有更强的稀疏约束性能，即可以以更少的观测点数重构稀疏信号。

第二部分：除了从视觉上比较各个算法的成像效果，我们还粗略给出了成像质量的评估。成像质量的评估参照图像信噪比的计算，如下式：

$$\kappa = -10\lg\left\{\frac{1}{MN}\sum_{m=0}^{M-1}\sum_{n=0}^{N-1}\left[\boldsymbol{f}_1(m,n)-\boldsymbol{f}_0(m,n)\right]^2\right\} \tag{7-62}$$

其中，f_0 表示参考图像(通过全孔径回波获取的)，f_1 表示稀疏孔径获取的图像(有限回波获取的)。图 7.14 和图 7.15 展示了不同算法成像质量评估比较，图 7.14 的结果是在不同采样回波数据(24、32、48、64、128)下的成像质量对比，而图 7.15 给出了不同信噪比下成像质量的对比：SNR 从 20 dB 变化到 −9 dB。

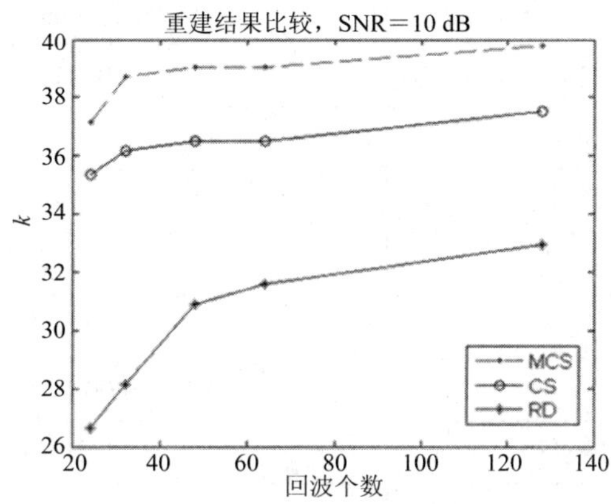

图 7.14　不同回波个数

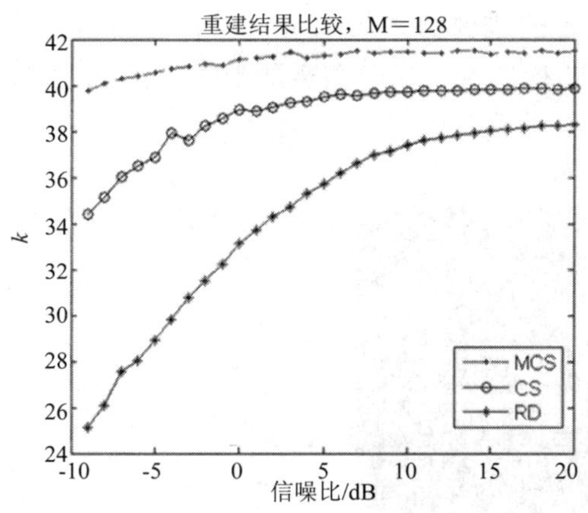

图 7.15　不同信噪比

从图 7.14 中的 RD、MCS、LCS 三种算法的成像质量对比统计曲线不难看出，MCS 在 ISAR 成像上具有显著的优势。MCS-ISAR 成像模型在最坏情况下(图 7.14 所示的 24 个观测回波条件和图 7.15 所示的 −9 dB 的超低信噪比情况)仍然具有良好的表现。

为了测试本书所提出的 MCS 高分辨率 ISAR 成像算法的实用性，下面将以上讨论的各算法用实测数据进行测试对比。实测数据为现实中获得的 Yak-42 飞机目标，其详细的雷达参数如表 7.3 所示。

表 7.3　雷达参数指标

发射波形	线性调频连续波
发射频率	C 波段(5.52 GHz)
信号带宽	400 MHz
脉冲宽度	25.6 μs
采样频率	10 MHz
距离分辨率	0.375 m
全孔径点数	1024
PRF	800 Hz
全孔径数目	1024 个回波
CPI	[−0.64，0.64]s

本实验所使用的实验数据是运动补偿后的数据，图 7.16(a)、(b)分别是距离脉压后的回波数据图和全孔径 RD 处理的成像结果。本实验内容分两项测试。第一项是测试各成像算法在不同观测回波数目下的稳健性，我们在实测数据中附加了 5 dB 的高斯白噪声，回波的数目从 128 到 32。

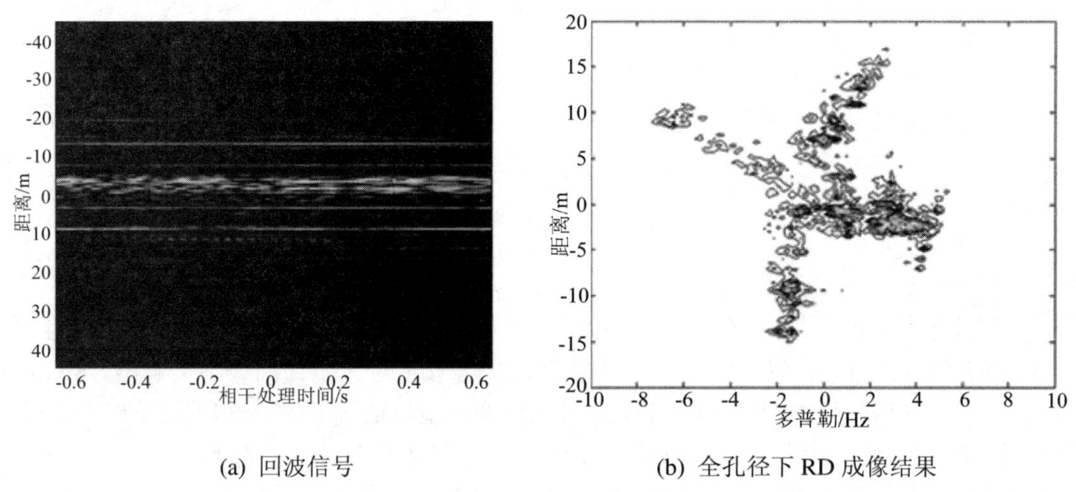

(a) 回波信号　　(b) 全孔径下 RD 成像结果

图 7.16　Yak-42 实测数据成像结果

成像结果如图 7.17 所示。从实验结果中可以看出基于 MCS 的 ISAR 成像模型在更少的回波数目下依然表现出良好的性能，相比之下，基于 LCS 的 ISAR 成像模型的成像中出现了很多伪点，由于 MCS 的增强稀疏性约束性能，使得在 LCS-ISAR 的成像中丢失的强散射点被提取和突显出来。第二项是测试各成像算法在不同信噪比下的成像对比。观测回波数目设定为 72，信噪比从 −6 dB 到 10 dB 变化，实验结果如图 7.18 所示。

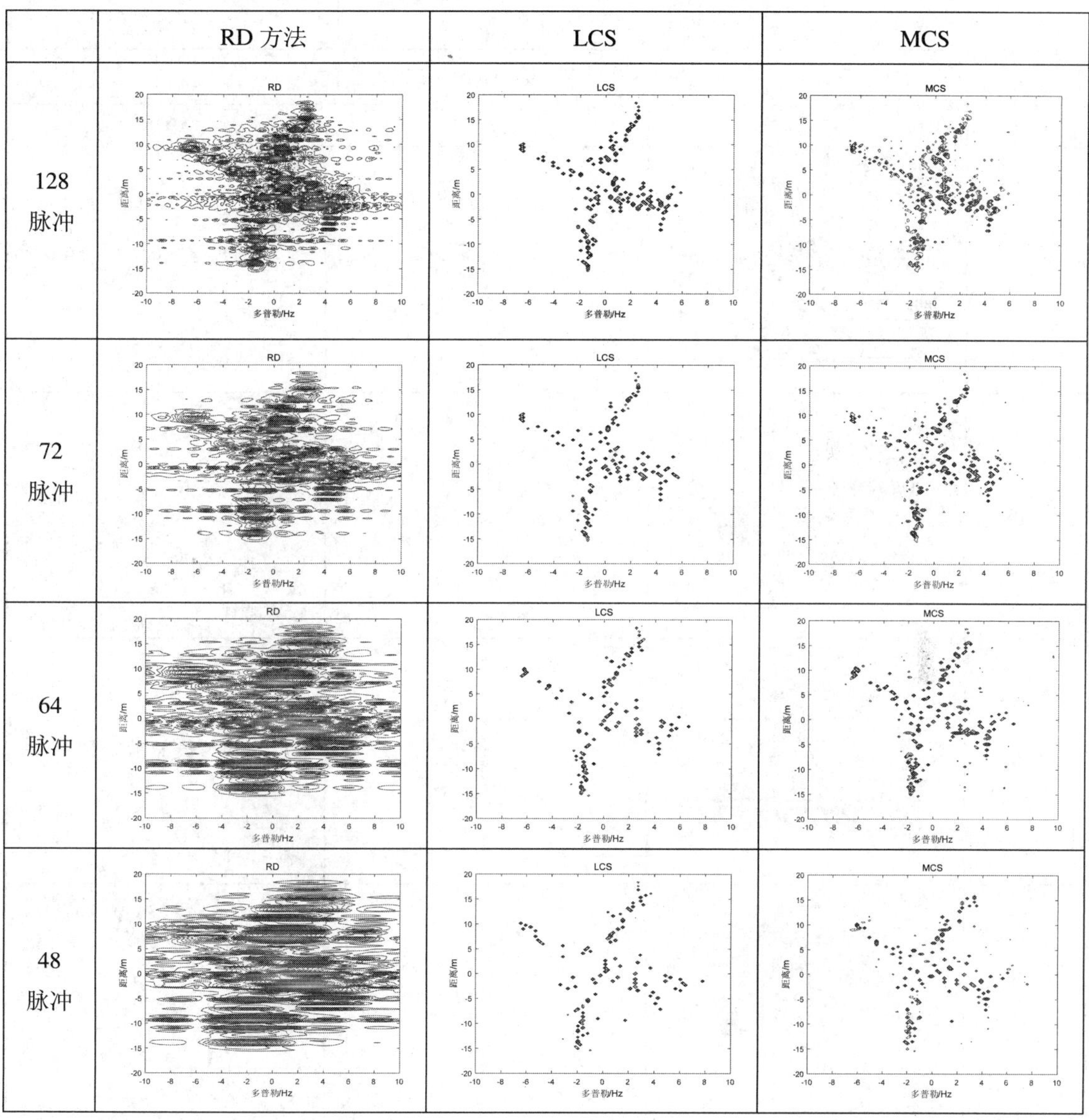

	RD 方法	LCS	MCS
128 脉冲			
72 脉冲			
64 脉冲			
48 脉冲			

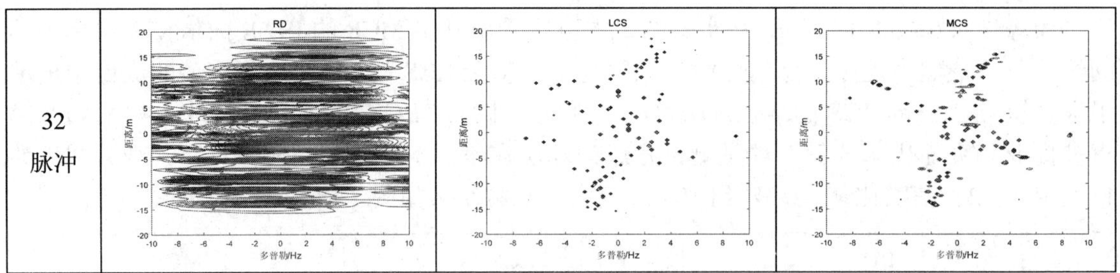

图 7.17　不同回波个数下成像结果对比

	RD 方法	LCS	MCS
6 dB	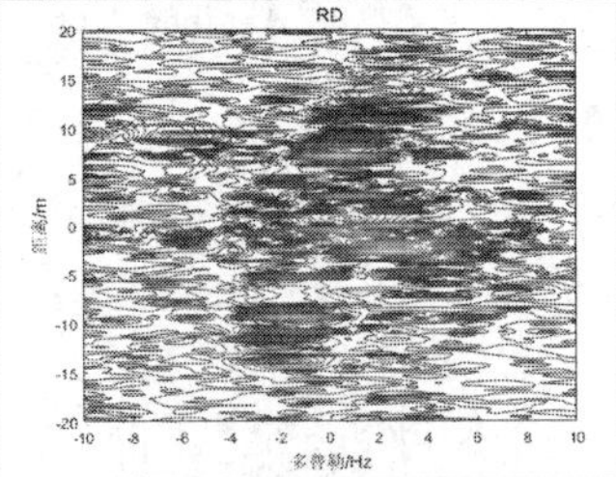	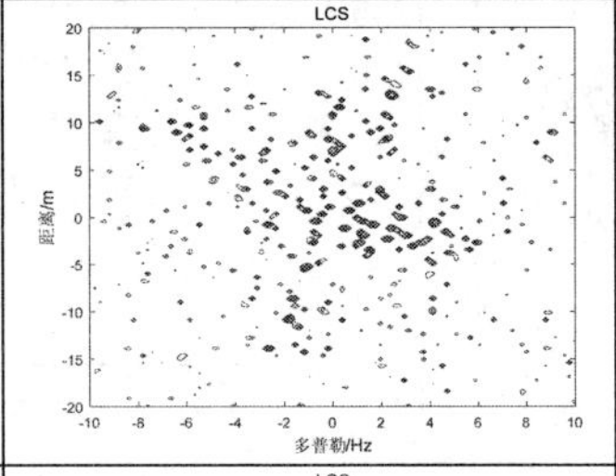	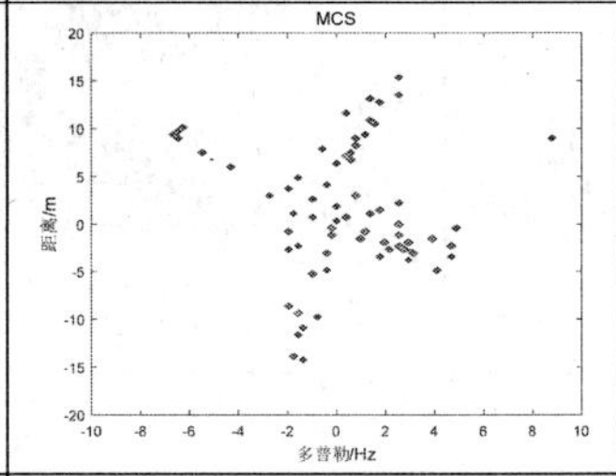
4 dB	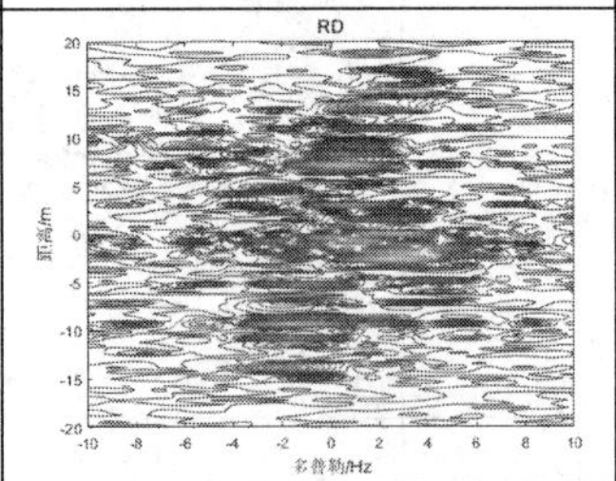	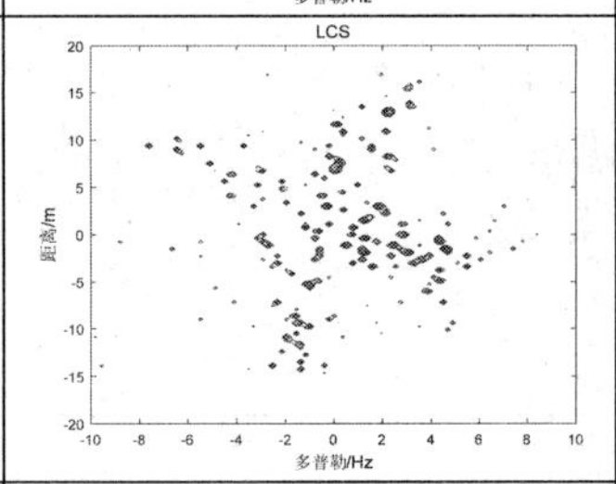	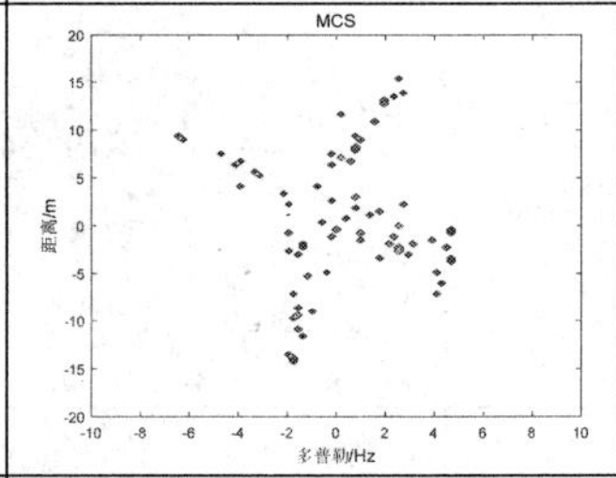
2 dB	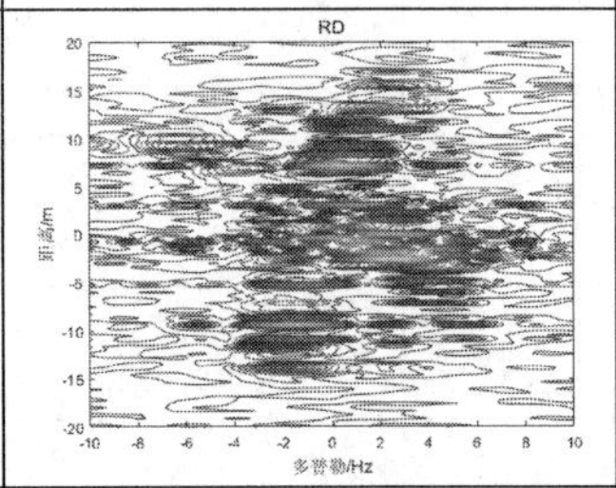	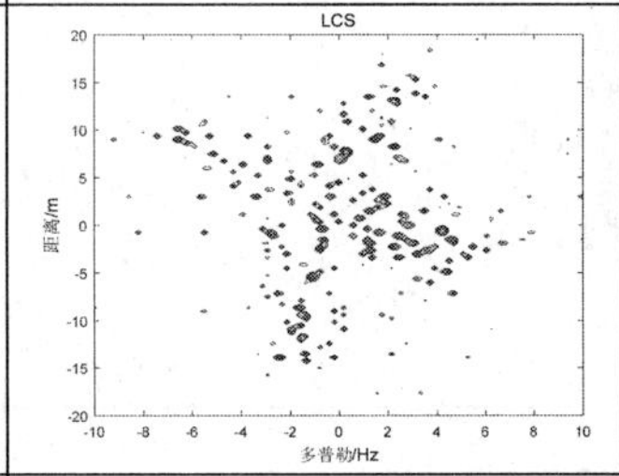	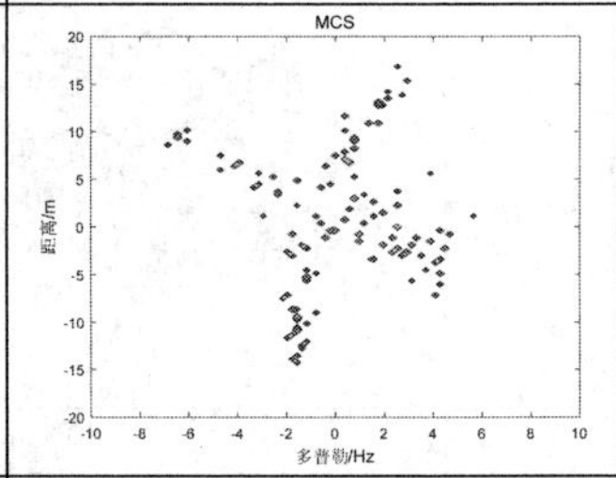
6 dB	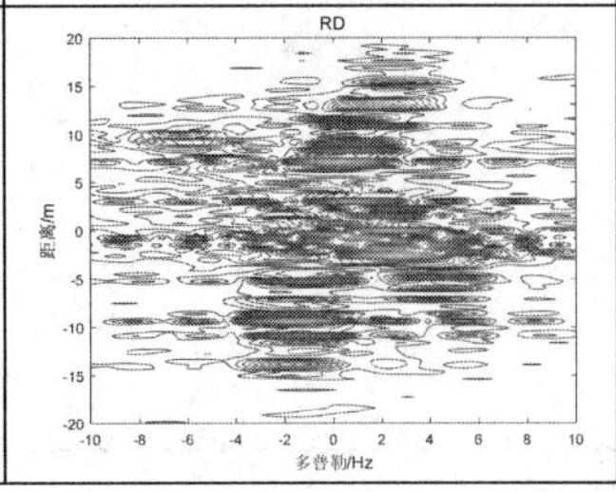	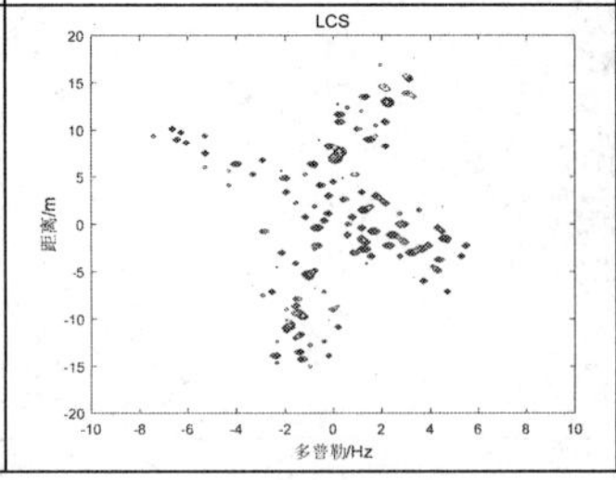	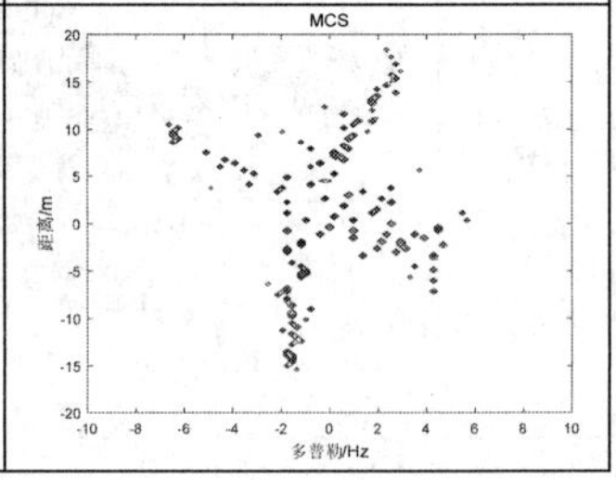

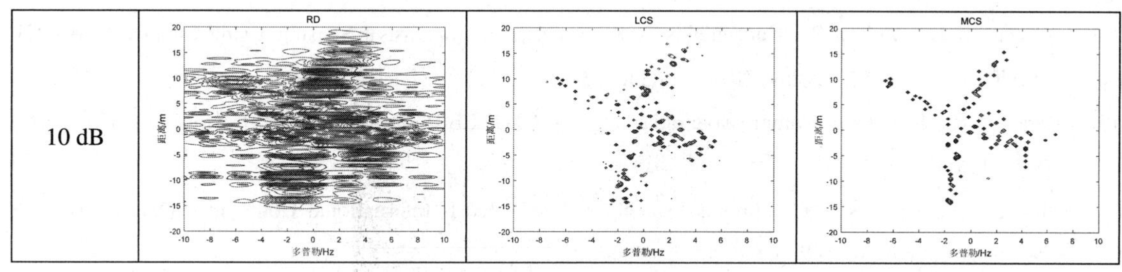

图 7.18　不同信噪比下成像结果对比

通过实验结果对比，可以看出 LCS 和 MCS 都可以获得比 RD 成像更好的分辨率效果，但是当信噪比降低时，LCS 方法的成像质量严重下降，与此形成鲜明对比的是基于 MCS 模型的 ISAR 成像甚至在非常低的信噪比下仍然展示出清晰的目标轮廓。补充说明一点，从 MCS 模型求解中正则因子 $\lambda(h)$ 的选择可以看出，按照上文对正则因子的修正方式，导致了 h 在一个非常小的范围中变化的好处，这也说明了基于 MAP 进行 CS 建模的好处。

本 章 小 结

本章从提升信号稀疏性的角度出发，探讨了基于加权 ℓ_1 范数模型及基于 Meridian 先验分布的压缩感知重构模型，并将上述两种模型分别应用于高分辨率 SAR 及 ISAR 成像中，分别取得了较好的成像结果。与此同时，针对该重构模型中参量选择及调节问题，也给出了一些调参方法。由于本章的研究均是在固定的变换域(基)下进行的，因此成像质量严重受限于该变换域下基的性质，特别是对地面目标成像时，基的选择更应该通过不断的自适应更新来获得。考虑到基于稀疏理论的雷达成像仍处于研究初期，因此基于该理论的成像机制仍存在大量问题有待于研究。

本章参考文献

[1] Donoho D L. Compressed sensing [J]. IEEE Trans. Inform. Theory, 2006, 52(4): 5406-5425.

[2] Candès E J, Romberg J, Tao T. Robust uncertainty principles. Exact signal reconstruction from highly incomplete frequencyinformation [J]. IEEE Trans. Inf. Theory, 2006, 52(2): 489-509.

[3] Candès E J, Wakin M B.An introduction to compressive sampling [J]. IEEE Signal Processing Magazine, 2008, 25(2): 21-30.

[4] Donoho D L, Tsaig Y. Extensions of compressed sensing [J]. Signal Processing, 2006, 86(3): 533-548.

[5] Babacan S D, Molina R, Katsaggelos A K. Bayesian Compressive Sensing Using Laplace Priors [J]. IEEE Trans. Image Processing, 2010, 19(1)：53-63.

[6] Baraniuk R, Steeghs P. Compressive radar imaging[C]. IEEE Radar Conference, Boston, MA, USA, Apr. 2007：128-133.

[7] Matthew H, Thomas S. Compressed sensing radar[C]. IEEE International Conference ON Acoustics, Speech and Signal Processing, 2008：1509-1512.

[8] Cetin M, Karl W C.Feature-enhanced synthetic aperture radar image formation based on nonquadratic regularization [J]. IEEE Trans. Image Process,2001, 10(4)：623-631.

[9] Patel V M, Easley G R, Healy D M, et al.Compressed Synthetic Aperture Radar [J]. IEEE Journal of Selected Topics in Signal Processing, 2010, 4(2)：244-254.

[10] Shi G M, Lin J, Chen X Y, et al. UWB echo signal detection with ultra-low rate sampling based on compressed sensing[J]. IEEE Transactions on Circuits amd Systems II-Express Briefs, 2008,55(4)：379-383.

[11] Zhang lei, Xing Mengdao, et al. Achieving Higher Resolution ISAR Imaging With Limited Pulses via Compressed Sampling[J]. IEEE Geoscience and Remote Sensing Letters, 2009,6(3)：567-571.

[12] Zhao Guanghui, Wang Zhengyang, Wang Qi, et al. Robust ISAR imaging based on compressive sensing from noisy measurements[J]. Signal Processing, 2012, 92：120-129.

[13] Xu Jianping, Pi Yiming. Compressed Sensing in Radar High Resolution Range Imaging[J]. Journal of Computational Information Systems, 2010, 7(3)：778-785.

[14] 谢晓春，张云华. 基于压缩感知的二维雷达成像算法[J]. 电子信息学报, 2010, 32(5)：1234-1238.

[15] Zhang Yuxi, Sun Jinping, Tian Jihua, et al. Compressive Sensing SAR Imaging With Real Data[J]. International Congress on Image and Signal Zhang Yuxi, Sun Jinping, Tian Jihua, et al.

[16] 保铮，邢孟道，王彤. 雷达成像技术[M]. 北京：电子工业出版社，2005.

[17] Applebaum L, Howard S, Searle S, et al. Chirp sensing codes: Deterministic compressed sensing measurements for fast recovery[J].Appl. Comput. Harmonic Anal., 2008, 26(2)：283-290.

[18] Ji Shihao, Xue Ya, Carin L.Bayesian Compressive Sensing[J].IEEE Trans. on Signal Processing, 2008, 56(6)：2346-2356.

[19] Candès E，Romberg J，Tao T.Stable signal recovery from incomplete and inaccurate measurements[J]. Commun. Pure Appl. Math., 2006, 59(8)：1027-1223.

[20] Hyder M M，Mahata K.Direction-of-arrivalestimationusinga mixed l2,0 norm approximation[J]. IEEE Trans. SignalProcess，2010, 58(9)：4646-4655.

[21] Carrillo R E, Barner K E, Aysal T C. Robust sampling and reconstruction methods for sparse signals in the presence of impulsive noise[J]. IEEE Journal of Selected Topics in Signal Processing, accepted for publication.

[22] Carrillo R E, Aysal T C, Barner K E. Generalized cauchy distribution based robust estimation[J]. IEEE International Conference on Acoustics, 2008: 3389-3392.

[23] Carrillo R E, Aysal T C, Barner K E. Generalized cauchy distribution based robust estimation[J]. in Proceedings, IEEE Int. Conf. on Acoustics, Speech, and Signal Processing, Las Vegas, Nevada, Apr. 2008.

[24] Carrillo R E, Barner K E, Aysal TC. Robustsamplingandrecon-struction methods for sparse signal inthepresence of impulsive noise[J]. IEEE J. Sel. Top. Signal Process, 2010, 4(2): 392-408.

[25] Lorenz B M. Methods for measuring concentration of wealth, Quarterly[J].Making Work Pay: Taxation, Benefits, Employment&Unemployment. 2010.

[26] Gastwirth J L. The estimation of the Lorenz curve and Gini index[J]. Rev. Econ. Stat., 1972, 54(3): 306-316.

[27] Rao B D, Kreutz-Delgado K. An affine scaling methodology for best basis selection[J]. IEEE Trans. On Signal Process,1997, 47(1): 187-200.

[28] Rao B D, Engan K, Cotter S F, et al. Subset Selection in Noise Based on Diversity Measure Minimization[J]. IEEE Trans. On Signal Processing, 2003, 51(3): 760-770.

[29] Gorodntisky I F, Rao B D. Sparse Singal Reconstruction from Limited Data using FOCUSS: A Reweighted Minimim norm algorithm[J]. IEEE Trans. On Signal Processing, 1997, 45: 600-616.

[30] Baranuuk R G, Cevher V, Wakin M B. Low-dimensional models for dimensionality reduction and signal recovery: a geometric per- spective[J]. Proc. IEEE, 2010, 98(6): 959-971.

[31] Hansen P C. Analysis of discrete ill-posed problems by means of the L-curve[J]. SIAM Rev., 1992, 34: 561-580.

[32] Jrzasko J, Manduca A. Highly undersampled magnetic resonance image reconstruction via homotopic l0 minimization[J]. IEEE Trans. Med. Imaging, 2009, 28(1):106-121.

[33] Engl H W, Grever W. Using the L-curve for determining optimal regularization parameters [J]. Numer. Math ., 1994, 69: 25-31.

[34] Golub G H, Van Loan C F. Matrix Computations[M]. Baltimore, MD: Johns Hopkins Univ. Press, 1989.

第八章　基于稀疏表示重构的多视目标识别

8.1 引　言

目标识别是计算机视觉的重要研究领域。传统的目标识别方法主要分为基于生成式模型的方法与基于判别式模型的方法。通常生成式模型是对分类问题的条件概率密度建模，而判别式模型是对分类问题的后验概率密度建模。由于前者通常比后者要复杂，更难建模，因此传统方法中生成式模型的性能往往不如判别式模型。

近年来，受到压缩感知理论的影响，Wright 等人提出了基于稀疏表示重构的鲁棒人脸识别方法[1-2]。该方法的基本思想是，将某待识别人脸样本使用已知样本集进行表示时，其表示系数稀疏且大系数集中于同类样本上。Wright 等人的稀疏表示识别方法在提出之后受到了广泛的关注，基于重构思想的目标识别方法得到了快速发展[3-4]。

从传统目标识别方法的分类考虑，基于稀疏表示重构的算法因为其能够获得单类的样本，具有生成式模型的特点。进一步，如果假设不同的类具有相同的先验概率，并把特定类的重构残差视作条件概率的负对数，则基于重构残差的识别方法可以视为最大化联合概率。据此，可以把基于稀疏表示重构的目标识别方法视为生成式模型。由于稀疏表示方法的引入，该类方法的识别性能及抗干扰能力较传统的生成式模型有很大提高，因此引起了大量研究者的关注，成为一个新的研究热点。

随着图像获取技术的成熟，各种安全场合的视频监控系统越来越多，各种数码产品(如数码相机、智能手机等)的视频获取功能不断完善加强，人们接触到的图像信息已经从之前的单幅的、独立的图像变为连续的、相关性很强的视频序列。为适应这种变化，各种基于多视角的图像增强方法不断被提出[5-6]。图像处理的对象已经不再是单独的图像样本，而是多幅图像组成的序列。因此，如何充分利用多幅从不同视角获取的图像的相关信息来提高目标识别方法的性能是一个值得研究的问题。

本章首先介绍基于重构的目标识别方法，在此基础上讨论应用于多视情形的重构目标识别方法，最后在人脸识别数据库上检验多视目标识别方法的性能。

8.2 基于重构的目标识别方法

本节将分别介绍基于稀疏表示重构[1]、基于协同表示重构[4]和基于线性回归重构[3]的目标识别方法。假设有 n 个待识别的类别，每类中有 m 个训练样本，使用 $\boldsymbol{x}_{i,j}$ 表示第 i 类的第 j 个样本的特征向量，使用符号 $\boldsymbol{X}_i=\left[\boldsymbol{x}_{i,1},\boldsymbol{x}_{i,2},\cdots,\boldsymbol{x}_{i,m}\right]$ 表示由第 i 类所有训练样本构成的矩阵，而符号 $\boldsymbol{X}=\left[\boldsymbol{X}_1,\boldsymbol{X}_2,\cdots,\boldsymbol{X}_n\right]$ 则表示由所有训练样本构成的矩阵。使用 $\boldsymbol{y}$ 表示测试样本的特征向量。目标识别的任务是在给定一组训练样本 $\boldsymbol{x}_{i,j}$ 的情况下，确定测试样本的类属。

8.2.1 基于稀疏表示重构的目标识别

基于稀疏表示重构(Sparse Representation based Classification, SRC)的识别方法的思路是将测试样本 $\boldsymbol{y}$ 在训练样本 $\boldsymbol{x}_{i,j}$ 构成的字典 $\boldsymbol{X}$ 上表示时，其重构系数向量 $\boldsymbol{\beta}$ 是稀疏的。重构系数 $\boldsymbol{\beta}$ 可以通过求解下述优化问题获得：

$$\hat{\boldsymbol{\beta}}=\arg\min_{\boldsymbol{\beta}}\left\|\boldsymbol{\beta}\right\|_0 \quad \text{s.t. } \boldsymbol{y}=\boldsymbol{X\beta} \tag{8-1}$$

式(8-1)中的约束条件是将测试样本 $\boldsymbol{y}$ 使用字典 $\boldsymbol{X}$ 进行表示的过程，即

$$\boldsymbol{y}=\sum_{i=1}^{n}\sum_{j=1}^{m}\beta_{i,j}\boldsymbol{x}_{i,j}=\boldsymbol{X\beta} \tag{8-2}$$

由于式(8-1)中的优化目标是最小化 ℓ_0 范数，而该问题是一个 NP 组合优化问题。根据压缩感知理论，该问题可以松弛为一个 ℓ_1 优化问题。而式(8-1)中的等式约束则可以通过给定重构误差限度的方式松弛为一个 ℓ_2 范数项。因此，重构系数 $\boldsymbol{\beta}$ 在具体应用中可以通过求解下述的无约束凸优化问题获得：

$$\hat{\boldsymbol{\beta}}=\arg\min_{\boldsymbol{\beta}}\left\|\boldsymbol{\beta}\right\|_1+\lambda\left\|\boldsymbol{y}-\boldsymbol{X\beta}\right\|_2 \tag{8-3}$$

其中，λ 是为加入重构误差松弛项而引入的权重系数。

获得稀疏表示系数 $\hat{\boldsymbol{\beta}}$ 后，可以根据该重构系数在各个类别训练样本上的重构误差得到测试样本 $\boldsymbol{y}$ 的类属，即

$$c(\boldsymbol{y})=\arg\min_{i}\left\|\boldsymbol{y}-\boldsymbol{X}_i\hat{\beta}_i\right\|_2 \tag{8-4}$$

其中，$\boldsymbol{X}_i\hat{\beta}_i=\sum_{j=1}^{m}\boldsymbol{x}_{i,j}\hat{\beta}_{i,j}$ 是使用第 i 类的训练样本及其对应的稀疏系数进行重构得到的重构

结果。

8.2.2 基于协同表示重构的目标识别

Zhang 等人对基于稀疏表示重构的目标识别方法的内在机理[4]进行了分析，认为在 Wright 等人的工作[1]中过分强调了稀疏表示的作用，而忽略了协同表示识别所起的作用。同时期也有其他研究者对稀疏表示在识别中的作用提出了质疑[7-8]。过分强调稀疏表示的作用导致稀疏表示被认为是目标识别的核心，从而在识别过程中需要求解 ℓ_1 范数优化问题。由于该优化问题求解复杂度高，这就导致了算法效率的降低。

Zhang 等人认为协同表示[4]是 Wright 等人所提识别方法[1]成功的关键,并据此提出了基于协同表示的目标识别方法(Collaborative Representation based Classification, CRC)。基于协同表示的识别方法通过优化目标函数

$$\hat{\boldsymbol{\beta}} = \arg\min_{\boldsymbol{\beta}} \|\boldsymbol{\beta}\|_2^2 \quad \text{s.t. } \boldsymbol{y} = \boldsymbol{X\beta} \tag{8-5}$$

得到重构系数 $\hat{\boldsymbol{\beta}}$。式(8-5)可以进一步转化为下述无约束二次优化：

$$\hat{\boldsymbol{\beta}} = \arg\min_{\boldsymbol{\beta}} \| \boldsymbol{y} - \boldsymbol{X\beta}\|_2^2 + \lambda\|\boldsymbol{\beta}\|_2^2 \tag{8-6}$$

其中 $\|\boldsymbol{\beta}\|_2^2$ 为正则化最小二乘部分，λ 为正则化系数。正则化最小二乘部分所起的作用有两个：一是解决训练样本过多时最小二乘解不稳定的问题；二是相对于 ℓ_1 范数最小化问题，ℓ_2 范数最小的约束也可以使重构系数向量具有一定的稀疏性。

式(8-6)的优化问题是一个二次规划问题，具有如下闭式解：

$$\hat{\boldsymbol{\beta}} = \left(\boldsymbol{X}^{\mathrm{T}}\boldsymbol{X} + \lambda\boldsymbol{I}\right)^{-1}\boldsymbol{X}^{\mathrm{T}}\boldsymbol{y} \tag{8-7}$$

该解中的矩阵部分可以在训练阶段完全确定，故在识别中仅需要计算一次矩阵与向量乘法。因此，基于协同表示的目标识别在识别阶段具有非常高的求解效率。

进一步，Zhang 等人建议在确定类属时使用归一化的重构误差，即

$$c(\boldsymbol{y}) = \arg\min_{i} \frac{\|\boldsymbol{y} - \boldsymbol{X}_i\boldsymbol{\beta}_i\|_2}{\|\boldsymbol{\beta}_i\|_2} \tag{8-8}$$

8.2.3 基于线性回归重构的目标识别

Naseem 等人借鉴了稀疏表示人脸识别[1]中使用训练样本线性组合表示测试样本的方式，将每个类别表示为由训练样本张成的子空间，提出了基于线性回归的目标识别方法

(Linear Regression based Classification, LRC)[3]。Naseem 等人的方法与稀疏表示识别方法最大的区别在于把每个类别看做一个子空间进行线性回归重构而不使用协同表示。决策则使用了与之相同的重构误差最小原理。

具体地说，对给定的测试样本 $\boldsymbol{y}$，假设它可以使用类别 i 的训练样本 X_i 进行重构，即

$$\boldsymbol{y} = \boldsymbol{X}_i \boldsymbol{\beta}_i \tag{8-9}$$

确定重构系数 $\boldsymbol{\beta}_i$ 是一个典型的线性回归问题，可以通过求解下述最小二乘问题

$$\hat{\boldsymbol{\beta}}_i = \arg\min_{\boldsymbol{\beta}_i} \left\| \boldsymbol{y} - \boldsymbol{X}_i \boldsymbol{\beta}_i \right\|_2 \tag{8-10}$$

获得闭式解：

$$\hat{\boldsymbol{\beta}}_i = \left(\boldsymbol{X}_i^{\mathrm{T}} \boldsymbol{X}_i \right)^{-1} \boldsymbol{X}_i^{\mathrm{T}} \boldsymbol{y} \tag{8-11}$$

根据测试样本 $\boldsymbol{y}$ 在各个类别上的重构误差可以确定其类属：

$$c(\boldsymbol{y}) = \arg\min_{i} \left\| \boldsymbol{y} - \boldsymbol{X}_i \hat{\boldsymbol{\beta}}_i \right\|_2 \tag{8-12}$$

将式(8-11)代入表达式 $\boldsymbol{X}_i \hat{\boldsymbol{\beta}}_i$，则有

$$\boldsymbol{X}_i \hat{\boldsymbol{\beta}}_i = \boldsymbol{X}_i \left(\boldsymbol{X}_i^{\mathrm{T}} \boldsymbol{X}_i \right)^{-1} \boldsymbol{X}_i^{\mathrm{T}} \boldsymbol{y} = \boldsymbol{H}_i \boldsymbol{y} \tag{8-13}$$

其中矩阵 $\boldsymbol{H}_i = \boldsymbol{X}_i \left(\boldsymbol{X}_i^{\mathrm{T}} \boldsymbol{X}_i \right)^{-1} \boldsymbol{X}_i^{\mathrm{T}}$ 可以根据第 i 类的训练样本在训练阶段得到。若训练样本不发生变化，则识别过程中可以使用预先确定的 $\boldsymbol{H}_i$，从而避免稀疏表示识别中的复杂的优化求解过程，显著减少识别过程中的运算量。另一方面，与协同表示的识别相比，由于矩阵 $\boldsymbol{X}_i$ 的规模小于矩阵 $\boldsymbol{X}$ 的规模，线性回归方法在训练阶段的计算量也是比较低的。更进一步，使用线性回归识别方法在扩充新的训练样本，尤其是加入新的类别的时候，重新训练所需的计算量更小。

8.3 基于融合重构的多视目标识别

随着图像与视频获取技术的发展，在日常生活中获取图像信息越来越容易。在许多场合，对于待识别目标可以得到其不同时间或不同视角的图像。这样的图像我们称为该目标的多个视。传统的目标识别问题更多地关注于单视的目标识别问题，当存在多视图像的时候，如何进行识别是一个非常值得研究的问题。

在图像处理中，使用多视图像进行超分辨率重建已经取得了成功[9-10]。因此，我们有充分的理由相信多视图像能够提供更多的信息，进而得到比单视更好的目标识别性能。我

们提出一种基于图像融合重构的策略实现多视目标识别。

设我们对目标有 $K\geqslant 1$ 个观测，其特征向量分别为 $\boldsymbol{y}_1, \boldsymbol{y}_2, \cdots, \boldsymbol{y}_K$。为后面讨论方便，将 K 个观测的特征向量张成的特征矩阵记做 $Y=[\boldsymbol{y}_1, \boldsymbol{y}_2 \cdots, \boldsymbol{y}_K]$。图像融合的方式为线性组合，即

$$\tilde{\boldsymbol{y}}=\sum_{k=1}^{K}\alpha_k \boldsymbol{y}_k = Y\boldsymbol{\alpha} \tag{8-14}$$

其中：$\tilde{\boldsymbol{y}}$ 为图像融合后的虚拟测试样本；$\alpha_k\geqslant 0$ 为融合系数，且满足 $\|\boldsymbol{\alpha}\|_1=1$。

我们将上述图像融合策略纳入到前述基于重构的目标识别框架下，则可以得到新的基于融合重构的多视目标识别框架。当我们采用基于稀疏表示重构或协同表示重构方法的时候，优化目标函数的约束条件变为

$$Y\boldsymbol{\alpha}=\boldsymbol{X\beta} \tag{8-15}$$

而当我们采用线性回归重构框架时，约束条件则为

$$Y\boldsymbol{\alpha}=X_i\boldsymbol{\beta}_i \tag{8-16}$$

将约束条件式(8-15)代入相应的稀疏表示重构的无约束优化目标函数式(8-3)，对融合与重构系数进行联合求解，则得

$$\hat{\boldsymbol{\alpha}}, \hat{\boldsymbol{\beta}}=\arg\min_{\boldsymbol{\alpha},\boldsymbol{\beta}}\|\boldsymbol{\beta}\|_1+\lambda\|Y\boldsymbol{\alpha}-\boldsymbol{X\beta}\|_2 \tag{8-17}$$

类似的，结合式(8-6)与式(8-10)可以分别得到协同表示重构与线性回归重构下的融合多视识别方法：

$$\hat{\boldsymbol{\alpha}}, \hat{\boldsymbol{\beta}}=\arg\min_{\boldsymbol{\alpha},\boldsymbol{\beta}}\|Y\boldsymbol{\alpha}-\boldsymbol{X\beta}\|_2^2+\lambda\|\boldsymbol{\beta}\|_2^2 \tag{8-18}$$

$$\hat{\boldsymbol{\alpha}}_{(i)}, \hat{\boldsymbol{\beta}}_i=\arg\min_{\boldsymbol{\alpha},\boldsymbol{\beta}_i}\|Y\boldsymbol{\alpha}-X_i\boldsymbol{\beta}_i\|_2 \tag{8-19}$$

为确定类属，我们根据最小化融合图像重构误差的方式进行，即

$$c(Y)=\arg\min_i\|Y\hat{\boldsymbol{\alpha}} - X_i\hat{\boldsymbol{\beta}}_i\|_2 \tag{8-20}$$

8.4 目标识别结果

8.4.1 人脸识别数据库介绍

AR 人脸库是由 Martinez 和 Benavente 创建的。该数据库包括来自 126 个个体的约 4000 张彩色图像。所用的 126 个个体包括 76 个男性和 50 个女性个体。每个个体的人脸图像在表情(正常、微笑、生气、惊讶)、光照方向(左侧光照、右侧光照、全光照)和遮挡方式(墨

镜、围巾)上都有所不同，可以对识别方法在性别、表情、光照以及遮挡下的鲁棒性做检验。

数据库包括两次拍摄所形成的两个部分。两次的拍摄时间间隔了 2 周。这两个部分中每个类型的人脸图像的数目是 13 幅。AR 人脸库中的某个个体的人脸图像如图 8.1 所示。图像尺寸为 576×768，经过裁剪之后得到的人脸部分的尺寸大小为 60×43。实验中我们选取了 AR 人脸库中的 100 个目标个体，包括 50 个男性和 50 个女性，每个类别选取第一部分中的 7 幅为训练图像，第二部分中的 7 幅为检测图像，构建训练和检测库进行了实验。

图 8.1　AR 人脸库中某个个体人脸图像

AT&T 人脸库是由剑桥大学(Cambridge University)AT&T 实验室构建的。该人脸库包含 40 个人的面部照片，每人包括 10 幅人脸图像，图 8.2 是 AT&T 库中的某个体的人脸图像。

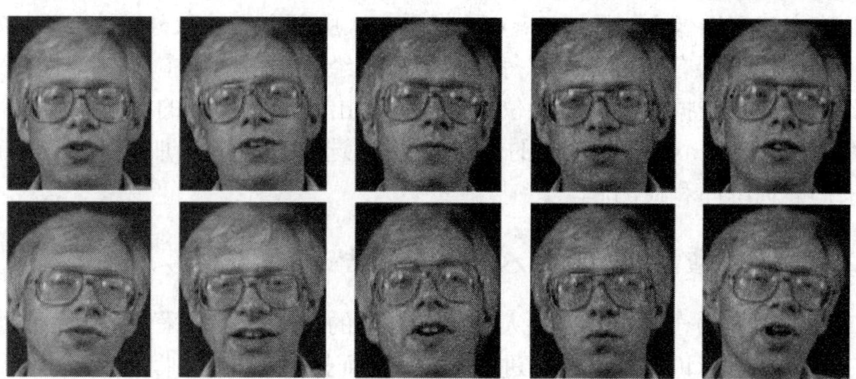

图 8.2　AT&T 人脸库中某个个体人脸图像

AT&T 人脸库中的人脸图像差异表现在不同的表情，如微笑或者愤怒、眼睛睁开或者闭合，以及是否戴眼镜等服饰方面的差异。此外，图像之间存在最多不超过 20° 的视角差异以及最多 10%的尺寸差异。

AT&T 库中人脸图像的尺寸为 92 × 112，在实验中每一类的 10 幅图像中 5 幅作为检测图像，另外 5 幅作为训练图像。

Georgia Tech(GT)人脸库是乔治亚理工学院信号与图像处理中心(Center for Signal and Image Processing at Georgia Institute of Technology)在 1999 年 6 月 1 日到 11 月 15 日之间对 50 个人经过两到三次的拍摄构建的，图 8.3 为此人脸库中某个体人脸图像实例。

图 8.3　GT 人脸库中某个体人脸图像

因为该人脸库的拍摄分为两到三次，由图 8.3 可见这些人脸图像在发型、服装以及背景等方面有明显差异。此外与其他人脸库类似人面部表情、姿势、光照条件、人脸部分尺寸大小都有不同程度的改变。

该人脸库中每幅图像大小为 640 × 480 像素。人脸部分平均尺寸约为 150 × 150 像素，因人或者拍摄条件不同有所改变。对每幅图像，已经给出了图像中人的双眼以及嘴巴的位置。在实验中，我们根据所给的人脸位置信息分割出 150 × 150 的人脸部分，然后降维为 160 × 71 的统一尺寸大小，对每一类的 15 幅图像，选取 8 幅作为训练图像，其余 7 幅作为检测图像来构建训练库和检测库。

8.4.2　基于融合重构的多视人脸识别结果

为验证所提出的融合重构的多视人脸识别方法的性能，我们采用了三种特征提取方式并分别与三种单视目标识别框架结合进行实验。特征提取方式分别为主成分分析(PCA)、下采样(Down-Sampling)和随机观测(Random Measurement)。三种单视目标识别方法即前面介绍的 SRC、CRC 与 LRC 方法。因此共有九种单视与多视的目标识别方法。多视识别中我们取了同一个人的 2 幅与 3 幅人脸图像分别进行了测试。

图 8.4 展示了所提图像融合多视人脸识别方法的性能。图中分别绘制出了九种识别算法与特征提取方式组合下的人脸识别性能。将不同数据库下的识别率绘制在同一幅子图内，用不同的曲线颜色进行区分。各个子图的纵坐标为识别率，横坐标为识别中使用的图像数量。当仅使用 1 幅图像时，就是原始的重构识别方法；当使用 2 幅与 3 幅图像时，对应于融合重构方法。

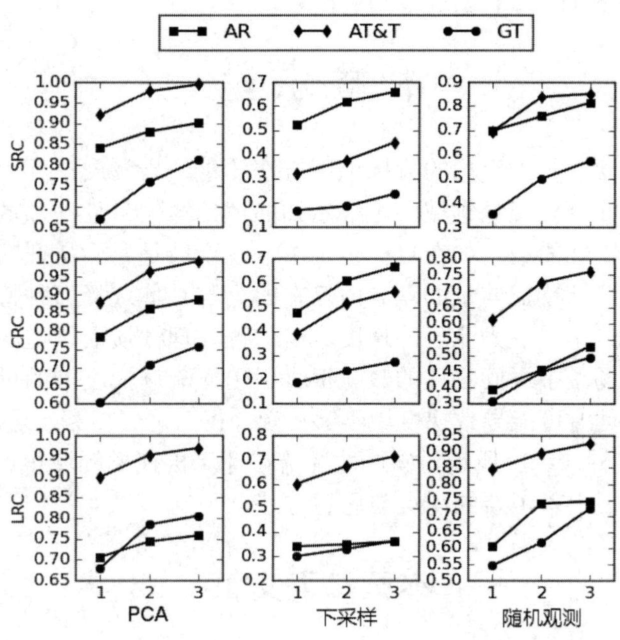

图 8.4　基于图像融合重构的多视人脸识别结果

由图 8.4 可以看出，在所有数据库上，各种特征提取方式下以及不同的重构方式下，我们所提出的融合策略在对多幅图像进行识别时，均较单幅图像的情形有明显的性能提升。

更具体地说，在 AR 人脸库上，在 SRC 与 LRC 重构方式下，使用两视识别较单视识别的识别正确率分别提高了约 7%和 5%。而在 CRC 重构方式下，使用 PCA 特征时两视较单视的识别正确率提高了 7.6%；使用随机观测的识别正确率提高了 6.3%；下采样方式下由于单视识别率很低，两视融合方法使识别率提高了 13.1%。使用 3 幅图像进行融合识别较 2 幅图像识别率也有提升，但是提升幅度比两视较单视幅度略低。在 CRC 重构方式下，在 PCA、下采样和随机观测特征下，性能的提高分别为 2.4%、5.7%和 7.35%。

AT&T 库上的实验结果与 AR 库上的结果类似。从图 8.4 的识别率对比可知，多视图像融合策略下的识别率要高于用一幅图像进行识别的识别率。多视融合的识别率 3 幅图像较 2 幅图像有明显提高。与单幅图像识别的情况相比，实验中 2 幅图像融合之后识别率提高都在 5%以上；3 幅图像融合时识别率提高则在 7.5%以上，最高提高了近 17%。

在 GT 人脸库上也可以得到与前述两个库上相似的结论。最大的问题是基于重构的识别方法在该库上的性能较差。采用 PCA 降维方法提取特征，分别使用 SRC、CRC 和 LRC 重构方式，采用融合策略识别比单幅图像做识别的识别率提高了 10%以上。特别是在利用 3 幅图像融合进行识别时，识别率最高提升了 15.8%。在其他两种特征提取方式(下采样和随机观测)下，识别率也有 5%至 27%不等的提升。

本 章 小 结

压缩感知理论推动了基于重构的目标识别方法的进一步发展，并引入了融合重构的多视目标识别方法。在计算机视觉领域，压缩感知的理论与信号处理领域有所区别，主要体现在稀疏域是一种构造性的域。如在目标识别中，表示域是目标特征向量张成的，其稀疏性的存在是由于各类目标特征向量的差异而存在的，与具体选择何种特征无关。在第九章关于光流估计问题的讨论中，光流场的梯度域是依据物理性质而构造的，即同一物体往往共享相同的运动，而场景中不同物体的数量很少引出光流场梯度域的稀疏性。当存在旋转与沿镜头光轴方向运动时可能导致梯度域不够稀疏，我们进一步利用运动的分解形式(参数化表示)来提升其稀疏性。综上所述，构造性稀疏在计算机视觉领域得到了发展，并为现有研究领域的进一步发展引入了新的观点与思想方法。

本章参考文献

[1] Wright J, Yang A Y, Ganesh A, et al. Robust Face Recognition via Sparse Representation[J]. IEEE Transactions on Pattern Analysis and Machine Intelligence, 2009, 31(2)：210-227.

[2] Wright J, Ma Y, Mairal J, et al. Sparse Representation for Computer Vision and Pattern Recognition[J]. Proceedings of the IEEE, 2010, 98(6)：1031-1044.

[3] Naseem I, Togneri R, Bennamoun M. Linear Regression for Face Recognition[J]. IEEE Transactions on Pattern Analysis and Machine Intelligence, 2010, 32(11)：2106-2112.

[4] Zhang D, Yang M, Feng X. Sparse representation or collaborative representation: Which helps face recognition? [C]. IEEE Int’l Conf. Computer Vision (ICCV), 2011：471-478.

[5] Protter M, Elad M, Takeda H, et al. Generalizing the Nonlocal-Means to Super-Resolution Reconstruction[J]. IEEE Transactions on Image Processing, 2009, 18(1):：36-51.

[6] Dong W, Zhang D, Shi G, et al. Image Deblurring and Super-Resolution by Adaptive Sparse Domain Selection and Adaptive Regularization[J]. IEEE Transactions on Image Processing, 2011, 20(7)：1838-1857.

[7] Shi Q, Eriksson A, van den Hengel A, et al. Is face recognition really a Compressive Sensing problem? [C]. IEEE Conf. Computer Vision and Pattern Recognition (CVPR), 2011：553-560.

[8] Rigamonti R, Brown M A, Lepetit V. Are sparse representations really relevant for image classification? [C]. IEEE Conf. Computer Vision and Pattern Recognition (CVPR), 2011：1545-1552.

[9] Protter M, Elad M, Takeda H, et al. Generalizing the Nonlocal-Means to Super-Resolution Reconstruction[J]. IEEE Transactions on Image Processing, 2009, 18(1)：36-51.

[10] Dong Weisheng, Zhang Lei, Shi Guangming, et al. Image Deblurring and Super-Resolution by Adaptive Sparse Domain Selection and Adaptive Regularization[J]. IEEE Transactions on Image Processing, 2011, 20(7)：1838-1857.

第九章 基于稀疏性提升的光流估计

9.1 引　　言

压缩感知理论是对信息与信号处理中普遍存在的稀疏性先验的深刻数学刻画。在该理论的指导下，计算机视觉领域的研究者们已经在人脸识别[1,2]、光流估计[3-6]以及目标跟踪[7-10]等一系列核心问题上取得了重要的进展。

光流是运动的二维表现形式，是分析图像序列中运动行为的基础。这里所指的运动可以是场景中某一物体的运动，也可以是相机与场景之间的相对运动。由于其具有很高的理论与应用价值，光流估计已成为计算机视觉领域的基础研究内容之一。

光流估计的研究工作已经进行了很多年。光流估计的核心是由灰度守恒假设导出的欠定方程的求解问题。除了欠定问题的病态之外，由于物体边界引起的运动不连续与遮挡亦增加了该问题求解的难度。此外，场景光线变化、场景中存在大尺度运动等亦是光流估计需要考虑的问题。本节将从稀疏先验的角度讨论光流欠定方程的处理问题，将逐步展示如何通过一定的技术手段提升所用先验的稀疏性，从而提升光流估计的精度。在正式介绍稀疏光流估计问题之前，我们先对现有的相关光流估计方法进行简要的介绍。由于光流估计方法很多，这里仅介绍与本节内容相关的一些重要文献中的方法。

由光流的灰度守恒基本假设出发，人们可以导出一组欠定的方程组。为求解该方程组，研究者们提出了多种正则化方法，通过加入合理的额外约束条件使得欠定问题可解。根据使用的约束条件，主要可以分为基于局部约束的方法[11,12]与基于全局约束的方法[13-18]。最早的基于局部约束的方法由 Lucas 和 Kanade 在 1981 年提出，该方法假设以各像素点为中心的局部区域具有相同的运动[11]。最早的基于全局约束的方法由 Horn 和 Schunck 在 1981 年提出，该方法[13]将光流估计转化为一个包括平滑项和数据的全局优化问题，然后通过有效的策略进行求解。Horn 和 Schunck 的方法与 Lucas 和 Kanade 的方法均是在定常运动模型基础上进行光流估计的，而真实运动场可能包括平移、旋转、尺度变换等情况。Nir 等人将 Horn 和 Schunck 的方法扩展到了参数化的模型下，可以描述定常运动、平动、仿射等运动模型下的光流估计问题[19]。Lucas 和 Kanade 的方法被 Baker 和 Matthews 扩展到一个包含了仿射变换的统一的框架下来获得高精度的光流[20]。

Horn 和 Schunck 方法采用 ℓ_2 范数作为数据与平滑误差的惩罚函数，在边界区域往往会出现过平滑的现象，且受噪声的影响很严重。Black 和 Anandan 提出采用洛伦兹函数作为数据和平滑误差的惩罚函数，且采用鲁棒的迭代策略获得精确的光流估计[14,15]。该方法相对于 Horn 和 Schunck 方法边界区域更加清晰，能更好地处理噪声情况。Roth 和 Sun 等人通过学习的方法获得了真实光流场的统计空间变化函数，并基于这个统计函数获得了高精度的光流估计。他们发现获得的函数曲线十分接近洛伦兹曲线，这正好解释了 Black 和 Anandan 方法表现优异的原因[21]。

TV-ℓ_1 模型即采用 ℓ_1 范数对数据和平滑项进行约束[16,17]是当前性能较好的光流估计模型之一[22]。Brox 等人将 TV-ℓ_1 模型变形为一个凸函数，通过迭代的方法获得高精度的光流[12,16]。Zach 等人采用对偶求解策略[23]，提出了一种能够快速有效求解 TV-ℓ_1 光流估计模型的方法[17]。

遮挡是影响光流估计精度的重要因素[16]，越来越多的工作开始关注于该问题[24,25]。Alvarez 等人采用对称映射的方法检测遮挡区域[25]。Xu 等人[24]引入一个遮挡置信系数到偏微分框架内，松弛对应的数据误差约束。

压缩感知理论是近年来信号处理领域的重要研究进展[26]。该理论指出，如果信号具备稀疏性，则可以以远低于奈奎斯特速率的采样数据(高概率)精确恢复该信号。受该理论的影响与启发，Shen 和 Wu 指出光流的小波变换域是稀疏的[3]，从而提出了基于该稀疏表示的光流估计方法。进一步的研究表明，光流场的梯度域是更为自然的稀疏表示形式[4,27]，并且光流梯度域的稀疏性可以通过对运动表示模型的参数化进行提升[28]。也有研究者将稀疏表示应用于光流估计的遮挡处理。Ayvaci 等人[5,29]把遮挡区域当做一个稀疏信号，通过在计算过程维护遮挡信号的稀疏特征来获得高精度的光流。

9.2 光流估计基础

9.2.1 光流的表示方法

图 9.1 展示了某三维场景由运动相机在不同视角下拍摄形成的两张二维图像。结合该图，我们能够更好地理解光流的物理意义。图中的箭头标出了部分点在两幅图像上的对应位置，同一组对应点之间的相对位移就是该点的运动位移。在单位时间内，这些位移就是这些点的运动矢量在二维平面上的投影。如果对于图像内的所有点都获得这样的二维运动矢量，我们就获得了整幅图像的光流。

图 9.1　同一场景不同时刻图像上的部分点的对应关系

需要注意的是，一般情况下，光流场能够准确描述真实的运动场。但是对于某些特殊情形，光流无法描述真实的运动。如纯色表面的球体在恒定光源下转动，球面没有亮度与颜色变化。这种情况下估计的球面部分的光流场为零，而实际情况下球面是有真实运动存在的。另一种情况是摄像机和场景中的物体均静止的情况下，环境光照变化可能引起颜色变化往往会让光流估计方法错误地估计出运动存在。这两个例子是真实存在的，采用光流估计算法进行运动估计的时候要避免这两种情况的出现。

光流运动信息的二维投影，可以使用一个二维的向量场进行描述。图 9.2 为 Middlebury 数据库[22]中 Venus 序列中的两幅图像及其对应光流真值数据的两种表示方式。其中图 9.2(a)和图 9.2(b)为前后两帧可见光图像，图 9.2(d)为这两帧图像对应光流的矢量场形式表示。针对采用矢量场形式的表示不够直观的问题，可以采用彩色对矢量场数据进行染色。图 9.2(d)所示的矢量场经过染色之后结果如图 9.2(c)所示。在本章后续讨论的结果表示部分，我们将主要采用染色方式表示光流场。

(a) 前一帧图像

(b) 后一帧图像

(c) 真实光流场

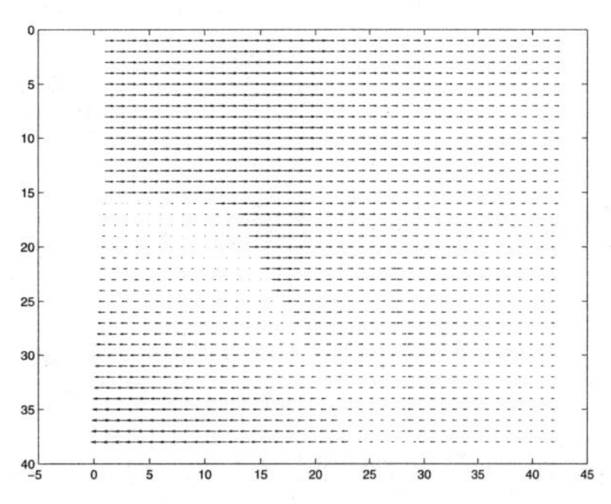

(d) 下采样真值光流的向量表示

图 9.2　序列 Venus 的前后两帧图像和对应的光流场真值

9.2.2　灰度守恒假设

对于采样时间间隔很短的两帧图像，光照往往没有变化或者光照变化很小。这时候，相同的像素点在不同的图像上的灰度(对彩色图像来说是彩色)信息是不变的。这个特征，往往被作为光流场估计的基本假设，我们称之为灰度守恒假设。如图 9.1 所示，两帧图片之间的对应点的颜色信息是相同的。

设 $I(\boldsymbol{x},t)$ 为 t 时刻在图像上 $\boldsymbol{x}=[x_1,x_2]^{\mathrm{T}}$ 点处的灰度值，其在 $t+\mathrm{d}t$ 时刻对应点的灰度值为 $I(\boldsymbol{x}+\mathrm{d}\boldsymbol{x},t+\mathrm{d}t)$，其中 x_1、x_2 分别为点的水平方向坐标和竖直方向坐标，$\mathrm{d}x_1$、$\mathrm{d}x_2$ 分别为点的水平方向位移和竖直方向位移，即 $\mathrm{d}\boldsymbol{x}=\left[\mathrm{d}x_1,\mathrm{d}x_2\right]^{\mathrm{T}}$，则灰度守恒假设可表示为

$$I(\boldsymbol{x},t)=I(\boldsymbol{x}+\mathrm{d}\boldsymbol{x},t+\mathrm{d}t) \tag{9-1}$$

假设 $I(x,t)$ 在水平、竖直和时间方向均是无穷可微的，在 $\mathrm{d}x_1$、$\mathrm{d}x_2$、$\mathrm{d}t$ 均很小的情况下，式(9-1)可以一阶泰勒展开为偏微分方程的形式[13]：

$$\frac{\partial I}{\partial x_1}\mathrm{d}x_1+\frac{\partial I}{\partial x_2}\mathrm{d}x_2+\frac{\partial I}{\partial t}\mathrm{d}t=0 \tag{9-2}$$

定义灰度信息 $I(x,t)$ 在水平、竖直和时间方向的偏导数分别为

$$I_{x_1}=\frac{\partial I}{\partial x_1},I_{x_2}=\frac{\partial I}{\partial x_2},I_t=\frac{\partial I}{\partial t} \tag{9-3}$$

定义水平和竖直方向的运动速度，即水平和竖直方向的光流分量 u_1、u_2 分别为

$$u_1=\frac{\mathrm{d}x_1}{\mathrm{d}t},\quad u_2=\frac{\mathrm{d}x_2}{\mathrm{d}t} \tag{9-4}$$

式(9-2)可以简写为

$$I_{x_1}u_1+I_{x_2}u_2+I_t=0 \tag{9-5}$$

定义

$$I_{\boldsymbol{x}}=[I_{x_1},I_{x_2}],\boldsymbol{u}=[u_1,u_2]^{\mathrm{T}} \tag{9-6}$$

则式(9-6)可以简写为

$$\langle I_{\boldsymbol{x}},\boldsymbol{u}\rangle+I_t=0 \tag{9-7}$$

其中，$\langle\cdot,\cdot\rangle$ 表示内积，$\boldsymbol{u}$ 为待求的光流信息。式 (9-7)就是计算光流的基本方程，称为灰度守恒等式。

为了清晰地表述，我们采用 $\boldsymbol{u}(\boldsymbol{x})=[u_1(\boldsymbol{x}),u_2(\boldsymbol{x})]^{\mathrm{T}}$ 表示在点 $\boldsymbol{x}$ 处的光流，其中 $\boldsymbol{u}_1(\boldsymbol{x})$ 、$\boldsymbol{u}_2(\boldsymbol{x})$ 分别表示 $\boldsymbol{x}$ 处的水平和竖直方向的光流。采用 $I_{\boldsymbol{x}}(\boldsymbol{x})$ 表述当前点 $\boldsymbol{x}$ 处的空间维度偏导数，$I_t(\boldsymbol{x})$ 表述当前点 $\boldsymbol{x}$ 处时间维度的偏导数。

如果将图像中所有的像素点的灰度守恒约束式(9-7)用线性方程组来表示，则可以获得如下的向量形式灰度守恒约束：

$$-\boldsymbol{I}_t=\begin{bmatrix}\boldsymbol{I}_{x_1} & \boldsymbol{I}_{x_2}\end{bmatrix}\begin{bmatrix}\boldsymbol{u}_1\\ \boldsymbol{u}_2\end{bmatrix}=\boldsymbol{I}_{\boldsymbol{x}}\boldsymbol{u} \tag{9-8}$$

式中：$\boldsymbol{I}_t$ 、$\boldsymbol{u}_1$ 和 $\boldsymbol{u}_2$ 分别为长度为 n 的列向量，其中 n 为图像中像素的个数；$\boldsymbol{I}_{x_1}$ 和 $\boldsymbol{I}_{x_2}$ 分别为 n 维对角矩阵。

9.2.3 光流估计的稀疏先验模型

光流估计是一个病态逆问题。由灰度守恒假设导出的光流基本方程即式(9-5)或式(9-7)中，有两个待求解的未知数而只有一个方程。同样在向量表示的光流基本方程形式(9-8)下，未知数的个数也是方程数的两倍。因此为求解出光流场，必须附加其他的约束项。这种约束项可以看做是对光流性质的一种先验知识。在光流问题研究的早期，人们主要采用正则化的方法引入附加约束。

压缩感知理论是求解病态逆问题的有力工具。应用该工具的先决条件是待恢复的未知信号是稀疏的。Shen 和 Wu 发现光流场的小波变换系数是稀疏的，据此提出了基于稀疏表示的光流估计方法[3]。我们发现光流场的梯度场是一种更为自然的稀疏域，且其稀疏性可以通过一种技术手段进行提升，从而提高光流估计的精度[27,28]。本节我们给出基于稀疏先验的光流估计框架，在后续的内容中分别介绍基于光流模型参数化和加权 ℓ_1 求解的稀疏性提升方法。

假设光流 $\boldsymbol{u}$ 在变换域 $\boldsymbol{\Psi}^{\mathrm{T}}$ 上的系数 $\boldsymbol{s}=\boldsymbol{\Psi u}$ 具有稀疏性，从而光流可以稀疏表示为

$$\boldsymbol{u}=\boldsymbol{\Psi}^{+}\boldsymbol{s} \tag{9-9}$$

其中，$\boldsymbol{\Psi}^{+}$ 是变换矩阵 $\boldsymbol{\Psi}$ 的逆矩阵。结合灰度守恒等式(9-8)，可以获得灰度守恒约束关于稀疏信号 $\boldsymbol{s}$ 的线性方程组：

$$\boldsymbol{I}_x\boldsymbol{\Psi}^+\boldsymbol{s}+\boldsymbol{I}_t=\boldsymbol{0} \tag{9-10}$$

基于压缩感知理论[26]，稀疏信号的恢复问题可以建模为 ℓ_0 范数优化的问题。结合光流的灰度守恒约束与稀疏表示，光流可以通过求解下述优化问题获得：

$$\left(\boldsymbol{u}^*,\boldsymbol{s}^*\right)=\arg\min_{\boldsymbol{u},\boldsymbol{s}}\|\boldsymbol{s}\|_0 \quad \text{s.t.}\ \boldsymbol{I}_x\boldsymbol{\Psi}^+\boldsymbol{s}+\boldsymbol{I}_t=\boldsymbol{0} \tag{9-11}$$

其中，$\|\cdot\|_0$ 是压缩感知中常用的 ℓ_0 范数，其含义为信号中非零元素的个数。通过求解式(9-11)可以获得光流在域 $\boldsymbol{\Psi}$ 上的稀疏表示系数，进而可以依据式(9-9)重构出光流 $\boldsymbol{u}$ 。

需要指出的是，这里提出的基于 ℓ_0 范数优化模型式(9-11)是对光流估计问题更为深刻和本质的描述。与 Shen 和 Wu 的稀疏光流估计方法相比，形式上仅仅是从 ℓ_1 范数($\|\cdot\|_1$)改为 ℓ_0 范数($\|\cdot\|_0$)。这一改变是对光流具有稀疏性更为深刻和本质的刻画，可引导我们从稀疏表示的角度去改进和提高模型的稀疏性与求解精度，从而发展出更好的光流估计方法。本节将通过提升光流稀疏表示的稀疏性及在求解过程中提升解的稀疏性来改进光流估计，从而获得更为准确的估计结果。

9.3 光流估计模型的稀疏性提升

9.3.1 光流的小波域稀疏表示

Shen 和 Wu 指出光流的小波变换系数 $\boldsymbol{s}$ 是稀疏信号。如图 9.3 所示，即使对于复杂的光流场，其小波变换系数还是具有明显的稀疏特征的。

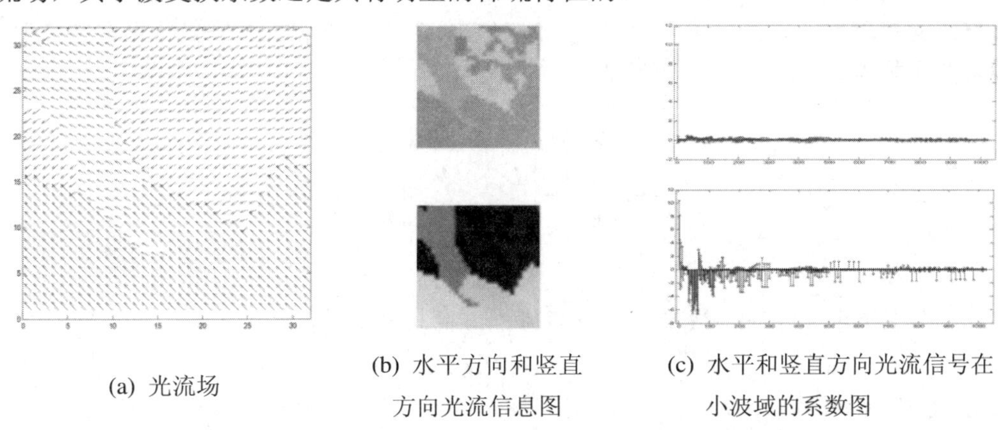

(a) 光流场

(b) 水平方向和竖直方向光流信息图

(c) 水平和竖直方向光流信号在小波域的系数图

图 9.3 光流信号的稀疏表示(大部分系数接近于 0)

假设 $\boldsymbol{W}$ 为小波变换基，光流 $\boldsymbol{u}=\left[\boldsymbol{u}_1^{\mathrm{T}},\boldsymbol{u}_2^{\mathrm{T}}\right]^{\mathrm{T}}$ 在小波基 $\boldsymbol{W}$ 下的投影系数为 $\boldsymbol{s}=\left[\boldsymbol{s}_1^{\mathrm{T}},\boldsymbol{s}_2^{\mathrm{T}}\right]^{\mathrm{T}}$，则光流可以表示为

$$\boldsymbol{u}=\begin{bmatrix}\boldsymbol{u}_1\\\boldsymbol{u}_2\end{bmatrix}=\begin{bmatrix}\boldsymbol{W} & \boldsymbol{0}\\\boldsymbol{0} & \boldsymbol{W}\end{bmatrix}\begin{bmatrix}\boldsymbol{s}_1\\\boldsymbol{s}_2\end{bmatrix}=\boldsymbol{B}\boldsymbol{s} \tag{9-12}$$

式(9-12)结合灰度守恒等式(9-8)，可得灰度守恒约束的稀疏表示方程组：

$$\boldsymbol{I}_x\boldsymbol{B}\boldsymbol{s}+\boldsymbol{I}_t=\boldsymbol{0} \tag{9-13}$$

基于上述光流稀疏表示，Shen 和 Wu 提出了下述光流估计模型。首先，光流的稀疏变换系数 $\boldsymbol{s}$ 通过求解下面的优化问题获得：

$$\boldsymbol{s}^*=\arg\min_{s}\|\boldsymbol{s}\|_1 \text{ s.t. } \boldsymbol{I}_x\boldsymbol{B}\boldsymbol{s}+\boldsymbol{I}_t=\boldsymbol{0} \tag{9-14}$$

然后，在获得稀疏系数 $\boldsymbol{s}$ 的基础上，通过式(9-12)重构待求光流。由于灰度守恒等式的泰勒展开和图像观测均存在噪声，Shen 和 Wu 将模型式(9-14)转化为下面无约束优化问题并通过 BP(Basis Pursuit)算法[26]进行求解：

$$\boldsymbol{s}^*=\arg\min_{s}\lambda\|\boldsymbol{s}\|_1+\|\boldsymbol{I}_x\boldsymbol{B}\boldsymbol{s}+\boldsymbol{I}_t\|_2^2 \tag{9-15}$$

9.3.2 光流的梯度域稀疏表示

小波域是一种通用的稀疏表示域。对于光流估计问题而言，小波域并不能很好地反映出光流的物理本质。而光流的梯度域能够很好地反映场景中运动物体的边界，从而具有明确的物理含义。由于通常场景中物体数量远少于对应图像中的像素数，同一物体往往具有相近的运动，不同运动形成的边界具有稀疏性。

基于上述分析，考虑光流 $\boldsymbol{u}=\left[\boldsymbol{u}_1^{\mathrm{T}},\boldsymbol{u}_2^{\mathrm{T}}\right]^{\mathrm{T}}$ 的 4 个梯度场：

$$\boldsymbol{g}_1=\boldsymbol{D}_{x_1}\boldsymbol{u}_1,\quad \boldsymbol{g}_2=\boldsymbol{D}_{x_2}\boldsymbol{u}_1,\quad \boldsymbol{g}_3=\boldsymbol{D}_{x_1}\boldsymbol{u}_2,\quad \boldsymbol{g}_4=\boldsymbol{D}_{x_2}\boldsymbol{u}_2 \tag{9-16}$$

其中，$\boldsymbol{u}_1$、$\boldsymbol{u}_2$ 分别为整个图像区域内光流场的水平和竖直分量，$\boldsymbol{D}_{x_1}$、$\boldsymbol{D}_{x_2}$ 分别为水平方向和竖直方向的梯度算子，$\boldsymbol{g}_1$、$\boldsymbol{g}_2$、$\boldsymbol{g}_3$、$\boldsymbol{g}_4$ 分别为两个光流分量的水平和竖直方向梯度场。我们连接四个梯度信号为一个列向量 $\boldsymbol{g}$：

$$\boldsymbol{g}=\begin{bmatrix}\boldsymbol{g}_1\\\boldsymbol{g}_2\\\boldsymbol{g}_3\\\boldsymbol{g}_4\end{bmatrix}=\begin{bmatrix}\boldsymbol{D}_{x_1} & \boldsymbol{0}\\\boldsymbol{D}_{x_2} & \boldsymbol{0}\\\boldsymbol{0} & \boldsymbol{D}_{x_1}\\\boldsymbol{0} & \boldsymbol{D}_{x_2}\end{bmatrix}\begin{bmatrix}\boldsymbol{u}_1\\\boldsymbol{u}_2\end{bmatrix}=\boldsymbol{D}\boldsymbol{u} \tag{9-17}$$

在获得梯度信号 $\boldsymbol{g}$ 的情况下，光流 $\boldsymbol{u}$ 可以通过梯度信号 $\boldsymbol{g}$ 重构：

$$\boldsymbol{u}=\boldsymbol{D}^{\dagger}\boldsymbol{g} \tag{9-18}$$

其中，$\boldsymbol{D}^{+}$ 是梯度投影矩阵 $\boldsymbol{D}$ 的(广义)逆矩阵。

结合灰度守恒约束的线性方程组形式(9-8)和光流的梯度表示形式(9-18)，可以获得灰度守恒约束关于稀疏信号 $\boldsymbol{g}$ 的线性方程组：

$$\boldsymbol{I}_x\boldsymbol{D}^{\dagger}\boldsymbol{g}+\boldsymbol{I}_t=\boldsymbol{0} \tag{9-19}$$

9.3.3 光流的参数化梯度域稀疏表示

运动的表示有多种不同的模型，比如定常运动、平动、仿射运动等。同一个运动场，可以通过不同的运动模型表示，通常的光流估计方法是基于定常运动模型的。平动、仿射等运动模型可以较好地描述定常运动模型无法有效地描述一些运动场景的运动信息，如旋转、尺度变换等。

Nir 等人将 Horn 和 Schunck 的方法扩展到了参数化的模型下，可以描述常动、平动、仿射等运动模型下的光流估计问题[19]。Nir 等人的实验表明平动、仿射等自由度较高的模型比简单的定常运动模型估计效果更好[19]。

本节从运动模型的参数化表示入手，讨论在不同参数化模型表示运动的情况下，梯度稀疏估计光流方法的效果。随着运动参数化模型自由度的提升，梯度稀疏特征可以逐渐提升。

借鉴 Nir 等人的参数化运动模型，我们采用具有 K 个参数的运动模型：

$$\begin{cases}\boldsymbol{u}_1(\boldsymbol{x},t)=\sum_{k=1}^{K}p_k(\boldsymbol{x},t)\varphi_k(\boldsymbol{x},t)\\ \boldsymbol{u}_2(\boldsymbol{x},t)=\sum_{k=1}^{K}p_k(\boldsymbol{x},t)\eta_k(\boldsymbol{x},t)\end{cases}\tag{9-20}$$

来描述当前时刻t的光流，其中 φ_k 和 η_k 为运动的基函数，p_k 则为对应的运动参数。参数化模型在不同的基函数的情况下可以描述不同的运动模型。在本章中我们只考虑当前时刻的运动情况，不考虑运动随着时间变化的情况，即选择 φ_k 和 η_k 为时不变的基函数。

为便于理解抽象的参数化运动模型式(9-20)，这里给出一些特殊的例子来进一步解释该模型。首先考虑 $K=2$ 个参数的基函数，$\varphi_1=1$，$\varphi_2=0$，$\eta_1=0$ 和 $\eta_2=1$。此时参数化模型就退化为常用的定常运动模型，即

$$\begin{cases}\boldsymbol{u}_1(\boldsymbol{x},t)=p_1(\boldsymbol{x},t)\varphi_1(\boldsymbol{x},t)+p_2(\boldsymbol{x},t)\varphi_2(\boldsymbol{x},t)=p_1(\boldsymbol{x},t)\\ \boldsymbol{u}_2(\boldsymbol{x},t)=p_1(\boldsymbol{x},t)\eta_1(\boldsymbol{x},t)+p_2(\boldsymbol{x},t)\eta_2(\boldsymbol{x},t)=p_2(\boldsymbol{x},t)\end{cases}\tag{9-21}$$

此时 $p_1(\boldsymbol{x},t)$ 和 $p_2(\boldsymbol{x},t)$ 分别对应光流的水平与竖直分量。采用定常运动模型描述运动，虽然直观简单，但是无法描述内在的一些运动信息，比如旋转和尺度变换等。

参数个数 K 反映了运动模型的自由度(Degree Of Freedom，DOF)，提高模型的自由度可以描述更为复杂的平动和仿射运动等运动模式。若选择 $K=3$，基函数前两维与定常运动的基函数相同，第三维基函数选择为 $\varphi_3=x_1$ 和 $\eta_3=x_2$，则可以用参数化模型描述平动。该类运动的一个典型例子是刚性物体沿摄像机光轴方向远离或靠近摄像机。平动的参数化表示形式为

$$\begin{cases}\boldsymbol{u}_1(\boldsymbol{x})=p_1+p_3x_1\\ \boldsymbol{u}_2(\boldsymbol{x})=p_2+p_3x_2\end{cases}\tag{9-22}$$

上式中忽略了时间参数t并消去了基函数为0的项。

当参数个数$K=6$时，该模型可以描述通用的仿射运动，该运动是包含平移、旋转和尺度变换等的复合运动。仿射模型可以表示为

$$\begin{cases}\boldsymbol{u}_1(\boldsymbol{x})=p_1x_1+p_2x_2+p_3\\ \boldsymbol{u}_2(\boldsymbol{x})=p_4x_1+p_5x_2+p_6\end{cases} \tag{9-23}$$

其中$p_1,p_2,\cdots,p_6$为仿射运动参数。表9.1给出了对上述参数化运动模型的总结。

表9.1　参数化运动模型

运动模型		参数集						DOF
		p_1	p_2	p_3	p_4	p_5	p_6	
定常运动	φ_k	1	0	—	—	—	—	2
	η_k	0	1	—	—	—	—	
平动	φ_k	1	0	x_1	—	—	—	3
	η_k	0	1	x_2	—	—	—	
仿射运动	φ_k	x_1	x_2	1	0	0	0	6
	η_k	0	0	0	x_1	x_2	1	

注：符号“－”表示对应的参数没有被选择。

9.3.4　不同表示模型的稀疏性对比分析

由于模型的稀疏性对于光流估计精度的影响很大，我们对比了小波变换域和参数化运动模型的参数梯度域对稀疏性的影响。

图9.4展示了同一个光流场从定常运动模型转变为仿射运动模型表示时，梯度稀疏得到有效的增强。图9.4(a)展示了一个包含了尺度变换和旋转的光流场的真值向量图。图9.4(b)展示了常用的定常运动模型的水平(上方)和竖直(下方)分量，图9.4(c)分别展示了两个运动分量的水平和竖直梯度场。水平方向梯度均有较好的梯度稀疏表现，但是由于存在旋转分量，竖直方向梯度场表现得十分稠密。图9.4(d)展示了仿射运动模型的6个运动参数场。图9.4(e)展示了所有仿射运动参数的水平和竖直梯度场。仿射参数的梯度场大部分值为零，只有在运动边界区域存在少量的非零值。仿射参数的梯度场均比定常运动参数的梯度场表现得更加稀疏。为了使得比较更加清楚，图9.4(f)和(g)分别展示了定常运动和仿射模型的梯度信号的一维表示。另外，图9.4(g)展示了小波域系数的一维表示。对比图9.4(f)和(h)，小波变换系数不具有很强的稀疏表现，而仿射梯度表现了最好的稀疏性。

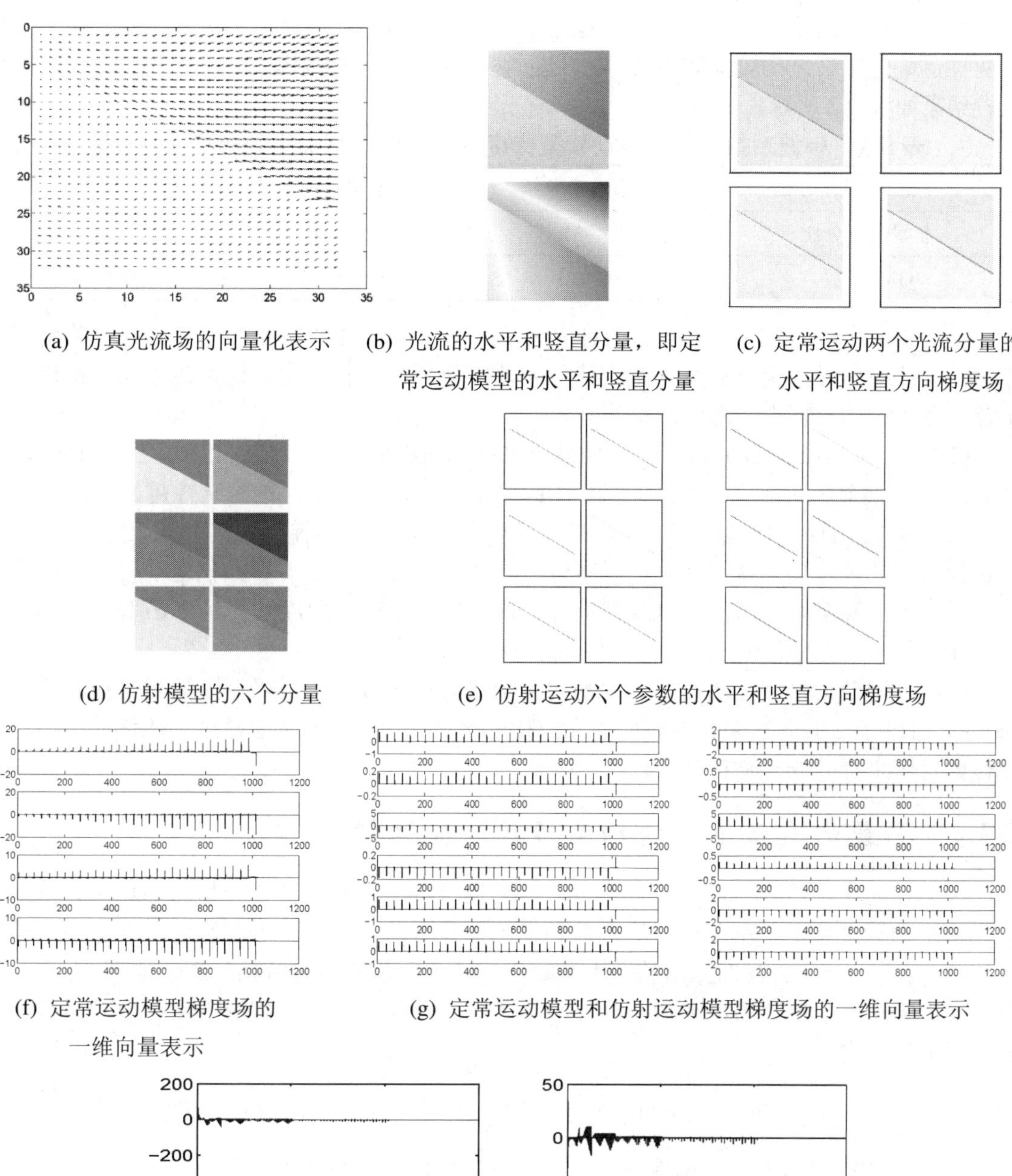

(a) 仿真光流场的向量化表示

(b) 光流的水平和竖直分量，即定常运动模型的水平和竖直分量

(c) 定常运动两个光流分量的水平和竖直方向梯度场

(d) 仿射模型的六个分量

(e) 仿射运动六个参数的水平和竖直方向梯度场

(f) 定常运动模型梯度场的一维向量表示

(g) 定常运动模型和仿射运动模型梯度场的一维向量表示

(h) 两个光流分量的小波系数的一维向量表示

图 9.4　定常运动模型梯度场、仿射运动模型梯度场和小波变换域的稀疏性比较

上述分析对比虽然比较直观，但是由于是定性的描述，说服力不足。为此，我们采用了两种定量化策略来比较小波系数、定常运动模型梯度场和仿射运动模型梯度场的稀疏性，比较结果如表 9.2 所示。

表 9.2　小波系数、定常运动模型梯度场和仿射模型梯度场的稀疏性比较

	小波系数	定常运动	仿射运动
非零值百分比	81.93%	75.39%	6.08%
Gini 系数	0.7916	0.6345	0.9694

(1) 非零数据百分比。我们将绝对值大于某一个阈值的值认为非零值，其他的情况为零值。据此对信号阈值化后统计整个信号中非零值所占的百分比，比例越小表示该信号越稀疏。在我们的分析中，阈值选择为 0.1。

(2) Gini 系数(Gini index)。基于 Hurley 和 Rickard 的对各种稀疏性度量工具的分析[30]，Gini 系数是一个好的稀疏性评价策略。Gini 系数越大，表示信号的稀疏性越好。

从表 9.2 中的数据可以看出，小波系数和定常运动模型的梯度场具有类似的稀疏表现，而仿射模型的梯度场表现了最强的稀疏性。这个数据表现了随着参数化运动模型自由度的提升，参数的梯度场稀疏性可以获得提升。该结果从稀疏的角度解释了 Nir 等人的参数化方法[19]能够有效地提升光流估计效果的原因。

在进行稀疏信号恢复的时候，信号的稀疏假设是否成立对信号恢复的效果极其重要。Jia 等人通过学习的方法来获得较好的光流稀疏字典[6]，而我们考虑通过参数化模型提升稀疏性的角度来提升光流估计效果。

9.3.5　参数化运动模型的梯度稀疏光流估计

根据前述讨论可知，通过参数化运动描述模型可以较好地提升模型的稀疏性。据此，我们将平动运动模型下基于梯度场稀疏的光流估计方法推广为一般参数化运动模型下梯度场稀疏光流估计方法。我们提出的基于参数化运动模型的通用光流估计框架如下：令 $\boldsymbol{D}_{x,k}$ 和 $\boldsymbol{D}_{y,k}$ 分别为第 k 个参数的水平和竖直方向梯度算子，为了基于梯度稀疏估计运动参数，需要求解的问题为

$$\boldsymbol{p}_k^* = \arg\min_{p_k} \sum_{k=1}^{K} \|\boldsymbol{D}_k \boldsymbol{p}_k\|_0 \quad \text{s.t.} \ \langle I_x(\boldsymbol{x}), u(\boldsymbol{x})\rangle + I_t(\boldsymbol{x}) = 0, \quad \forall \boldsymbol{x} \tag{9-24}$$

其中，$\boldsymbol{D}_k = \left[D_{x,k}^{\mathrm{T}}, D_{y,k}^{\mathrm{T}}\right]^{\mathrm{T}}$ 表示梯度算子。上式中优化的目标函数为所有运动参数分量梯度场的 ℓ_0 范数之和，而约束方程仍为光流基本方程。这里需要强调使用 ℓ_0 范数做为优化目标有利于我们从稀疏的角度深入思考光流估计的问题，并且从提升稀疏性的角度提升光流估计的精度。需要注意的是，由于不同的参数分量 p_k 的数量级不同，为保证估计的稳定性与精

度，对不同运动参数选择了不同的梯度算子 $\boldsymbol{D}_k$ 。

式(9-24)中的 ℓ_0 优化问题本身是一个非常难于优化的 NP 难问题。压缩感知理论[26]指出若待求解的信号足够稀疏，则该 ℓ_0 问题可以松弛为 ℓ_1 形式的凸优化问题。据此，我们提出的梯度稀疏光流估计框架可以转化为下述 ℓ_1 优化问题：

$$\boldsymbol{p}_k^* = \arg\min_{\boldsymbol{p}_k} \sum_{k=1}^{K} \|\boldsymbol{D}_k \boldsymbol{p}_k\|_1 \quad \text{s.t.} \ \langle I_x(\boldsymbol{x}), u(\boldsymbol{x})\rangle + I_t(\boldsymbol{x}) = 0, \quad \forall \boldsymbol{x} \tag{9-25}$$

其中，$\|\cdot\|_1$ 表示 ℓ_1 范数。

由于噪声的存在，通常灰度守恒约束式(9-7)不是严格成立的。Shen 和 Wu 将灰度守恒等式约束松弛为最小平方误差形式[3,4]，但是平方误差在运动边界和噪声区域表现较差[14]。另一方面，ℓ_1 范数形式的松弛在 Zach 等人的 TV-ℓ_1 模型中获得了优异的结果，能较好地处理运动不连续和噪声的情况[17]。于是我们将提出的带约束的优化问题式(9-25)进一步转化为可以求解的无约束优化问题：

$$\boldsymbol{p}_k^* = \arg\min_{\boldsymbol{p}_k} \left\{ \lambda \sum_{k=1}^{K} \|\boldsymbol{D}_k \boldsymbol{p}_k\|_1 + \sum_{x} \left| \langle I_x(\boldsymbol{x}), u(\boldsymbol{x})\rangle + I_t(\boldsymbol{x}) \right| \right\} \tag{9-26}$$

优化问题式(9-26)是无约束的凸优化问题，可以采用梯度下降等方法求解[31]。

9.4　光流解算方法的稀疏性提升

通过通常的模型式(9-25)求解优化问题式(9-24)时，存在对较大的稀疏系数的惩罚比较小稀疏系数严重的缺点[32]。为了解决这个问题，获得 ℓ_0 范数意义下的精确稀疏解，我们采用加权策略[32]去求解稀疏光流估计问题式(9-24)，对应的加权模型为

$$\boldsymbol{p}_k^* = \arg\min_{\boldsymbol{p}_k} \sum_{k=1}^{K} \|\boldsymbol{W}_k \boldsymbol{D}_k \boldsymbol{p}_k\|_1, \text{s.t.} \ \langle I_x(\boldsymbol{x}), u(\boldsymbol{x})\rangle + I_t(\boldsymbol{x}) = 0, \quad \forall \boldsymbol{x} \tag{9-27}$$

其中，$\boldsymbol{W}_k = \mathrm{diag}\left(w_{k,1}, w_{k,2}, \cdots, w_{k,2N}\right)$ 是迭代更新的对角加权矩阵。若已经完成第 l 次迭代，则第 $l+1$ 次迭代的加权系数为

$$w_{k,i}^{l+1} = \frac{1}{\left|g_{k,i}^{l}\right| + \varepsilon} \tag{9-28}$$

式中，ε 是为避免除零错误而引入的一个极小的正数。

进一步，基于与非加权优化方法相同的理由，加权优化策略下对应的无约束优化问题为

$$\boldsymbol{p}_k^* = \arg\min_{\boldsymbol{p}_k} \left\{ \lambda \sum_{k=1}^{K} \|\boldsymbol{W}_k \boldsymbol{D}_k \boldsymbol{p}_k\|_1 + \sum_{x} \left| \langle I_x(\boldsymbol{x}), u(\boldsymbol{x})\rangle + I_t(\boldsymbol{x}) \right| \right\} \tag{9-29}$$

该无约束优化问题同样可以使用梯度下降等方法进行求解[31]。

至此，在我们提出的梯度稀疏光流估计框架下，根据两类不同的稀疏提升策略，共可以得到六种不同的方法。从模型参数化的角度，K 取值为 2、3、6，可以得到三种不同的稀疏模型。从数值计算稀疏提升的角度，共有加权与非加权两种不同的求解方法。由于这两种稀疏提升策略可以相互结合，故共有六种不同的稀疏光流估计的具体方法。

9.5 稀疏光流估计结果

9.5.1 光流算法评估数据库和评估标准

Middlebury 数据库[22]是现在普遍采用的光流评估数据库。该数据库提供了一系列的评估序列和对应的真值光流信息，方便学者对光流算法进行研究和比较。Middlebury 数据库中提供了几组连续观测的图片序列和对应的真值光流信息。这些图片序列中分别包括模拟或者真实采集的图片，同时这些图片涵盖了多种运动形式和场景，为光流估计算法提供了丰富的评估数据。该测试集中的 Venus 图像及对应的光流真值如图 9.2 所示。

为了评估估计光流的精度，即相对于真值光流的误差，需要一些误差评价标准。常见的误差评价标准有平均角度误差(Average Angular Error，AAE)[33]和端点误差(End Point Error，EPE)[34]。

若像素点 $\boldsymbol{x}$ 处光流真值为 $\boldsymbol{u}_{\mathrm{GT}}(\boldsymbol{x})=\left[u_{1,\mathrm{GT}},u_{2,\mathrm{GT}}\right]^{\mathrm{T}}$，光流的估计值为 $\boldsymbol{u}(\boldsymbol{x})=\left[u_1,u_2\right]^{\mathrm{T}}$，则像素点 $\boldsymbol{x}$ 处的角度误差[33]为

$$\mathrm{AE}=\arccos\left(\frac{1+u_1u_{1,\mathrm{GT}}+u_2u_{2,\mathrm{GT}}}{\sqrt{1+u_1^2+u_2^2}\sqrt{1+u_{1,\mathrm{GT}}^2+u_{2,\mathrm{GT}}^2}}\right) \tag{9-30}$$

端点误差[34]为

$$\mathrm{EE}=\sqrt{\left(u_1-u_{1,\mathrm{GT}}\right)^2+\left(u_2-u_{2,\mathrm{GT}}\right)^2} \tag{9-31}$$

整个图像区域所有像素点的角度误差的平均值就是平均角度误差(AAE)[33]，端点误差的平均值就是端点误差(EPE)[34]。平均角度误差和端点误差越小，表示获得的光流越精确，估计效果越好。

9.5.2 光流估计结果对比

在本节，我们将提出的稀疏光流估计框架在 Middlebury 数据库上进行了实验[22]，并采用 AAE 和 EPE 两个评价标准对估计结果进行评价。为了展示有效性和估计精度，我们对

四种方法分别进行了仿真实验，这四种方法分别是 Shen 和 Wu 的方法[3]、Nir 等人的方法[19]、不同自由度参数化运动模型下基于梯度稀疏性的光流估计的 ℓ_1 求解方法即式(9-26)和加权 ℓ_1 求解方法即式(9-29)。实验采用 ℓ_1-magic 工具包[35]进行求解。

为了使得泰勒展开的灰度守恒等式成立，和 Shen 和 Wu 的工作类似[3]，我们将图像下采样为原来大小的 1/4，即下采样后图像的长宽均缩小为原来图像的 1/2。对所有相互覆盖的12×12 图像块进行光流估计。对于覆盖区域的像素点，采用误差平方和(Sum of Squared Differences, SSD)策略选择最佳的估计。

为了使算法之间的比较更公平，我们没有使用基于随机观测的鲁棒估计策略[3]和多尺度策略[19]。对于 Nir 等人的方法，我们采用他们提出的基于二维仿射模型的偏微分方法进行光流估计，并只在下采样图像的单一尺度上进行光流估计。Shen 和 Wu 的方法也执行在相同的下采样图像上。

我们通过大量实验确定参数 λ 的最优取值，使得各个方法的整体估计效果最好。我们对于 Shen 和 Wu 的方法选择 $\lambda = 1.5$，对于 Nir 等人的方法选择 $\lambda = 11$。对于我们提出的方法，对于同一个运动模型采用相同的 λ。对于定常运动模型，$\lambda = 3.3$；对于平动模型，$\lambda = 8$；对于仿射运动模型，$\lambda = 18$。

表 9.3 展示了各个方法在 Middlebury 数据库上光流估计结果的比较。Shen 和 Wu 的方法[3]被标记为 SW，Nir 等人的方法[19]被标记为 Nir。我们提出的通常 ℓ_1 方法即式(9-26)结合自由度 $K = 2,3,6$ 的参数化运动模型即式(9-20)，即定常运动模型($K = 2$)、平动模型($K = 3$)和仿射运动模型($K = 6$)，分别标识为 CGS、PTGS 和 AFGS。相对应的加权 ℓ_1 方法即式(9-29)结合这三个运动模型进行求解的方法分别标识为 CGSR、PTGSR 和 AFGSR。

在四个测试序列 Venus、Grove2、Grove3 和 Dimetrodon 中分别执行四种方法，对应的平均角度误差和端点误差结果列在表 9.3 中。对于四个序列上的两个评价标准，我们提出的稀疏光流估计框架方法的表现均优于 Shen-Wu 的方法及 Nir 等人的方法。这个结果展示了我们提出的稀疏估计方法能更好地描述光流场的运动不连续情况，对噪声情况能更好地进行处理。对比表 9.3 中 SW 和 CGS 两列数据的结果，我们的模型可比 Shen 和 Wu 的方法获得更好精度的光流。在相同运动模型下，采用加权 ℓ_1 方法即式(9-29)估计效果优于采用非加权的 ℓ_1 方法即式(9-26)，除了在 Grove3 上的端点误差指标存在基本可以忽略的极小的效果下降。

对不同运动模型的估计效果进行相互比较，可以发现，我们提出的两种方法在随着运动模型自由度增加的情况下，总体的估计效果越来越好。这说明参数化模型可以增加运动估计的精度。

在总体效果随着模型自由度增加逐渐提升的情况下，表 9.3 中有一个特殊的情况，即在 Grove2 和 Dimetrodon 序列上，平动模型下的加权 ℓ_1 方法表现优于仿射模型下的通常 ℓ_1 方法。原因是在某些运动区域，平动模型的描述已经足够好，其参数的梯度信号已经足够稀疏。仿射运动模型虽然能够进一步提升其稀疏性，但是伴随的逐渐增强的欠定问题会导致估计效果的下降。

表 9.3 在 Middlebury 数据库上光流估计结果比较

	AAE							
	SW	Nir	CGS	CGSR	PTGS	PTGSR	AFGS	AFGSR
Venus	6.5389	6.6619	6.2627	5.4088	5.6405	5.2637	5.2454	**5.0754**
Grove2	4.1054	4.3201	3.7880	3.6744	3.7202	**3.6452**	3.7106	3.6692
Grove3	8.4899	8.2010	8.0865	7.9667	7.4611	7.4299	7.1181	7.1159
Dimetrodon	5.3368	5.6604	4.6728	4.6303	4.3994	**4.3894**	4.4076	4.3971
	EPE							
	SW	Nir	CGS	CGSR	PTGS	PTGSR	AFGS	AFGSR
Venus	0.1619	0.1782	0.1543	0.1371	0.1429	0.1352	0.1357	**0.1273**
Grove2	0.1000	0.1057	0.0920	0.0891	0.0900	**0.0881**	0.0897	0.0888
Grove3	0.2759	0.2619	0.2604	0.2567	0.2402	0.2384	**0.2240**	0.2242
Dimetrodon	0.1101	0.1184	0.0968	0.0961	0.0913	0.0914	0.0914	**0.0912**

图 9.5 展示了在测试数据集 Venus 上光流估计的结果。图 9.6 展示了在测试数据集 Grove2 上光流估计的结果。图 9.7 展示了在测试数据集 Grove3 上光流估计的结果。图 9.8 展示了在测试数据集 Dimetrodon 上光流估计的结果。我们估计的结果优于 Shen 和 Wu 的方法及 Nir 等人的方法，特别是在真值图上采用方框标识出来的区域。

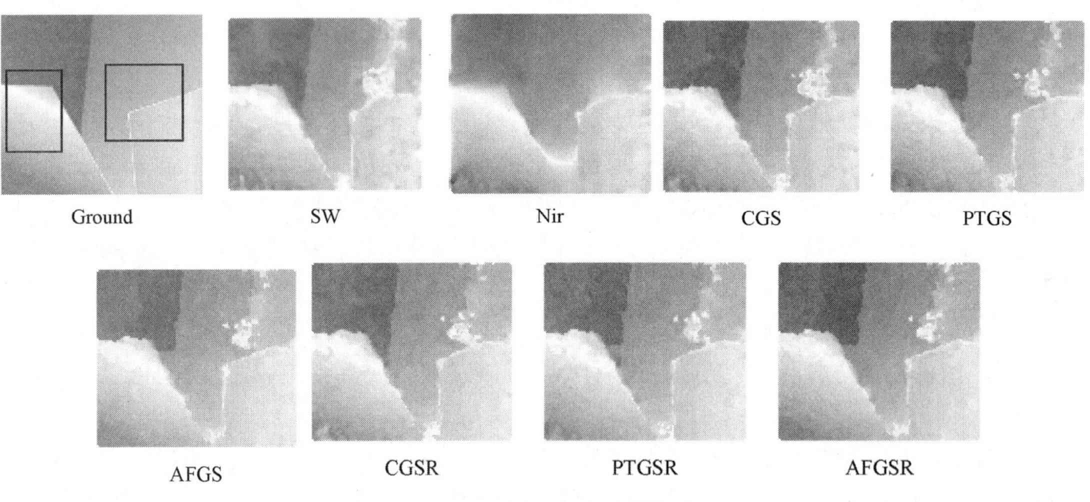

图 9.5 Venus 序列上光流估计结果

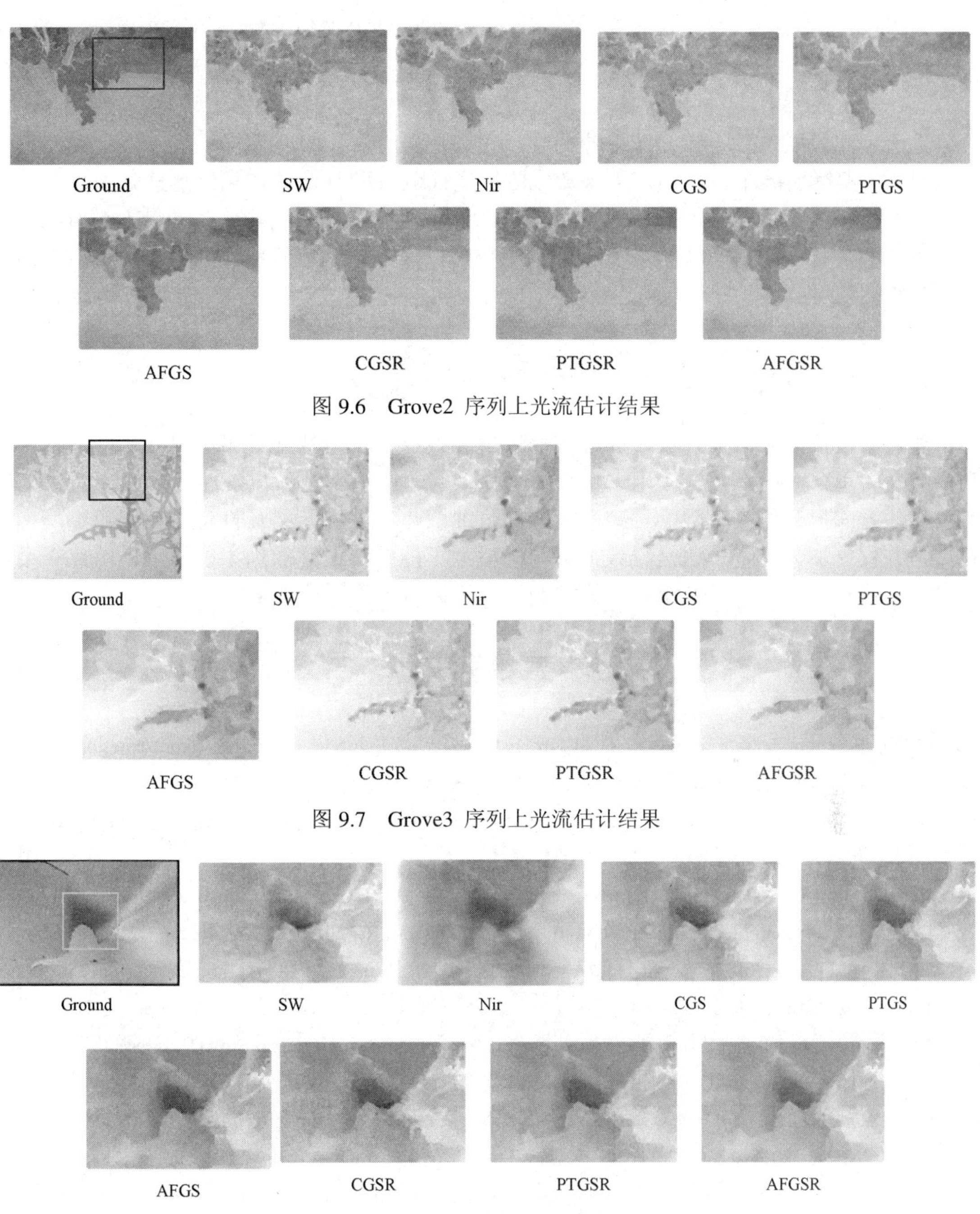

图 9.6　Grove2 序列上光流估计结果

图 9.7　Grove3 序列上光流估计结果

图 9.8　Dimetrodon 序列上光流估计结果

在 Venus 序列上，我们提出的方法在运动边界区域表现得更加清晰，在仿射运动区域表现得更精准(矩形区域)。类似的效果提升，也出现在 Grove2 中的矩形框区域及 Grove3 和 Dimetrodon 中的矩形框区域。

基于运动模型参数的梯度域稀疏特性，我们将光流估计归结为稀疏信号恢复的 ℓ_0 范数优化问题。实际实验中，我们采用参数域的梯度稀疏，将 ℓ_0 范数优化问题松弛为 ℓ_1 范数优化问题。将灰度守恒等式约束松弛为 ℓ_1 范数，该优化问题被分别转化为一个无约束的非加权 ℓ_1 方法和加权 ℓ_1 方法。实验表明，加权策略可以提升稀疏信号估计的效果，有效地提升光流估计的精度。

本 章 小 结

通过参数化的方法提升模型的稀疏性，是有效提升光流估计效果的主要原因。这种提升稀疏性的思路可以广泛地应用于稀疏信号恢复问题：不满足稀疏条件时，可以通过构造/参数化的方法提升原来模型的稀疏性。同时，参数化方法提升稀疏性使得问题更加病态，即欠定方程更加欠定了，这是导致最稀疏的模型不能取得最好的结果的原因。因此采用适当自由度的参数模型描述光流，才能得到最好的稀疏光流估计效果。

本章参考文献

[1] Wright J, Yang A Y, Ganesh A, et al. Robust Face Recognition via Sparse Representation[J]. IEEE Transactions on Pattern Analysis and Machine Intelligence, 2009, 31(2)：210-227.

[2] Wright J, Ma Y, Mairal J, et al. Sparse Representation for Computer Vision and Pattern Recognition[C]. Proceedings of the IEEE, 2010, 98(6)：1031-1044.

[3] Shen X, Wu Y. Sparsity model for robust optical flow estimation at motion discontinuities[C]. IEEE Conference on Computer Vision and Pattern Recognition (CVPR), 2010：2456-2463.

[4] Shen X, Wu Y. Exploiting sparsity in dense optical flow[C]. 17th IEEE International Conference on Image Processing (ICIP), 2010：741-744.

[5] Ayvaci A, Raptis M, and Soatto S. Sparse Occlusion Detection with Optical Flow[J]. International Journal of Computer Vision, 2011, 97(3)：322-338.

[6] Jia K, Wang X, Tang X. Optical flow estimation using learned sparse model[C]. IEEE Int'l Conf. Computer Vision (ICCV), 2011：2391-2398.

[7] Mei X, Ling H. Robust Visual Tracking and Vehicle Classification via Sparse Representation[J]. IEEE Transactions on Pattern Analysis and Machine Intelligence, 2011, 33(11)：2259-2272.

[8] Han Z, Jiao J, Zhang B, et al. Visual object tracking via sample-based Adaptive Sparse Representation (AdaSR)[J]. Pattern Recognition, 2011, 44(9)：2170-2183.

[9] Chen F, Wang Q, Wang S, et al. Object tracking via appearance modeling and sparse representation[J]. Image and Vision Computing, 2011, 29(11)：787-796.

[10] Li H, Shen C, Shi Q. Real-time visual tracking using compressive sensing[C]. IEEE Conf. Computer Vision and Pattern Recognition (CVPR), 2011：1305-1312.

[11] Lucas B D, Kanade T. An Iterative Image Registration Technique with an Application to Stereo Vision[C]. Proc. 7th Int'l Joint Conf. Artificial Intelligence, San Francisco, CA, USA, 1981, 2：674-679.

[12] Mathew R, Taubman D S. Quad-Tree Motion Modeling With Leaf Merging[J]. IEEE Transactions on Circuits and Systems for Video Technology, 2010, 20(10)：1331–1345.

[13] Horn B K P and Schunck B G. Determining optical flow[J]. Artificial Intelligence, 1981, 17(1-3)：185-203.

[14] Black M J, Anandan P. A framework for the robust estimation of optical flow[C]. Proc. 4th Int'l Conf. Computer Vision, 1993：231-236.

[15] Black M J, Anandan P. The Robust Estimation of Multiple Motions: Parametric and Piecewise-Smooth Flow Fields[J]. Computer Vision and Image Understanding, 1996, 63(1)：75-104.

[16] Brox T, Bruhn A, Papenberg N, et al. High Accuracy Optical Flow Estimation Based on a Theory for Warping[C]. European Conf. Computer Vision (ECCV), T. Pajdla and J. Matas, Eds. Springer B. H., 2004：25-36.

[17] Zach C, Pock T, Bischof H. A Duality Based Approach for Realtime TV-L 1 Optical Flow[J]. Pattern Recognition, DAGM, F. A. Hamprecht, C. Schnörr, and B. Jähne, Eds. Springer B. H., 2007：214-223.

[18] Wedel A, Pock T, Zach C, et al. An Improved Algorithm for TV-L 1 Optical Flow[N]. Statistical and Geometrical Approaches to Visual Motion Analysis, D. Cremers, B. Rosenhahn, A. L. Yuille, and F. R. Schmidt, Eds. Springer B. H., 2009：23-45.

[19] Nir T, Bruckstein A M, Kimmel R. Over-Parameterized Variational Optical Flow[J]. International Journal of Computer Vision, 2007, 76(2)：205-216.

[20] Baker S, Matthews I. Lucas-Kanade 20 Years On: A Unifying Framework[J]. International Journal of Computer Vision, 2004, 56(3)：221-255.

[21] Roth S, Black M J. On the Spatial Statistics of Optical Flow[J]. International Journal of Computer Vision, 2007, 74(1)：33-50.

[22] Baker S, Scharstein D, Lewis J P, et al. A Database and Evaluation Methodology for Optical Flow[J]. International Journal of Computer Vision, 2011, 92(1)：1-31.

[23] Chambolle A. An Algorithm for Total Variation Minimization and Applications[J]. Journal of Mathematical Imaging and Vision, 2004, 20(1–2)：89-97.

[24] Xu L, Jia J, Matsushita Y. Motion Detail Preserving Optical Flow Estimation[J]. IEEE Transactions on Pattern Analysis and Machine Intelligence, 2012, 34(9)：1744-1757.

[25] Alvarez L, Deriche R, Papadopoulo T, et al. Symmetrical Dense Optical Flow Estimation with Occlusions Detection[J]. International Journal of Computer Vision, 2007, 75(3)：371-385.

[26] Donoho D L. Compressed sensing[J].IEEE Transactions on Information Theory, 2006, 52(4)：1289-1306.

[27] Han J, Qi F, Shi G. Gradient sparsity for piecewise continuous optical flow estimation[C]. IEEE Int'l Conf. Image Processing (ICIP), Brussels, Belgium, 2011：2341-2344.

[28] Han J, Qi F, Shi G. Enhancing Gradient Sparsity for Parametrized Motion Estimation[C]. Proc. British Machine Vision Conference, Dundee, UK, 2011：42.1-42.0.

[29] Ayvaci A, Raptis M, and Soatto S. Occlusion Detection and Motion Estimation with Convex Optimization[J]. Advances in Neural Information Processing Systems 23, J. D. Lafferty, C. K. I. Williams, J. Shawe-Taylor, R. S. Zemel, and A. Culotta, Eds. Curran Associates, Inc., 2010：100-108.

[30] Hurley N, Rickard S. Comparing Measures of Sparsity[J].IEEE Transactions on Information Theory, 2009, 55(10)：4723-4741.

[31] Boyd S and Vandenberghe L. Convex Optimization[M]. New York, NY, USA: Cambridge University Press, 2004.

[32] Candès E J, Wakin M B, Boyd S P. Enhancing Sparsity by Reweighted ℓ_1 Minimization[J]. Journal of Fourier Analysis and Applications, 2008, 14(5-6)：877-905.

[33] Barron J L, Fleet D J, Beauchemin S S. Performance of optical flow techniques[J]. International Journal of Computer Vision, 1994, 12(1)：43-77.

[34] Otte M, Nagel H H. Optical flow estimation: Advances and comparisons[C]. European Conf. Computer Vision (ECCV), J.-O. Eklundh, Ed. Springer B. H., 1994：49-60.

[35] Candès E, Romberg J. l1-magic: Recovery of sparse signals via convex programming [DB/OL], 2005.